Unter Bäumen

DIE DEUTSCHEN UND DER WALD

Unter

DIE DEUTSCHEN UND DER WALD

Bäumen

DHM

HERAUSGEGEBEN VON URSULA BREYMAYER UND BERND ULRICH
FÜR DAS DEUTSCHE HISTORISCHE MUSEUM

SANDSTEIN VERLAG

Impressum Ausstellung

Unter Bäumen
Die Deutschen und der Wald

DHM

Ausstellungshalle
Deutsches Historisches Museum, Berlin
2. Dezember 2011 bis 4. März 2012

Bundesministerium für Ernährung, Landwirtschaft und Verbraucherschutz

Der Beauftragte der Bundesregierung für Kultur und Medien

Internationales Jahr der Wälder · 2011

Gesamtleitung
Alexander Koch

Konzept
Ursula Breymayer, Bernd Ulrich,
Andreas Bernhard, Johannes Zechner

Kuratoren
Ursula Breymayer, Elke Kupschinsky,
Bernd Ulrich, Andreas Bernhard

Wissenschaftlicher Beirat
Siegfried Anders, Bettina Foerster-Baldenius,
Franz-Josef Brüggemeier, Ute Daniel,
Gottfried Korff, Hansjörg Küster, Martin Sabrow,
Friedrich Schmitz, Michael Wildt

Wissenschaftliche Koordination
Elke Kupschinsky

Wissenschaftliche Mitarbeit
Robert Kluth, Jan Werquet

Bildredaktion
Elisabeth Weber

Organisation und Recherche
Pay Matthis Karstens, Melanie Seeboth,
Elisabeth Weber

Studentische Praktikanten
Laura Hanel, Elisa Herrmann,
Marlen Reddemann, Sören Schlueter,
Lisa Weyergans

Ausstellungsgestaltung
Werner Schulte, Patric Sperlich
Praktikanten: Melanie Huchler, Marc Spohr,
Lisa Marie Wichern

Ausstellungsgrafik
envision design, Chris Dormer, Berlin

Ausstellungsproduktion
DHM-Werkstätten

Konservatorische Betreuung
Restaurierungswerkstätten des DHM

Abteilungsleiterin Ausstellungen
Ulrike Kretzschmar

Leihverkehr
Edith Michelsen

Controlling
Manuela Itzigehl, Ramona Selchow

Presse- und Öffentlichkeitsarbeit
Rudolf B. Trabold, Pressereferent
Ina Frodermann, Nicola Schnell,
Sonja Trautmann

Museumspädagogik
Brigitte Vogel-Janotta und Stefan Bresky
Referententeam: Benjamin Geissert,
Michael Meichsner, Aenne Oetjen,
Kristian Petschko, Friedrun Portele-Anyangbe,
Michael Schultheiß, Alexander Tiedge
Hörführung: Jens Neumann-Schliski,
Tonstudio K13 Berlin
Praktikanten: Florence Breitenhorn,
Philipp Holt
Besucherservice: Marina Krause,
Andrea Schenk

Filmstationen und Medientechnik
Wolf-Dieter Pelikan

Medienstationen
Multimedia-Abteilung und EDV-Abteilung
des DHM

Internetpräsentation
Jan-Dirk Kluge

Grafische Gestaltung
Dorén + Köster, Berlin

Übersetzungen
Stephen Locke

Katalog

Museumsausgabe
Deutsches Historisches Museum, Berlin
www.dhm.de
ISBN 978-3-942422-77-2

Buchhandelsausgabe
Sandstein Verlag, Dresden
www.sandstein-verlag.de
ISBN 978-3-942422-70-3

Herausgeber
Ursula Breymayer und Bernd Ulrich
für das Deutsche Historische Museum

Redaktion
Bernd Ulrich, Elke Kupschinsky,
Ursula Breymayer

Bildredaktion
Elisabeth Weber

Personenregister
Marlen Reddemann, Melanie Seeboth

Fotoarbeiten
Sebastian Ahlers, Angelika Anweiler-Sommer,
Indra Desnica, Arne Psille

Koordination Herstellung
Gabriele Kronenberg, Ilka Linz

Verlagslektorat
Christine Jäger
Sandstein Verlag

Satz und Reprografie
Gudrun Diesel, Jana Neumann
Sandstein Verlag

Gestaltung
Michaela Klaus
Sandstein Verlag

Herstellung
Sandstein Verlag

Druck und Verarbeitung
Grafisches Centrum Cuno
GmbH & Co. KG

Die Deutsche Bibliothek verzeichnet diese Publikation in der Deutschen Nationalbibliografie; detaillierte bibliografische Daten sind im Internet über http://dnb.ddb.de abrufbar.

Leihgeber und Dank

Wir danken folgenden Leihgebern und Institutionen für die freundliche Unterstützung:

| Bad Freienwalde
| Erna-und-Kurt-Kretschmann-Archiv, Haus der Naturpflege

| Bad Honnef
| Hartmut Witte

| Bergfelde
| Annette Jedwabski

| Berlin
| Architekturmuseum der Technischen Universität Berlin
| Berliner Forsten
| Berliner Forsten, Forstamt Grunewald, Revierförsterei Dreilinden
| bpk – Bildagentur für Kunst, Kultur und Geschichte
| Bröhan-Museum, Landesmuseum für Jugendstil, Art Deco und Funktionalismus, 1889–1939
| Bundesamt für zentrale Dienste und offene Vermögensfragen
| Deutsches Archäologisches Institut
| Drews Bestattungen
| FUSS e.V. Fachverband Fußverkehr Deutschland
| Robert Kluth
| Museum Charlottenburg-Wilmersdorf
| Museum für Naturkunde
| Polizeihistorische Sammlung beim Polizeipräsidenten in Berlin
| Privatsammlung Tobias Hellmann
| Marian Przybilla, Schutzgemeinschaft Deutscher Wald, Landesverband Berlin e.V.
| Philipp Springer
| Staatliche Museen zu Berlin, Kupferstichkabinett
| Staatliche Museen zu Berlin, Museum Europäischer Kulturen
| Staatliche Museen zu Berlin, Nationalgalerie
| Staatsbibliothek zu Berlin – Preußischer Kulturbesitz
• Abteilung Historische Drucke
• Handschriftenabteilung
• Kinder- und Jugendbuchabteilung
| Stiftung Deutsche Kinemathek – Museum für Film und Fernsehen
| Stiftung Stadtmuseum Berlin
| Theaterkunst GmbH, Kostümausstattung
| Universitätsbibliothek der Humboldt-Universität zu Berlin, Porträtsammlung
| ullstein bild – dpa
| Ernst Volland
| Voller Ernst Gbr
| Sabine Wenzel
| Dagmar Welz »Hirschsammlerin«
| Werkbundarchiv – Museum der Dinge
| Dagmar Wolf

| Bielefeld
| Thiemo Bögner

| Bonn
| AdsD/Friedrich-Ebert-Stiftung
| LVR-LandesMuseum Bonn
| Schutzgemeinschaft Deutscher Wald – Bundesverband e.V. (SDW)

| Chorin
| Lehroberförsterei Chorin

| Cottbus
| Stiftung Fürst-Pückler-Museum Park und Schloss Branitz

| Darmstadt
| Institut Mathildenhöhe, Städtische Kunstsammlungen Darmstadt
| Sammlung Sander/The Sander Collection
| Sammlung Ströher

| Dresden
| Galerie Neue Meister, Staatliche Kunstsammlungen Dresden
| SLUB/Deutsche Fotothek

| Düsseldorf
| Axel Hütte

| Eberswalde
| Museum in der Adler-Apotheke Eberswalde

| Ettlingen
| Museum Ettlingen

| Frankfurt am Main
| Deutsches Filminstitut – DiF e.V. Plakatarchiv
| Historisches Museum Frankfurt
| Städel Museum

| Gießen
| Bildarchiv von Universitätsbibliothek und -archiv Gießen

| Gotha
| Stiftung Schloss Friedenstein Gotha, Schlossmuseum

| Groß-Schönebeck
| Schorfheide-Museum, Sammlung H. Suter

| Gusow-Platkow
| Museum Platkow

| Hamburg
| Hamburger Kunsthalle

| Hannover
| Christoph Girardet
| Niedersächsisches Landesmuseum Hannover

| Heidelberg
| Universitätsbibliothek Heidelberg

| Hohen Neuendorf
| Dirk Hartung

| Hohenzieritz
| Barbara Lüthi-Herrmann
| Nationalparkamt Müritz

| Jena
| Thüringer Universitäts- und Landesbibliothek Jena (ThULB)

| Joensuu (Finnland)
| European Forest Institute

| Karlsruhe
| Staatliche Kunsthalle Karlsruhe

| Koblenz
| Bundesarchiv

| Leipzig
| Museum der bildenden Künste Leipzig

| London
| Sigune Hamann

| Ludwigshafen
| Wilhelm-Hack-Museum

| Marbach
| Deutsches Literaturarchiv Marbach

| Marl
| Matthias Jansing

| München
| Bayerische Staatsbibliothek München
| Bayerische Staatsgemäldesammlungen München – Pinakothek der Moderne
| Deutsches Jagd- und Fischereimuseum München
| Marco und Jessica Mignucci
| Münchner Stadtmuseum

| Nürnberg
| Germanisches Nationalmuseum

| Oranienburg
| Gedenkstätte und Museum Sachsenhausen

| Potsdam
| Haus der Brandenburgisch-Preußischen Geschichte
| Landesbetrieb Forst Brandenburg
| Landesbetrieb Forst Brandenburg LFB I

| Poznań
| Nationalmuseum Poznań

| Prag
| Militärhistorisches Archiv

| Seiffen
| Erzgebirgisches Spielzeugmuseum Seiffen

| Speck
| Ulrich Meßner

| St. Oswald
| Nationalpark Bayerischer Wald

| Steingaden
| Max Georg Freiherr von Eltz-Rübenach

| Stuttgart
| Landesbetrieb Forst Baden-Württemberg (ForstBW)
| Robert Bosch GmbH
| Universität Hohenheim

| Tel Aviv
| Shiff Art Collection

| Waldsieversdorf
| Johann Heinrich von Thünen-Institut, Institut für Forstgenetik

| Weimar
| Klassik Stiftung Weimar, Direktion Museen

| Werther
| Peter-August-Böckstiegel-Stiftung

| Wiesbaden
| Hessisches Landesamt für Umwelt und Geologie (HLUG)

| sowie privaten Leihgebern, die ungenannt bleiben wollen.

Für Anregungen und Beratung danken wir:

Regine Auster, Potsdam
Angelika Broll, Wiesbaden
Wolfgang Cilleßen, Frankfurt am Main
Kirstin Csutor, Berlin
Roderich von Detten, Freiburg i. Br.
Theresa Drews, Berlin
Udo Felbinger, Berlin
Bärbel Fest, Berlin
Nils Franke, Leipzig
Marc Franusch, Berlin
Hans-Werner Frohn, Königswinter
Georg von Burstin, Berlin
Eckhart Gillen, Berlin
Katja Gunia, Joensuu/Finnland
Monica Heilig, Berlin
Eckhart Hermann, Berlin
Regina Hoffmann, Berlin
Brigitte Japp, Berlin
Salwa-Victoria Joram, Berlin
Peter Keibel, Berlin
Heinrich Kiso, Berlin
Monika Knop, Oranienburg
Rainer Köpsell, Friedeburg
Heinz Krimmer, Berlin
Hansjörg Küster, Hannover
Sigrid Lange, Bonn
Doreet LeVitte Harten, Berlin
Peter Mänz, Berlin
Sonja Miltenberger, Berlin
Günther Morsch, Oranienburg
Hans Ottomeyer, Berlin
Zuzana Pivcová, Prag
Viktor und Roswita Pontzen, Salzburg
Marian Przybilla, Hohen Neudorf
Kornelia Renner, Stuttgart
Norbert Rheinlaender, Berlin
Lisa Roth, Berlin
Christoph Rullmann, Bonn
Anett Sawall, Berlin
Nikolaus Schaffer, Salzburg
Kristine Schläfer, Fürstenberg
Beate Schneider, Branitz
Manuela Schulz, Oranienburg
Bernward Selter, Münster (Westf.)
Karsten Seyfert, Berlin
Philipp Springer, Berlin
Johannes Steidle, Stuttgart
Gert Streidt, Branitz
Helmut Suter, Groß-Schönebeck
Angelika Tramitz, Berlin
Roland Ueckermann, Chorin
Konrad Vanja, Berlin
Thomas Wernicke, Potsdam
Anton Zimnik, Oranienburg

Darüber hinaus danken wir allen nicht namentlich genannten Mitarbeiterinnen und Mitarbeitern des Deutschen Historischen Museums, Berlin.

Inhalt

Waldpolitik

KATALOG

Anhang

Vorwort

ALEXANDER KOCH | PRÄSIDENT DER STIFTUNG
DEUTSCHES HISTORISCHES MUSEUM

»Die Schlacht im Teutoburger Wald« – wer kennt sie nicht? Über Generationen hinweg diente sie als Inbegriff des Sieges der Germanen über die bis dahin militärisch so erfolgreichen Truppen Roms. Im Jahr 9 nach Christus, so die Überlieferung der römischen Geschichtsschreibung, hätte eine germanische Horde unter ihrem Anführer Arminius den weit in den Raum nördlich und östlich des Rheins vordrängenden Römern in den schier undurchdringlich erscheinenden Wäldern Germaniens eine empfindliche Niederlage bereitet und damit der römischen Okkupation erfolgreich Widerstand geleistet. Eine von zahllosen Auseinandersetzungen, Konflikten und Scharmützeln zwischen Germanen und Römern um die Zeitenwende, die anders als die nicht genannten Schlachten in die Geschichte eingegangen ist, in ihrer tatsächlichen historischen Bedeutung jedoch deutlich relativiert werden muss.

Mit der »Hermannsschlacht« verband sich in der späteren Überlieferung ein Mythos, der auf das Engste mit dem Wald und den in ihm lebenden Menschen verknüpft wurde. Viele weitere Mythen entstanden fortan um den Wald und sein wechselvolles Verhältnis zu den Deutschen; bald wurde der Wald zu einem Spiegelbild der deutschen Seele, zu einer Projektionsfläche verschiedenster Vorstellungen. Der handelnde Mensch machte sich seinen Wald – man könnte auch von »forest building« sprechen. Seit Jahrhunderten ranken sich um ihn speziell im deutschen Kulturraum Geschichten und Legenden. Der Wald, oder besser unsere spezifische Vorstellung vom Wald, wurde geformt und umgeformt, verändert und weiterentwickelt – bis auf den heutigen Tag. 2011 ist das »Internationale Jahr der Wälder« der Vereinten Nationen. In Deutschland wird es vom Bundesministerium für Ernährung, Landwirtschaft und Verbraucherschutz (BMELV) sowie einem eigens dafür eingerichteten Kampagnenbüro koordiniert und begleitet.

»Unter Bäumen. Die Deutschen und der Wald«, so der programmatische Titel der Ausstellung, versteht sich als offizieller Beitrag des Deutschen Historischen Museums dazu. Gezeigt werden in einer nie dagewesenen Präsentation Bilder, Vorstellungen und Konstruktionen vom Wald, die sich seit dem 18. Jahrhundert in eindrücklicher Weise entwickelten und unser Verhältnis zum Kulturraum Wald bis heute wesentlich bestimmen. Dazu gehört etwa der Wald als Ort des Arbeitens und Wirtschaftens, als Lebens-, Sehnsuchts- und Erinnerungsort, als vermeintlicher Ursprungsort einer eigenen, spezifisch deutschen Geschichte, als Ort der Reflexion und der Erholung, als Symbol der Freiheit bis hin zur Vereinnahmung und Instrumentalisierung des Waldes in nationalsozialistischer Zeit. Entstanden ist damit eine vielschichtige, facettenreiche Ausstellung, die als dreidimensional begehbare Kulturgeschichte des Waldes begriffen werden kann.

Die Realisierung einer Ausstellung zu einem derart vielschichtigen und aktuellen Thema stellte für das Deutsche Historische Museum eine große Herausforderung dar. Zugleich bot sich die Gelegenheit, die Ergebnisse langjähriger wissenschaftlicher Beschäftigung und jüngste Resultate der Forschung einer größeren Öffentlichkeit zu präsentieren, dabei Hintergründe verständlich zu machen, überkommene Vorstellungen zu korrigieren und – im speziellen Verhältnis von Wald und Mensch – unserer heutigen Gesellschaft den Spiegel vorzuhalten.

Präsentiert werden fast 400 Exponate, die allen Sparten der bildenden Kunst entstammen, darüber hinaus Literatur, Musik und viele weitere Themenfelder einbeziehen. Auf großzügiger Ausstellungsfläche geben sich hochkarätige Werke bedeutender Maler wie Caspar David Friedrich und Anselm Kiefer ein stilles Stelldichein.

Die ausstellungsbegleitende Veröffentlichung schließlich ist ein Kompendium zur Kulturgeschichte des Waldes mit zahlreichen Beiträgen namhafter Wissenschaftler, die in ihren Essays die Reichhaltigkeit, die Breite und die Tiefe des gestellten Themas eindrucksvoll unterstreichen.

Für die Konzeption und Realisierung der Ausstellung sowie des gleichnamigen Begleitbuches gebührt vielen Menschen, Einrichtungen, Museen und Gremien mein aufrichtiger Dank. Ohne die großartige Unterstützung, das enorme Engagement, die Mithilfe und den unermüdlichen Einsatz aller Beteiligten in den vergangenen Monaten hätte man das gesamte Vorhaben nicht unter den gegebenen Rahmenbedingungen umsetzen können. So danke ich zunächst dem Träger der Stiftung Deutsches Historisches Museum, dem Beauftragten des Bundes für Kultur und Medien, Herrn Staatsminister Bernd Neumann MdB, sowie dem Kuratorium und dem wissenschaftlichen Beirat unserer Stiftung, deren Mitglieder dem ambitionierten Ausstellungsprojekt von Beginn an großes Vertrauen entgegenbrachten und seinen Fortgang mit Interesse verfolgten. Für finanzielle Unterstützung des Projekts gebührt dem Ministerium für Ernährung, Landwirtschaft und Verbraucherschutz mit Frau Bundesministerin Ilse Aigner, dem vom Ministerium eingerichteten Kampagnenbüro sowie der Schutzgemeinschaft Deutscher Wald mein aufrichtiger Dank.

Des Weiteren gilt mein Dank den Mitgliedern des wissenschaftlichen Beirats zur Wald-Ausstellung, haben sie unser Vorhaben doch in vielerlei Hinsicht fachlich unterstützt, unsere Arbeit konstruktiv begleitet, wichtige Ideen in die laufende Diskussion eingebracht und uns mit Rat und Tat zur Seite gestanden. Keinen geringeren Dank möchte ich den zahlreichen Leihgebern unserer Präsentation aussprechen, namentlich Museen, Archiven, Bibliotheken, privaten und öffentlichen Sammlungen für die großzügige Bereitschaft, uns ihre Objekte auf Zeit zur Verfügung zu stellen.

Ohne das großartige Engagement, den Einsatz und die Tatkraft vieler Mitarbeiter des Deutschen Historischen Museums hätte man die schon von meinem Vorgänger, Prof. Dr. Hans Ottomeyer, geförderte Ausstellung und dieses Begleitbuch nicht verwirklichen können. Sehr danken möchte ich daher dem Kernteam und den Initiatoren des Projekts, namentlich Ursula Breymayer und Elke Kupschinsky sowie Bernd Ulrich und Andreas Bernhard; ebenso dem die Kuratoren unterstützenden Team: Pay Matthis Karstens, Robert Kluth, Melanie Seeboth und Elisabeth Weber.

Danken möchte ich zudem allen weiteren beteiligten Mitarbeitern, insbesondere dem Gestalter der Ausstellung, Werner Schulte und seinem Team sowie Vertretern von Firmen, Künstlern und Handwerkern für das ergebnisorientierte Zusammenwirken. Sie alle haben unsere Arbeit in vielfältigster Art und Weise unterstützt und ganz wesentlich zum Erfolg des Projekts beigetragen.

Mit dem Begleitbuch zur Ausstellung ist eine Veröffentlichung entstanden, die eine zuweilen kontrovers diskutierte Thematik nach heutigem Stand der interdisziplinären Forschung in inhaltlich-konzeptionell wie gestalterisch höchst attraktiver Weise vor uns ausbreitet. Sie unterstreicht damit die gleichermaßen sensible wie seriöse Herangehensweise an ein kulturgeschichtliches Thema, das sowohl Aspekte der politik-, sozial-, wirtschafts- und mentalitätsgeschichtlichen als auch der kultur- und sozialanthropologischen Forschung behandelt. Nur so konnte eine der kulturgeschichtlichen Bedeutung des Phänomens Wald angemessene Auseinandersetzung in Text und Bild gelingen, die dem Leser ein vertieftes Verständnis von der Komplexität des gestellten Themas vermittelt, herrschende Vorstellungen korrigiert und dabei den heutigen Forschungstand stets im Blick behält. Gedankt sei daher den engagierten Autorinnen und Autoren. Sie haben die wissenschaftlichen Ergebnisse ihrer oft langjährigen Forschung zur Verfügung gestellt und in unser Projekt einfließen lassen, sind uns damit zu wichtigen Partnern im Ringen um einen adäquaten Weg des Wissens- und Wissenschaftstransfers rund um das Thema Wald geworden. Des Weiteren ist dem Sandstein Verlag Dresden für die kongeniale Umsetzung zu danken.

Mit der Ausstellung »Unter Bäumen. Die Deutschen und der Wald« sowie dem gleichnamigen Begleitbuch präsentiert das Deutsche Historische Museum erneut ein aktuelles, ja zeitloses Thema deutscher Kulturgeschichte. Möge die Ausstellung den ihr gebührenden Erfolg beim Publikum und diese Veröffentlichung geneigte Leserinnen und Leser finden!

Ursula Breymayer und Bernd Ulrich

»Unter Bäumen«: ein Zwischenreich

DIE DEUTSCHEN UND DER WALD

»Der Wald allein läßt uns Culturmenschen noch den Traum einer von der Polizeiaufsicht unberührten persönlichen Freiheit genießen. [...] Ja ein gesetzter Mann kann da selbst noch laufen, springen, klettern nach Herzenslust [...]«

Wilhelm Heinrich Riehl
Land und Leute, 1854

Seit der konservative Schriftsteller, Kulturphilosoph und Begründer der Volkskunde Wilhelm Heinrich Riehl die oben zitierten Zeilen verfasste, sind mehr als 150 Jahre vergangen. Und doch kommt eine heutige Studie über die »Einstellungen der Deutschen zum Wald und zur nachhaltigen Waldwirtschaft« zu einem ähnlichen Befund: »Viele gehen in den Wald, um Abstand zu finden, fühlen sich im Wald frei und haben den Eindruck, dass dort ihre eigenen Sinne, die im normalen Alltag verkümmern, reaktiviert werden.«[1] Der Wald wird nach wie vor als Gegenentwurf zur Alltagswelt wahrgenommen, er ist attraktiv, weil er, so die Studie, als »Negation der modernen Gesellschaft« erscheint.

Tatsächlich gehen aber 37 Prozent der Bevölkerung nur sehr selten, 16 Prozent überhaupt nie in den Wald, und unter den Jüngeren zwischen 14 und 19 Jahren gibt es noch mehr Wald-Abstinenzler. Einem echten Förster oder einer Försterin sind die meisten Jugendlichen noch nie begegnet. In Interviews geben sie dennoch an, der Förster »trägt grüne Kleidung, Kniebundhose, dicke Socken, Lodenmantel, hat einen grünen Hut (mit Feder)« und »wohnt am Waldrand in einer Hütte mit Holzofen«.[2] All diese Sichtweisen speisen sich weniger aus direkten Kontakten mit dem realen, immerhin fast ein Drittel der Fläche Deutschlands bedeckenden Wald. Vielmehr entstanden (und entstehen) sie aus überlieferten kulturellen Wahrnehmungsmustern, aus mehr oder weniger instrumentalisierten, verkitschten, ideologisierten oder dem Konsum dienenden Anschauungen eines wie auch immer vorgestellten Idealwaldes.

Nun sollte angesichts solcher Gegenüberstellungen nicht übersehen werden, in welchem Ausmaß die moderne Gesellschaft vor allem im touristischen und im ökonomischen Bereich den realen Wald bis heute und gerade heute wieder braucht, nutzt und zum Erschrecken vieler auch übernutzt. Dazu zählen die erlebnisorientierte Pädagogik, die Freizeit- und Eventkultur, aber auch der in bestimmten Milieus verbreitete, ökologisch orientierte Lifestyle. »Baumwipfelpfade« und »Kletterseilgärten« sollen aus dem einst braven Sonntagsspaziergang ein Abenteuer machen, während zum Weltkulturerbe erklärte Buchenwälder für die touristische Aufwertung strukturschwacher Regionen sorgen. Holzhäuser und Naturholzmöbel liegen im Trend, und Brennholz aus heimischen Wäldern verfügt wieder über ein positives Image. Das sind freilich nur »Peanuts«. Denn der Wald bildet im wahrsten Sinne des Wortes den Urgrund für eine der wirtschaftlich wichtigsten Branchen in der Industrienation Deutschland: Nahezu 800 000 Beschäftigte in fast 130 000 forstwirtschaftlichen und holzverarbeitenden Betrieben erwirtschaften einen jährlichen Umsatz von 108 Milliarden Euro. Überdies wird der Wald zunehmend als Kapitalanlage

261 | »Reist ins Waldland Schwarzburg-Rudolstadt!«, Tourismusplakat für den Thüringer Wald (Ausschnitt), um 1935

genutzt. Nach Angaben des Statistischen Bundesamtes stiegen allein seit 2005 die Preise für Rohholz jährlich um gut 20 Prozent.

Die materiell oder immateriell motivierte Verbundenheit, ja Liebe der Deutschen zum Wald scheint ungebrochen. Das zeigt sich auch darin, dass in Deutschland die Zahl jener Menschen stetig wächst, denen der Wald als ein sicherer Hort über das Lebensende hinaus erscheint. In der gefühlten und zumindest erhofften Geborgenheit des Waldes, unter dem ausladenden, dem Jahreswechsel unterliegenden Blätterdach der Bäume scheint Ewigkeit garantiert. Waldbestattungen in ihren unterschiedlichsten ritualisierten Formen nehmen ebenso zu wie die fast in jeder deutschen Region dafür ausgewiesenen Waldgebiete.

»Unter Bäumen« befinden sich die Deutschen offensichtlich in einem Zwischenreich. Der »deutsche Wald« ist fiktiv und real zugleich, romantisch geprägter Erinnerungsort und faktischer Wirtschaftsraum, Inbegriff von vertrauter Heimat und »terra incognita«, dem Alltag entrückte Stätte der Freiheit und Schauplatz grausamer Verbrechen, nationaler Mythos und rentable Kapitalanlage, künstlerische Projektionsfläche und aufgeräumter Freizeitpark. In dieses mitunter ziemlich undurchdringliche Dickicht hinein versucht die Ausstellung »Unter Bäumen. Die Deutschen und der Wald« einige Schneisen zu schlagen.

134 – 136 | Seiffener Nussknacker,
links: Förster, um 1910; Mitte: Förster, 1968;
rechts: der Wilderer Karl Stülpner, 1981

003 | Hohenheimer Xylothek,
Ende 18./Anfang 19. Jahrhundert

Wald-Kultur

Am Anfang waren nicht die Schrift und das Wort, sondern das Bewahren und Vermessen. In den Kontext des Bewahrens gehören die Xylotheken. Es handelt sich dabei um kunstvoll gefertigte Sammlungen von Monografien verschiedener Holzarten. Für jede einzelne Gattung sind botanische Präparate, etwa Blätter, Wurzeln, Samen, Früchte und Blütenstaub, in einer hölzernen Buchattrappe vereinigt, versehen mit handgeschriebenen Zetteln zu den Charakteristika und Nutzungsmöglichkeiten des betreffenden Holzes. Xylotheken waren um die Wende zum 19. Jahrhundert offenbar in ganz Europa verbreitet, die meisten erhaltenen Exemplare befinden sich in Deutschland. Forstleuten und Fachleuten des Holzgewerbes dienten die Buchattrappen als forstbotanisches und holzwissenschaftliches Lehrmaterial. Als Erster brachte vermutlich der Benediktinermönch Candid Huber aus Ebersberg Holzbibliotheken in den Handel, mit folgendem Ziel: »Weit entfernt den Forstmännern einen Eingriff zu thun, suche ich nur die so nothwendigen, aber größtentheils fehlenden wissenschaftlichen Kenntniße unsrer einheimischen Holzarten zu verbreiten. Es ist traurig genug, dass wir Deutsche einem einzigen Baume oder Strauche oft 20–30 deutsche Namen geben, die dann unendliche Verwechslungen, verkehrte Anwendungen, auch falsche Ausübung nach sich ziehen.«[3] Zu den bedeutendsten Holzbibliotheken zählt die aus 189 Büchern bestehende Hohenheimer Xylothek. Sie wird dem aus der Nürnberger Gegend stammenden Carl von Hinterlang, Professor für Naturkunde, Botanik und höhere Forstwissenschaft, und seinen Mitarbeitern Alexander von Schlümbach und Johann Goller zugeschrieben.

Als eigentliche Begründer der deutschen Forstwissenschaft um 1800 indes gelten Georg Ludwig Hartig, Heinrich Cotta, Friedrich Wilhelm Leopold Pfeil, Carl Justus Heyer, Johann Christian Hundeshagen und Gottlob König. Jene sechs »forstlichen Klassiker«, ihr Wirken und ihre später über Schüler in die Welt ausstrahlenden Wirkungen müssen als Teil einer komplexen Entwicklung begriffen werden, die vor dem Hintergrund einer teils realen, teils aber auch nur vorgeschobenen, interessengebundenen »Holznot« an Profil gewinnt und ab 1790 in einer Vielzahl von Publikationen beschworen wurde.[4] Tatsächlich boten die Wälder Deutschlands wie Mitteleuropas insgesamt nach dem Wüten des Dreißigjährigen Krieges ein Bild der Vernachlässigung, wenn nicht der Verwüstung. Zugleich aber stieg dank des wirtschaftlichen Wachstums im 18. Jahrhundert der Holzbedarf etwa von Bergwerken, von Hütten und Salinen oder der Glasbetriebe massiv an. Die rationale Bewirtschaftung des Waldes, die forstökonomisch begründete Aufforstung auf der Grundlage des 1713 durch den sächsischen Oberberghauptmann Ha(n)ns Carl von Carlowitz eingeführten Begriffs der »Nachhaltigkeit« – das schien das Gebot der Stunde.[5] Und es zeigte Wirkung: Kaum jemand hat dies für die Veränderungen im Wald zwischen dem Ende des 18. und dem Beginn des 19. Jahrhunderts so genau auf den Punkt gebracht wie der Forstwissenschaftler Gerhard Mitscherlich: »Im Walde, in dem es Jahrhunderte hindurch vom Hundegebell und Hörnerklang der höfischen Jagden, von dem Geschrei der Viehhirten […], geschallt hatte, wo allenthalben die Kohlenmeiler, die Teer- und Aschengruben geraucht, die Schmelzöfen gequalmt hatten, wurde es nach und nach still. Er war nun nicht mehr Lebensraum, wie bisher, sondern wurde Stätte einer planmäßigen, systematischen Holzproduktion, die nur noch möglichst wertvolles Holz liefern sollte.«[6]

Was aber Forstwissenschaftler wie Hartig oder Cotta in ihren Büchern, als Leiter von Forstverwaltungen oder als Begründer neuer Forstakademien vor allem lehrten: Vor jeder Bewirtschaftung des Waldes lag dessen exakte Vermessung und Kartierung. Immer genauere mathematische Verfahren und Messgeräte dienten der Erfassung der noch vorhandenen Holzvorräte und der Voraussage ihres Zuwachspotenzials. Dafür bürgerte sich in der Forstwirtschaft der Begriff der »Forsteinrichtung« ein, in der sich allmählich alle Fachgebiete von der Mathematik, von der Statistik bis hin zur Forstästhetik im Dienste der Vermessung, des Zustandsbefundes und der Prognose vereinten. Bis heute durchstreifen die Forsteinrichter die Wälder – etwa bei der regelmäßig stattfindenden Bundeswaldinventur –, nehmen über eine Vielzahl von Daten eine Zustandserfassung (Taxation) vor und legen so die Grundlagen für die Entscheidungen, wo und in welchem Maße aufgeforstet, wo schützend oder pflegend eingegriffen werden muss. Nicht zuletzt ihre Tätigkeit trug zur frühen Geltung der deutschen Forstwissenschaft bei. So installierten die britischen Kolonialherren in Indien seit 1840 mit Hilfe deutscher Forstspezialisten eines der damals modernsten Bewirtschaftungssysteme für die bis dahin der Zerstörung preisgegebenen dortigen Wälder. Ein System, das in globalem Maßstab, auch in England und Schottland, kopiert wurde.[7]

Angesichts solcher Erfolge sollten die aus dem gewonnenen Holz hergestellten Artefakte und Alltagsprodukte nicht in den Hintergrund treten. Die Anwendungsgebiete des Rohstoffes Holz sind so zahlreich wie verschiedenartig. Neben der Energiegewinnung und der Nutzung als Baumaterial hat Holz aber insbesondere als Werkstoff für alltägliche Gebrauchsgegenstände eine geradezu existenzielle Bedeutung. Wir kommen auf Schritt und Tritt, quasi von der Geburt bis zum Tod, mit Holz in Berührung: Hölzerne Parkettböden und Vertäfelungen, Treppen, Fenster- und Türrahmen, Kisten, Möbel, Särge, Spielwaren und Musikinstrumente gehören zum Inventar unseres Lebens. Einige Branchen der deutschen Holzverarbeitung konnten im Lauf des 19. Jahrhunderts führende Positionen auf dem Weltmarkt erobern. Andere Holzprodukte entwickelten sich zu weltweit ver-

026 | Weihnachtsberg, Erzgebirge, erste Hälfte 19. Jahrhundert

028 | Kuckucksuhr, Deutschland, Anfang 20. Jahrhundert

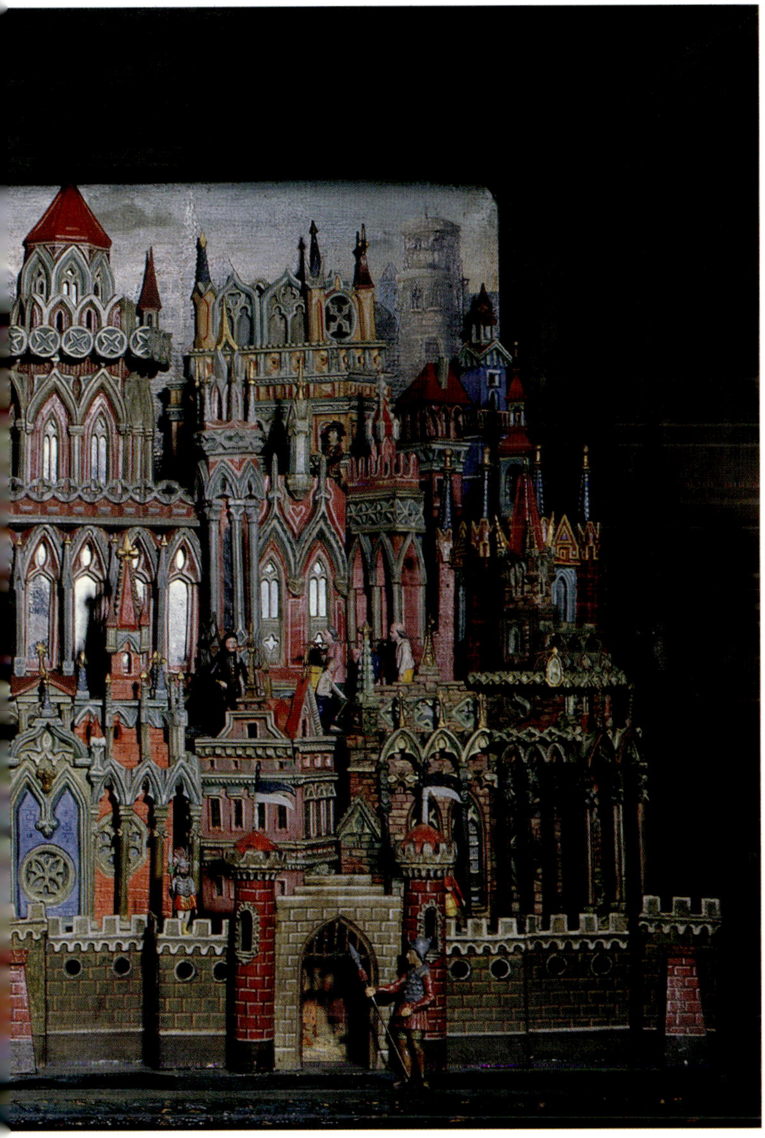

markteten Aushängeschildern deutscher Waldregionen: Kuckucksuhren etwa stehen für den Schwarzwald, Räuchermännchen, Nussknacker oder Weihnachtspyramiden für das Erzgebirge.

Die Endlichkeit fossiler Rohstoffe und der vom Deutschen Bundestag am 30. Juni 2011 beschlossene Ausstieg aus der Atomenergie bescheren dem Holz derzeit eine bemerkenswerte Renaissance. Als preisgünstiger, umweltfreundlicher, nachwachsender und CO_2-neutraler Rohstoff ist Holz gefragter denn je. Neue Biowerkstoffe wie das hauptsächlich aus den Holzbestandteilen Lignin und Cellulose bestehende Flüssigholz (»Arboform«) haben sich bereits bei Uhrengehäusen, Lautsprechern, Spielwaren, Leiterplatten oder Bestattungsurnen bewährt.

Wald-Künste

Bei der Entdeckung des Waldes gegen Ende des 18. Jahrhunderts, seiner romantischen Verklärung und der zunehmenden Ideologisierung zum »deutschen« Wald spielten Dichtung und Musik eine entscheidende Rolle. Die Suche nach einer spezifisch deutschen Geschichte erreichte im Zeichen der antinapoleonischen Befreiungskriege (1813 – 1815) ihren ersten Höhepunkt und beförderte den Wald zum grünen Symbol nationaler Identität. Diese Entwicklung setzte nahezu parallel zur bereits skizzierten intensivierten Aufforstung und Waldbewirtschaftung ein. Und als eine Art Beschleuniger in diesem durchaus wechselseitig einander befruchtenden Verhältnis wirkte die Schrift *Germania* (um 100 n.Chr.) des römischen Politikers und Historikers Publius Cornelius Tacitus. Dieser wird in seinem Werk nicht müde, die Germanen, deren Sitten und Mentalität zu schildern und die Geografie des Landes zu beschreiben, die geprägt sei von Sümpfen und düster-dichten Wäldern. Das Werk war lange vergessen, wurde um 1500 wiederentdeckt, entfaltete aber erst zu Beginn und während des 19. Jahrhunderts seine politische Wirkung. Es bildete, so der Professor für Pflanzenökologie Hansjörg Küster, einen wesentlichen »Antrieb dafür, seit dem 18. Jahrhundert durch Aufforstung künstliche Wälder zu begründen, und es galt dabei, einen alten Zustand der ›Natur‹ wiederherzustellen, wofür man eine Begründung aus historischer Sicht beizusteuern trachtete.«[8]

Einen ähnlichen, weit ins 19. und 20. Jahrhundert hineinragenden Erfolg als Transmissionsriemen deutscher, allzu schnell nationalistisch verflachender Waldliebe hatte die »Hermannsschlacht« zu verzeichnen, deren Schauplatz im Teutoburger Wald zum zentralen deutschen Erinnerungsort wurde: Die Niederlage römischer Legionen unter dem römischen Senator und Feldherren Publius Quinctilius Varus im Jahre 9 n. Chr. gegen die aus waldigen Hinterhalten angreifenden Horden des Cheruskerfürsten Arminius (»Hermann«) bekam als Schlacht (und Kampftaktik) durchaus Modellcharakter für die damals aktuellen Auseinandersetzungen mit den napoleonischen Truppen – und geriet zum vielfach berufenen nationalen Ursprungsmythos.[9] Er enthielt schon jene konfrontative Gegenüberstellung, die im 19. Jahrhundert, vor allem aber in der deutschen Propaganda des Ersten Weltkriegs eine zentrale Ausprägung erfuhr: Die angeblich wilde, urtümliche, so authentische wie immer auch waldbezogene deutsche Kultur bildete den vermeintlich überlegenen Gegenpol zur leichten, gekünstelten, »modernen« und immer auch urbanen Zivilisation der romanischen Völker im Allgemeinen und des französischen Volkes im Besonderen.

Der Begriff »Waldeinsamkeit« fällt erstmals in Ludwig Tiecks Waldmärchen *Der blonde Eckbert* (1797) und wird in der Folge zum Topos für den Wald als quasi sakralen Ort der Stille und Geborgenheit, der Melancholie und des Abschieds.[10] Die Brüder Grimm betrachteten ihre ursprünglich ohne Illustrationen 1812 und 1815 erschienenen Märcheneditionen als Sammlung von Naturpoesie und deutscher Volkskultur. In den Vorworten der immer wieder überarbeiteten Sammlung behaupteten sie sogar den »urgermanischen« Ursprung dieser Überlieferungen. Faktisch bestehen die *Kinder- und Hausmärchen* aus neuen Texten, Kunstmärchen und überlieferter Volkspoesie. Es wird gar vermutet – und auch hier wieder ist eine Verbindung zur seit 1800 verstärkt betriebenen Aufforstung offenbar –, dass die Märchen eben deshalb zumeist im Wald spielen, weil der Realwald zur Zeit ihrer Niederschrift kaum mehr vorhanden war. Während die bilderlosen Erstausgaben der *Kinder und Hausmärchen* nur wenige Abnehmer fanden, erfolgte die Verfestigung und Popularisierung des Bildes vom Märchenwald erst durch ihre Illustrierung. In immer neuen Ausgaben mit jeweils unterschiedlicher Märchenauswahl gestalteten unzählige Illustratoren, in der Nachfolge der Maler Ludwig Richter und Moritz von Schwind, ein ambivalentes Bild vom Wald: idyllisch und bedrohlich zugleich. Der Gang durch den Wald gleicht im Märchen einer Reifeprüfung. Wer wieder aus der

109 | Wilhelm Lindenschmit (d. Ä.): Hermann als Sieger, um 1840

Wildnis herausfindet und die Begegnungen mit den dort hausenden Wesen übersteht, dem winken Glück, Reichtum, Mündigkeit. Mit ihrer opulenten Visualisierung avancierten die ursprünglich nicht für Kinder gesammelten Grimmschen Märchen zur klassischen Kinderliteratur. Durch die zunehmend preiswertere Vervielfältigung der Bilder in Büchern, illustrierten Zeitschriften, Sammelbildchen und Postkarten erreichte ihre massenhafte Verbreitung gegen Ende des 19. Jahrhunderts einen ersten Höhepunkt. Von nun an diente die Bilderwelt der Märchen als Inspirationsquelle für immer neue, kindgerechte Wald-Geschichten, von den unter dem Waldboden lebenden *Wurzelkindern* über das rührende Rehkitz *Bambi* bis zum eher einfältigen denn gefährlichen *Räuber Hotzenplotz*.

Etwa zeitgleich mit der Beschwörung des Waldes als romantischer Stimmungsraum und nationaler Identitätsort in Literatur und Musik begannen die Maler, sich dem Thema zu nähern.[11] Beeinflusst durch literarische Texte prägten vor allem die Gemälde Caspar David Friedrichs und seiner Zeitgenossen das »Image« des deutschen Waldes: Knorrige Rieseneichen und beschneite Nadelwälder, Hünengräber und einsame Wanderer, Ruinen mittelalterlicher Architektur und Kreuze, Gräber und Altäre wurden zu Versatzstücken einer neuen Art des Landschaftsbildes. Nachdem auch Fabelwesen zahlreiche Gemälde bevölkert hatten, widmeten sich die Künstler in der Jahrhundertmitte zunehmend der optischen Stimmungswelt des »Waldinneren« und der »Waldeinsamkeit«. Gleichzeitig begann die Trivialisierung des Genres. Röhrende Hirsche und neckische junge Frauen belebten idyllische Waldlandschaften und sollten die vermeintlich natürliche Gegenwelt zur modernen Industriegesellschaft bilden. Seit Ende des 19. Jahrhunderts nahmen sich moderne Maler des Themas an und versahen es mit bislang unbekannten Akzenten, namentlich die Expressionisten, die den Wald in neue Farbwelten tauchten.

Während des deutschen Kaiserreichs entwickelte sich im Zeichen der bereits skizzierten Abgrenzung gegen Frankreich eine nationale Ikonografie des deutschen Waldes. Anknüpfend an das schon zuvor konzipierte Denkmal für die Hermannsschlacht im Teutoburger Wald entstanden zahlreiche Monumente, mit denen die regionalen Waldgebiete in das Netz nationaler Denkmalskultur des Wilhelminismus eingebunden wurden. Kyffhäuser- und Niederwalddenkmal zählen zu den bekanntesten, aber auch Gedichte und Lieder, wie das »Westerwaldlied« oder »Als die Römer frech geworden«, prägten das nationale Denken über den Wald. Eine der am spätesten entwickelten Facetten solcher nationalen Ikonografie bildete die Verklärung Otto von Bismarcks zum »Alten vom Sachsenwald«. In deren Folge entstanden in deutschen Wäldern unzählige Bismarcktürme.

Im Ersten Weltkrieg, vor allem aber in den Jahren nach der weithin nicht anerkannten Niederlage erforderten die Millionen von Toten eine Sinngebung ihres »Opfertodes«.[12] Bereits während des Weltkriegs war durch den Königlich Preußischen Gartenbaudirektor Willy Lange eine »Arbeitsgemeinschaft für Deutsche Heldenhaine« gegründet worden. Langes Vorstellungen, die er – mit nationalistisch-revanchistischem Unterton – nicht müde wurde in der Weimarer Republik zu wiederholen, liefen darauf hinaus, für jeden »Gefallenen« und in Erinnerung an den »heiligen Baum« und das »Einheits-Sinnbild der deutschen Stämme« seit 1813 eine Eiche zu pflanzen. Anlässlich des zehnten Jahrestages des Kriegsausbruchs schlug Reichspräsident Friedrich Ebert am 3. August 1924 in seiner Rede vor, ein nationales Gefallenenmal zu errichten, das zugleich an die Einheit der Nation mahnen sollte. Der Vorschlag wurde zunächst wohlwollend aufgenommen, überraschenderweise auch von den diversen linken und insbesondere rechten Wehrverbänden. Sie

102 | Felix Salten: *Bambi*, 1923

favorisierten von Anfang an ein Waldareal im Tannrodaer Forst südlich des bei Weimar gelegenen Bad Berka, das sich damals im geografischen Mittelpunkt des Reiches befand. Hier sollte ein Heiliger Hain, das zentrale Reichsehrenmal für die Gefallenen des Krieges, errichtet werden, eben weil »Deutschlands Herz«, wie es in einer einschlägigen Publikation hieß, »in seinen Wäldern« schlägt, »so sei auch die Erinnerung an die Toten […] diesem Herzen anvertraut.«[13] Der nach langen Widrigkeiten 1931 nochmals von einer »Stiftung Reichsehrenmal« ausgelobte Wettbewerb fand zwar in zwei Durchgängen statt, wurde jedoch nach der »Machtergreifung« nicht weitergeführt. Im Oktober 1935 erklärte Hitler das Tannenberg-Denkmal zum Reichsehrenmal.

Wald-Auftritte

Der Naturraum Wald bietet den Tieren wie deren Jägern eine Art Bühne, während er zugleich immer auch Arbeitsplatz war, etwa der des Försters, später des Forstbeamten. Bei seinen »Wald-Auftritten« erschien er durch die Jahrzehnte hindurch in geradezu gegensätzlichen Rollen. Als ausführendes Organ adliger Willkürherrschaft hatte er die in den Forstpolizeiordnungen festgelegten Verbote der Waldnutzung durch die bäuerliche Bevölkerung und die Bestrafungen bei Zuwiderhandlungen umzusetzen. Bis heute erfreuen sich insbesondere im süddeutschen und im sächsischen Raum alte Wildschützenlegenden mit ihrer Zuspitzung gesellschaftlicher Zustände und Widersprüche einer beachtlichen Beliebtheit. In ihnen erscheint das Ideal des Wilderers

Während des Nationalsozialismus rückte der Topos Deutscher Wald in den Kanon der offiziellen Staatskunst auf. In den von NS-Organisationen und staatlichen Stellen realisierten Kunst-Ausstellungen wird deutlich, dass das Thema »Wald« zwar eine starke ideologische Legitimationskraft besaß, dass es zugleich jedoch durchaus unterschiedliche künstlerische »Handschriften« zuließ und konsensfähig machte.[14]

als edlem Gesetzlosen, den männliche Stärke, ein Leben im Einklang mit der Natur und demokratisches Begehren auszeichneten, stets in Abgrenzung zum umso negativer konnotierten Förster vor 1848. Die Begegnung beider im Wald wurde zu einem Stellvertreterkrieg stilisiert, bei dem der Repräsentant der unverhältnismäßigen Adelsherrschaft auf das Sinnbild der wehrhaften, unterdrückten Bevölkerung traf. In einem variantenreichen Motivkanon griffen populäre Erzählungen, Volkslieder und Grafiken den Kampf im Forst mit seinen politischen und ideologischen Dimensionen auf und belegen eindrucksvoll den Paradigmenwechsel der Rezeption beider Positionen: Als sich das Aufgabengebiet des Försters infolge der deutschen Revolution von 1848 nicht mehr länger auf die Ahndung der Waldfreveltaten beschränkte und der Berufsstand von den Aufgaben einer »Waldpolizei« entbunden wurde, schrieb man ihm jenen positiven Charakter zu, den man einst mit dem Wildschützen assoziiert hatte.

Jetzt setzte jene positive Wahrnehmung und Stilisierung ein, die seit der Wende zum 20. Jahrhundert den Förster zum Sehnsuchtsberuf vor allem von Jungen und jungen Männern machte. Zu dieser, zunächst auch vom Bildungsanspruch des deutschen Bürgertums geprägten Entwicklung trug wiederum das mit Beginn des 19. Jahrhunderts einsetzende Aufforstungsprogramm bei. Denn dafür waren immer mehr auch akademisch ausgebildete, theoretisch wie praktisch in der Holzwirtschaft erfahrene Forstbeamte nötig, die eben nicht nur der Jagd frönten oder als Waldpolizisten fungierten, sondern ganz auf einen möglichst hohen Holzertrag fixiert waren.

Wenn der Förster – zumindest für lange Jahrzehnte – als Inbegriff der waldbezogenen Berufsbilder Geltung beanspruchen durfte, so der Hirsch als prächtigstes Waldtier. Neben der Erlegung des Wildschweins galten die Jagdzüge auf Rot- und Damhirsche in all ihren Unterarten lange Zeit als Vorrecht des Hochadels – eine Praxis, die auch noch nach dessen Untergang in ihrer Aura des Privilegs auf die nachfolgenden Jagdrituale ausstrahlte. Heutzutage ist manchen der »röhrende Hirsch« reiner Kitsch und Sinnbild deutschen Spießertums. Die Darstellung des brunftigen Hirsches war jedoch keineswegs eine deutsche Erfindung, sondern hatte sich in England und Frankreich bereits Jahrzehnte vor seiner Entdeckung in Deutschland großer Beliebtheit erfreut. Die Popularität dieses Motivs, das seinen Siegeszug

127 – 132 | Försterhüte aus dem 19. und 20. Jahrhundert

durch deutsche Wohnzimmer insbesondere der Entwicklung der modernen Lithografie Ende des 19. Jahrhunderts verdankt, wird häufig mit dem besonderen Verhältnis der Deutschen zu »ihrem« Wald erklärt. Doch richtig »deutsch« wurde der röhrende Hirsch erst nach seiner Wiederentdeckung als kultiges Kitsch-Objekt: Ob werbewirksam genutzt vom Münchner Souvenirladen »Servus Heimat«, ob von diversen Brauereien oder gleich von Werbeagenturen – der Hirsch hat es mittlerweile zum allgemein gültigen Symbol bajuwarischer, wenn nicht gar deutscher Heimat geschafft.

Die Funktion der Jagd selbst – ob auf Hoch- oder Niederwild – als repräsentative Inszenierung von Macht und zur Pflege personaler Netzwerke erreichte mit dem deutschen Kaiser Wilhelm II. ihren vorläufigen Höhepunkt.

172 | Schießscheibe von einem
Weihnachtsschießen, 1930

149 | Brunftmorgen, Chromolithografie
nach einer Vorlage von Moritz Müller, um 1925

Bereits in den Jahrzehnten zuvor und seit Beginn des aufgeklärten Absolutismus wuchs kontinuierlich die Kritik an diesem adligen Vergnügen, das verbunden war mit hohen Kosten, der eher unbequemen »Jagdfron« durch »Untertanen« und teils immensen landwirtschaftlichen Schäden. Auch deshalb fand der Versuch Wilhelms II., die Tradition der aufwendigen Hofjagdinszenierungen wiederzubeleben, kaum mehr Nachahmer. Doch mit dem Ende der Monarchie 1918 und dem Beginn einer ersten Republik auf deutschem Boden ging die Funktion der Jagd als im weitesten Sinne »herrschaftliches« Vergnügen keineswegs verloren. Dies zeigte sich auch in der alle Zeitläufe überdauernden Attraktivität mancher deutscher Jagdgebiete. So weckte die Brandenburger Schorfheide in der Nähe Berlins die Leidenschaft für die Jagd nicht nur bei den preußischen Herrschern oder bei Politikern aller Fraktionen in der Weimarer Republik. Mit ihrem Wildbestand und dessen pompös inszenierter Jagd bediente die Schorfheide auch das Geltungsbedürfnis führender Nationalsozialisten. Nach 1945 schließlich und nach der Gründung beider deutscher Staaten jagte hier vor allem Erich Honecker, in seinem Jagdeifer unterstützt von Mitstreitern aus dem Politbüro. Auch hier dienten die Jagdgesellschaften dem Machterhalt, dem Machtausbau und der Pflege politischer Kontakte.

Wald-Gewalt

Hatte schon Wilhelm Heinrich Riehl den Erhalt des Waldes zur Voraussetzung für den Fortbestand einer spezifisch deutschen Kultur erklärt, so nahm die Vorstellung vom »Wald als Erzieher« der Deutschen und als Vorbild für eine gleichsam naturgegebene Ungleichheit seit Beginn des 20. Jahrhunderts an Bedeutung zu. Der alte »welsche Waldfeind« jenseits des Rheins trachtete angeblich mit den im Versailler Vertrag von 1919 festgelegten Holzreparationen und der Abtretung waldreicher Gebiete nach der Auslöschung der Deutschen. Die Nationalsozialisten bündelten und verdichteten solche vorhandenen Denkmuster, verschafften ihnen größere Breitenwirkung und erhoben sie zu zentralen Bestandteilen ihrer Staatsideologie.

In unzähligen Bildbänden, Sach- und Schulbüchern wurde die organische, angeblich sich selbst erhaltende »Lebensgemeinschaft Wald« als Modell für die »Volksgemeinschaft« propagiert. Eine möglichst unberührt erscheinende »Urwaldwildnis« sollte die adäquate Kulisse für das »Tausendjährige Reich« bilden, denn aus ihr hätte sich »der heldische Geist germanischer Krieger immer aufs neue gestählt und gefestigt«, wie der Leiter der Reichsstelle für Naturschutz, Walther Schoenichen, in einem seiner Bildbände darlegte.[15] Die oftmals widersprüchlichen Konzepte einer vermeintlich natürlichen Vegetation führten zur aufwendig betriebenen beidseitigen Bepflanzung von Autobahntrassen und anderen Verkehrswegen: »Eine Straße aber muß Bäume haben, wenn anders sie eine deutsche Straße sein soll«, behauptete »Reichslandschaftsanwalt« Alwin Seifert im Jahre 1934.[16]

199 | Der preußische Ministerpräsident Otto Braun mit erlegtem Hirsch, um 1926

Doch ist die propagandistisch inszenierte Fürsorge für den Wald und die Bäume, etwa mit der 1935 erlassenen Naturschutzgesetzgebung, immer auch in einem Geflecht mitunter gegensätzlicher Interessen der politischen Akteure zu sehen. So dienten die neuen Naturschutzgebiete allzu oft in erster Linie der Jagdleidenschaft prominenter Nationalsozialisten. Am 21. Juli 1941 etwa wurden Teile des Polizeibataillons 322, welches nach dem deutschen Überfall auf die Sowjetunion an umfangreichen Durchsuchungen, Verschleppungen und Massenmorden im Heeresgebiet Mitte beteiligt war, zu einer Sonderaktion in den damals zu Polen gehörenden Bialowiezer Forst abkommandiert. Dort existierten noch urwaldähnliche Gebiete, in denen seltene Wisente lebten.

213 | Abdruck eines Baumstamms aus dem Belower Wald
mit Einritzungen eines Häftlings aus dem Konzentrationslager
Sachsenhausen, Ende April 1945

212 | Eichenstamm mit innen schwarz verfärbter Fläche,
hervorgerufen durch einen Granatsplitter
aus der Schlacht bei den Seelower Höhen im April 1945

222 | »Ein Sonntagnachmittag im K.L. SH.«. Fotografie aus dem Album des Kommandanten des Konzentrationslagers Sachsenhausen, Karl Otto Koch, 1936

In kürzester Zeit sollten sämtliche Ortschaften geräumt und die Bewohner »evakuiert« werden, um ein Naturschutzgebiet, vor allem aber ein persönliches Jagdrevier für Reichsjäger- und Reichsforstmeister Hermann Göring einzurichten. In den Tagebüchern des Bataillons ist die gesamte Maßnahme in buchhalterisch-teilnahmsloser Diktion festgehalten. Nicht nur sämtliche Viehbestände und Lebensmittel der dort lebenden Bevölkerung wurden in wenigen Tagen requiriert und ihre Dörfer niedergebrannt, sondern auch teilweise systematisch nach Kommunisten oder Partisanen gefahndet. Weit über hundert Personen, darunter viele als »Saboteure« deklarierte Juden, wurden sofort exekutiert.[17] Für das von Görings Reichsforstamt initiierte und vor allem nach dem »Endsieg« zu realisierende Projekt »Wiederbewaldung des Ostens« diente die krude Gegenüberstellung von deutschem »Waldvolk« und jüdischem »Wüstenvolk« oder slawischem »Steppenvolk« stets als Rechtfertigung für die Deportation und Ermordung der dortigen Bevölkerung.

Aller Naturschutz, Erhalt oder die Aufforstung des favorisierten »artenreichen Mischwaldes« wurden indessen dann hintangestellt, wenn es im Zeichen der Kriegsvorbereitung und später der Kriegswirtschaft darum ging, Autarkie in der Holzversorgung zu erreichen. Heinrich Friedrich Wiepking-Jürgensmann, der seit 1941 Konzepte einer »Wehrlandschaft« im eroberten Osten entwickelte, zeigte in seiner »Landschaftsfibel«, wie die Bepflanzung von Straßen, Stadtperipherien und Industrieanlagen zur Tarnung genutzt werden konnte.[18] Gerade im Hinblick darauf spielten gegen jede Aufklärung geschützte Waldareale für die deutsche Kriegsindustrie eine bedeutende Rolle. Vor allem Waffen, Bomben- und Munitionshersteller errichteten – im Kontext immer intensiverer alliierter Luftangriffe auf Rüstungszentren – in Waldgebieten diverse Zweigstellen ihrer Fabriken oder verlegten gleich die gesamte Produktion samt der dazugehörigen Vorratslagerstätten dorthin. Die Auswirkungen dieser Waldnutzung sind teils bis heute in Form von Munitionsfunden beziehungsweise von deren gesprengten Überresten spürbar. Allein für die Herstellung des damals ersten einsatzfähigen Strahlflugzeugs, der ME 262, gründete die Messerschmitt AG mehrere Montagewerke in süd- und südostdeutschen Wäldern. Die dezentral in kleineren Werkstätten entstehenden Teile des Flugzeugs – wie der Rumpf, die Tragflächen oder das Fahrwerk – kamen dann zur Endmontage in meist zusätzlich mit Tarnnetzen verdeckte »Waldwerke«, die, wie Höhlen, alte Stollen oder auch Autobahntunnel, Schutz gegen Luftangriffe boten.

Häufig befanden sich unmittelbar bei solchen getarnten Produktionsstätten im Wald auch Nebenlager der großen Konzentrationslager und spezielle Lager für Zwangsarbeiter. Die Lagerinsassen mussten unter härtesten Bedingungen die »Waldfabriken« errichten, um dann, sofern sie überlebten, unter erbärmlichen Lebensverhältnissen für die Fertigung ausgebeutet zu werden. Doch auch die Unterbringungslager selbst errichteten häufig die Häftlinge selbst. Das wurde bereits in der Frühphase des Baus von Konzentrationslagern deutlich, als nach den ersten, oft »wilden«, eher provisorischen Örtlichkeiten unmittelbar nach der »Machtergreifung« der Bau großer Lagerkomplexe für jeweils mehrere tausend Menschen einsetzte, die als »Instrumente der militärischen und wirtschaftlichen Mobilmachung sowie der Sozial-, Bevölkerungs- und Rassenpolitik« dienen sollten.[19] Für das unmittelbar bei Berlin liegende Konzentrationslager Sachsenhausen etwa – nach einem

229 | Kinoplakat
Schwarzwaldmädel, 1954

Wort Heinrich Himmlers geplant und verwirklicht als »vollkommen neues, jederzeit erweiterungsfähiges, modernes und neuzeitliches Konzentrationslager«[20] – begann der Ausbau im Olympia-Sommer 1936. In der kaum besiedelten, waldreichen Gegend in der Nähe Oranienburgs mussten Hunderte von Häftlingen, begleitet von Hunger, Durst und ständiger Bedrohung durch das SS-Wachpersonal, mit einfachsten Werkzeugen und hartem Körpereinsatz den Baugrund für das Lager geradezu aus dem Wald heraushauen. Davon zeugen Aufnahmen aus dem dienstlichen Fotoalbum des ersten Kommandanten des Konzentrationslagers Sachsenhausen, Karl Otto Koch. Darin befinden sich auch Bilder der von den Häftlingen gefertigten Birkenholzmöbel, die vom SS-Personal als Sitzgelegenheiten für Kaffeetafeln im Lager genutzt wurden.

Eine immer verhängnisvollere Rolle spielten die Wälder in Deutschland überdies als Kampfgebiet in der Schlussphase des Zweiten Weltkrieges. Bis auf den heutigen Tag finden sich in ihnen nicht nur – insbesondere in der Nähe von Städten und Rüstungsbetrieben – die Spuren alliierter Luftangriffe in Form von Blindgängern, Flaksplittern oder Flugzeugteilen. In vielen Wäldern und Waldgebieten fanden auch regelrechte Schlachten statt, von denen eine der heftigsten im Hürtgenwald tobte, einem über 10 000 Hektar großen Gebiet in der Eifel. Hier lieferte die Wehrmacht der vorrückenden US-Armee eine Schlacht im Wald, die zwischen Anfang Oktober 1944 und Anfang Februar 1945 schwere Verluste forderte und den Wald nahezu komplett zerstörte. Noch heute ist es dort in einigen Arealen bei Lebensgefahr verboten, die markierten Wege zu verlassen, da sich nach wie vor unentdeckte, aber intakte Minen im Waldboden befinden.

Wald-Heimat

Als Rückzugsort und Heimatersatz dient der fiktive Wald im deutschsprachigen Heimatfilm, einem originär deutschen Filmgenre.[21] Es zeigt in all seinen Spielarten vermeintlich intakte Idyllen und authentische Menschen in waldiger Kulisse, tief verwurzelt in ihrer Welt, die – untermalt von Volksmusik – den Verwerfungen der Moderne trotzen. Dabei steht der Heimatfilm in der Tradition des Bergfilms, auch der Bauernkomödie, mit denen er vom Personal her und hinsichtlich des Plots oft verschmilzt.

Viel verdankt er auch den in der zweiten Hälfte des 19. Jahrhunderts populär werdenden Heimatromanen, deren Geschichten bald auch seine werden. Die Mehrheit der Autoren und der Leser von Heimatromanen stammte aus der bürgerlichen Mittelschicht. Ländlich geprägte, oft im oder in der Nähe des Waldes angesiedelte »heimatliche« Gegenwelten werden, ganz wie im Heimatfilm, gegenüber einer als bedrohlich empfundenen Moderne favorisiert.[22] Bücher wie etwa jene von Ludwig Ganghofer (*Der Jäger von Fall*, 1883; *Das Schweigen im Walde*, 1899), Peter Rosegger (*Als ich noch der Waldbauernbub war*, 1902) oder die Jagd-, Tier- und Naturgeschichten von Hermann Löns belegen dies eindringlich, zumal sie, ebenso wie Marie von Ebner-Eschenbachs *Krambambuli* (1883), zu zahlreichen Verfilmungen anregten. Eher untypisch ist *Der Förster vom Silberwald* (1954), dessen Drehbuch-Autor Günther Schwab zwar am Skript des eigentlich als Dokumentation über die steiermärkische Jägerschaft geplanten, durch zahlreiche eindrucksvolle Naturaufnahmen dominierten Kassenschlagers mitwirkte, doch erst danach das »Buch zum Film« verfasste.

In variantenreichen Ausprägungen zog sich das Grundmotiv der »heilen« Berg- und Waldwelt im Heimatfilm durch die unterschiedlichen Zeitläufe und wurde dabei durch die jeweils vorherrschenden Ideologien überformt. Seit 1946 lief in den Besatzungszonen die Filmproduktion wieder an. Reine Unterhaltungsfilme gab es bis zur Gründung beider deutscher Staaten im Jahre 1949 jedoch kaum, aktuelle, das heißt, dem nationalsozialistischen Deutschland, dem Krieg und Nachkrieg geschuldete Stoffe dominierten.[23] Als einer der ersten Heimatfilme kam 1950 *Schwarzwaldmädel* (Regie: Hans Deppe) in die Kinos. Er läutete die ein Jahrzehnt andauernde Blütezeit des Heimatfilms ein, reichlich subventioniert durch die staatliche Filmförderung, ein Zeitraum, in dem zugleich die höchsten Kino-Besucherzahlen in der Geschichte der Bundesrepublik zu verzeichnen waren. Nach wie vor spielte der Wald im Heimatfilm eine zentrale Rolle. Als scheinbar unpolitischer, gesunder »Naturraum« symbolisierte er eine Art Ersatz für die zerstörte oder verlorene Heimat und für gescheiterte Ideologien. Teilweise handelt es sich bei den Nachkriegsproduktionen um direkte Neuverfilmungen aus der Zeit des Nationalsozialismus mit altbekannten Regisseuren und Schauspielern. Eine Aufarbeitung der Vergangenheit findet in den Filmen nicht statt. Gut und Böse bleiben säuberlich getrennt, örtliche Autoritäten – etwa Angehörige des Adels oder der Förster wie beispielsweise in *Grün ist die Heide*, 1951 (Regie: Hans Deppe) oder in der österreichischen Produktion *Echo der Berge* (in Deutschland: *Der Förster vom Silberwald*, 1954, Regie: Alfons Stummer) – müssen geachtet werden. Verliebte müssen sich bei der Lösung von Widrigkeiten sozial konform verhalten. Ernsthafte Konflikte wie zum Beispiel jene, die sich in der Wilderei widerspiegeln, können nur um den Preis ihrer völligen Verkitschung gelöst werden. In den 1960er Jahren ebbte die Heimatfilmwelle allmählich ab, wurde jedoch teilweise in Fernsehserien wiederbelebt: *Als ich noch der Waldbauernbub war* (ARD 1961) und das seit 1988 erfolgreich laufende *Forsthaus Falkenau* (ZDF) geben davon einen Begriff.

273 | »Waldextrakt«, Blecheimer für Konfitüre, Anfang 20. Jahrhundert

Wald-Freizeit

Spätestens gegen Ende des 19. Jahrhunderts wurde der Wald im Zeichen fortschreitender Industrialisierung und Verstädterung zum temporären Zufluchtsort stressgeplagter Stadtbewohner. Größere Waldungen in Deutschland, wie der Schwarzwald, der Bayerische Wald, der Thüringer Wald, der Harz, der Spreewald, oder sagenumwobene Märchenlandschaften, etwa der Spessart und der nordhessische Reinhardswald, konnten sich bald als eigenständige Tourismusgebiete etablieren. Bei ihrer Vermarktung tauchte die von Dichtern und Malern im Lauf des 19. Jahrhunderts ausgeformte Wald-Ikonografie in plakativer Form wieder auf: Lichtdurchflutete, unberührte Mischwälder und geheimnisvoll funkelnde Tannenschneisen warben für den Erholungsort Wald. Hinzu kam die (Neu-)Entdeckung gesundheitlich wertvoller Schätze im Wald. Nicht nur die gesunde Waldluft wollte der Städter atmen, sondern seinen Körper mit Fichtennadelbädern, Waldkräutertinkturen oder Rindenextrakten erquicken. Besonders im Umkreis der Jugend- und Reformbewegungen des ausgehenden 19. Jahrhunderts galt der Wald als Ort der Befreiung von allen gesellschaftlichen Zwängen, ob in Form der Leibesertüchtigung durch Wandern, Singen und Spielen im Wald, des Verzehrs gesunder Waldprodukte wie Beeren und Pilze oder der Freikörperkultur bis hin zur Sexualität im Wald: Lange Zeit bot er manchen einen willkommenen und geschützten Raum für Erotik. Die gesuchte Waldeinsamkeit in unkultivierter Natur allerdings war in einem zunehmend mit Wanderwegen, Rastplätzen, Gaststätten und Hotels »möblierten« Wald immer weniger zu finden. Naturschutzverbände protestierten – doch ohne durchschlagenden Erfolg. Nach 1900 und vor allem in den 1920er Jahren setzte die oft von Vereinen und Verbänden getragene Institutionalisierung der Waldflucht-Bewegungen ein: In Naturfreundehäusern, Landschulheimen und Jugendherbergen sollte vor allem die Jugend zurück zur Natur geführt werden. Legalisiert wurde der Urlaubs-Aufenthalt im deutschen Wald indessen erst im Jahr 1975: In dem damals verkündeten Bundeswaldgesetz – ähnliche Gesetzesregelungen gab es bereits in den 1920er Jahren in einigen deutschen Ländern – heißt es in Paragraph 14: »Das Betreten des Waldes zum Zwecke der Erholung ist gestattet.« Dies gilt für Privatwald ebenso wie für staatliche Forsten. Bis heute ist der Sonntagsspaziergang im Wald eine Institution und Inbegriff deutscher Feiertagskultur geblieben.

Wald-Rettungen

Zu Beginn des 20. Jahrhunderts veränderte sich die Sicht auf die Natur. Sie wurde nicht mehr nur als Ängste weckende Wildnis wahrgenommen, sondern auch als durch den Menschen bedrohte und daher schützenswerte menschliche Lebensgrundlage. Zugleich geriet sie mehr und mehr zum Gegenbild eines vielfach empfundenen städtischen Sittenverfalls und einer damit einhergehenden Naturvergessenheit. Vor diesem Hintergrund entwickelten sich der wilde, ursprüngliche Wald im Allgemeinen und die Existenz teils jahrhundertealter Bäume im Besonderen zur Chiffre für »unberührte Natur«. Um sie zu bewahren, versuchte der Biologe und frühe Naturschützer Hugo Conwentz, ähnlich wie die nun allerorts sich gründenden, dem Vogel- und Pflanzen- oder gleich dem Heimatschutz verpflichteten Vereine, die Natur zu erfassen und zu katalogisieren. Alte Bäume sollten wie historische und künstlerisch wichtige Bauwerke unter Denkmalschutz gestellt werden können. Conwentz verfasste eine Art »Baumbuch«, das im Jahr 1900 unter dem sperrigen Titel *Forstbotanisches Merkbuch für Westpreußen – Nachweis der beachtenswerthen und zu schützenden urwüchsigen Bestände, Bäume und Bestände im Königreich Preußen* erschien.

Das Beispiel machte in ganz Deutschland Schule, und der von Conwentz geprägte Begriff »Naturdenkmal« setzte sich als Sammelbegriff durch. Aber Conwentz und sein Bemühen um den Baumschutz bildeten nur einen Baustein in der »Formatierungsphase der deutschen Naturschutzbewegung im Kaiserreich«.[24] Ein weiteres, ganz auf Berlin bezogenes Beispiel ist der sich um die Wende vom 19. zum 20. Jahrhundert anbahnende Konflikt um die Teil-Bebauung des Grunewalds.[25] Ein breites, heute würden wir sagen bürgerschaftliches Engagement auf allen Ebenen – am Ende schaltete sich sogar Kaiser Wilhelm II. ein – führte dazu, dass im Jahr 1915 der sogenannte Berliner Dauerwaldvertrag geschlossen wurde. Er schrieb fest, dass die Wälder rund um das entstehende moderne Berlin als Naherholungsflächen für die Städter erhalten werden sollten.

Unverkennbar lud der zeitgleich mit dem Naturschutz aufkommende Begriff des Heimatschutzes dazu ein, ihn nationalistisch und schließlich auch rassistisch aufzuladen, nicht zuletzt im Zusammenhang mit dem zunehmend als spezifisch deutsch verstandenen Naturraum des Waldes. Auch hier wirkte die im Vertrag von Versailles sich manifestierende deutsche Niederlage als Katalysator. Vor dem Hintergrund der bereits erwähnten Reparationszahlungen an den alten »Erbfeind« Frankreich in Form von Holz aus »deutschen Wäldern« nahmen diese Tendenzen im Naturschutz massiv zu. Dennoch waren damit etwaige ideologische Annäherungen an den Nationalsozialismus nicht unausweichlich. Ja, bis zum Inkrafttreten des politische Gegensätze überdeckenden Reichnaturschutzgesetzes im Jahr 1935 kam es sogar ausgesprochen oft zu Konflikten zwischen den heimatverbundenen, regional engagierten Naturschützern und den nationalsozialistischen Landschaftsplanern und deren auf das Reich abzielenden Großplänen.[26]

Was einst etwa mit dem Engagement Berliner Bürger in der Kaiserzeit für den Erhalt des Grunewalds begonnen hatte, setzte sich nach 1945 und vor allem seit dem Ende der 1950er Jahre in beiden deutschen Staaten fort. Während sich in der DDR einerseits staatlich kontrollierter Naturschutz, andererseits aber durchaus auch – beispielsweise in kirchlichen Gruppen – unabhängige, mitunter auch dissidente Umweltschutzaktivitäten seit Anfang der 1970er Jahre entwickelten, entstand in der Bundesrepublik im gleichen Zeitraum eine breite Umweltbewegung. Ihr stetes Anwachsen hing eng mit ihrem Kampf gegen Atomkraftwerke zusammen. Spielte bereits dabei der Wald und der Bezug auf seinen ökologischen und kulturellen Wert eine Rolle, so trat seine Erhaltung beim wiederum umweltschutzmotivierten Protest gegen die Startbahn-West des Frankfurter Flughafens seit 1980 ganz in den Vordergrund.

Wie lebendig der Zusammenhang zwischen Umwelt- und Waldschutz in jener Zeit war, zeigten aber auch zuvor schon lokale Aktionen. Im Jahr 1976 sollte in Spandau, direkt an der innerdeutschen Grenze, ein Kohlekraftwerk gebaut werden – mitten im Wald. Rasch entstand eine breite, alle gesellschaftlichen Schichten umfassende Protestbewegung. Schließlich bezogen Aktivisten in provisorisch errichteten Holzhütten Quartier, zeigten Ausdauer über den Winter hinaus und konnten so die Rodung des Waldes und damit das Kraftwerk verhindern. Zugleich wurde an einem städtischen Infostand eine Dose mit »Berliner Luft« verkauft, die im Spandauer Forst »eingefangen« worden war. Der Dose war der Hinweis beigefügt, dass nach einem eventuell doch erfolgenden Bau des Kraftwerkes im Spandauer Forst das nun »museumsreife Objekt« zu öffnen sei, um so noch einmal die »gute alte Berliner Luft« genießen zu können.

Die enge Verbindung zwischen Umwelt- und Naturschutz wurde in der Debatte und in den damit zusammenhängen-

069 | Reinhart Heinsdorff: Walddenkmal, 1982

den Aktionen um das »Waldsterben« in den 1980er Jahren deutlich.[27] Neuere Forschungen des Forstwissenschaftlers Bernhard Ulrich hatten den durch die industrielle Umweltverschmutzung evozierten »sauren Regen« als Erklärung für ein mysteriöses Baumsterben angeboten. Ulrichs Forschungsergebnisse fanden mit Hilfe der Medien rasch Verbreitung. Die nun inszenierten Horrorszenarien, die etwa mit apokalyptischen, waldleeren Wüstenbildern Mitteleuropas arbeiteten, fanden in Deutschland eine überwältigende Resonanz, die im restlichen Europa eher erstaunt registriert wurde. Erst mit dem Fall der Mauer verlor das Thema an Wirkmächtigkeit und verschwand schließlich ganz aus der deutschen Medienlandschaft.

Wald-Tatorte

In der deutschen Kriminalgeschichte ist der Wald als Tatort von großer Bedeutung.[28] Tradiert durch mündliche Überlieferungen, Romane, Erzählungen, Märchen, aufgefrischt durch eine immer wieder neue Konjunkturen erlebende Kriminalliteratur und nahezu täglich angereichert durch aktuelle Zeitungsmeldungen scheint der Wald, zumindest jenseits der Waldwege, noch immer ein furchteinflößender Ort des Todes und des Schreckens. Hier verbinden sich historische Ereignisse mit individuellen Erfahrungen. »Sehr viele Frauen, aber auch eine Anzahl der Männer, konnten ein bestimmtes beängstigendes Walderlebnis schildern, eine Episode, die bis in ihre Gegenwart hineinwirkt«, heißt es als Ergebnis einer einschlägigen Befragung.[29]

Der Wald ist von jeher auch ein schwer überschaubares und gerade deshalb auch ein von wenigen, eher »dubiosen« Menschen frequentiertes Gebiet – Sonderlinge aller Art, Schmuggler, Freikorpsmitglieder, Angehörige von Wehrsportgruppen bis hin zur sogenannten RAF, die im Wald einige ihre Waffen- und Munitionsdepots angelegt hat. Der Wald bot und bietet getarnte Rückzugsmöglichkeiten für halblegale und kriminelle Aktivitäten. In Umbruchs- und Krisenzeiten erweiterte sich die Spannbreite waldbezogener Tatorte: Nach 1918 beispielsweise sammelten sich in Wäldern in der Nähe zahlreicher Großstädte entlassene Soldaten, Jugendliche und Arbeitslose, die in deren Schutz und aus ihnen heraus Straftaten verübten. »Während des Zweiten Weltkriegs diente der Wald im Osten vielfach dem Rückzug der Widerstandsgruppen, die gegen die deutschen Aggressoren kämpften.«[30] In der unmittelbaren Nachkriegszeit schließlich entwickelten sich insbesondere die Grenzwälder entlang der sowjetischen Besatzungszone zu immens gefährlichen Arealen. Immer wieder ereigneten sich dort spektakuläre Überfälle und Morde – wie übrigens in nicht so krasser Weise auch nach der Revolution und Wiedervereinigung in den Jahren 1989/90.[31]

Von Wilderern als Opfer über Hobbyjäger als Geiselnehmer bis hin zu Förstern als Täter reicht die Bandbreite der Protagonisten, die im *Tatort* und *Polizeiruf 110* agieren. Zahlreiche Folgen der seit Anfang der 1970er Jahre produzierten Kultserien, die in vielerlei Hinsicht wie ein mentales Archiv der bundesrepublikanischen und der ostdeutschen Gesellschaftsgeschichte und nach 1989 der gesamtdeutschen Geschichte wirken, spielen in entscheidenden Szenen am Schauplatz »Wald«.

Wald-Blicke

Seit seiner extremen weltanschaulichen Überhöhung im Nationalsozialismus hat der »deutsche Wald« seine Unschuld ein für allemal verloren. Gleichwohl – oder auch gerade deshalb – beschäftigt er Künstlerinnen und Künstler der Gegenwart: als Motiv, Topos und Mythos.[32] Insbesondere im Medium der Fotografie und der Videokunst setzen sich zeitgenössische Arbeiten mit tradierten Bildern und Wahrnehmungsmustern auseinander oder versuchen, neue, ungewohnte Seheindrücke vom Wald zu realisieren. Teils sind es ironische Brechungen zentraler Waldmythen und -märchen, etwa bei Anna und Bernhard Blume. In Christoph

357 | Sonja Calovini: Gemälde, prämierte Fotografie des Wettbewerbs »Ohne ihn ...« zum Internationalen Jahr der Wälder 2011

Girardets Video-Arbeit *Silberwald* hingegen verdichtet sich die vertraute Analogie »Wald« und »Deutsche Heimat« zu einer bizarr-befremdlichen Synopse aus Heimatfilm-Sequenzen. Während Sigune Hamann, Sabine Wenzel und Thiemo Bögner den Farben- und Formenreichtum des Waldes zwischen Idylle und Bedrohlichkeit eindrücklich in Szene setzen, arbeitet Andréas Lang mit Versatzstücken der romantischen Malerei, etwa eines Caspar David Friedrich. Bei Ernst Vollands Fotoarbeit *Deutscher Wald* wiederum wird dieser zum Erinnerungsort der deutschen Geschichte. Erst auf den zweiten Blick ist darauf zu erkennen, dass die nach dem Überfall auf Polen einsetzenden Massenerschießungen durch Einheiten der SS, des SD, der Polizei und der Wehrmacht nicht nur bildästhetisch im Mittelpunkt stehen.

Die zeitgenössischen Fotoarbeiten belegen nochmals, wie präsent der Wald im Bewusstsein der Deutschen ist. Diese Gegenwärtigkeit des Waldes in all seinen mehr oder weniger hoch aufgeladenen Varianten, in seiner Verortung als Schauplatz deutscher Geschichte und Kultur, aber auch in seiner Bedeutung als wirtschaftlicher und ökologischer Faktor in den europäischen Industrienationen bestimmten von Anfang an die Veranstaltungen im »Internationalen Jahr der Wälder 2011«. Die von den Vereinten Nationen initiierte, dem Schutz der Wälder gewidmete Aktion wird für die Bundesrepublik durch das Bundesministerium für Ernährung, Landwirtschaft und Verbraucherschutz koordiniert. Es hat die nationale Initiative unter das Motto »Entdecken Sie unser Waldkulturerbe« gestellt.

In einer Republik, in der über 600 000 Menschen in zahlreichen Wandervereinen organisiert sind und auf etwa 200 000 Kilometern Wald-Wanderwegen ihrer Wanderlust frönen können, in einer Nation, die sich über 800 Waldkindergärten leistet und unzählige Waldschulen, in einem Land, das sich mit Holzvorräten von 3,4 Milliarden Kubikmeter »Holz-Europameister« nennen darf – in einem solchen Gemeinwesen ist es eine gute Idee, als Krönung aller Veranstaltungen im »Jahr der Wälder« einen Fotowettbewerb zum Thema »Ohne ihn ...«, soll heißen: »Was wäre unser Leben ohne den Wald?« auszuloben. Einige der prämierten Fotos beschließen auch die Ausstellung des Deutschen Historischen Museums Berlin – aber nicht das Nachsinnen über eine Antwort.

Anmerkungen

1 Carsten Wippermann, Katja Wippermann, Mensch und Wald. Einstellungen der Deutschen zum Wald und zur nachhaltigen Waldwirtschaft, Bielefeld 2010, S. 37. Die vom Bundesministerium für Bildung und Forschung geförderte, in den Jahren 2005 bis 2008 durchgeführte Studie befragte insgesamt 3756 Personen im Alter ab 14 Jahren.

2 Ebenda, S. 156. Prozentzahlen über die Häufigkeit des Waldbesuchs vgl. S. 27 (Erwachsene ab 20 Jahren), S. 144 (Jugendliche zwischen 14 und 19 Jahren).

3 Zitiert in Mathilde Rahmann, Hinrich Rahmann, Barbara Gericke, Thomas Plöttner, Die Hohenheimer Holzbibliothek. In: Hohenheimer Themen. Zeitschrift für kulturwissenschaftliche Themen, hg. v. Ulrich Fellmeth und Harald Winkel, Jg. 1, 1992, S. 65–111 (Sonderdruck), hier S. 68.

4 Zur Kritik an der Holznot-These vgl. Joachim Radkau, Holzverknappung und Krisenbewußtsein im 18. Jahrhundert. In: Geschichte und Gesellschaft Jg. 9, Heft 4, 1983, S. 513–543.

5 Vgl. den Beitrag von Peter-M. Steinsiek in diesem Band, S. 90.

6 Gerhard Mitscherlich, Zustand, Wachstum und Nutzung des Waldes im Wandel der Zeit, Freiburg im Breisgau 1963, S. 14 f.

7 Jürgen Osterhammel, Die Verwandlung der Welt. Eine Geschichte des 19. Jahrhunderts, München 2009, S. 547.

8 Hansjörg Küster, Geschichte des Waldes. Von der Urzeit bis zur Gegenwart, München 2008[3], S. 99.

9 Vgl. Herfried Münkler, Die Deutschen und ihre Mythen, Berlin 2009.

10 Vgl. den Beitrag von Erhard Schütz in diesem Band, S. 106.

11 Vgl. die Beiträge von Ute Jung-Kaiser und von Andreas Bernhard in diesem Band, S. 172 und S. 128.

12 Vgl. den Beitrag von Benjamin Ziemann in diesem Band, S. 222.

13 Zitiert nach Bernd Buchner, Um nationale und republikanische Identität: die deutsche Sozialdemokratie und der Kampf um die politischen Symbole in der Weimarer Republik, Bonn 2001, S. 225.

14 Vgl. den Beitrag von Jan Werquet in diesem Band, S. 160.

15 Walther Schoenichen, Urwaldwildnis in deutschen Landen. Bilder vom Kampf des deutschen Menschen mit der Urlandschaft, Neudamm 1934, S. 51.

16 Zitiert in Hansjörg Küster, Geschichte des Waldes. Von der Urzeit bis zur Gegenwart, München 2008[3], S. 217.

17 Vgl. Andrej Angrick, Martina Voigt, Silke Ammerschuber, Peter Klein, »Da hätte man schon ein Tagebuch führen müssen. Das Polizeibataillon 322 und die Judenmorde im Bereich der Heeresgruppe Mitte während des Sommers und Herbstes 1941«. In: Die Normalität des Verbrechens, hg. v. Helge Grabitz, Klaus Bästein und Johannes Tuchel, Berlin 1994, S. 325–385, hier S. 337 ff.

18 Vgl. Heinrich Friedrich Wiepking-Jürgensmann, Die Landschaftsfibel, Berlin 1942.

19 Günter Morsch, Gründung und Aufbau des Konzentrationslagers Sachsenhausen. In: ders. (Hg.), Von der Sachsenburg nach Sachsenhausen. Bilder aus dem Fotoalbum eines KZ-Kommandanten, Berlin 2007, S. 87–194, hier S. 89.

20 Zitiert nach ebenda, S. 88.

21 Vgl. den Beitrag von Nils Plath in diesem Band, S. 190.

22 Vgl. Claudia Beindorf, Terror des Idylls. Die kulturelle Konstruktion von Gemeinschaften in Heimatfilm und Landsbygdsfilm 1930–1960, Baden-Baden 2001, S. 9–16.

23 Vgl. Rainer Rother, Mythen der Nationen. Völker im Film, Berlin 1998, S. 75.

24 Frank Uekötter, Umweltgeschichte im 19. und 20. Jahrhundert, München 2007, S. 68 f.

25 Vgl. den Beitrag von Jeffrey K. Wilson in diesem Band, S. 216.

26 Vgl. den Beitrag von Hansjörg Küster in diesem Band, S. 66.

27 Vgl. den Beitrag von Franz-Josef Brüggemeier in diesem Band, S. 256.

28 Vgl. den Beitrag von Jochen Vogt in diesem Band, S. 236.

29 Albrecht Lehmann, Von Menschen und Bäumen. Die Deutschen und ihr Wald, Reinbek bei Hamburg 1999, S. 91.

30 Ebenda, S. 145 f.

31 Vgl. ebenda.

32 Bei der im September 2011 eröffneten Ausstellung »Heimatkunde. 30 Künstler blicken auf Deutschland« im Jüdischen Museum Berlin« spielt der Wald eine bedeutende Rolle. Vgl. dazu Margret Kampmeyer, Wir sind der Wald! In: Heimatkunde. 30 Künstler blicken auf Deutschland, Katalog zur Ausstellung des Jüdischen Museums Berlin vom 16. September 2011 bis zum 29. Januar 2012, Jüdisches Museum Berlin (Hg.), Berlin, München 2011, S. 146–155.

Wir danken Pay Matthis Karstens, Robert Kluth, Elke Kupschinsky, Melanie Seeboth und Elisabeth Weber.

264 | Tourismusplakat
für den Schwartenberg, um 1930

263 | Tourismusplakat
für Lübbenau im Spreewald, um 1930

268 | Tourismusplakat für den Kurort Badenweiler, 1908

265 | Tourismusplakat
für das Badnerland, 1925

266 | Plakat der NS-Organisation
»Kraft durch Freude«, um 1935

262 | Tourismusplakat für St. Blasien im Schwarzwald, um 1920

259 | Tourismusplakat
für den Spessart, um 1905

260 | Tourismusplakat
für den Harz, vor 1939

Albrecht Lehmann

Vom deutschen Wald und seiner Wahrnehmung

Wenn wir unsere Umgebung – natürliche Landschaften, Straßen, Gebäude – wahrnehmen, stehen wir zugleich unter dem Eindruck von Informationen, die sich unserer unmittelbaren sinnlichen Anschauung entziehen. Denn jede erlebte Situation geschieht unter dem Einfluss von »Erfahrungen zweiter Hand« (Arno Gehlen). Wer etwa als Mitteleuropäer typische Gegenden seiner Umwelt betrachtet, über sie nachdenkt oder redet – über ein Mittelgebirge, die Nordsee oder über unser Thema, den Wald –, der verlässt sich fast zwangsläufig auf Informationen und Vorgaben aus der bildenden Kunst, der Literatur und der Musik, außerdem auf naturwissenschaftliche, politische und ökologische Kenntnisse aus einschlägigen Sach- und Schulbüchern und natürlich auf die Flut der Mitteilungen aus den aktuellen Massenmedien. Im Einzelfall dürfte es deshalb aussichtslos sein, Naturerlebnisse auf Spaziergängen und Wanderungen von solchen kulturell fest etablierten Sekundärerfahrungen zu trennen.

Ein Beispiel aus dem Alltagsleben soll veranschaulichen, was das für das Thema dieses Beitrags bedeutet. Nehmen wir an, wir gehen vom Feld her mittags an einem sonnigen

links: 258 | »La Foresta Tedesca«, Tourismusplakat für den deutschen Wald, Ausschnitt, 1930er Jahre

oben: 095 | Viktor Paul Mohn: *Märchenstrauß für Haus und Kind*, 1882

Sommertag in einen Wald hinein. Spontan nehmen wir Schatten, eine angenehme Kühle und die Stille des Raumes einschließlich der Windgeräusche wahr. Selbstverständlich wissen wir, was Bäume sind. Wahrscheinlich können wir die einzelnen Arten nicht auf der Stelle benennen. Aber eines ist offensichtlich: Bei dieser »größeren, mit Bäumen dicht bepflanzten Fläche«[1] handelt es sich um einen Wald. Also um ein Gebiet, in das wir hineingehen können und aus dem wir auch wieder herausfinden werden. Außerdem müssen wir dort keine Angst vor gefährlichen Tieren, etwa giftigen Schlangen oder Bären haben. Allenfalls können wir uns darin verlaufen. Das kostet Zeit. Hauptsache, wir sind, wenn es dunkel wird, wieder bei unserem Auto, das wir hundert Meter vor dem Waldeingang abgestellt haben. Kurzum, wir haben Vertrauen zu diesem Stück Umwelt. Schließlich handelt es sich um einen uns vertrauten Typ »mitteleuropäischer Natur«, den deutschen Wald.

Das Vertrauen hat eine Geschichte. Noch vor 200 Jahren wurde der Wald auch bei uns als ein gefahrvoller, unheimlicher Ort wahrgenommen, seine Einsamkeit und Stille in den Volkserzählungen, den Märchen und Sagen der Kinder und Erwachsenen sowie vermutlich auch in der Realität, nicht als angenehm, sondern eher als schauerlich empfunden. Dieses Wahrnehmungsmuster mag heute auf einen aufgeklärten Mitteleuropäer exotisch wirken. Aber machen wir uns nichts vor: Für nicht wenige ist der Wald ein Ort geblieben, der mit Vorsicht betreten werden sollte. Unbegleitet mögen viele Großstädter nicht hineingehen, weil sie fürchten, sich darin zu verirren oder einem unangenehmen Zeitgenossen zu begegnen. Die Atmosphäre der Märchen- und Sagenwälder wirkt aus der Kindheit ins spätere Leben hinein.

Im europäischen Volksmärchen ist der Wald keineswegs gefühlig aufgeladen. Wälder gehörten zum Alltag, waren den Menschen aus eigener Erfahrung vertraut. Deshalb mussten sie nicht umständlich beschrieben werden. In den Märchen blieben sie allerdings eine Art »Unort«. Niemand wollte für längere Zeit da hineingeraten oder gar wohnen. Wer im Wald lebt, fällt im Märchen unter die Ausgestoßenen, die Hexen oder Räuber. Familien haben ihr Haus besser nicht im Wald, sondern an dessen Rand. Konkreter als das Märchen wirkten die Sagen auf das Waldbewusstsein ein. In der Sage konnte der Wald zur »mythischen Landschaft« werden.[2] Darin scheinen die mittägliche Stille und vor allem die Dunkelheit unheimlich, ebenso der Nebel. An bestimmten Stellen – an Wegkreuzungen und bei alten Bäumen – soll es spuken. Allerdings wissen wir nicht, ob die Leute wirklich an solche Erzählgeschichten glaubten.

»Aus dem Wald
ist alle europäische Kultur
[...] hervorgegangen.«

Werner Sombart
Der moderne Kapitalismus, 1902

348 | Andréas Lang: Das Geheimnis des Waldes III, 2002

Doch das Unheimliche lässt sich bis heute nachempfinden. Aufgrund dieser Tradition haben Wälder an manchen Stellen und in manchen Situationen für viele etwas Beängstigendes behalten. Da finden sich zum Beispiel »Bunkerwälder«. In der Zeit des Nationalsozialismus waren dort Gefangenen- oder Waffenlager und eben auch Bunker errichtet worden. Heute ranken sich schauerliche Geschichten, moderne historische Sagen um solche Erinnerungsorte. Wer dort allein oder in einer kleinen Gruppe die Orientierung verliert, kann in der Atmosphäre des Nebels oder der Dämmerung eine unheimlich sagenhafte Stimmung durchleben. Der moderne Spielfilm, etwa *The Blair Witch Project* (USA 1999, Regie: Daniel Myrick, Eduardo Sánchez), zielt bei seinen Inszenierungen der erschreckenden Einsamkeit und Verlassenheit im uferlosen Wald auf die literarisch vermittelten Erfahrungen solch beängstigender Stimmungen in der sagenhaften Welt der europäisch-nordamerikanischen Erzählkultur ab.

Viele Migranten, die aus Kulturen Asiens oder Afrikas zu uns kommen, teilen dieses Gefühl der Furcht vor der Unzugänglichkeit des Waldes. Da berichtete ein Zeitungsreporter von dem Unheil, das einer Gruppe afrikanischer Asylbewerber zustieß. Die jungen Männer, teils ehemalige Kindersoldaten, hatten nicht »das Glück«, nach Berlin verteilt zu werden. Stattdessen saßen sie »im Wald fest«, im Bayerischen Wald: »Das Heim liegt in einer Senke mitten im Wald an einem Bach, rundum nichts als Bäume.« Die Stille, erzählt einer von ihnen, mache ihm Angst, »dass er irgendwann verrückt werde« (FAZ, Nr. 5, 7. 1. 2011, S. 7).

Die deutsche Waldsymbolik – nichts Exklusives

Die gegebenen Beispiele veranschaulichen es. Unsere Naturwahrnehmung ist stets das Ergebnis eigener Lebenserfahrungen und kultureller Vorgaben. Wenn uns eine bestimmte Landschaftsform persönlich vertraut ist, geht das meist auf Kindheitserfahrungen zurück, etwa in der Familie oder in der Schule. Typischerweise sind es nicht einzelne benennbare Erlebnisse, die unser Verhältnis zur Landschaft prägen, sondern regelmäßige, zur Routine gewordene Erlebnisse: der Waldspaziergang mit der Familie oder das Picknick mit Freunden unter einer Baumgruppe. Die Gedächtnisforschung spricht in diesen Fällen von allgemeinen Ereignissen. Erfahrungskomplexe dieses Typs prägen unsere Wahrnehmungen in der Natur.

Natürlich bevorzugen Angehörige anderer Kulturen die typischen Landschaftsformen ihrer Lebenswelt in ähnlicher Weise wie die Deutschen ihre Wälder. In Skandinavien und bei unseren polnischen und tschechischen Nachbarn fällt die Waldliebe wohl kaum geringer aus als bei uns. Und in Japan, wo 70 Prozent des Landes aus bewaldeten Bergregionen bestehen, werden natürliche Waldgebiete nicht nur wegen ihrer Schönheit gepriesen, sondern in ähnlicher Weise als von Geistern beseelt wahrgenommen, wie es die Mythenforschung des 19. Jahrhunderts für die Gebiete Deutschlands und seiner geografischen Nachbarn beschrieben hatte. In jedem Baumstumpf hauste demnach ein Waldgeist, der Kinder und Holzsammler erschrecken und möglichst aus dem Jagd- und Forstgebiet heraushalten sollte.

Dass Wälder überall in Deutschland geliebt und am Wochenende immer wieder einmal zur Erholung und Erbauung besucht werden, gehört zum Programmangebot des Familienlebens. Schließlich sind Wälder wegen ihrer Schönheit und »Natürlichkeit« die bevorzugte Landschaftsform. Der Wald und das Meer repräsentieren aufs Anschaulichste, was wir unter »Natur« verstehen. Als in den 1980er Jahren, in der Zeit des »Waldsterbens«, eine von den Medien bewirkte nationale Erregung das Land ergriff, als sich überall Trauer und Angst über den unaufhaltsamen Verlust eines deutschen Erinnerungsortes ausbreiteten, zeigte sich – zur Hysterie übersteigert – die Liebe der Deutschen zu ihren Wäldern.

Wie sehr das Szenario des Waldsterbens die Deutschen über alle Maße hinaus ängstigte, das erstaunte unsere Nachbarn, zumal in Frankreich. Nicht zuletzt wohl auch, weil zu diesem Zweck in deutschen Zeitungen und Fernsehsendungen wieder einmal an die Symbolkraft des Waldes als Ursprung deutscher Kultur erinnert wurde. Dass ein großes Industrievolk seine Herkunft auf den Spuren des römischen »Ethnologen« und »Publizisten« Tacitus immer noch aus den düsteren Wäldern der alten Germanen herleiten wollte, mochte allenfalls im Mythensumpf des ausgehenden 19. Jahrhunderts akzeptabel gewesen sein. Aber gegen Ende des 20. Jahrhunderts?

Ist der Wald gegenwärtig noch ein Nationalsymbol der Deutschen? Da ist Zweifel geboten. Vor allem, weil Nationalsymbole in Deutschland kaum Ansehen genießen. Vermutlich können viele der jungen Leute in unserem Land mit einem Begriff wie »Nationalsymbol« kaum etwas verbinden. Die politische Instrumentalisierung des deutschen Waldes im

044 | Johann Heinrich Hasselhorst: Wäldchestag bei Frankfurt, 1871

322 | Plakat des Bundes Naturschutz in Bayern e.V., 1970/89

19. Jahrhundert und in der Zeit des Nationalsozialismus steht jeder ausdrücklich erklärten nationalen Symbolik entgegen.

In der Mitte des 19. Jahrhunderts, in der Zeit des wachsenden Nationalismus war die Liebe der Deutschen zu den Wäldern für etwas Einzigartiges erklärt worden. In der ursprünglichen Wildnis dieser Natur ruhe nicht nur die völkische Vergangenheit der Deutschen, sondern ebenso eine ursprüngliche Kraft, ausschlaggebend für ihre politische Zukunft in Europa: Der deutsche Nationalcharakter als Ergebnis der Wildnis deutscher Wälder. Andere Länder – vor allem die Konkurrenznationen Frankreich und England – hatten sich dieser Ursprungsideologie zufolge an ihrer Bevölkerung versündigt, als sie ihre dichten Wälder aus wirtschaftlichen Gründen beseitigten. Sollten sie doch ruhig die Bequemlichkeiten ihrer Zivilisation genießen, die Kraft und Ursprünglichkeit der »Wildnis« war ihnen unwiederbringlich verloren gegangen: überzüchtete Nationen, im Zustand einer kulturellen und politischen Endphase. Kein Wunder, dass solch krude Gedankenspiele ins völkische Programm der Nationalsozialisten passten. Die ursprüngliche Kraft des deutschen Waldvolkes im Kreise seiner Nachbarvölker konnte auch als Zeichen seiner rassisch begründeten Überlegenheit gepriesen werden.

Elias Canetti hatte diese Richtung einer deutschen Mentalitätsgeschichte erkannt, als er 1960 in *Masse und Macht* die Verhältnisse am Anfang der 1940er Jahre analysierte. Das Massensymbol der Deutschen sei damals das Heer gewesen. Und er fuhr fort: »Aber das Heer war mehr als das Heer: Es war der marschierende Wald«. Diese seit Jahrzehnten immer wieder zitierte Buchpassage, keineswegs ironisch oder als Provokation gemeint, löst heute Befremden aus. Der Wald hat seine politische Bedeutung als Nationalsymbol in Deutschland verloren. Als »politische Landschaft« (Martin Warnke) ist er verdächtig geworden.

Angesichts dieser Symbolgeschichte ist es eine bemerkenswerte Tatsache, dass die D-Mark – wie der Wald und Beethovens Neunte ein »deutscher Erinnerungsort« mit nationaler Symbolqualität – auf jeder Münze vom Ein-Pfennig- bis zum Markstück von einem Eichblatt geziert wurde und dass auch die DDR-Mark dieses traditionsreiche Symbol auf ihren Leichtmetallmünzen präsentierte. Die Symboltradition der Wälder und Eichbäume setzt sich inzwischen auf der deutschen Version der Euro-Münzen fort. Inwieweit diese Entscheidung aus Politik und Bankwesen von der Bevölkerung auf Wald und Eichbaum als Nationalsymbole bezogen oder nur als Dekoration wahrgenommen wird, ist eine offene Frage.

Unbeeindruckt davon bleibt der Wald eine zentrale Metapher für die Schönheit und Harmonie unserer Landschaften. Die Symbolqualität eines bestimmten Landschaftstyps lässt sich auch in England erkennen. Dort sind die Wälder – seit dem ausgehenden Mittelalter weithin für den Schiff- und Hausbau gerodet – einer parkartigen Landschaft gewichen. Solch eine offene, von Feldern und kleinen Baumgruppen

»Wir müssen den Wald erhalten,
nicht bloß damit uns der Ofen im Winter
nicht kalt werde, sondern auch damit
die Pulse des Volkslebens warm
und fröhlich weiter schlagen, damit
Deutschland deutsch bleibe.«

Wilhelm Heinrich Riehl
Land und Leute, 1854

geprägte Landschaft vermittelt der Bevölkerung das heimatliche Gefühl von Harmonie mit der Natur. Es wird wie in Deutschland in den Bilderzählungen der Landschaftsmalerei des 19. Jahrhunderts genossen.

Eine Nationalisierung der Landschaft lässt sich in der Malerei an vielen Stellen in Europa und auch in Amerika beobachten. Vor einigen Jahren stellte die National Gallery in London neben dem Originalbild diverse auf einen Zeitungsaufruf zusammengekommene Versionen sehr unterschiedlicher Drucke und Kopien eines berühmten Landschaftbildes des Malers John Constable aus. Das Original (1826) aus eigener Sammlung wurde gemeinsam mit seiner Abbildung auf diversen Gebrauchsgegenständen, Tassen, Wandtellern, Streichholzschachteln, Kissenbezügen usw. präsentiert. Diese Ausstellung »At home with Constable's Cornfield« hatte das Ziel, die Wahrnehmung des Bildes einer als »typisch englisch« empfundenen Landschaft durch die Bevölkerung zu zeigen und zu erklären. Das »typisch englische« Landschaftsbild zeigt eine Schafherde auf dem Weg zwischen Eichbäumen und Feldern, dazu einen Hirtenknaben, der aus einem Weiher trinkt. Auch die Ausstellung im Deutschen Historischen Museum hat unter anderem die Absicht, das Bewusstsein der Bevölkerung für die Versionen einer als typisch empfundenen Landschaft der eigenen Kultur zu schärfen.

Die Wahrnehmung der eigenen Landschaften in Malerei und Dichtung bezog sich in England auch im 19. Jahrhundert vornehmlich auf die Ästhetik. Dieses Bedürfnis entsprach gewiss auch in Deutschland dem wichtigsten Aspekt des populären Landschaftsbewusstseins und der Malerei. Aber die politische Dimension der Waldsymbolik war in der »verspäteten Nation« (Helmuth Plessner) publizistisch und politisch präsent. In England und auch in Frankreich war es hingegen nicht notwendig, den Machtanspruch im Zeitalter des Kolonialismus und der beginnenden Industrialisierung aus der Typik einer nationalen Landschaft abzuleiten. Dieser Verzicht auf die politische Bewirtschaftung der Landschaften gehört seit dem Ende des Zweiten Weltkriegs nun auch in Deutschland zum Kulturstil. Der deutsche Wald wird nicht mehr als etwas großartig Einzigartiges mystifiziert, sondern einfach nur als Wald, der bei uns wächst, wahrgenommen. Unser Verhältnis zum Wald als Teil unserer Umwelt kann sich seither ganz auf die Vorgaben der romantischen Malerei und Dichtung einlassen. Dabei zeigt sich: Diese Waldromantik wirkt weiter.

Romantik bis heute

Das populäre Waldbewusstsein changiert in Deutschland seit dem 19. Jahrhundert zwischen Forstwirtschaft und Forstästhetik. Vom wirtschaftlichen Standpunkt aus gesehen ist der Wald seit Jahrhunderten ein ökonomischer Faktor. Bäume wachsen dort »unter vergleichsweise geringer Inanspruchnahme von mineralischen Nährstoffen und Spurenelementen aus dem Boden«. Dergestalt reproduziert sich das Holz, »ein hochfestes und dabei leichtes und dauerhaftes Biomaterial«.[3] Ökonomische Erkenntnisse dieses Inhalts und Sprachstils können von Naturliebhabern und Waldwanderern schwerlich akzeptiert werden. Ende des 19. Jahrhunderts entstand – ausdrücklich als Reaktion auf die Monopolstellung der Forstwirtschaft – die Forstästhetik. Diese praktische Kulturwissenschaft konnte sich auf die Romantik, ihre Malerei und Dichtung berufen. Ein ästhetisch schöner Wald wurde deshalb wie ein natürlich gewachsenes Kunstwerk wahrgenommen, als eine Art Gesamtkunstwerk, denn nicht allein das »landschaftliche Auge« (Wilhelm Heinrich Riehl) sollte am Waldgenuss teilhaben, sondern auch die anderen Sinne. Die Vielfalt der Gerüche und die Atmosphäre des Waldes erfreuten die Besucher, ebenso der Gesang der Vögel und das Windgeräusch: »Stimmorgan des Waldes«.

Heinrich von Salisch, eine Gründerfigur der Forstästhetik, wusste, dass dieses Gefühl für einen schönen Wald ursprünglich der Kultur des gebildeten städtischen Bürgertums entstammte. Romantische Liebe zur Natur sei von Anfang an ein Ergebnis der Intellektuellenkultur, die die Maßstäbe unserer Lebensweise bestimmt. Schon die Romantiker des 19. Jahrhunderts hatten sich räumlich und geistig von den Unsicherheiten des Lebens mit den Unwägbarkeiten der Natur distanziert. Ihre Natursehnsucht war ein Ergebnis der Sicherheit der Städte. Das Lebensgefühl des Verlustes gehörte zur Natursehnsucht dieser bürgerlichen Kultur. Die Dichter und Maler lebten nicht anders als ihr Publikum in der Erinnerung. Ihre Wälder – Seelenlandschaften gleich – waren ihnen als Erfahrungsraum längst verloren gegangen. Die Epoche der Romantik bildete zugleich die Zeit der beginnenden Industrialisierung. Die »natürlichen« Wälder begannen zu schwinden. Am Ende des wirtschaftlich bewegten 19. Jahrhunderts mangelte es nach Auffassung der Forstästheten den Angehörigen dieser Bildungsschicht vielfach an Zeit für den Besuch von Theatern und Museen. Daher könne der Wald, ein »selbstgewachsenes Kunstwerk«, durchaus die Bedeutung des traditionellen Kunstgenusses ersetzen.

114 | Hugo Ulbrich: Ansicht des Hermannsdenkmals, 1909

Ernst von Bandel

278 f | Mit dem Auto im Wald, 1920er Jahre

Dass die waldnah lebende bäuerliche Bevölkerung kein Gefühl für Theater, Museen und »selbst gewachsene Kunstwerke« hatte, ist nicht verwunderlich. Ihr dienten die Wälder schon immer primär als Weidefläche und Holzreservoir. Die Bauern »gehen nie in den Wald, außer wenn Holz ausgeteilt oder angewiesen wird«, schrieb Adalbert Stifter.

Da stand die städtisch lebende Industriearbeiterschaft diesem bürgerlichen Ideal schon näher. Bereits am Ende des 19. Jahrhunderts hatten sich viele der Arbeiter nicht nur über die Schule, sondern auch über die sozialdemokratische Arbeiterbildung die Auffassungen des bürgerlichen Naturbewusstseins angeeignet. Diese Arbeiterbildung ging manchmal noch einen Schritt weiter, wenn sie den Wald zu einem Ort der Freiheit und Natürlichkeit als eine Art Gegenwelt zur industriellen Arbeit erklärte. Dieser Gegensatz Natur – Kultur – Gesellschaft wirkt bis heute. Die geordnete Natur des Waldes, seine Einsamkeit und Stille fungieren für viele Städter immer noch als ein Fluchtpunkt aus der Unübersichtlichkeit der Großstadt und der Welt der Technik.

Seit Ende des 19. Jahrhunderts gehören die forstästhetischen Prinzipien zu den Idealen des Waldbaus. Die Forstästhetik ist seit ihren Anfängen bis heute nicht Selbstzweck. Sie hat mit ihren Schönheitsvorstellungen die Nutzungs- und Erholungsfunktionen des Waldes zum Ziel. Nur ein schöner Wald eignet sich als Ausflugsziel für Wandergruppen und Familien. Die von Forstbeamten und Waldarbeitern geschaffenen Flächen, so die sorgfältig gestaltete Stufung der Waldränder, die ökologisch und ästhetisch aufeinander abgestimmten Strauch- und Baumarten, die »Sonntagswege« für die Familien entsprechen unserem Ideal von schöner Natur.

Die gern gepriesenen Überzeugungen der Ästhetik des Waldbaus haben freilich in Deutschland keine Monopolstellung. Denn die Stangenwälder der Fichtenmonokulturen, Urbild von Canettis »marschierendem Wald«, wachsen hier immer noch fast auf der Hälfte der Waldgebiete.

278 h | Beim Beerenpflücken im Wald, 1920er Jahre

Wald und Lebensgeschichte

Wie erlernen wir unser Naturbewusstsein? Zunächst ist die Wirkung von Vorbildern offenkundig. Viele der Befragten eines Hamburger Forschungsprojekts zum Wald und seiner Wahrnehmung und Nutzung führten ihre eigene Waldliebe auf frühe Erfahrungen mit vorbildhaft wirkenden Erwachsenen zurück. Diese Naturerfahrungen galten meistens den Wäldern im Umkreis des Wohnorts und damit auch bestimmten Formen des Waldes, etwa den Fichtenwäldern im Harz. Auf diesem Weg entsteht ein Gefühl für das Heimatliche einer Landschaft. Wenn später drastische Veränderungen – etwa infolge einer radikalen Holzernte – in den »Kindheitswäldern« zu beklagen sind, wird eine Fällaktion als derber Eingriff in die persönliche Lebensgeschichte empfunden.

Das Landschaftsbewusstsein gehört zu den konservativen Elementen unserer Kultur. Waldgebiete und Flussläufe sollen für den Einzelnen wiedererkennbar bleiben, Natur und Lebensgeschichte verbinden; besonders wenn es sich um frühe Erfahrungen handelt. Frisch errichtete Windkraftanlagen vor einem vertrauten Waldensemble der Jugend zerstören ein vertrautes Landschaftsbild. Vielleicht nur für eine Generation? Was im Ensemble einer Landschaft älter ist als der Einzelne, gehört zur persönlichen Gewohnheit und bald zur Geschichte. Veränderungen werden ins Naturkonzept integriert.

Frühe Naturerfahrungen prägen nicht allein das Naturerlebnis, sondern gelegentlich noch weitere Erfahrungsbereiche der späteren Lebensgeschichte, bis hin zur Auswahl des Wohnorts. Die Küste oder das Mittelgebirge gehören zu den privilegierten Lebensräumen. Vielfach führen Umweltaktivisten ihr politisches Engagement ausdrücklich auf Jugenderfahrungen in der Natur zurück, etwa auf eine »gesunde« Kindheit in einem Dorf.[4] Dort hatten sie eine »natürliche Umwelt« erfahren und sich später aus Medien und Sachbüchern über deren Gefährdung, etwa über das »Waldsterben« informiert. Jedenfalls wussten sie aus eigener Erfahrung, was den Menschen durch die Zerstörung der Natur verloren geht.

An solch konkreten Naturerfahrungen mangelt es zunehmend. Das Naturbewusstsein der Bevölkerung unterliegt, nicht anders als die politischen und ökonomischen Ansichten, beständig dem Wandel. Der Biologieunterricht gilt seit Jahrzehnten primär mikrobiologischen Prozessen. Inzwischen gibt es deshalb nicht mehr ausreichend geeignete Waldkenner, die Vorbild für junge Leute sein könnten. Vor den Zeiten des Massentourismus und des Fernsehens gab es wesentlich mehr Anlässe, die Natur zu erfahren. Aus den Jahren nach dem Zweiten Weltkrieg, aus Zeiten der Not oder wenigstens der kollektiven Einschränkung, hatte bis in die 1970er oder 1980er Jahre ein Naturbewusstsein fortgewirkt, das sich durch vergleichsweise intime Kenntnis ökologischer Zusammenhänge auszeichnete. Es entstammte der Sammelepoche der Nachkriegszeit, dem Erlebnis des Holz-, Pilze- und Bucheckernsammelns, und wurde beim Wandern und Erzählen zwischen Generationen vermittelt. Die Entwicklungen der Politik und Wirtschaft bestimmen nicht nur unser alltägliches Leben, sondern auch das Naturgefühl.

Dabei gehört der Waldbesuch am Wochenende zum familiären »Naherholungsangebot«. Das liest man überall. Doch wer in der Großstadt wohnt, sucht allenfalls ein- oder zweimal im Jahr einen Wald auf. Unter der Woche steht der Wald deshalb meist wie im *Abendlied* von Matthias Claudius auch schon mittags »schwarz und schweigend« in der Landschaft. Die »Waldeinsamkeit« ist also nicht nur Wunschtraum und »Schlagwort der Romantik« *(Grimms Wörterbuch)*.

Wenn das Naturbewusstsein heute überwiegend durch Artikel und Fotos in Zeitschriften, durch Fernsehsendungen und Internetportale vermittelt wird, entwickeln sich Ansichten, die sich eher am Außergewöhnlichen oder Großartigen orientieren als an den »normalen« Verhältnissen im »deutschen« Wald. Dabei wird der Wald immer noch von der Bevölkerung wegen seiner landschaftlichen Harmonie geliebt, seine Schäden machen uns Sorgen. Aber sieht man von den professionellen Waldleuten, von den Forstbeamten, Biologen, Waldarbeitern ab, begegnen uns die Kenner des Waldes meistens in Gestalt von Vogelkundlern, Pilzsammlern und Fotografen. Außerhalb dieser Gruppen ist das Wissen sehr begrenzt. Drei oder vier Baumarten zu bestimmen, gelingt nur einer Minderheit. Alles, was Zapfen trägt, ist ein Tannenbaum. Dass Bäume botanisch gesehen zu den Pflanzen zählen, ist vielfach nicht bekannt. Denn als Pflanze gilt in der verbreiteten Alltagsbotanik eher etwas Krautiges, Gewächse, die kein Holz bilden. Ähnlich pauschal ist das Wis-

341 | Thiemo Bögner: ohne titel 09 (aus der Serie »Waldraum«), 2011

sen über die Waldtiere. Wer mehr als fünf der etwa 50 bis 60 Vogelarten des Waldes benennen kann, darf sich bereits zur Gruppe der Ornithologen zählen. Dass dem Waldbesucher mittags kein Baummarder, Hirsch oder Dachs über den Weg läuft, solch schönes Getier, das gestern noch im Fernsehen auftrat, wird auf den krankhaften Zustand des Waldes zurückgeführt. Dabei liegt es doch nur daran, dass Menschen und Dachse unterschiedliche Schlafgewohnheiten haben.

Nicht allein das Wissen über die Lebensverhältnisse im Wald ist zwischen den Generationen und Berufen unterschiedlich verteilt, sondern ebenso die Schönheitsvorstellungen und die Nutzungsaktivitäten. Was einen »schönen« Wald auszeichnet, muss sich nicht an den überlieferten Maßstäben der Forstästhetik orientieren. Für einen Förster,

Wanderer, Hundebesitzer, Mountainbiker oder Waldbesitzer sieht Wald jeweils anders aus. Ein Waldbesitzer mag die Schönheitsprinzipien des Waldbaus in seiner »Liedertafel« vielleicht besingen, aber schon am Urlaubsort beurteilt er gewöhnlich einen Wald primär unter Wirtschaftsgesichtspunkten, das heißt nach der Qualität des anfallenden Holzes und der Transportwege. Anarchische Elemente der Waldnutzung und Waldbeurteilung gehören hingegen zur Welt des Mountainbikings und manchmal auch zur Kultur der Hundebesitzer.

Ruhewälder

In den Ruhewäldern verbinden sich lebensgeschichtliche Erwartungen mit romantischen Wunschbildern. Die Idee der Baumbestattung ist in der Schweiz entstanden. Sie verbreitet sich seit etwa zehn Jahren über Mitteleuropa. Wälder mit ansehnlichen Bäumen werden dazu besonders im Umfeld der großen Städte zu Friedhöfen umgestaltet. Überall wird Wald dort wie in den parkartigen Friedhöfen der Großstädte, etwa auf dem Ohlsdorfer Friedhof in Hamburg, zu einem Aufenthaltsort der Lebenden und der Toten. Man wird der Baumbestattung, bei der eine Urne im Wurzelwerk platziert wird, gewiss nicht gerecht, wenn man sie allein unter dem Aspekt romantischer Natur- und Waldsehnsucht wahrnimmt. Denn zugleich wirken sich Entwicklungen der allgemeinen Säkularisierung auf das rituelle Verhalten im Umgang mit Tod und Beerdigung aus. Die traditionell christliche Gestaltung der Friedhöfe und die festgelegte Ordnung des Beerdigungsrituals verlieren an Überzeugungskraft in einer Zeit der Entritualisierung und Individualisierung im Umgang mit den Toten. Und eine anonyme Bestattung der eigenen Verwandten auf einem herkömmlichen Friedhof bedarf im Familienkreis wohl häufig einer Rechtfertigung. Hinzu kommen wirtschaftliche Aspekte. Eine Beerdigung im Ruheforst kostet weniger als die auf einem traditionellen Friedhof, und danach bedarf es keiner Grabpflege. Die allgemeine berufliche Mobilität ist eine weitere Ursache dieser Entwicklung.

Aber die Begründung für diesen Weg der Rückkehr zur Natur und ihren tierischen und pflanzlichen Lebensformen entstammt dem kulturellen Angebot der Romantik – der Vorstellungswelt einer popularisierten Naturphilosophie. Die beiden bedeutendsten Gesamtsymbole für Natur sind das Meer und der Wald. Da war es fast zu erwarten, dass dem älteren Angebot der »Seebestattung« nun die Beerdigung im »Ruheforst« folgt. Es ist, als schließe sich damit ein Kreis.

Anmerkungen

1 Hugo Steger, Alltagssprache. Zur Frage nach ihrem besonderen Status in medialer und semantischer Hinsicht. In: Wolfgang Raible (Hg.), Symbolische Formen, Medien, Identität, Tübingen 1989/90, S. 55–112, hier: S. 103.

2 Will-Erich Peuckert, Sagen. Geburt und Antwort der mythischen Welt, Berlin 1965, S. 52.

3 Gero Becker, Der Wald und seine Nutzung. In: Otto Depenheuer und Bernhard Möhring (Hg.), Waldeigentum. Dimensionen und Perspektiven, Heidelberg 2011, S. 149–162, hier: S. 149.

4 Vgl. Gabriela B. Christmann, Ökologische Moral. Zur kommunikativen Konstruktion und Rekonstruktion umweltschützerischer Moralvorstellungen, Wiesbaden 1997.

Wa

WIRTSCHAFT

Detlev Arens

Zwischen Waldnutzung und Waldanschauung

VON DEUTSCHER FORSTWISSENSCHAFT UND WALDROMANTIK

Jäger, hirsch- und holzgerecht

Ein »Verein hirschgerechter Jäger« steht heute noch im einschlägigen Register. Doch bis ins 18. Jahrhundert gab es kaum Notwendigkeit, den Berufsinhalt des Jägers mit derartigen Eigenschaftswörtern zu verdeutlichen – ganz abgesehen davon, dass man mit der Unterscheidung von Jäger und Förster eher nachlässig umging. Stets im Vordergrund stand der Jäger. Im Dienst eines Adligen, oft des Landesherrn, hatte er dessen Jagdinteressen zu wahren. Daraus ergab sich seine Zuständigkeit für den Wald. Der Hirsch als ranghöchstes Wild verdiente die meiste Beachtung und den zeremonienreichsten Umgang. Dass die Herrschaft vorrangig am Hirsch interessiert war, verstand sich von selbst.

Keineswegs von selbst verstand sich, dass ein Jäger auch »holzgerecht« war. Friedrich Schiller – Schwiegersohn des verdienten schwarzburg-rudolstädtischen Oberforst- und Oberlandjägermeisters Carl Christian von Lengefeld – kannte diese Qualifikation wohl nicht. Darauf lässt jedenfalls sein Ausruf schließen, den der (spätere) Oberforstrat Gottlob König überlieferte: »Bei Gott, ich hielt Euch Jäger für sehr gemeine Menschen, deren Taten sich über das Töten des Wildes nicht erheben. Aber Ihr seid groß: Ihr wirket unbekannt, unbelohnt, frei von des Egoismus Tyrannei und Eures stillen Fleißes Früchte reifen der späteren Nachwelt noch. Held und Dichter erringen eitlen Ruhm. Fürwahr, ich möchte ein Jäger sein.«[1]

Schiller soll diesen Ausspruch getan haben, als er zwei Förster seines Landesherrn am Reißbrett einen neuen Wald entwerfen sah und es ihm bei der naturgemäß langfristigen Planung wie Schuppen von den Augen fiel. Nur war sein Verständnis vom »Jäger« entschieden nicht mehr auf der Höhe der Zeit. Seit etwa 1760 hatte dieses »tintenklecksende Saeculum« eine Fülle von Schriften hervorgebracht, die allein oder doch vorrangig forstliche Belange zum Inhalt hatten. Immerhin hält die Wendung vom »holzgerechten Jäger« mit schöner Nüchternheit fest, worum es ging und gehen sollte: nicht um den Wald, sondern um das Holz.

Napoleonfichten, linksrheinisch

Die Fichte ist zum Sündenbock des Waldbaus geworden und gilt zum Überfluss als Hauptverliererin des Klimawandels. Sie hat im Laufe der vergangenen 200 Jahre verschiedene Epitheta bekommen, das bekannteste – »Brotbaum« – stellt ihre wirtschaftliche Bedeutung heraus. Im Rheinland hieß sie lange »Preußenbaum«. Das hatte einen Zungenschlag, der ins Denunziatorische spielte, und oftmals leisteten die Rheinländer gegen Aufforstungen mit dem Nadelbaum zähen Widerstand.

Weniger geläufig ist die Bezeichnung »Napoleonfichte«. Nur noch wenige Bäume stehen aufrecht, die diesen Namen zu Recht tragen, die meisten fielen den Stürmen »Wiebke« (1990) und »Lothar« (1999) zum Opfer.* Doch soll an dieser Stelle festgehalten werden: Es waren nicht die Preußen, sondern die Franzosen, die im Rheinland mit dem planmäßigen Fichtenanbau begannen.

123 | Schorfheideförster Purbs mit Ehefrau im Wohnzimmer, um 1906

Wald der Zukunft

Wie keine andere Baumart sollte die Fichte künftig das Waldbild prägen. Was immer für den Nadelbaum sprechen mochte, letztlich stand hinter seinem Anbau die »Holznot«, genauer die »drohende Holznot«. Sie bestimmte die veröffentlichte Meinung bis ins 19. Jahrhundert, sie leistete auch 1713 Geburtshilfe beim Begriff der Nachhaltigkeit. Bekanntlich war dessen Schöpfer Ha(n)ns Carl von Carlowitz ein sächsischer Oberberghauptmann: Er sah den Holzmangel als Damoklesschwert, das über der heimischen Erzgewinnung und -verarbeitung hing.[2]

Später entwarf der Agrarwissenschaftler Johann Nepomuk von Schwerz etwa für die Eifel das einschlägige Katastrophenszenario: »Und wie dann, wenn in wenig Jahren kein Holz mehr zu kaufen seyn wird? Diesem traurigen Zeitpunkte eilen wir mit Riesenschritten entgegen.«[3] Immerhin herrschte damals die noch recht junge Zuversicht, dass die Zukunft nicht gottgegeben, sondern durch unsereinen gestaltbar ist. So durften sich aufgeklärte Zeitgenossen herausgefordert sehen, die künftigen Wälder zu planen.

Im 18. Jahrhundert entwickelte sich die Forstwissenschaft als Zweig der Kameralwissenschaften. Mit ihrem umfassenden Fächerkanon zielten diese darauf ab, »dem Staat« eine effektive Verwaltung und die höchstmöglichen Einkünfte zu sichern. Folgerichtig sprechen die frühen Entwürfe der neuen Disziplin von der »Forstwirtschaft«. Der ökonomische Aspekt stand im Vordergrund. Rechnen sollte sich der Wald für den Landesherrn. Es waren die Ausbilder der territorialherrlichen Beamten, die sich eingehend mit den Wäldern beschäftigten, mit dem Holz und seinem bestmöglichen Ertrag. Der Übergang von diesen oft enorm fleißigen Universalisten zu den ausgesprochenen Forstwissenschaftlern ist fließend.

Forstwissenschaft und Aufklärung

Das Bild vom Wald unterm Horizont der Aufklärung bricht mit den kurzen Umtriebszeiten, wie sie die weitverbreitete Niederwald-Wirtschaft kennzeichneten. Je weiter aber in die Zukunft geplant wird, desto unsicherer die Prognosen. Das große Versprechen der Kalkulierbarkeit einzulösen ist im Fall des hochaufgeschossenen Wertholzträgers eine besondere Herausforderung. Der Wald sollte sich rechnen, also musste er berechenbar sein. Wenn – wie Robert Pogue Harrison in seinem Buch *Wälder* gleich in einer Kapitelüberschrift zuspitzt[4] – die Frage »Was ist Aufklärung?« eine für den Förster bestimmte war, dann ist die Mathematik dessen Leitdisziplin. Vorerst begründete fast ausschließlich sie das Vertrauen in Waldwuchs und Holzzuwachs. (Dass die Mathematik derart im Vordergrund stand, lag auch daran, dass die Naturwissenschaften vergleichsweise wenig entwickelt waren.)

075 | Friedrich Schiller: *Die Räuber*, 1781

Der Bogen einschlägiger Veröffentlichungen spannt sich von der schon 1765 erschienenen Schrift *Practischer Beweis, Daß die Mathesis bey dem Forstwesen unentbehrliche Dienste thue* des Ilmenauer Wild- und Forstmeisters Carl Christoph Oettelt bis hin zum Standardwerk *Die Forstmathematik in den Grenzen wirtschaftlicher Anwendung* (erstmals veröffentlicht 1835) des schon erwähnten Gottlob König. Selbstverständlich bemühten sich die Autoren, diese Mathematik nicht nur »in den Grenzen wirtschaftlicher Anwendung«, sondern auch für die Forstleute an der Basis handhabbar zu halten.

076 | Friedrich Schiller und seine Freunde im Bopserwald, Farblithografie nach einer Vorlage von Karl Alexander von Heideloff, 1859

Wissen- und Wirtschaftswald

Aus der Durchdringung von Wirtschaft und Wissenschaft lassen sich für die Bewirtschaftung des Waldes einige Prinzipien ableiten. Wenn die zukünftigen Erträge so sicher berechenbar wie möglich sein sollen, muss die Zukunft doch so nah wie möglich angesetzt werden. Trotz aller Zurückhaltung beim Holzeinschlag ist es demnach sinnvoll, schnellwüchsige Bäume zu favorisieren, etwa die Pappeln beim Laub-, die Fichten und Kiefern beim Nadelholz. Ebenfalls muss auf die möglichst rationelle Pflege und Ernte hingearbeitet werden: Nicht zufällig bildet sich der »Waldbau« parallel zum »Ackerbau« aus. Die betriebswirtschaftliche Konsequenz besteht darin, dass nun die Monokultur den Altersklassenwald beherrscht. Der lässt sich, weil gleichmäßig in die Höhe gewachsen, mittels Kahlschlag ernten. Auf der nun wirklich übersichtlichen Fläche kann der Zyklus neu begonnen werden.

Friedrich Wilhelm Leopold Pfeil

geb. 28. März 1783 in Rammelburg/Südharz
gest. 14. September 1859 in Warmbrunn/Schlesien,
heute: Jelenia Góra (ehem. Hirschberg)

Ohne je eine Forstschule oder eine Universität besucht zu haben, entwickelte sich Wilhelm Pfeil zu einem äußerst erfolgreichen Forst-Praktiker und begnadeten Hochschullehrer. Als er 1821 an der Berliner Universität Direktor der ersten Preußischen Forstakademie wurde, war dies ein außergewöhnlicher Vorgang – zum ersten Mal gelangte ein Autodidakt auf eine solche Position. Als Begründer der Königlich Preußischen Höheren Forst-Lehranstalt in Eberswalde (1830) gehörte Pfeil am Ende seines Lebens zu den Klassikern der Forstwissenschaften von internationalem Rang.

Pfeils Lehre von der standörtlichen Bedingtheit aller forstwirtschaftlichen Maßnahmen ist heute ebenso wie das Gebot der Nachhaltigkeit unabdingbare Voraussetzung verantwortungsvollen forstlichen Wirkens. Pfeil betonte nachdrücklich den Anwendungsaspekt der Forstwissenschaften und legte großen Wert auf deren enge Verbindung mit der Nationalökonomie. Wald und Forstwirtschaft als Teile der wirtschaftlichten und sozialen Bedingungen waren in Einklang zu bringen mit den vielfältigen Bedürfnissen der Bevölkerung.

Pfeils wissenschaftliches Werk ist von beeindruckendem Umfang. Er verfasste 24 Bücher, die in ihren Themen von einem »Erziehungsbuch« für Waldbäume über eine ausführliche Forstpolizeilehre bis hin zu einer *Forstgeschichte Preußens* reichen. Mehr als 750 forstwissenschaftliche Texte und rund 600 Fach-Rezensionen ergänzen dieses monografische Werk. In 42 Bänden edierte er die *Kritischen Blätter für Forst- und Jagdwissenschaft*. Schließlich entsprach er dem zeitgenössischen Anspruch, Wissenschaft, Kunst und Poesie als Einheit zu begreifen: So verfasste er etwa vom Wald inspirierte Gedichte und Anekdoten.

Siegfried Anders

Forstliteratur

Die aufklärerische Tendenz läuft auf den Altersklassenwald und weite Nadelholzäcker hinaus, auf die (deutschen) Forste als »Konstrukte der Wissenschaft« (Henry E. Lowood). Doch viele Waldbau-Autoren und vor allem die forstwissenschaftlichen Klassiker waren auch Praktiker.

Zwar finden sich Sätze wie: »Es kann daher die Fichtenkultur [...] nicht dringend genug empfohlen werden« (Georg Ludwig Hartig) oder »Die Kiefer [...] ist die Krone aller unserer Baumarten« (Wilhelm Pfeil). Aber die Schriften Hartigs, Pfeils und anderer »Klassiker« sind keine dogmatischen Traktate zur rationellen Waldwirtschaft. Vor allem Johann Heinrich Cotta und Wilhelm Pfeil hoben stets gründliche Standortkenntnisse als A und O des Waldbaus hervor.

Nicht zuletzt ihr Beharren auf »Standortgerechtigkeit« begründet den weltweiten Ruf der deutschen Forstwissenschaft. An den Akademien in Tharandt (Sachsen) oder Eberswalde (Preußen) studierten Forstleute aus allen Ländern Europas. Als 1842 Johann Christian Hundeshagens *Encyclopädie der Forstwissenschaft* in der »4. Verbesserte[n] Ausgabe nach des Verfassers Tod« erschien, konnte ihr Herausgeber den Passus einfügen: »Man vergleiche unsere Literatur und die Zahl der gebildeten Forstmänner gegen die des Auslandes! *Die Forstwissenschaft ist ganz deutschen Ursprunges*.«[5]

004 | Dritter Jahrgang der von Georg Ludwig Hartig herausgegebenen Zeitschrift *Forst- und Jagd-Archiv von und für Preußen*, 1818

»Fragt die Bäume wie sie erzogen sein wollen, sie werden Euch besser darüber belehren als die Bücher es thun.«

Friedrich Wilhelm Leopold Pfeil, um 1830

Forstleute als Waldliebhaber

Wilhelm Pfeil, der jüngste unter den »forstlichen Klassikern«, starb 1859. Er hatte die Romantik zumindest als literarische Epoche überlebt. Im Hinblick auf das große Waldweben in der Dichtung soll angemerkt werden, dass auch Forstwissenschaftler gegen die Poesie ihres Gegenstands nicht unempfindlich waren. Nur tat schon der Gelegenheitslyriker Wilhelm Pfeil 1834 den Stoßseufzer: »Das materielle Bedürfnis gestattet immer weniger, dem Sinn für das Schöne in der Waldwirtschaft Raum zu geben.« Bemerkenswert vielseitig blieb da Johann Heinrich Jung-Stilling. Er veröffentlichte ein (zweibändiges) *Lehrbuch der Forstwirthschaft* (1787) und steuerte ein wirkliches Waldmärchen zur berühmten Sammlung der Brüder Grimm bei: *Jorinde und Joringel*.

005 | V. E. Meyer: Wilhelm Leopold Pfeil im Kreis seiner Schüler auf der Hirschjagd in Liepe, 1848

Johann Christian Hundeshagen

geb. 10. August 1783 in Hanau
gest. 10. Februar 1834 in Gießen

Nach Abitur und zweijähriger forstpraktischer Lehrzeit studierte Hundeshagen an den hessischen Forstlehranstalten Waldau und Dillenburg und von 1804 bis 1806 an der Universität Heidelberg Kameral- und Naturwissenschaften. Danach erwarb er sich im kurhessischen Dienst umfangreiche praktische Erfahrungen. Ausgeprägte theoretische Stärken bewogen ihn 1821, aus dem Staatsdienst auszuscheiden und sich der forstlichen Lehre zuzuwenden.

Hundeshagen wirkte als Professor an der Universität Tübingen sowie in leitender Position an den Forstlehranstalten in Fulda und Gießen. Als letztere 1831 mit der Universität vereinigt wurde, verzichtete er aus gesundheitlichen Gründen auf deren Leitung und konzentrierte sich voll auf die Lehrtätigkeit.

Sein Hauptwerk *Enzyklopädie der Forstwissenschaft* war grundlegend für die weltweit anerkannte Spitzenposition der deutschen Forstwissenschaft im 19. Jahrhundert. Wir verdanken Hundeshagen insgesamt ein ausgezeichnetes, bis heute anerkanntes System der Forstwissenschaften. Er entwickelte, neben Heyer, ein weiteres Formelwerk zur nachhaltigen Ertragsregulierung eines Waldbestandes, begründete die forstliche Statik als Vorläuferin der forstlichen Betriebswirtschaftslehre und erkannte die Bedeutung des langfristig angelegten forstlichen Versuchswesens. Hundeshagen gehört zu den herausragenden Vertretern der deutschen und der internationalen Forstwissenschaft. Er war forsttechnisch, naturwissenschaftlich und kameralistisch gebildet, als Lehrer anregend und befruchtend und als Autor von großer Wirkung.

Siegfried Anders

Vorspiel im »Göttinger Hain«

Wer vom Dichterwald reden will, sollte die Spur bei den Eichen aufnehmen, genauer im Eichenhain. Nach Tacitus huldigten die Germanen ihren Göttern unter freiem Himmel, weil sie glaubten, eine Verehrung in festen Häusern sei wider die Würde der Himmlischen. »Haine und Waldlichtungen heiligten sie mit dem Namen der Götter.«[6] Friedrich Gottlieb Klopstock, der wirkmächtige Dichter-Patriot, später Ehrenbürger des revolutionären Frankreich, sah im Hain die Wirkungsstätte des göttlich inspirierten Barden, des Sängers der germanischen Vorzeit.

Auch enthusiastische Studenten, die sich im Spätsommer 1772 von Göttingen zur Weezer Mühle aufmachten, fanden ihren Hain.[7] Schon gefunden hatten sie mit Klopstock ihren Spiritus Rector, dem sie in schwärmerischer Verehrung anhingen. Sie teilten seine hohe, religiös grundierte Meinung von deutscher Sprache und Art. Ihr Widerwillen galt den deutschen Höfen, die das Französische in Sprache und Lebensart nachäfften, Wieland hieß ihr Feindbild. Im Eichenhain bei Weeze verbrannten sie Wielands Bildnis und Schriften.

Anfang und Ende: Ludwig Tiecks »Waldeinsamkeit«

»Eine ganz unschuldige Anzeige hier, wo ein Gut angeboten wird, [...] und indem der Verkäufer das Haus, den Garten und die Äcker beschreibt, fügt er hinzu, es finde der Liebhaber zugleich hinter dem Gemüsegarten eine sehr vortreffliche Waldeinsamkeit.«[8] Das Zitat stammt aus der gleichnamigen Novelle. Als Ludwig Tiecks letzte Veröffentlichung (1840) spannt sie den Bogen zu seinem frühen Text *Der blonde Eckbert* (1797). Er findet sich in einer dreibändigen Sammlung und ist laut deren Titel ein »Volksmärchen«. Auch im späten Text hallt wider, wie mutwillig Tieck mit literarischen Konventionen umging. Er lässt den Erzähler eine Szene aus der Biografie des Autors rekapitulieren und erinnert so an seine damals höchst umstrittene Wortschöpfung »Waldeinsamkeit«, sie war nach dem Urteil der Freunde »undeutsch, unerhört und durchaus nicht zu gebrauchen«. Noch heute gilt die Tieck'sche Waldeinsamkeit als Signatur der deutschen literarischen Romantik. Und dass »dies kühne Wort« Waldeinsamkeit, nun – also 1840 – in so kleiner Münze so mannigfach im Verkehr ist, lässt sich auch als Abgesang auf die Epoche lesen.

Während in der hiesigen Gebrauchs- und Wissenschaftsliteratur die Worte »Waldverwüstung« und »Holzmangel« grassierten, rauschte in den Köpfen der romantischen Dichter noch der majestätische, uralte, besser uranfängliche Wald. Beide aber beschwören ein Waldbild, das nicht nur weit in die Vergangenheit zurück-, sondern auch auf nationale Eigentümlichkeiten verweist. Im gleichen Zeitraum veränderte sich die deutsche Waldwirklichkeit in starkem Maße – eine möglichst rationelle Nutzung des Holzes, die Modernisierung der Wälder wurde nun angestrebt. Gemeinsam haben aber beide – die Wirtschaftler und die Romantiker – einen Ausgangspunkt, den Karl August Scheidt 1775 so formuliert: »Deutschland hatte in uralten Zeiten keinen Mangel am Holze, überall waren dicke Wälder.«[9] Im Rückblick auf die »uralten Zeiten«, ob sie nun als christlich-ritterliches Mittelalter oder heidnisch-germanisches Altertum imaginiert wurden, erschien der Wald ungekränkt. Heinrich Cotta bemerkte dazu lapidar in seiner *Anweisung zum Waldbau* (1817): »Die Wälder bilden sich und bestehen also am besten, wo es gar keine Menschen [...] gibt.«[10]

»Die Wälder haben höchst wichtige Stellungen im Haushalte der Natur. [...] Es machen die Produkte aber auch einen wesentlichen Theil unserer täglichen Bedürfnisse aus, und darum haben Einzelne die Schaffung oder Gewinnung dieser Produkte sich zum Gewerbe gewählt und der Forstwirtschaft ihre Entstehung gegeben.«

Johann Christian Hundeshagen
Die Forstabschätzung auf neuen, wissenschaftlichen Grundlagen, 1826

Waldempfinden, deutsch

Waldempfinden ist Naturempfinden. Das lässt sich sogar vegetationskundlich untermauern: In Mitteleuropa kann der Wald als unzweifelhafteste Manifestation der Natur gelten. Ließe unsereiner dieser Natur ihren Lauf, würde sie sich auf dem Festland fast überall zum Wald hin entwickeln.[11]

In seinen Grundzügen unterscheidet sich das Waldbild der Romantik gar nicht einmal so stark von dem früherer Epochen. Aber es gewinnt doch an Tiefe und Konturen, vor allem fächert es sich sehr viel weiter auf. Seine machtvolle Präsenz rührt wesentlich von einem anderen Bild, dem Bild der Deutschen. In seinen berühmten *Reden an die deutsche Nation* (1808) erklärt Gottlieb Fichte diese Gemeinschaft zum »Urvolk«. In der berühmt-berüchtigten Lesart von Ernst Moritz Arndt: »Die Deutschen sind nicht durch fremde Völker verbastardet, [...] die glücklichen Deutschen sind ein ursprüngliches Volk.«[12]

Dieses »Volk« grenzt sich als »ursprüngliches« ab von den Völkern, die – wieder nach Arndt – »bastardiert« sind. Die unreine Mischung kennzeichnet besonders den westlichen Nachbarn, der in Gestalt Napoleons das Land besetzt hält. Die Fremdherrschaft macht Frankreich vollends zum »Erbfeind«, gegen den der Nationalcharakter aufgeboten werden muss. Viele Autoren bemühen sich bis ins 20. Jahrhundert hinein, den Unterschied im Landschaftsbild wiederzufinden.

Deutscher Dom – Der Wald und die Gotik

Ein wundervoll bizarres Seitenstück zum Thema bietet die Baukunst. 1842 und mit dem Segen des preußisch-protestantischen Königshauses nahm die Vollendung des Kölner Doms ihren Anfang. Der Weiterbau nach jahrhundertelangem Stillstand wurde als nationale Aufgabe, die Kirche selbst als Nationaldenkmal gesehen, dem viele Dichter huldigten. Sie bedienten sich dabei auffällig oft der Waldmetapher. Denn in den Augen der meisten war die Gotik eine

Georg Ludwig Hartig

geb. 2. September 1764 in Gladenbach/Hessen
gest. 2. Februar 1837 in Berlin

Hartig stammt aus einer alten Försterfamilie. Nach dem Studium der Kameralwissenschaften an der Universität Gießen (1780–1782) war er zunächst in privatforstlichen Diensten tätig. Um den Wissensstand des Forstpersonals zu verbessern, gründete er Meisterschulen, die sich als sehr erfolgreich erwiesen. Zwischen 1790 und 1808 veröffentlichte er in mehreren Büchern seine Erkenntnisse zur Begründung und Pflege von Waldbeständen und zur Taxation der Forsten. Dabei formulierte er das im Kern bis heute gültige Nachhaltigkeitsprinzip.

Im Jahr 1811 erhielt Hartig den Ruf als Oberforstmeister nach Berlin, um dort die völlig desolate Forstverwaltung neu zu strukturieren. Zehn Jahre später gelang es ihm, eine Forstakademie an der Universität Berlin einzurichten, zu deren erstem Direktor Wilhelm Pfeil berufen und die 1830 als Höhere Forstlehranstalt nach Eberswalde verlegt wurde.

Hartig war der erste Vertreter der »forstlichen Klassiker«, die durch ihre Tätigkeit in Praxis, Forschung und Lehre die Forstwirtschaft und Forstwissenschaft ihrer Zeit prägten. Er wirkte an der Entwicklung einer geregelten Forstwirtschaft in Deutschland mit und setzte sie an der Spitze der preußischen Forstverwaltung im ersten Drittel des 19. Jahrhunderts in die Praxis um.

Siegfried Anders

deutsche Kunst, in der fast programmatischen Formulierung des Schinkel-Freundes Carl Gustav Carus »der unserem Volk ganz eigene, in ihm geborene, mysteriöse reine Stil«.[13]

Hier wirkt übermächtig die Tradition. Die italienischen Humanisten hatten unter Gotik ein barbarisches Architekturgehabe verstehen wollen, das seine Heimat nur nördlich der Alpen haben konnte. Die Herkunft der spitz zulaufenden Gewölbe erklärten sie aus einem Naturphänomen, dem Ineinandergreifen der Äste im Waldverband.

Als Wald figurierte der Dom in der Romantik (und noch über sie hinaus). Über die Kölner Kathedrale reimte ein Poet aus der zweiten Reihe (Max von Schenkendorf) nicht nur: »Es ist ein Wald voll hoher Bäume,/ die Bäume seh' ich fröhlich blühn«, sondern auch »Das wollen diese Säulen sagen,/ Die himmelwärts die Blicke ziehn,/ Dazwischen, wie in grauen Tagen/ im Eichenhain, die Beter knien.«[14]

Später brach sich die schmerzliche Erkenntnis Bahn: Wenn die Gotik eine Heimat hat, dann im erb- und schon deshalb waldfeindlichen Frankreich. Und wenn, wie Architekturhistoriker nun feststellten, der Kölner Dom eine Summe zieht, dann die der genuin französischen Kathedralgotik. Doch diese Pointe hat sich sogar Heinrich Heine entgehen lassen …

»Jede weise Forstdirektion muß daher die Waldungen des Staates ohne Zeitverlust taxieren lassen und sie zwar so hoch als möglich, doch so zu benutzen suchen, daß die Nachkommenschaft wenigstens ebensoviel Vorteil daraus ziehen kann, als sich die jetzt lebende Generation zueignet.«

Georg Ludwig Hartig
Anweisung zur Taxation und Beschreibung der Forste, 1804

Lützows »Jagd«, Webers »Wildes Heer« und Caspar David Friedrichs »Chasseur im Wald«

»Was glänzt dort vom Walde im Sonnenschein?« Theodor Körners Antwort auf die selbst gestellte Frage lautet: »Das ist Lützows wilde, verwegene Jagd.« Carl Maria von Weber hat das Gedicht 1814 vertont. 1821 wird seine Oper *Der Freischütz* uraufgeführt, in der das mythische »Wilde Heer«, oft die »Wilde Jagd« genannt, einen auch musikalisch spektakulären Auftritt hat. Diese Wolfsschluchtszene steht für die unheimliche, die bedrohliche Seite des Waldes. Der »Deutsche Wald« allerdings ist gern aus dem betörenden Hornmotiv der *Freischütz*-Ouvertüre herausgehört worden.

Der Freischütz ist kein Angehöriger des Lützowschen Freicorps. Auch dass sich dessen Namensgeber und Anführer Adolf Wilhelm von Lützow zwischenzeitlich lustlos genug an der Forstlaufbahn versucht hat, führt auf keine analytisch ergiebige Spur. Der einschlägige Chor im *Freischütz* charakterisiert die Jäger eher als muntere, etwas einfältige Truppe. Aber sie stehen ebenso im Ruf der Waldzugehörigkeit wie sie die Brücke zu der militärischen Formation gleichen Namens schlagen. Das Freikorps hieß im Volksmund auch Lützowsche Jäger. Ebenfalls ein soldatischer, allerdings französischer Jäger ist der verlorene *Chasseur im Wald*, den Caspar David Friedrichs Gemälde in der Rückenansicht darstellt. Vor ihm liegt ein Wald, genauer ein nadel-, um nicht zu sagen waffenstarrender Fichtenforst, in den ein Weg hineinführt, jedoch keiner herausführen wird. Die verschneite, also winterliche Szenerie, ganz deutlich aber der Todesvogel auf dem Baumstumpf im Vordergrund, lassen keinen Zweifel daran, welches Schicksal diesem Franzosen bevorsteht.[15]

085 | Carl Wilhelm Holdermann/Carl Wilhelm Lieber:
Der Freischütz, Wolfsschluchtszene, 1823

Der Wald bei Eichendorff

Unmöglich, den ganzen Weg zu verfolgen, auf dem der Wald zum deutschen Wald wird. Ebenso unmöglich aber, ohne Joseph von Eichendorff vom Wald zu reden. Auch Eichendorff trat dem Lützowschen Freikorps bei, als er 1813 wieder nach Schlesien kam. Auch er hat dem Wald eine nationale Perspektive angedichtet, sah ihn als Vor-Bild für ein organisches Volksganzes: »Einen Wald doch kenn ich droben, / Rauschend mit den grünen Kronen, / Stämme brüderlich verwoben, / Wo das alte Recht mag wohnen, / Manche auf sein Rauschen merken, / Und ein neu Geschlecht wird stärken / Dieser Wald zu deutschen Werken.«[16] Nur klang das 1849 sehr viel weniger euphorisch: »Weh, du schönes Land der Eichen! / Bruderzwist schon, den todbleichen, / Seh ich mit der Mordaxt schleichen. / Und in künftgen öden Tagen / Werden nur verworrne Sagen / Um den deutschen Wald noch klagen.«[17]

Aber Eichendorff lässt sich nicht auf die nationale Perspektive verengen. Ausgesprochen gern erinnern wir daran, dass er den Wald mit den vielleicht schönsten Versen der Romantik feierte. »Doch mitten in dem Leben / Wird deines Ernsts Gewalt / Mich Einsamen erheben / so wird mein Herz nicht alt.« Freilich trägt das Gedicht den Titel *Abschied* (1810).[18]

048 | Carl August Heinrich Ferdinand Oesterley: Deutscher Wald, o. J.

Wald und Heer

Försterwald und romantisches Waldempfinden gewinnen zeitgleich Gestalt, stehen sich inhaltlich aber konfrontativ gegenüber. Das fordert die Frage heraus: Haben die beiden Waldanschauungen, haben der Wald als rationales Konstrukt und die romantische Schwärmerei überhaupt Berührungspunkte?

Ein gemeinsamer Fluchtpunkt ist die militärische Formation. 1934 erschien ein Prachtband zum Wald mit dem schönen Titel *Das nie verlorene Paradies*. Dort finden sich die Sätze: »In den Baumschulen wird den Baumkadetten von Jugend an das Strammstehen beigebracht. Im Jungholz marschieren sie in Tuchfühlung auf, um endlich, nach sorgfältiger Ausmerzung der Schwachen und Untüchtigen, in der Regimentsformation des Reihenwalds bis hundert Jahre alt zu werden.« Sprachbilder dieser Art waren damals gängig. Sie muss sich vor Augen halten, wer Elias Canettis vielzitierte Schlussfolgerung »Der Wald der Deutschen war das Heer« für feuilletonistische Willkür halten möchte.

Versöhnlicher Schluss – jedenfalls einer ohne völkisches Grundrauschen

Am 25. Juni 2011 wurden fünf »Alte Buchenwälder in Deutschland« ins prestigeträchtige UNESCO-Weltnaturerbe aufgenommen. Die vage Rede von »alten Wäldern« schließt die romantische Waldanschauung zumindest nicht aus.

Ganz sicher liegt Deutschland im Zentrum der Rotbuchenwald-Verbreitung. Wo, wenn nicht hier, sollten diese Wälder ihre Möglichkeiten voll entfalten können. Außerdem sprechen die bisherigen Erfahrungen dafür, dass die weiträumig ungekränkte Entwicklung der Baumbestände neue Perspektiven auch für den »naturnahen Waldbau« eröffnet. Vielleicht ist der ökologisch geläuterte Nachhaltigkeitsbegriff die Brücke, auf der sich Forstvernunft und Waldgefühl begegnen können.

Anmerkungen

1 Gottlob König, Schillers Weidspruch. In: Sylvan. Ein Jahrbuch für Forstmänner, Jäger und Jagdfreunde auf das Jahr 1814, S. 153.
2 Vgl. den Beitrag von Peter-M. Steinsiek in diesem Band, S. 90.
3 Johann Nepomuk von Schwerz, Beschreibung der Landwirtschaft in Rheinpreußen, Stuttgart 1836, S. 136.
4 Robert P. Harrison, Wälder. Ursprung und Spiegel der Kultur, München, Wien 1992, S. 140.
5 Hervorhebung im Original.
6 Tacitus, Germania, Buch 9.
7 Beim »Göttinger Hainbund« handelt es sich um eine literarische Gruppierung, die am 12. September 1772 unter anderem von dem Dichter und Übersetzer Johann Heinrich Voß und dem Lyriker Johann Friedrich Hahn in Göttingen gegründet wurde. *Der Göttinger Musenalmanach* war das Periodikum des »Göttinger Hainbunds«. Dessen Hauptinteresse galt der Natur. Bereits drei Jahre nach seiner Gründung wurde der Bund wieder aufgelöst.
8 Ludwig Tieck, Schriften, Band 12 (1836 – 1857), Frankfurt am Main 1986, S. 859. Hervorhebung im Original.
9 Karl August Scheidt, Kurze Betrachtungen über einige Ursachen des allgemein werdenden Holzmangels in Deutschland und über die Mittel, demselben abzuhelfen. In: Abhandlungen der Churfürstlich-Baierischen Akademie der Wissenschaften, Band IX (1775), S. 123.
10 Heinrich Cotta, Anweisung zum Waldbau, Dresden 1817 (»Zweite, sehr vermehrte Auflage«), S. III.
11 Vgl. den Beitrag von Hansjörg Küster in diesem Band, S. 66.
12 Ernst Moritz Arndt, Weltgeschichte im Aufriss, Band 2, Frankfurt am Main 1978, S. 191. Auch die Annahme der »Ursprünglichkeit« verweist auf Tacitus. Tacitus glaubt auch deshalb an diese »Ureinwohnerschaft« und »Unverfälschtheit«, weil sich niemand aus freien Stücken in solcher Einöde ansiedeln würde (Tacitus, Germania, Buch 2).
13 Carl Gustav Carus, Paris und die Rheingegenden. Tagebuch einer Reise im Jahre 1835. 1. Teil, Leipzig 1836, S. 47.
14 Max von Schenkendorf, Sämtliche Gedichte, Berlin 1837, S. 350.
15 Offenbar legt Friedrichs Gemälde es nahe, den »Turnvater« Friedrich Ludwig Jahn zu zausen: Er habe einen mehrere Tagesreisen breiten Wald an der Grenze zu Frankreich gefordert, auf dass dem notorisch waldfernen Erbfeind das Eindringen bedeutend erschwert werde. Das ist ein interessantes Verständnis von Waldgrenze, nur lässt sich ein Zitat dieses Inhalts bei Jahn nicht finden. Zwar wollte Jahn – zur Stabilisierung der völkischen Identität – eine Art Wüste um Deutschland anlegen lassen, aber keinen Wald.
16 Joseph von Eichendorff, Sämtliche Gedichte, München 1971, S. 124 (An die Meisten, 1810).
17 Ebenda, S. 411 (Der Freiheit Klage, 1849).
18 Ebenda, S. 32.
* Mein Dank für diese Information gilt FAR Harald Garbotz (Nationalpark Eifel) und FA Wolfgang Schmleder (Gemeinde Nettersheim).

Hansjörg Küster

Von der Holznot zum Erholungsraum

EINE KLEINE FORSTGESCHICHTE DES DEUTSCHEN WALDES

Natürliche Wälder in Mitteleuropa

Mitteleuropa war nicht immer ein Waldland. In den Eiszeiten, als sich Gletscher aus Skandinavien weit nach Süden ausgebreitet hatten und auch das Alpenvorland unter Eis verschwunden war, stand hierzulande kein Baum. Heute in Mitteleuropa vorkommende Gehölzpflanzen wuchsen damals nur am Mittelmeer. Die Eismassen der letzten Eiszeit begannen vor etwa 18 000 Jahren abzuschmelzen. Das Klima besserte sich allmählich, und vor etwas mehr als 10 000 Jahren schlossen sich die ersten Wälder der Nacheiszeit. Der Wald entwickelte sich nur einige Jahrtausende natürlicherweise, das heißt ohne den Einfluss des Menschen. Zunächst breiteten sich Birken und Kiefern aus. Von Anfang an hatten Laubbäume in meeresnahen Gebieten mehr Bedeutung, Nadelbäume dagegen im Inneren des Kontinents und im Gebirge. Kiefern überstehen, ebenso wie die sich später ausbreitenden Fichten und Tannen, Trockenzeiten besser als Laubholzarten.

Vor allem im Westen Mitteleuropas wurden nach einigen Jahrhunderten Haselbüsche häufig. Möglicherweise steckten bereits damals die Menschen Haselnüsse in den Boden, denn Nüsse sind eine sehr gute Nahrungsquelle. Allmählich wurden Birken seltener. In den Wäldern übernahmen Eichen die Herrschaft, dazu Ulmen und Linden. Diese Laubbäume breiteten sich auch vielerorts dort aus, wo zuvor Kiefernwälder gestanden hatten, aber in ganz trockenen Gebieten hielt sich der Nadelbaum. Die Fichte wurde in Hochlagen der Alpen und in einigen östlichen Mittelgebirgen häufiger. Die Wälder wandeln sich also von Natur aus stetig: Nichts bleibt in ihnen stabil.

Vor 7000 Jahren wurden Eichenwälder gerodet, wenn Siedlungen gegründet werden sollten.

Frühe Ackerbauern im Wald

In Mitteleuropa gibt es exzellente Böden, denn in den Eiszeiten war staubfeiner Löss abgelagert worden. Die Bodenfruchtbarkeit und das gemäßigte Klima bilden hervorragende Voraussetzungen für den Ackerbau. Mit Getreide können mehr Menschen dauerhaft ernährt werden als allein durch die Jagd, den Fischfang und durch das Sammeln von Früchten. Auf diese Weise hatten sich noch die Menschen in den ersten Jahrtausenden nach der Eiszeit mit Nahrung versorgt.

Der Ackerbau wurde vor etwas mehr als 7000 Jahren aus dem Vorderen Orient übernommen. Dafür musste die Umwelt in Mitteleuropa radikal verändert werden. Dazu gehörte auch die Rodung der Wälder. Zwar war Holz ein kostbarer Rohstoff: Aus Stämmen wurden Häuser gebaut, mit Kleinholz heizte und kochte man, zahlreiche Gerätschaften entstanden aus Holz. Aber nur dort, wo der Wald beseitigt worden war, konnten Felder angelegt werden. Die ersten Ackerbauern hielten Rinder, Schafe und Ziegen, die sie zum Weiden in die Wälder trieben. Die Tiere rissen nicht nur Gras und Kräuter ab, sondern fraßen auch Laub von den Bäumen und nagten junge Gehölztriebe ab. Beweidete und ehemals dichte Wälder wurden daher immer stärker aufgelichtet.

Siedlungen und Wirtschaftsflächen bestanden damals noch nicht auf Dauer. Spätestens nach einigen Jahrhunderten wurden sie aus unbekannten Gründen verlagert. Vielleicht war zuvor ein Versorgungsengpass zu beklagen: Entweder hatten die Ernteerträge nachgelassen oder es gab in der Nähe der Siedlungen kein geeignetes Bauholz mehr. Denn Holzhäuser hielten nicht ewig, wenn sie nicht gar durch Brände vernichtet wurden. Daher mag Holzmangel der wichtigste Grund dafür gewesen sein, dass man bestehende Siedlungen aufgab und dort neue Häuser baute, wo es dichte Waldstücke mit gutem Bauholz gab. Auf dem verlassenen Siedlungsplatz schloss sich allmählich wieder der Wald. Während der Neuentwicklung des Gehölzes konnte sich noch eine neue Baumart in Mitteleuropa etablieren: die Buche.

Buchen breiteten sich aus, wenn nach der Aufgabe von Siedlungen neue Wälder entstanden.

In der Zeit der römischen Eroberungen unmittelbar vor Christi Geburt dehnte erstmals ein Staat seinen Einflussbereich nach Mitteleuropa aus. Damit verbunden waren völlig neuartige Strategien der Landnutzung: Siedlungen und Wirtschaftsflächen blieben dauerhaft am gleichen Ort bestehen. Alle Gebiete, die zum Imperium Romanum gehörten, wurden in ein weiträumiges Handels- und Wegenetz einbezogen. Aus dem Alpenraum und Süddeutschland brachte man Tannenholz an den Niederrhein – und vielleicht fuhren damals schon Nadelholzflöße vom Schwarzwald aus rheinabwärts.

In der Zeit um Christi Geburt stießen zwei inkompatible Landnutzungssysteme aufeinander, deren Einflussbereiche am Limes ihre jeweilige Grenze fanden. Auf der einen Seite stand die römische Zivilisation mit ihren festen Strukturen, auf der anderen Seite lebten Menschen, die von Zeit zu Zeit ihre Siedlungen verlagerten. »Zivilisierte« und »Wilde« verstanden die Lebensweise auf der jeweils anderen Seite der Grenze nicht. Römische Schriftsteller wie Tacitus hielten die Germanen für Barbaren, die in dichten Wäldern lebten. Diese wiederum – so der schnell entstehende Eindruck – hinderten die Römer daran, die Germanen vollständig zu unterwerfen. Schließlich zerbrach im 5. Jahrhundert das Imperium Romanum im Westen Europas. Ein paar Jahrhunderte lang wurden wieder überall nördlich der Alpen wie in vorgeschichtlicher Zeit Siedlungen gegründet und verlagert. Und immer wieder auch wuchsen an Stelle aufgegebener Siedlungen neue Wälder auf.

Der Wald des Mittelalters

Seit dem Mittelalter gibt es überall in Mitteleuropa ortsfeste Siedlungen. Staatlich kontrollierte Gebiete weiteten sich nach Osten und Norden aus. Die Intensität der Landnutzung nahm zu, denn nun sollten nicht mehr allein die in den ländlichen Siedlungen lebenden Menschen mit Nahrung und Holz versorgt werden, sondern auch die steigende Zahl der Bewohner in Städten, Burgen und Klöstern. Holz benötigte man zu immer unterschiedlicheren Verwendungszwecken: zum Schmelzen von Erz etwa (einige Gebiete Mitteleuropas gehörten zu den wichtigsten Bergbauregionen der Erde), zum Brennen von Ziegeln, aber auch zur Herstellung von Mörtel, Glas und Steinzeug. Das Holz bildete den universalen Rohstoff der damaligen Zeit. Man spricht daher geradezu von einer »Holzzeit«.

»Urwälder haben etwas höchst Unnatürliches und Entartetes.«

Robert Musil
Nachlaß zu Lebzeiten, 1936

Auch in andere Teile des Kontinents wurde Holz aus Mitteleuropa verkauft. In den aufstrebenden Handelsmetropolen Norditaliens und der Niederlande blieb Holz ein knappes Gut. Das gerade gewachsene, relativ leichte Nadelholz aus dem Inneren Europas diente am Rand des Kontinents dem Schiffbau: Wer gutes Nadelholz verwenden konnte, verfügte über bessere und wendigere Kriegsschiffe als seine Gegner.

Wälder wurden also immer weiter zurückgedrängt und die Konkurrenz unter den Waldnutzern verstärkt. Die Bauern trieben ihr Vieh in die Wälder und schlugen Holz, um damit zu heizen und zu kochen, die Landesherren hingegen wollten in den Wäldern vor allem ungestört auf die Jagd gehen. Zugleich sollte das Holz aber auch als Ressource für den Bergbau und als Handelsgut genutzt werden. Konflikte blieben nicht aus, weil sich die verschiedenen Nutzungen widersprachen und es immer häufiger zu Versorgungskrisen kam.

Unter den vielfältigen Einflüssen übermäßiger Nutzungen bildeten sich unterschiedliche Waldtypen aus. Laubwälder ließen sich im Nieder- oder Mittelwaldbetrieb bewirtschaften. In einem Niederwald wurden zunächst die Primärstämme, sogenannte Kernwüchse, geschlagen; anschließend trieben aus den Baumstümpfen erneut Äste aus, die rasch zu Sekundärstämmen heranwuchsen. Diese Stämme konnte man nach einigen Jahren wiederum schlagen; ausschlagfreudige Gehölze wie Hasel und Esche bekamen jedes Mal wieder neue Triebe, nachdem man sie »auf den Stock gesetzt« hatte.

Nicht alle Holzarten vertragen den regelmäßigen Holzeinschlag; sie treiben danach nicht wieder aus. Nadelbäume überstehen diese Art der Nutzung nicht, und die Buche geht ein, wenn man sie mehrmals auf den Stock gesetzt hat. Ausschlagfreudige Holzarten wurden dagegen gefördert, neben den oben genannten auch die Eiche, die Hainbuche und die Linde. Zahlreiche Wälder, die vor dem Mittelalter von Buchen beherrscht worden waren, wandelten sich nun zu Eichen-Hainbuchen-Wäldern und anderen Gehölzen, in denen krüppelige, niedrigwüchsige Gehölzpflanzen dominierten. Stämme, die in solchen intensiv genutzten Wäldern in die Höhe kommen, wachsen nicht gerade, sondern sind vor allem an ihrer Basis gebogen. Man findet diese Stämme als stabilisierendes Element in vielen Fachwerkhäusern. Krumm gewachsene Eichen konnten als Spanten in bauchige Schiffsrümpfe eingebaut werden. Schiffbauer sind offensichtlich mitunter mit dem Winkelmaß durch die Wälder gezogen und haben dort jene Stämme ausgesucht, die sie zum Bau von Schiffen brauchten. Im Verlauf einer jahrhundertelangen Nutzung von Niederwäldern mag die Krümmung der sekundär aufwachsenden Eichentriebe weiter zugenommen haben. Dies könnte dazu geführt haben, dass immer größere und tragfähigere Schiffe gebaut werden konnten. Möglicherweise bestand also ein Zusammenhang zwischen der Waldnutzung und dem Handelsvolumen. Je länger die Niederwaldnutzung andauerte, desto umfangreicher konnten die transportierbaren Schiffslasten werden – und damit das Handelsausmaß insgesamt.

Niederwald mit stark gebogenen Sekundärtrieben (Reher Kratt bei Itzehoe, Schleswig-Holstein)

Eine Weiterentwicklung der Niederwaldwirtschaft ist der erst im 17. Jahrhundert entstehende Mittelwaldbetrieb, der vor allem im absolutistischen Frankreich entstand, aber auch in Deutschland zu finden war, so etwa auf dem Gebiet des Bistums Würzburg. Dort hielt man sich an Vorbilder aus der französischen Waldwirtschaft. Im Mittelwaldbetrieb lässt man einzelne Bäume ungehindert in die Höhe wachsen, um beispielsweise gutes Bauholz zu gewinnen. Einzelne Eichen und Buchen entwickeln dabei umfangreiche Kronen, in denen reichlich Eicheln und Bucheckern heranwachsen – das ideale Mastfutter für Schweine. Auf diese Weise entstanden zwei Baumschichten, die zur Gewinnung von Bau- und Brennholz genutzt wurden. Unter den hochragenden Stämmen standen weitere Gehölzpflanzen, die man wie im Niederwaldbetrieb regelmäßig auf den Stock setzte. Wo Nadelbäume vorherrschten, also vor allem in den Gebirgen, hieb man dagegen die Wälder Parzelle für Parzelle kahl. Dafür gab es wirtschaftliche Gründe: Nadelholz ließ sich gut zu Tal flößen, weil es leichter als Laubholz ist und daher genügend Auftrieb hat. Man unternahm darüber hinaus schon im Mittelalter erste erfolgreiche Versuche, die Nadelholzsaat auszubringen, wenn erkannt worden war, dass sich Nadelwälder nur schwer auf natürlichem Weg regenerieren.

Dennoch verschwanden immer mehr Wälder, die sich nicht zu regenerieren vermochten. Nach wie vor ließen die Bauern ihr Vieh in den Wäldern und auf Kahlschlägen weiden. Dort grasten die Tiere nicht nur die jungen krautigen Pflanzen ab, sondern verbissen auch aufkommendes Gehölz. Wo aber Wälder verschwanden, breitete sich Ödland aus. Sandige Böden versetzte der Wind in Bewegung und es entstanden Dünen. Felder und sogar Siedlungen wurden vom Sand bedeckt, sodass sie aufgegeben werden mussten. Immer häufiger, besonders zu Kriegszeiten, kam es überdies zu Versorgungskrisen. Die Not der Menschen wuchs dann ins Unermessliche, vor allem die arme Landbevölkerung litt unter Hunger und Holzmangel. Es lässt sich von heute aus schwer entscheiden, ob ein allgemeiner Holzmangel bereits eingetreten war. Manchenorts fehlte es der Bevölkerung auf jeden Fall an Brenn- und Bauholz. Und immer mehr Menschen hatten begründete Sorge, dass Holz zur Mangelware werden könnte. Spekulanten profitierten von dieser Situation und trieben die Preise in die Höhe.

Mittelwald bei Würzburg

Waldreformen, Landreformen

Erst im Laufe des 18. Jahrhunderts wurde die Nutzung vieler Wälder gründlich reformiert. Die zumeist von den Landesherren gelenkten Neuordnungen führten zu einer komplexen Systemumstellung von Landnutzung und Landschaft. Eine wichtige Forderung, die bei den Landreformen umgesetzt werden musste, bestand darin, Wälder zu schonen und wieder aufzubauen. Dies geschah eindeutig aus wirtschaftlichen Gründen. Nicht etwa ein Förster, sondern der hohe sächsische Staatsbeamte und für den Betrieb der Erzbergwerke zuständige Oberberghauptmann Ha(n)ns Carl von Carlowitz forderte 1713, man dürfe keinem Wald mehr Holz entnehmen, als zur gleichen Zeit nachwachse. Darüber hinaus müssten neue Wälder gepflanzt werden, schließlich habe doch einst Tacitus das Land Germanien als eines der dichten Wälder beschrieben.

Bis zum Ende des 18. Jahrhunderts wurde die bäuerliche Holznutzung vielerorts verboten und das Vieh durfte nicht mehr in die Wälder getrieben werden. Hoheitlich eingesetzte Förster bauten die Wälder auf, scharfe Forstgesetze und Forstpolizeiverordnungen ergingen, Forsthochschulen und Forstakademien wurden gegründet, bedeutende Forstlehrwerke verfasst. In zahlreichen Wäldern fanden sich nun auch exotische Bäume, beispielsweise Douglasien, Schwarzkiefern und Mammutbäume. Wie diese Bäume aus anderen Erdgegenden im mitteleuropäischen Klima gediehen, war zuvor in Landschaftsparks beobachtet worden.

Die Forderung, neue Wälder zu schaffen, geriet endlich zu einem Anliegen der gesamten Gesellschaft in den deutschen Ländern, die Aufforstung sogar zu einem politischen Ziel. Denn zu Beginn des 19. Jahrhunderts wurden die französischen Truppen unter Napoleon mit den Heeren der Römer 1800 Jahre zuvor verglichen. Und ganz wie die früheren Eindringlinge könnten sich auch die Franzosen, so eine weit verbreitete Ansicht, nicht in den deutschen Wäldern halten. Deshalb sollten an der Grenze zu Frankreich besonders dichte Wälder gepflanzt werden.

Wenn im 19. Jahrhundert Waldgedichte geschrieben oder Wälder auf Ölgemälden dargestellt wurden, spielten solche Erwägungen durchaus eine Rolle. Es ging nicht nur um die Darstellung einer »romantischen Idylle«, sondern zumeist auch um politische Forderungen: Angestrebt wurde die Neugründung eines deutschen Reiches, umgeben von einer Natur, die man für die angestammte deutsche hielt, nämlich für die der Wälder.

Der umfassende Neuaufbau von Wäldern konnte nur deshalb gelingen, weil er in ein komplettes System der Neuausrichtung der Wirtschaft eingebunden war. Auch und gerade zwischen den Aufforstungen und der Industrialisierung bestand ein enger Zusammenhang, der häufig übersehen wird. Mit der Dampfmaschine kam man an tief in der Erde liegende Kohleflöze heran, auch Mineraldünger und etwas später Erdöl ließen sich aus großen Tiefen gewinnen. Mit der ebenfalls von einer Dampfmaschine angetriebenen Eisenbahn war es möglich, solche Produkte im gesamten Land zu verteilen.

Die hohe Zeit des Holzes ging zu Ende, nachdem überall ein alternatives Heizmaterial zur Verfügung stand und nach und nach in den Vordergrund rückte: die Kohle. Nun erst, gegen Ende des 19. Jahrhunderts, nahm der Druck auf die Wälder in erheblichem Maße ab. Mit dem Einsatz von Mineraldünger stiegen die Erträge auf den Feldern an.

256 | Ansicht des »Naturfreundehauses am Zirkelstein« bei Schöna (Sächsische Schweiz), um 1930

Wo die Bedingungen für die Landwirtschaft weniger günstig waren, konnte man den Ackerbau aufgeben; dort entstanden weitere Wälder. Am Boden solcher Wälder erkennt man häufig noch die Überreste früherer Agrarnutzung: entweder die flachen Rücken von Ackerbeeten oder Stufenraine, die man an Hängen angelegt hatte, um weniger stark geneigte Wirtschaftsflächen zu bekommen. Da die Böden auf solchen Flächen durch vorangegangene intensive Nutzung ausgelaugt waren, baute man anspruchslose Nadelbäume an, meistens Fichten oder Kiefern. Weil sie rasch wuchsen und gute Erträge versprachen, dienten sie auch andernorts der Aufforstung.

Ästhetische Gesichtspunkte kamen bei der Neuschaffung von Wäldern ebenso zum Tragen. Aus der Ferne sollte etwa nicht zu erkennen sein, dass ein Wald ausschließlich aus Nadelbäumen bestand. Daher setzte man am Waldrand häufig schöne Laubbäume, beispielsweise Eichen, auch Kirschbäume, die nicht nur im Frühjahr zur Baumblüte besonders attraktiv wirken, sondern auch im Herbst, wenn sich das Laub verfärbt.

Die Deutschen interessierten sich für das Wachstum in diesen Wäldern – mehr als andere Nationen. Waldspaziergänge kamen in Mode, und in den bewaldeten Mittelgebirgen entstanden ab Mitte des 19. Jahrhunderts vermehrt Gasthöfe und Hotels, seit Beginn des 20. Jahrhunderts schließlich auch Jugendherbergen. Man entdeckte die Waldgebirge als Ferienorte – und fuhr im Sommer nicht nur ans Meer wie die französischen und britischen Nachbarn.

Wälder im 20. Jahrhundert

Die Schaffung dichter, ausgedehnter und schöner Wälder war im Verlauf des 19. Jahrhunderts zu einem kulturellen Ziel geworden, vor allem in Deutschland. Aber viele Menschen bemerkten nicht, in welch starkem Maße es vorrangig um kulturelle und wirtschaftliche Entwicklungen ging. Vielmehr hielt man die Neuschaffung von Wäldern für eine Wiederherstellung »der« Natur, mithin für die Wiederherstellung eines einst existenten, urtümlichen Naturzustands.

Doch die Entwicklung aller Wälder Mitteleuropas wurde jahrtausendelang vor allem wirtschaftlich beeinflusst. Sie können eher als Kulturzeugnisse denn als Naturzeugnisse aufgefasst werden, jedenfalls insoweit die Wirtschaft Teil einer kulturellen Entwicklung ist. Dennoch erwog man, wie das »natürliche« Bild von Wäldern beschaffen sein könnte, die seit langer Zeit vom Menschen verändert worden waren. Zugleich trat die Bestrebung in den Vordergrund, eine ganz bestimmte statische Form von als »natürlich« erkannten Wäldern als die einzig richtige darzustellen, die es dauerhaft zu schützen galt. Freilich – eine statische, einzig »richtige« Form von »Natur« kann es nicht geben, weil Natur mit ständiger Veränderung verbunden ist. Es ist nicht möglich, andere Formen von sich entwickelnder Natur als »falsch« zu brandmarken. Naturwissenschaft und Legislative taten aber genau dies, und ihre Vorstellungen trafen sich.

Im frühen 20. Jahrhundert wurden in der Wissenschaft Ideen zu einer »Klimax-Vegetation« oder einer »Potenziellen natürlichen Vegetation (PNV)« entwickelt. Darunter verstand man jene Vegetation, die sich an einem bestimmten Ort einstellen würde, wenn der menschliche Einfluss unmittelbar aufhören würde. Diese »PNV« hielt man selbstredend für statisch, und an ihr wurde die forstliche Bewirtschaftung von Wäldern ausgerichtet. Vieles spricht in der Tat dafür, dies für vernünftig zu halten. Denn es ist sehr wahrscheinlich, dass Bäume, die von Natur aus an einem bestimmten Standort ohnehin vorkommen, dort auch unter menschlichem Einfluss hohe Zuwachsraten und damit beste Erträge

277 e | (Wander-)Gruppe im Wald, um 1925

erzielen. Allerdings darf man nicht so weit gehen, diese »Potenzielle natürliche Vegetation« als die einzig richtige hinzustellen, und man sollte stets in dem Bewusstsein handeln, dass sich jedes Waldbild wandeln kann. Statische, praktisch unwandelbare Wälder hat es niemals gegeben und wird es niemals geben.

An der Wende vom 19. zum 20. Jahrhundert entwickelte sich auch der »Naturschutz«. Dabei ging es vor allem darum, schöne Natur – beziehungsweise das, was dafür gehalten wurde – unter Schutz zu stellen. Auch diese Natur hielt man für statisch und verkannte, dass sich Natur stets wandelt. Aus kultureller Sicht ist es möglich, sich für die Bewahrung einer »schönen Natur« einzusetzen, doch sollte man berücksichtigen, dass dies kein genuin naturwissenschaftliches Anliegen sein kann: Ein Wissenschaftler, der die Natur untersucht, muss ihren Wandel erkennen.

Die statische, also die scheinbar unveränderliche Natur im Allgemeinen und die daraus abgeleitete Auffassung vermeintlich »richtiger« Wälder im Besonderen fanden das große Interesse totalitärer politischer Systeme. In Deutschland wurde bald nach der Machtübernahme der Nationalsozialisten ein Naturschutzgesetz verabschiedet. Es definierte nicht in erster Linie, was unter Natur verstanden werden sollte, vielmehr ordnete es in einer Vielzahl von Vorschriften an, dass und wie Natur zu schützen wäre. Damit war die Legislative in der Lage festzulegen, was unter Natur zu verstehen ist und was nicht – ein totalitärer Anspruch, der bis heute nicht leicht zu durchschauen ist.

Den beteiligten Wissenschaftlern ging es seinerzeit darum, die »Potenzielle natürliche Vegetation« möglichst flächendeckend zu ermitteln. Die Verantwortlichen wollten hingegen eine einzig geltende Auffassung von »Natur« installieren, um in diesem Kontext umso leichter die daraus folgende Bepflanzung im öffentlichen Raum vornehmen zu können, etwa neben technischen Bauwerken, um damit die Akzeptanz in der Bevölkerung zu erhöhen, oder auch, um eine gesellschaftlich akzeptierte Tarnung von Bauwerken zu erreichen.

Beim Bau von Autobahnen kam es zu einer besonders fruchtbaren Kooperation, die übrigens bis weit in die Zeit nach dem Zweiten Weltkrieg hinein andauerte. Pflanzensoziologen ermittelten die Vegetation auf den Autobahntrassen. Nach dem Bau der Fernstraßen wurden die Bäume der »Potenziellen natürlichen Vegetation« an die Fahrbahnränder, aber auch auf die Mittelstreifen gepflanzt. Für ein solches Vorgehen gab es zwar Vorbilder in den USA, aber in Deutschland war man konsequenter beim Umsetzen eines derartigen Kompromisses zwischen Ökologie und Ökonomie: Das technische Bauwerk wurde in eine angeblich »deutsche Natur« integriert und sollte in der Gesamtanmutung suggerieren, es habe schon ewig in dieser Form bestanden. Auch in der Umgebung von Industriebetrieben oder bei der Gestaltung des Reichsparteitagsgeländes in Nürnberg verfuhr man auf diese Weise.

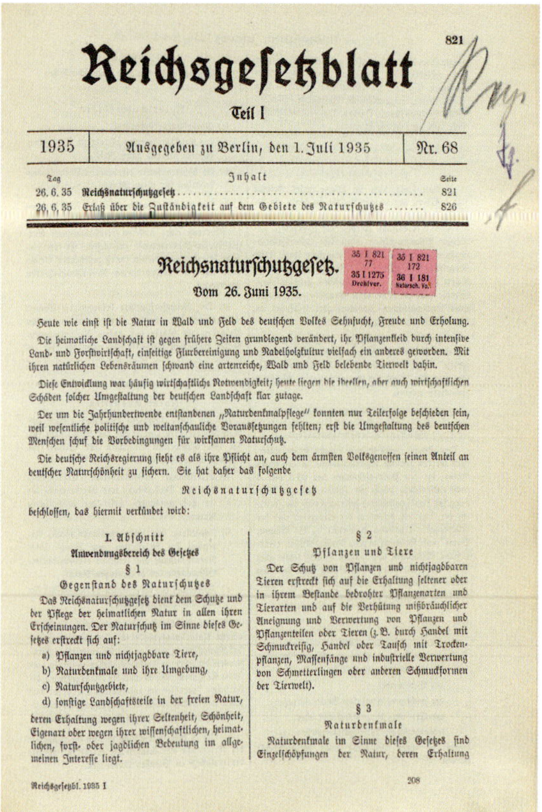

821

Reichsgesetzblatt

Teil I

1935	Ausgegeben zu Berlin, den 1. Juli 1935	Nr. 68

Tag	Inhalt	Seite
26. 6. 35	**Reichsnaturschutzgesetz**	821
26. 6. 35	Erlaß über die Zuständigkeit auf dem Gebiete des Naturschutzes	826

Reichsnaturschutzgesetz.

Vom 26. Juni 1935.

Heute wie einst ist die Natur in Wald und Feld des deutschen Volkes Sehnsucht, Freude und Erholung.

Die heimatliche Landschaft ist gegen frühere Zeiten grundlegend verändert, ihr Pflanzenkleid durch intensive Land- und Forstwirtschaft, einseitige Flurbereinigung und Nadelholzkultur vielfach ein anderes geworden. Mit ihren natürlichen Lebensräumen schwand eine artenreiche, Wald und Feld belebende Tierwelt dahin.

Diese Entwicklung war häufig wirtschaftliche Notwendigkeit; heute liegen die ideellen, aber auch wirtschaftlichen Schäden solcher Umgestaltung der deutschen Landschaft klar zutage.

Der um die Jahrhundertwende entstandenen „Naturdenkmalpflege" konnten nur Teilerfolge beschieden sein, weil wesentliche politische und weltanschauliche Voraussetzungen fehlten; erst die Umgestaltung des deutschen Menschen schuf die Vorbedingungen für wirksamen Naturschutz.

Die deutsche Reichsregierung sieht es als ihre Pflicht an, auch dem ärmsten Volksgenossen seinen Anteil an deutscher Naturschönheit zu sichern. Sie hat daher das folgende

Reichsnaturschutzgesetz

beschlossen, das hiermit verkündet wird:

I. Abschnitt

Anwendungsbereich des Gesetzes

§ 1

Gegenstand des Naturschutzes

Das Reichsnaturschutzgesetz dient dem Schutze und der Pflege der heimatlichen Natur in allen ihren Erscheinungen. Der Naturschutz im Sinne dieses Gesetzes erstreckt sich auf:

a) Pflanzen und nichtjagdbare Tiere,
b) Naturdenkmale und ihre Umgebung,
c) Naturschutzgebiete,
d) sonstige Landschaftsteile in der freien Natur,

deren Erhaltung wegen ihrer Seltenheit, Schönheit, Eigenart oder wegen ihrer wissenschaftlichen, heimatlichen, forst- oder jagdlichen Bedeutung im allgemeinen Interesse liegt.

§ 2

Pflanzen und Tiere

Der Schutz von Pflanzen und nichtjagdbaren Tieren erstreckt sich auf die Erhaltung seltener oder in ihrem Bestande bedrohter Pflanzenarten und Tierarten und auf die Verhütung mißbräuchlicher Aneignung und Verwertung von Pflanzen und Pflanzenteilen oder Tieren (z. B. durch Handel mit Schmuckreisig, Handel oder Tausch mit Trockenpflanzen, Massenfänge und industrielle Verwertung von Schmetterlingen oder anderen Schmuckformen der Tierwelt).

§ 3

Naturdenkmale

Naturdenkmale im Sinne dieses Gesetzes sind Einzelschöpfungen der Natur, deren Erhaltung

Reichsgesetzbl. 1935 I

208

Das Reichsnaturschutzgesetz
vom 26. Juni 1935

Nirgends sonst auf der Welt gelang es, in wenigen Jahren eine detaillierte wissenschaftliche Vorstellung von der »Potenziellen natürlichen Vegetation« eines ganzen Landes zu ermitteln. Und noch Jahrzehnte nach dem Zweiten Weltkrieg galt die pflanzensoziologische Forschung in Deutschland als weltweit führend. Auch lange nach dem Ende der nationalsozialistischen Herrschaft wurde künstliche »natürliche Vegetation« neben Autostraßen gepflanzt. Doch immer deutlicher war zu bemerken, dass die ehemals als »einzige Natur« gepflanzten Bäume auf Dauer nicht bewahrt werden konnten. Viele Bäume an der Autobahn litten unter dem Einsatz von Streusalz. Vor allem musste man viele Bäume schlagen, als die Fahrbahnen um Standstreifen und weitere Fahrspuren erweitert wurden. Spuren der ursprünglichen Autobahnbepflanzungen kann man heute aber noch an Rastplätzen erkennen.

Mittlerweile ist in der Forschung klar, dass es eine direkte Argumentationslinie gibt, die von der romantischen Waldverherrlichung zur Ideologie des totalitären Staates führte. Natürlich darf man jederzeit Wälder als eine Form »schöner Natur« lieben, aber eben nicht den totalitären Anspruch erheben, bestimmte Wälder als Ausdruck einer einzig »richtigen Natur« festzulegen. Das kulturelle Ansinnen kann eine nicht näher bestimmte Vielfalt einschließen, der totalitäre Anspruch verlangt den Ausschluss des als fremd Definierten. Zwischen beiden Geisteshaltungen liegt eine wichtige Grenze, die nicht überschritten werden darf.

Auch in der zweiten Hälfte des 20. Jahrhunderts bestand zwischen Deutschen und »ihrem« Wald ein besonderes Verhältnis. Als sich herausstellte, dass Bäume unter Industrieabgasen litten, ging ein Aufschrei durchs Land. Das damals erkannte Waldsterben wurde zu einem Teil vom Sauren Regen verursacht, der sich bildete, als Industrie- und Autoabgase mit dem Niederschlag auf die Wälder fielen; Wälder, die für die »Natur der Deutschen« gehalten wurden, litten

208 | Fotografie aus einem Raumbild-Album des Verlags Otto Schönstein: Autobahn bei Siegburg, 1938

also unter rauchenden Schloten, die »Natur« wurde von der »Technik« bedroht, so meinten viele. Umfangreiche wissenschaftliche Analysen zeigten aber, dass viele alte Nadelbäume deshalb abstarben, weil sie Jahrzehnte zuvor an Stellen gepflanzt worden waren, an denen sie normalerweise gar nicht wachsen. Große Fichten schwankten auf lockeren Böden stärker im Wind als kleine – und mit ihnen die flachen Wurzelteller. Mit jeder Bewegung des Stammes aber wurden Feinwurzeln aus dem Boden gerissen, während die andere Hälfte des Wurzeltellers den Boden unter sich zusammendrückte. Der Baum konnte daher immer weniger Wasser und Mineralstoffe aufnehmen. Dickere Fichtenstämme wurden außerdem eher von Borkenkäfern befallen als dünne. Es gab also, so ließ sich feststellen, weit mehr als nur eine Ursache für das Waldsterben.

323 | Umweltschutzplakat, nach einem Entwurf von Klaus Staeck, 1983

Unter dem Einfluss der Diskussionen um den schlechten Waldzustand kamen Filter in Fabrikschlote und Kamine, Katalysatoren in Autos. Die Luft wurde sauberer – zum Nutzen der Menschen. Erstmals entstanden zusammen mit den verschärften Umweltstandards auch Umweltministerien auf Bundes- und Länderebenen. Die neue Partei der Grünen bekam immer mehr Zulauf und zog in die Parlamente ein. Nachhaltigkeit bleibt ein sehr wichtiges forstliches Ziel beim Umgang mit Wäldern. Dabei handelt es sich aber nicht um ein Naturgesetz, sondern um einen kulturellen Kompromiss, der unterschiedlich definiert werden kann. Neben der Forderung, dass die Holzmenge in einem Wald gleich bleiben muss, wird heute darunter oft das Ziel verstanden, ökonomische, ökologische und soziale Ziele miteinander in Einklang zu bringen. Der Wald soll also nicht allein zur Holzgewinnung genutzt werden, sondern auch natürliche Funktionen erfüllen, etwa den Waldspaziergängern Erholung bieten.

Die Idee vom dichten deutschen Wald ist nach wie vor sehr populär. Viele Menschen halten einen alten Eichenbestand oder auch ein dichtes Nadelgehölz für den Wald der Germanen. Doch gerade Nadelbäume gab es vor zweitausend Jahren vielerorts nicht. Man schuf sie erst durch Aufforstungen in den letzten Jahrhunderten. Zur Fehleinschätzung trug auch die Wissenschaft bei, die lange die römerzeitlichen Wälder für die »natürlichen« gehalten hat. Doch das ist nicht korrekt: Auch natürliche Wälder verändern sich langfristig, ihre Nachhaltigkeit steht unter dem Einfluss des Menschen.

Anmerkung

Grundlegend für die Gedanken dieses Aufsatzes sind Ideen, die der Autor an anderer Stelle näher ausgeführt hat: Hansjörg Küster, Geschichte des Waldes. Von der Urzeit bis zur Gegenwart, München 2008[3].

Karl-Reinhard Volz

Wem gehört der Wald?

ANMERKUNGEN ZU EINER EIGENTUMSFORM ZWISCHEN KÖNIGSFORST UND BUNDESWALDGESETZ

Der Apotheker Peter Kuhn ist die Arbeit im Wald nicht gewöhnt, aber er ist zufrieden mit dem Ergebnis der letzten Stunden; drei Raummeter Buchenholz sind zu ordentlichen Stapeln aufgesetzt. Im nächsten Sommer, wenn das Holz durchgetrocknet ist, will er es für seinen Schwedenofen nach Hause holen. Peter Kuhn hat es nicht bereut, dass er im letzten Jahr das Erbe seiner Großmutter angetreten hat. Nur wenige Male war er mit der Großmutter im Wald, stolz hat sie ihm damals den Familienbesitz gezeigt, bäuerlichen Besitz, denn die Eltern der Großmutter waren Bauern. So etwas kann man nicht verkaufen, dachte Kuhn. Er ist froh, dass er einen Motorsägenlehrgang machen konnte: Schnitttechnik, Unfallverhütung, Wartung der Säge. Zweimal im Jahr war er schon zur Arbeit in seinem Wald; einmal hat er sich einfach nur hingesetzt und die Natur um sich herum bestaunt und genossen.

Peter Kuhn ist einer von etwa zwei Millionen privaten Waldbesitzern in Deutschland. Die genaue Zahl kennt niemand. Die wenigsten sind auch heute noch Bauern. Fast alle Waldeigentümer besitzen eher kleine Waldgrundstücke, manche sind geradezu winzig. Zumeist handelt es sich um ererbte »Kleinprivatwaldflächen«, die von Generation zu Generation zwischen den Erben aufgeteilt und daher immer kleiner wurden. Manches Grundstück ist so schmal – zwei bis drei Meter sind keine Seltenheit –, dass jeder größere gefällte Baum beim Nachbarn Schaden anrichtet. In der Schweiz nennt man die langen und schmalen Grundstücke »Hosenträger«, in Deutschland spricht man von »Handtüchern«.

Monogrammist AL:
Ertappt beim Reisigsammeln, 1848,
Öl/Leinwand, 58 × 49 cm, DHM, Berlin

Von den Ursprüngen

Die Ursprünge dieser Waldeigentumsform liegen meist im 18. Jahrhundert, als es um die gemeinsam für Brenn- und Bauholz, vor allem aber für die Waldweide genutzten Wälder (Allmendwälder oder Gemeinschaftswälder) immer häufiger zu Konflikten kam. Solange jeder seine wenigen Kühe in den Wald trieb – Weiden waren rar, da jede waldfreie Fläche für den Anbau von Ackerfrüchten benötigt wurde – und solange jeder Nutzungsberechtigte etwa denselben Bedarf an Brennholz hatte, solange konnte man sich im Wald rasch einig werden. Niemand fühlte sich übervorteilt. Als aber mehr und mehr Bauernhöfe aufgegeben wurden und die verschiedenen Berufe zu unterschiedlichen Ansprüchen und Lebensstilen führten, schien die reale Aufteilung von Grund und Boden die bessere Lösung. Bis heute sprechen wir im Wald von den Realteilungsgebieten. Meist decken sie sich mit den früh besiedelten, fruchtbaren und gut zu bewirtschaftenden Landschaften der Ebenen und sanft geneigten Hänge.

Anders lief es in den spät besiedelten Mittelgebirgen. Landesherren und die zahlreichen Klöster vergaben Siedlungsland als Lehen. Wer sich den Raum für seine Hofstelle, seinen Acker und das Weideland gerodet hatte, der bekam auch ein ordentliches Stück Wald dazu. Bis heute gibt es die vielfach einzeln liegenden Höfe als Waldbauernbetriebe; ihre Haupteinnahmequelle ist das Holz. Gute und schlechte wirtschaftliche Zeiten wechseln sich ab. Wenn die Holzpreise schlecht sind, wird von der Substanz gelebt; Selbstausbeutung ist seit Generationen die Regel, aber stolz sind sie alle, diese freien Waldbauern, und nur wer keine Erben hat, denkt daran, den Hof und den Wald zu verkaufen.

Bernd Winterhalter jedenfalls käme nie auf diese Idee. Sein Hofeigentum lässt sich in der Hofchronik sogar bis ins 16. Jahrhundert zurückverfolgen. Er hat die Landwirtschaftsschule besucht, in der auch Waldbau und Forsttechnik auf dem Stundenplan standen. Außerdem hat er eine Schlosserlehre gemacht, dadurch kann er seine Forstmaschinen selbst reparieren. Er ist ein versierter Holzrücker, das heißt,

006 | Karte von der Königlichen Oberförsterei Groß Schönebeck, 1847

er zieht mit seinem großen Forstschlepper die gefällten Bäume an die Forststraße. Inzwischen arbeitet er nicht nur im eigenen Wald, sondern auch in denen der Nachbarn und im nahe gelegenen Staatswald. Auf zehn bis zwölf Stunden beläuft sich seine regelmäßige Arbeitszeit, aber er ist gern draußen, Regen und Kälte machen ihm nichts aus. Seit vier Jahren ist er Vorstand der örtlichen »Forstbetriebsgemeinschaft«. 27 Waldbauern sind darin zusammengeschlossen, um die strukturellen Nachteile der kleinen Waldflächen zu reduzieren. So wird etwa der Holzverkauf gemeinsam organisiert, denn bei größeren Holzmengen bezahlen die Sägewerke bessere Preise. Und durch den gemeinsamen Materialeinkauf kann die Forstbetriebsgemeinschaft bei den Lieferanten Rabatte erzielen. Im nahen Staatswald kennt sich Bernd Winterhalter gut aus. Er freut sich, dass dort inzwischen genauso naturnah gewirtschaftet wird, wie es schon sein Vater und sein Großvater gemacht haben. Im Wald der Winterhalters hat man die waldbaulichen »Moden« des Staatswaldes nie mitgemacht. Der Staatswald, in dem Bernd Winterhalter das Holz rückt, war früher im Besitz des nahe gelegenen Klosters; seit der Säkularisation im Jahr 1803 steht er im Eigentum des Landes. Kaum ein Kloster durfte damals seinen Waldbesitz behalten.

Vormaliger Klosterbesitz und die ehemals landesherrlichen Wälder bilden zusammen den größten Teil des heutigen Staatswaldes. Etwa 33 Prozent der Gesamtwaldfläche in Deutschland stehen im Eigentum von Bund und Ländern. Die meisten Menschen meinen, dass der Wald in Deutschland überwiegend dem Staat gehören würde. Aber dem ist nicht so.

Hauung = Plan =
Karte
von der
Königlichen Oberförsterei
Gross Schönebeck.
1817.

Verbotsschild, DDR, vor 1989, DHM, Berlin

Die Ursprünge des Staatswaldes lassen sich bis zu den einstigen Königsforsten des frühen Mittelalters zurückverfolgen. Damals nahmen die Stammesfürsten und späteren deutschen Könige das Recht für sich in Anspruch, »herrenlose« Wälder durch »Einforstungen« der allgemeinen Nutzung zu entziehen. Auf diese Weise wurden große Jagdareale abgegrenzt, die sich teilweise bis zum heutigen Tag als geschlossene Staatswaldkomplexe erhalten haben (z. B. der Schönbuch bei Stuttgart, der Spessart, der Solling oder der Kottenforst). Eingeforstete Waldgebiete waren aber auch wichtige Einnahmequellen, denn jede Rodung, jeder Vieheintrieb und jede Holznutzung wurde mit einer an den Herrscher zu entrichtenden Gebühr belegt.

Und schließlich dienten die weiten Königsforste als Lehen, die an geistliche und weltliche Herrschaften »verliehen« wurden, um diese für ihre Dienste zu entlohnen und an den König, später an den Kaiser, zu binden. Im Laufe der Zeit erweiterten sich die als Lehen vergebenen Besitzrechte nach Umfang und Inhalt zu einem umfassenden Verfügungs-, Besitz- und Nutzungsrecht, also einem Volleigentum am Wald. Wo das Wald besitzende Adelsgeschlecht in den Rang des Landesherrn eines deutschen Kleinstaates aufsteigen konnte, stellte der Wald oft den größten Teil der Landesfläche dar. Das heißt, der Waldbesitz war eine wesentliche Gebietsgrundlage herrschaftlicher Macht. Und da jedermann das Holz als Bau-, Werk- oder Brennholz brauchte, konnten damit nicht nur Einnahmen erzielt, sondern auch die wirtschaftliche und soziale Entwicklung eines Territoriums gesteuert werden.

Vom Privat- zum Staatseigentum

Nach und nach wurden allerdings fast alle diese Waldbesitzungen aus der privaten Verfügungsmacht des Landesherrn in Staatseigentum überführt. Mit dem Ende der Monarchien in Deutschland nach dem Ersten Weltkrieg wurden auch die letzten heutigen Staatswälder in das Eigentum der Länder (beziehungsweise der heutigen Bundesländer) übertragen. Nur ein vergleichsweise geringer Anteil des Grundbesitzes verblieb bei den ehemaligen Landesherren als Abfindung zur privaten Nutzung und gehört heute in die Eigentumskategorie des Großprivatwaldes.

Diese historische Entwicklung erklärt auch, warum fast der gesamte Staatswald im Eigentum der deutschen Bundesländer steht, während der Waldbesitz des Bundes mit etwa vier Prozent der Gesamtwaldfläche relativ gering ist und sich fast ausschließlich auf militärische Übungsgebiete beschränkt. Im Gegensatz zu den ehemaligen Landesherren und den Klöstern vermochten es die mediatisierten weltlichen Herrschaften, ihren Grund- und damit auch ihren Waldbesitz (in Westdeutschland) fast vollständig zu bewahren. Das Haus Thurn und Taxis in Regensburg etwa verfügt mit etwa 28 000 Hektar Wald nicht nur über den größten Privatwaldbesitz in Deutschland. Es nennt auch mehr Wald sein Eigen als der »Wittelsbacher Ausgleichsfonds«, mit dem 1923 das ehemalige bayerische Königshaus nach langen Verhandlungen abgefunden wurde. Insgesamt ist der Großprivatwald, das sind Waldbesitzungen von mehr als 1000 Hektar Waldfläche, mit etwa zwölf Prozent an der Gesamtwaldfläche beteiligt.

Da in der ehemaligen sowjetischen Besatzungszone zwischen 1945 und 1949 der gesamte größere Privatwald (über 100 Hektar) enteignet und dieser Waldbesitz auch nach der Wiedervereinigung nicht zurückgegeben wurde, findet sich heute in den ostdeutschen Bundesländern nur noch relativ wenig Großprivatwald. In den meisten Fällen handelt es sich um Waldflächen, die von den vormaligen Eigentümerfamilien zurückgekauft wurden.

Johann Heinrich Cotta

geb. 30. Oktober 1763 im Forsthaus Kleine Zillbach/Rhön
gest. 25. Oktober 1844 in Tharandt

Einer forstlich geprägten Familie entstammend, studierte Cotta nach seiner Ausbildung zum Jägerburschen an der Universität Jena Mathematik sowie Natur- und Kameralwissenschaften (Finanz-, Wirtschafts- und Verwaltungslehre). 1811 erfolgte die Berufung an die Königlich Sächsische Forstvermessungsanstalt, die auf seine Veranlassung von Dresden nach Tharandt verlegt wurde. Fünf Jahre später erhob man die 1795 von ihm privat gegründete Meisterschule, die er als Institution mit nach Tharandt gebracht hatte, zur Königlich Sächsischen Forstakademie.

Cotta vollzog den Übergang von der »Holzzucht« zum »Waldbau« als ganzheitliche Wissenschaft und zählt als Begründer der modernen nachhaltigen Forstwirtschaft heute zu den Klassikern seines Faches. Als erster Forstwissenschaftler setzte er sich für die Anpflanzung von Mischbeständen ein. Die Einheit von Wissenschaft und Praxis, das Bestreben, praktisches Handeln immer auf der Grundlage eines soliden Wissens zu betreiben, durchziehen sein ganzes Leben.

Cotta war über seine Profession hinaus eine anerkannte Persönlichkeit, geschätzt von Johann Wolfgang von Goethe und Alexander von Humboldt. Sein umfangreiches wissenschaftliches Werk, aus dem die *Anweisung zum Waldbau* herausragt, betrifft fast alle Gebiete der Forstwissenschaften und ist noch heute in vielerlei Hinsicht aktuell.

Siegfried Anders

»Der Beruf des Forstmannes ist halb Wissenschaft, halb Kunst und nur die Ausführung macht hierbei den Meister.«

Johann Heinrich Cotta
Forsthistorisches Kabinett, 1811

Der sogenannte »mittlere Privatwald«, dem in der Statistik Waldbesitzungen zwischen 20 und 1000 Hektar zugeordnet werden, nimmt mit etwa 31 Prozent einen relativ großen Anteil an der Privatwaldfläche ein; allerdings stehen auch hinter dieser Fläche nur relativ wenig Waldeigentümer. Der weitaus größte Teil der rund zwei Millionen Waldeigentümer in Deutschland ist somit dem »Kleinprivatwald« zuzurechen und besitzt im Durchschnitt nur 2,5 Hektar Wald; für mindestens die Hälfte der Eigentümer liegt die Waldbesitzgröße weit unter einem Hektar. Der Anteil von 57 Prozent am gesamten Privatwald in Deutschland (etwa 4,8 Millionen Hektar) zeigt, dass nicht nur die Zahl der Eigentümer, sondern auch die Größe der Waldfläche beträchtlich ist.

Auch die historische Entwicklung des Kommunalwaldes geht dort, wo es sich um Stadtwald handelt, oft bis in die Zeit der Stadtgründung zurück, häufig bis ins frühe Mittelalter. So wurde zum Beispiel der Stadt Freiburg im Breisgau mit ihrer Gründung durch das Geschlecht der Zähringer (vermutlich im 12. Jahrhundert) ein ansehnliches Waldgebiet als Nutzungsbezirk überlassen. Schon früh begannen die wachsenden Städte zusätzlich umliegende Waldflächen anzukaufen, um auf diese Weise die Brenn- und Bauholzversorgung ihrer Bürger zu sichern.

Wesentlich jünger ist meist der Waldbesitz der kleineren Städte und Gemeinden. Er ist häufig das Ergebnis der eigentumsrechtlichen Umwandlung der Allmend- oder Markwälder, die bis dahin gemeinschaftlich von allen Ansässigen für die Holzgewinnung, den Weidebetrieb, die Imkerei usw. genutzt wurden. Wo heute größere Kommunalwälder anzutreffen sind, fand meist die ungeteilte Übertragung des Markwaldes an die politische Gemeinde statt, in Süddeutschland häufiger als in Norddeutschland. Dort haben die berechtigten Bürger den gemeinschaftlichen Waldbesitz unter sich aufgeteilt. Der Gemeinde blieben in diesen Fällen, wenn überhaupt, oft nur noch die minderwertigen Restflächen, die sonst niemand haben wollte.

Wald, Bestand an Bäumen

Wald, Bestand an Bäumen, zählbar,
Schonungen, Abholzungen, Holz- und
Papierindustrie
Mischwald ist am rentabelsten
Schädlinge, Vogelschutz
Wildbestand, Hege, Jagdgesetze
Beeren, Bucheckern, Pilze, Reisig
Waldboden, Wind, Jahreszeiten,
Zivilisationslandschaft.

Günter Eich, 1968

Allen Kommunalwäldern gemeinsam ist jedoch, dass sie sich in ihrer betrieblichen Zielsetzung oft von jener der übrigen Waldeigentumsarten unterscheiden. Sehr oft dominieren die Erholungsbedürfnisse der örtlichen Bürger alle anderen Nutzungsformen. Eine aktuelle Zählung im Stadtwald Freiburg ergab, dass dort im Jahresdurchschnitt rund 30 000 Waldbesuche pro Tag stattfinden.

Der Wald als soziales Kapital

Jeder Waldbesitzer, ob es der Staat ist, die Gemeinde oder ein privater Eigentümer, hat das Recht, die Ziele und die Art der Bewirtschaftung seines Waldes selbst zu bestimmen. Den Rahmen dafür geben allerdings die Waldgesetze des Bundes und der Länder vor. Dabei berufen sie sich in vielerlei Regelungen auf die Sozialbindung des Eigentums, wie sie im Deutschen Grundgesetz verankert ist.

Wie fast alles im Wald, hat auch die Sozialbindung des Waldbesitzes eine lange Tradition. Schon in den frühen mittelalterlichen Forstordnungen wurden für den Umgang mit dem Wald Regelungen getroffen, die wir heute mit dem Begriff der »Nachhaltigkeit« in Verbindung bringen. Danach sollte die gegenwärtige Generation bei jeder Waldnutzung darauf achten, dass auch künftige Generationen über einen nach Menge und Qualität vergleichbaren Holzvorrat verfügen können.

Seither hat sich das Verständnis einer an sozialen Bedürfnissen ausgerichteten Nachhaltigkeit Schritt für Schritt weiterentwickelt und umfasst heute den Schutz der natürlichen Umwelt – Wasser, Boden, Flora und Fauna – ebenso wie die Rücksichtnahme auf das Landschaftsbild und die Erholungsbedürfnisse der Bevölkerung. Zusammengefasst wurde all dies unter der Handlungsmaxime einer »ordnungsgemäßen Forstwirtschaft«, wobei deren Ausprägung der kultur-, mentalitäts- und ideologiegeschichtlichen Situation der jeweiligen Zeit folgte. So gab es etwa bereits zum Ende des 19. Jahrhunderts engagierte Forstleute und Waldeigentümer, die sich für eine Förderung der Schutzwirkungen des Waldes im Interesse der Gesellschaft einsetzten[1] und um eine verstärkte Berücksichtigung ökologischer Belange bei der Waldbewirtschaftung bemühten.[2] Schließlich wurde sogar der Versuch unternommen, das spezielle Lehrgebiet der »Forstästhetik« in den forstlichen Unterricht an Schulen und Universitäten zu integrieren, um Wälder im Interesse der Allgemeinheit künftig auch nach ästhetischen Gesichtspunkten zu gestalten,[3] oder zumindest in einer, den spätromantischen Vorstellungen jener Zeit gerecht werdenden Weise.

291 | Grenzschild des Müritz-Nationalparks, um 2000

Auf der Basis dieser frühen Einsicht in die Notwendigkeit gesellschaftspolitischer Rücksichtnahmen hat sich mit der Zeit die Vorstellung von einer »multifunktionalen Forstwirtschaft« entwickelt, in der für alle Waldfunktionen (Nutz-, Schutz- und Erholungsfunktion) eine prinzipielle Gleichrangigkeit gegeben ist. Aber erst seit Mitte der 1970er Jahre hat die »Mehrzweckforstwirtschaft« in allen deutschen (Bundes- und Länder-) Waldgesetzen ihren Niederschlag gefunden. Die generelle Gleichrangigkeit der Waldfunktionen schließt allerdings nicht aus, dass der einzelne Waldeigentümer, und so eben auch die Städte und Gemeinden, für ihren gesamten Waldbesitz oder auch nur für ein bestimmtes Waldgebiet sehr spezifische Ziele favorisieren.

Es erstaunt daher nicht, dass die gleichzeitig wachsende umweltpolitische Sensibilisierung der Öffentlichkeit und die zunehmenden Aktivitäten des amtlichen und des privaten Naturschutzes dazu geführt haben, dass von dort mehr und mehr eigene Maßstäbe für die Art der Waldbewirtschaftung vorgeschlagen und eigene Waldnutzungskonzepte entwickelt wurden. Dass dabei Naturnähe und eine starke ökologische Ausrichtung gefordert werden, liegt in der Natur der Sache.

Unter eigentumspolitischen Gesichtspunkten enthalten diese Bemühungen um eine verstärkte Berücksichtigung ökologischer Belange und vor allem deren legislative Verankerung allerdings erheblichen Zündstoff. Denn nahezu sämtliche Forderungen aus dieser Richtung haben für den privaten Waldbesitzer Einnahmeverluste zur Folge oder führen zu höheren Kosten in der Bewirtschaftung. Um den Lesern einen Begriff davon zu geben, seien die wesentlichen, ökologisch motivierten Forderungen genannt: die Ausweisung von Naturschutzgebieten im Privatwald; das Belassen zumindest eines Teils des Baumbestandes über das ökonomische Optimum hinaus; das Zulassen von »Totholz«, also abgestorbener Bäume, die stehend oder am Boden liegend im Interesse bestimmter Tier- und Pflanzenarten verfaulen; Verzicht auf den Anbau bestimmter, sehr raschwüchsiger und daher wertvoller, aber in Deutschland nicht heimischer Baumarten; Verzicht auf den Ausbau von Waldwegen, vor allem im Gebirge.

Fest steht zwar, dass bei allen zusätzlichen Inhalts- und Schrankenbestimmungen des Eigentums der Grundsatz der Angemessenheit und Zumutbarkeit beachtet werden muss. Da es aber bei den meisten der erhobenen Forderungen schwierig ist, in ökologischer und ökonomischer Hinsicht eindeutige Bewertungen zu liefern, sind politische Aushandlungsprozesse unerlässlich. Und es gehört gewiss zu den großen forst- und naturschutzpolitischen Herausforderungen der nächsten Jahre, den im Bundeswaldgesetz verlangten »Ausgleich zwischen dem Interesse der Allgemeinheit und den Belangen der Waldbesitzer« herbeizuführen.

Anmerkungen

1 Vgl. Otto von Hagen, Die forstlichen Verhältnisse Preußen, Berlin 1894[3].
2 Vgl. Karl Gayer, Der Waldbau, Berlin 1880.
3 Vgl. Heinrich von Salisch, Forstästhetik, Berlin 1885.

Uwe Eduard Schmidt

Waldexport

ÜBER DEN EINFLUSS DEUTSCHER AUSWANDERER AUF DAS DEUTSCH-AMERIKANISCHE WALDVERSTÄNDNIS

Während des gesamten 18. Jahrhunderts preisen Veröffentlichungen die hervorragenden natürlichen Ressourcen der amerikanischen Wildnis, während sie deren Gefahren verharmlosen. In der Rezeption dieser Schriften überwiegen dann auch die positiven Momente. Nicht wenige der Leser fühlen sich animiert, den Schritt in die »Neue Welt« zu wagen. Unmittelbar nach der außerordentlichen Strenge des Winters 1708/09 setzt die erste große Auswanderungswelle von Bauern und Arbeitern aus der Pfalz und den angrenzenden Gebieten nach Nordamerika ein.[1]

Frühe Nachrichten über die Waldbewirtschaftung deutscher Auswanderer liegen seit Mitte des 18. Jahrhunderts vor; so zum Beispiel von den deutschen »Herrnhuter Brüdern«, die sich im November 1753 in der Wachau (Wachovia) nahe der heutigen Stadt Winston-Salem NC ansiedeln.[2] Eine Beschreibung der natürlichen Ressourcenausstattung der Wachau erfolgt erstmals im Frühjahr 1759 durch Christian Gottlob Reuter und ist in dieser Form einzigartig. Sämtliche natürlich vorkommende Baumarten werden nach allgemeiner Nützlichkeit und Holzverwendungsmöglichkeit begutachtet. Wie sehr auf einen ordnungsgemäßen Umgang mit natürlichen Ressourcen geachtet wird, zeigt die aus dem Jahre 1772 stammende Forstplanung. Sie gibt detaillierte forstliche Nutzungsanweisungen und empfiehlt, einen Förster als Kontrollinstanz einzusetzen. Aber es finden sich aus den Jahren 1804 und 1805 auch erste Hinweise auf Engpässe in der Brennholzversorgung. Am 12. Februar 1818 wird in einem Memorandum festgestellt, »daß die Verwüstung unseres Busches jetzo ärger als das je geschehe«.

Diese verheerende Bilanz belegt, dass die Herrnhuter Gemeine trotz ihrer rigiden Nutzungsregelungen in einem Zeitraum von über 60 Jahren keine nachhaltige Waldbewirtschaftung für ihr Siedlungsgebiet zu installieren vermochte. Aufgrund der angespannten forstlichen Situation wird schließlich eine neue Forstplanung mit strengeren Kontrollmechanismen erlassen.

Rush beschreibt 1789 in seinem Werk *An Account of the Manners of the German Inhabitants of Pennsylvania*, dass die deutschen Einwanderer meist Waldland besiedeln. Neben den Berichten über Waldrodungen für Siedlungs- und landwirtschaftliche Produktionsflächen wird über die Holznutzung auf den verbleibenden Waldflächen folgendes ausgeführt: »The German compatriots economize on wood. They do not burn it in large open fireplaces but use stoves so that they only need a quarter or the fifth part of what is normally required. This way they save the horses the trouble of hauling wood during the winter, which often results in making them unfit for the ploughing in spring. [...]«[3]

In den deutschen Staaten setzt seit den 1830er Jahren eine Massenauswanderung nach Nordamerika ein. Binnen eines Jahrzehnts verlassen über 30 000 Menschen ihre Heimat. Der Holzmangel, die strenge Handhabung der Forstgesetze sowie die um sich greifende Holzteuerung verstärken die Auswanderungsbewegung. Die aufgrund des Holzmangels in vielen deutschen Ländern erlassenen strengen Forstgesetze des 19. Jahrhunderts und der damit verbundene Widerstand, insbesondere im Verlauf der 1848er Revolution, beschleunigen die Auswanderung von Handwerkern, Bauern, Bürgern und politisch Verfolgten nach Nordamerika; sie nimmt schließlich bis dahin unbekannte Ausmaße an.

In einer 1849 publizierten *Darstellung der neuesten Zeitgeschichte für alle Stände* wird die Holzknappheit Deutschlands dem Waldreichtum Nordamerikas gegenübergestellt: »Die Behandlung der [deutschen] Wälder in solcher Weise, wie sie uns gegenwärtig die Forstwissenschaft lehrt, ist ein Ergebnis der Noth. Die Abnahme der Waldungen und Zunah-

Deutsche Ansiedelung in Amerika,
Bilderbogen aus der Serie *Bilder zum Anschauungs-Unterricht*
(Ausschnitt), Farblithografie, 32,3 × 39,7 cm,
um 1890, DHM, Berlin

me der Bevölkerung, mit ihr die vermehrten Ansprüche an den Wald, haben diesen Theil der Volkswirtschaftslehre geschaffen. [...] Die unermeßlichen Waldwüsten in Amerika z. B. verlangen eine auf wissenschaftliche Lehrsätze gestützte Bewirthschaftung des Waldes gegenwärtig nicht; allein es wird auch da die Zeit der Noth kommen, und diese wird dann gleiche Folgen haben wie in Deutschland. [...]«[4]

Die von den Auswanderern hinterlassenen Briefe, Lieder, Tagebucheintragungen und Memoiren sind für die geschichtliche Entwicklung des deutschen und nordamerikanischen Waldverständnisses von großer Bedeutung. Dies vor allem deshalb, weil sie die wald- und umweltbezogenen Verhältnisse in Deutschland und Nordamerika nicht nur beschreiben, sondern zum Teil bewerten und kritisch gegenüberstellen. Im Jahr 1845 fordert zum Beispiel die Historische Gesellschaft von Pennsylvania in einem Rundschreiben die Bürger des Staates auf, geschichtliche Daten über ihre Heimatgemeinden einzusenden. In den Memoiren von Conrad J. Kurtz, der 1854 nach Pittsburgh/Pennsylvania ausgewandert ist, heißt es: »Nichtsdestoweniger ist es [das Saarland] eine sehr schöne Gegend [...] deren Wasser ist reines Quellwasser, frisch und klar. Ganz im Gegensatz zu den Flüssen hier in Pennsylvania, die mit Öl bedeckt und voller Schwefel aus den zahlreichen Minen sind.«[5] 1869 beschreibt ein deutscher Fabrikarbeiter seine Eindrücke bei einem Picknick an der Nordseite der Großstadt Chicago: »Nothing thrills a German more than festival in the woods under the green leaves of oak trees.«[6]

Mitte des 19. Jahrhunderts sind Anfänge einer nordamerikanischen Naturschutzbewegung zu erkennen, die unter anderem zum Walderhalt im Gebiet der Großen Seen aufruft.[7] Ende des Jahrhunderts wird neben Aufforstungsmaßnahmen eine fundierte forstliche Ausbildung in den Vereinigten Staaten gefordert und mit Hilfe deutscher Wissenschaftler auch eingerichtet.[8] Im Jahr 1887 hält der deutsche Forstwissenschaftler Bernhard Eduard von Fernow Vorlesungen in Waldbau und in anderen forstrelevanten Disziplinen am Massachusetts Agricultural College – die ersten dieser Art in den Vereinigten Staaten von Amerika.

Carl Alwin Schenck etabliert 1898 das erste Forstausbildungsprogramm an der Biltmore Forest School in North Carolina. Im gleichen Jahr wird an der Cornell University in New York ein zweites forstliches Ausbildungszentrum unter der Leitung von Bernhard Eduard von Fernow gegründet. Nachdem 1899 der amerikanische Forest Service von Giffort Pinchot eingerichtet wird, kann ein Jahr später dank privater Stiftungen ein forstwissenschaftlicher Studiengang an der Yale University eingerichtet werden. Henry Salon Graves, der in Harvard und München studiert hatte, übernimmt die Leitung der forstlichen Ausbildung in Yale. Die deutsche Forstwissenschaft hat einen derart guten Ruf, dass sich amerikanische Forststudenten trotz zunehmender forstwirtschaftlicher und -wissenschaftlicher Ausbildungsmöglich-

Die Auswanderer

Ich kann den Blick nicht von euch wenden;
Ich muß euch anschaun immerdar:
Wie reicht ihr mit geschäft'gen Händen
Dem Schiffer eure Habe dar!

[...]

O sprecht! warum zogt ihr von dannen?
Das Neckartal hat Wein und Korn;
Der Schwarzwald steht voll finstrer Tannen,
Im Spessart klingt des Älplers Horn.

Wie wird es in den fremden Wäldern
Euch nach der Heimatberge Grün,
Nach Deutschlands gelben Weizenfeldern,
Nach seinen Rebenhügeln ziehn!

Ferdinand Freiligrath, 1832

keiten in den USA an deutschen Forstfakultäten einschreiben. Diese Entwicklung hält bis zum Beginn des Zweiten Weltkrieges an.

Auf der Tagung des »Ausschusses für ausländische und koloniale Forstwirtschaft« im Jahr 1930 fordert Franz Heske, Forstwissenschaftler in Tharandt, das Studium ausländischer Forststudierender an den deutschen Ausbildungsstätten zu fördern. Der Auslandsausschuss des deutschen Forstvereins kann bereits Mitte 1932 eine Verbesserung der forstlichen Auslandsbeziehungen verzeichnen.[9] Franz Heske wirbt auch weiterhin für die deutsche Forstausbildung und betont 1935 die Bedeutung des internationalen Wissenschaftsaustausches; 1938 veröffentlicht er sein Buch *Germany Forestry* an der Yale University.[10]

»Unsere Wissenschaft wird sich fortwährend im Kreise drehen, solange nicht forststatistische Untersuchungen ebenso an die Tagesordnung kommen, wie die Kulturkünsteleien, in denen man gegenwärtig das Heil der Forstwissenschaft erblickt.«

Neben den Bestrebungen, das forstwissenschaftliche Studium von Ausländern in Deutschland zu fördern, bemüht sich der deutsche Forstverein intensiv um die Vermittlung deutscher Forststudierender auf forstwissenschaftliche Studienplätze und Praktikantenstellen im europäischen Ausland. Das Reichsforstamt kündigt 1937 an, dass der Studentenaustausch mit den nordamerikanischen Hochschulen wesentlich verstärkt werden sollte. Bildungsreisen deutscher Forstwissenschaftler, wie beispielsweise in den Jahren 1929 und 1930 die des Assistenten am Institut für Waldbau und Forstbenutzung in München, Adalbert Ebner, dienen der Einschätzung amerikanischer Forstwirtschaft in dieser Zeit. Der in der Zeitschrift für Weltforstwirtschaft 1936 veröffentlichte Bericht Ebners prangert die amerikanische Forstwirtschaft aus der Sicht eines deutschen Forstwissenschaftlers zur Zeit des Nationalsozialismus an.

Carl Justus Heyer

geb. 9. April 1797 in Darmstadt
gest. 24. August 1856 in Gießen

Carl Justus Heyer, um 1830

Wie manche seiner Kollegen entstammt auch Heyer einer Försterfamilie. Während seines Studiums in Gießen und Tharandt war er unter anderem Schüler von Heinrich Cotta. Ab 1817 arbeitete Heyer in der hessischen Forstverwaltung. Sieben Jahre später wurde er als Verwalter des Lehrreviers an die neu gegründete Hessische Forstlehranstalt in Gießen berufen. 1831 wechselte er in privatforstliche Dienste im Odenwald, um 1835, nach dem Tod seines einstigen Förderers Johann Christian Hundeshagen, wieder nach Gießen zurückzukehren.

Heyers Ruf als Lehrer war legendär, und er verfasste viel beachtete Werke zu den forstlichen Disziplinen Waldbau, Forsteinrichtung und Ertragslehre. Überdies beförderte er die Verankerung der Mathematik in der Forstwissenschaft, entwickelte eine Formel zur Berechnung eines der Nachhaltigkeit verpflichteten Hiebsatzes für Waldbestände und etablierte zukunftsweisende wissenschaftliche Anforderungen im forstlichen Versuchswesen.

Von ihm stammt die bis zum heutigen Tage gültige »Goldene Regel der Durchforstung«. Danach muss der Wald *frühzeitig*, jeweils nur *mäßig*, dafür aber *oft* durchforstet werden, wenn stabile Bestände heranwachsen sollen. Sein wichtigstes Standardwerk *Der Waldbau oder die Forstproductenzucht* (1854) erschien bis ins 20. Jahrhundert hinein in mehreren aktualisierten Neuauflagen.

Siegfried Anders

Gottlob König

geb. 18. Juli 1779 in Hardisleben
gest. 22. Oktober 1849 in Eisenach

Nach dem Besuch des Gymnasiums in Weimar und einer Forstlehre bei Heinrich Cotta in Zillbach in der Rhön durchlief König eine vertiefende mehrjährige forstliche Weiterbildung. Aufgrund seiner ausgeprägten Neigung zur Mathematik erhielt er bereits 1803 eine Lehrstelle für Geometrie an der forstlichen Meisterschule in Zillbach. 1805 begann er mit der Ausbildung junger Forstleute in Ruhla bei Eisenach. Aus der zunächst als Privatinstitut geführten Lehrstätte entstand 1830 die Großherzoglich-Sächsische Forstlehranstalt Eisenach, deren Gründungsdirektor König nun war.

In den folgenden Jahren forcierte König die Wiederaufforstung der in den Hochlagen des Thüringer Waldes und in der Rhön befindlichen Wüstungen und Heideflächen. Seine herausragende Begabung für die Lehre zog Schüler aus allen Ländern an. König wurde zum Reformator des thüringischen Forstwesens, für das fortan die Erhaltung der Bodennährkraft, die Waldpflege (ein von ihm geprägter Begriff und zugleich Titel seines 1849 publizierten wichtigsten Werks), die Begründung von Mischwäldern mit der Buche als Hauptbaumart und der Verzicht auf Kahlschläge kennzeichnend waren.

Die Bedeutung Königs liegt vor allem in der mathematischen Durchdringung der Forstwissenschaft. Er gilt als Begründer der Holzmesskunde (Dendrometrie), setzte sich aber auch für die Berücksichtigung landespflegerischer und forstästhetischer Gesichtspunkte durch die Forstwirtschaft ein. König bemühte sich erfolgreich um Öffentlichkeitsarbeit und nahm vor allem im Umfeld der Wartburg einen bis heute erkennbaren Einfluss auf Ausbau, Verlauf und Gestaltung von Forstwegen und Forststraßen.

Siegfried Anders

Dass die gelehrte und praktizierte deutsche, nachhaltige Forstwirtschaft von amerikanischen Forstleuten insbesondere in den 1930er Jahren indessen nicht nur als unreflektiertes Vorbild wahrgenommen wird, belegen Aufzeichnungen des amerikanischen Forstmanns, Ökologen und Philosophen Aldo Leopold. Während seines Deutschlandaufenthalts gilt sein Interesse der deutschen Forstwirtschaft, der Jagd und dem Naturschutz. Als Leopold am 7. Oktober 1935 von Hamburg abreist, hat er viele Eindrücke und zwei Manuskripte im Gepäck. Leopold kritisiert die deutschen Wald- und Jagdzustände etwa so: »[...] the German problem – a system of silviculture incompatible with a natural and healthy game stand and a system of game management incompatible with a natural and healthy silviculture [...]«. Die radikale Umwandlung der deutschen Wälder im 19. Jahrhundert von naturnahen Laubmischwäldern in gleichaltrige Nadelforste aus Fichte und Kiefer ist für Leopold der Auslöser des Dilemmas: »Never before or since has the forest of a whole nation converted to a new species within a single generation. Mixed forests and natural reproduction both became archaic relics of an unenlightened past.«[11]

»Seltene, besonders große, herrliche Bäume und Bestände sollte man erhalten, so lange als möglich.«

Gottlob König
Die Waldpflege, 1849

Deutsche Ansiedelung in Amerika,
Bilderbogen aus der Serie
Bilder zum Anschauungs-Unterricht
(Ausschnitt), Farblithografie, 32,3 × 39,7 cm,
um 1890, DHM, Berlin

Fassen wir abschließend unseren skizzenhaften Überblick zusammen, so ergibt sich folgendes Bild: Reichlich vorhandene natürliche Ressourcen des nordamerikanischen Kontinents sichern die Existenz der ersten deutschen Emigranten verschiedenster religiöser Minderheiten. In den deutschen Siedlungen in Pennsylvania und North Carolina werden schon früh Maßnahmen des Waldschutzes und einer ersten nachhaltigen Holznutzung implementiert, die sowohl auf einer Inventarisierung des Ressourcenpotenzials als auch auf einer entsprechenden Nutzungskontrolle basieren.

Das Fallbeispiel der Herrnhuter Gemeinen in North Carolina zeigt zudem, dass trotz rigider Nutzungsregelungen in einem Zeitraum von über 60 Jahren keine nachhaltige Waldbewirtschaftung installiert werden konnte. Erste Eisen- und Glashütten werden in der zweiten Hälfte des 18. Jahrhunderts in Pennsylvania, New York State und anderen Staaten an den großen Seen gegründet. Diese Protoindustrie ist zunächst stark an die Ressource Holz und den Rohstoff Steinkohle gebunden und zeigt entsprechend negative Auswirkungen auf Wald und Umwelt.

Die großen Entwaldungen in der zweiten Hälfte des 19. Jahrhunderts bestärken schließlich eine sich in dieser Zeit etablierende Forstwirtschaft mit Nachhaltigkeitsansätzen. In der Folgezeit werden vermehrt Kahlflächen aufgeforstet und forstliche Ausbildungsstätten von deutschen Forstwissenschaftlern gegründet. Ein intensiver deutsch-amerikanischer Fachaustausch findet bis Ende der 1930er Jahre statt. Die gewonnenen historischen Erkenntnisse belegen eindringlich eine wechselseitige Beeinflussung der deutschen und nordamerikanischen Umweltwahrnehmung.

Anmerkungen

1 Albert Bernhard Faust, Das Deutschtum in den Vereinigten Staaten in seiner geschichtlichen Entwicklung, Leipzig 1912, S. 64 ff.

2 Vgl. Ann Leighton, American Gardens in the Eighteenth Century. »For Use or for Delight« with illustrations of the period, Amherst (Mass.) 1986; Erika Geiger und Nikolaus Ludwig von Zinzendorf, Der Erfinder der Herrnhuter Losungen. Seine Lebensgeschichte, Holzgerlingen 2000[2].

3 D. Rush, Essays, Literary, Moral and Philosophical, Philadelphia 1798, S. 225 ff.

4 Friedrich A. Brockhaus, Die Gegenwart, eine encyclopädische Darstellung der neuesten Zeitgeschichte für alle Stände in 12 Bänden. Ergänzungsbände des Hauptwerkes, 1848 – 1856, 3. Bd. Beitrag: Das Forstwesen Deutschlands insbesondere der Waldbau in seiner gegenwärtigen Ausbildung, Leipzig 1849, S. 666.

5 Uwe Eduard Schmidt, Das Leben des Conrad J. Kurtz. In: Quierschieder Hefte, Jg. 5, Heft 7, Quierschied 1984, S. 488 – 495.

6 Thomas Lekan, German Landscape. Local Promotion of the Heimat Abroad. In: Krista O'Donnell, Renate Bridenthal, Nancy Reagin (Hg.), The Heimat Abroad. The boundaries of Germanness, Michigan 2005, S. 141.

7 University of Minnesota: College of Agriculture, Forestry and Home Economics, 1961 – 1963. Bulletin of the University of Minnesota.

8 Paul O. Rudolf, Forest Plantations in the Lake States. Technical Bulletin No. 1010, Washington, D.C. August 1950, S. 7 ff.; Herbert Hesmer, Leben und Werk von Dietrich Brandis, 1824 – 1907, Begründer der tropischen Forstwirtschaft, Förderer der forstlichen Entwicklung in den USA, Botaniker und Okologe. In: Abhandlungen der Rheinisch-Westfälischen Akademie der Wissenschaften, Bd. 58, Opladen 1975, S. 327 – 385.

9 Deutscher Forstverein, Jahresbericht, Berlin 1932, S. 473.

10 Franz Heske, German Forestry, New Haven, Yale University press 1938, S. 185.

11 Georg Sperber, Deer and Dauerwald. The German Problem. In: Wilhelm Bode (Hg.), Naturnahe Waldwirtschaft, Prozessgeschichte oder biologische Nachhaltigkeit?, Holm 1997, S. 37 ff.

Die Fichte.
PINUS ABIES.
Die wilde Kastanie.
ÆSCULUS HIPPOCASTANUM.

Peter-M. Steinsiek

Nachhaltigkeit

ZUR KARRIERE EINES BEGRIFFS

In ihrer schlichtesten, geläufigsten Form ist mit forstlicher Nachhaltigkeit der Grundsatz gemeint, in einem Wald nicht mehr Holz zu nutzen als nachwächst. Wer über den Zuwachs hinaus Holz einschlägt, der wird über kurz oder lang nicht nur kein reifes Holz mehr vorfinden. Auch seine Nachkommen werden mit leeren Händen dastehen. Nachhaltigkeit hat also mit Vorsorge zu tun. Sie gehört seit jeher zu den wichtigsten Voraussetzungen des menschlichen Daseins. Wenn allerdings die Mittel, die unser Leben ausmachen, knapp zu werden beginnen und es nicht möglich ist, sie zu vermehren oder von auswärts herbeizuschaffen, dann kommt es darauf an, den Verbrauch so einzurichten, dass auf Dauer keine Bestandsverluste eintreten.

007 | Schmalkalder Diopterbussole, um 1910

Das Prinzip der Nachhaltigkeit

Solange der Wald noch im Überfluss vorhanden war, brauchte man Holzmangel nicht zu befürchten. Anders verhält es sich, wenn die Nutzung des Waldes an Grenzen stößt und eine Konkurrenz um das Holz entsteht. In diesem Fall gilt es, sich zunächst Klarheit darüber zu verschaffen, mit wie viel Holz im Wald überhaupt (noch) gerechnet werden kann. Dafür wiederum ist es unabdingbar, dass der Wald genau vermessen wird und der Flächeninhalt jeder Abteilung bekannt ist. Ein weiteres wichtiges Planungsinstrument stellen Kartenwerke dar, in denen etwa Angaben über den Waldzustand, den Boden und die Wasserversorgung sowie die Maßnahmenplanung enthalten sind.

003 | Bände der Hohenheimer Xylothek
mit aufgeklebten Flechten,
Ende 18./Anfang 19. Jahrhundert

Hand in Hand mit dem Interesse, dauerhaft Holz in der gewünschten Qualität ernten zu können, geht die Verpflichtung zur Verjüngung und Pflege des Waldes. Ursprünglich genügte es, auf den Nachwuchs aus dem Samen der Bäume zu warten (sogenannte Naturverjüngung). Als jedoch die Nutzungen zunahmen, die Schläge größer wurden und die Naturverjüngung nicht mehr in jedem Fall den gewünschten Erfolg hatte, breitete sich die sogenannte künstliche Verjüngung des Waldes durch Saat und Pflanzung aus. Sie erleichterten es, den Aufbau und die Zusammensetzung des künftigen Bestandes zu steuern und Versuche mit Baumarten anzustellen, die nicht heimisch waren.

Man erkannte, dass die einzelnen Baumarten unterschiedliche Ansprüche vor allem an das Klima, den Boden und die Meereshöhe stellten. Außerdem lernten die Forstleute, wie sie bereits bei der Bestandesbegründung und dann besonders bei der Bestandespflege (Durchforstung) die Holzqualität beeinflussen konnten. Die hier beschriebene Entwicklung zu einer, wie es früher hieß, »forstmäßigen«, also ordnungsgemäßen Waldwirtschaft hat so oder ähnlich und regional unterschiedlich vor etwa 500 Jahren in Deutschland eingesetzt.

In dieselbe Zeit fällt der Erlass erster landesherrlicher Forstordnungen. Unverkennbar erscheint darin das aufkeimende Interesse der Regierungen an guter Ordnung in den Wäldern des jeweiligen Territoriums. Denn der Wald spielte als Flächenreserve, Jagdrevier und zentrale Rohstoffquelle eine große Rolle bei der Absicherung von Herrschaft. Es kam hinzu, dass nach alter, weit verbreiteter Tradition die ländliche Bevölkerung berechtigt war, Brenn- und Bauholz aus den Forsten zu beziehen, Vieh im Wald zu weiden und gegebenenfalls Gras (Waldheu), Laubstreu und anderes mehr zu nutzen. Diese Nutzungen kollidierten mit den Interessen der Waldeigentümer, die vor allem die Holzerträge aus ihren Forsten steigern und einen ungestörten Betrieb sicherstellen wollten.

oben: Für die Nachwelt. Das Pflanzen von Bäumen für künftige Generationen gehört zu den ältesten Formen von Nachhaltigkeit in der Geschichte (Quelle: Friedrich August Ludwig von Burgsdorf, *Versuch einer vollständigen Geschichte vorzüglicher Holzarten in systematischen Abhandlungen […].* Teil 1, Titelblatt [Ausschnitt], Berlin 1783)

rechts: Vielfachnutzung und Funktionen des Waldes (Auswahl): Holz, Reisig, Viehweide, Streu, Jagd, Arbeitsplatz. Die Übersetzung der Überschrift »Sic ferimus Arbores, quae alteri Seculo prosint« lautet etwa: So lasst uns die Wälder behandeln, die der Nachwelt nützen sollen. Die Unterschrift »Majora perdes, minora ni servaveris«: Du wirst dich um das Ganze bringen, wenn du das Kleine nicht bewahrst (*Forst-Magazin,* 1763, Titelblatt)

Unter solchen Voraussetzungen standen, wie das Beispiel der Harzer Forstgeschichte zeigt, die Chancen für eine intensive, sachkundige und innovative Forstwirtschaft gut. Wo dies nicht der Fall war, fehlte es häufig auch an der Entwicklung einer wirksamen Forstadministration. Dies bedeutete, dass das forstliche Erfahrungswissen weder weiterentwickelt noch zu systematischer Erkenntnis verdichtet werden konnte. Damit wohnte der Nachhaltigkeit wie selbstverständlich ein ökonomisches Motiv inne. Weil es in jener Zeit (technisch) unmöglich oder einfach zu teuer gewesen wäre, Holz oder Holzkohlen in nennenswertem Umfang über größere Entfernungen in den Harz zu schaffen, blieb man darauf angewiesen, mit dem Vorhandenen so wirtschaftlich, das heißt so schonend wie möglich umzugehen.

Das Beispiel »westlicher Harz«

Solche Zusammenhänge sind besonders gut für den westlichen Harz dokumentiert und untersucht.[1] Die Erschließung der reichen Silbererzvorkommen hatte den Ruhm jener Region begründet und sollte, nachdem der Bergbau im späten Mittelalter fast zum Erliegen gekommen war, im 15. und 16. Jahrhundert auf Initiative der Landesherren wieder aufgenommen und verstärkt betrieben werden. Die Forsten des Harzes bildeten hierfür eine der wichtigsten Grundlagen. Im Jahr 1583 charakterisierte ein Harzer Bergbeamter dies so: »Denn die Holzungen sind der Bergwerke Herz und des Fürsten Schatz. Wenn keine Holzung vorhanden [ist], sind die Bergwerke gleich wie eine Glocke ohne Klöppel und eine Laute ohne Saiten.«[2]

Überdies blieben auch die im Harz lebenden Menschen, die unter anderem in den Gruben und auf den Schmelzhütten oder als Waldarbeiter, Köhler und Fuhrleute ihr Geld verdienten, auf Feuerholz, Werk- und Bauholz angewiesen. Eben deshalb musste nach Wegen gesucht werden, wie der Holzbedarf der Montanbetriebe auf lange Sicht befriedigt werden konnte, ohne die Nutzungsrechte der Bevölkerung allzu sehr einzuschränken.

Dies machte – wie skizziert – Planung erforderlich, die wiederum ohne ausreichende Informationen nicht möglich war. In jedem Jahr fanden Konferenzen statt, auf denen über Art und Umfang der Holzzuweisungen verhandelt und entschieden wurde. Hierbei kam es immer wieder zum Streit zwischen Förstern, Vertretern der Montanbetriebe und der Bevölkerung. Zugleich verhinderte diese Nutzungskonkurrenz eine Übernutzung der Forsten. Denn jede Partei achtete genau darauf, dass sie zu ihrem Recht kam und wehrte sich, wenn sie glaubte, ungerecht behandelt zu werden. Dem Staat kam die wichtige Aufgabe zu, die für eine nachhaltige und zugleich vielfältige Nutzung der Waldressourcen begründeten Regeln und Verträge zu garantieren.

Der Wald war zudem ständig natürlichen Bedrohungen ausgesetzt. Stürme oder starker Schneefall konnten binnen Stunden vernichten, was viele Jahre lang Forstleute aufgebaut hatten. Borkenkäfer richteten in den Fichtenforsten des Harzes immer wieder große Schäden an. Seit dem 17. Jahrhundert ist in den Akten außerdem von Waldschäden die Rede, die durch den Rauch der Silberhütten verursacht wurden und zunehmend an Bedeutung gewannen.

POSTERITATI – Für die Nachwelt. In dem Sinnspruch zu diesem Bild heißt es: »Nicht für mich pflanze ich den Hain, sondern dankbar habe ich beschlossen, meinen Nachkommen das zu vergelten, was die Vorväter [mir] gegeben haben [...]«* (Quelle: Gabriel Rollenhagen, Nucleus emblematum selectissimorum, quae itali vulgo impresas vocant [...], Arnheim 1611)

Vor diesem Hintergrund ist die Forstwirtschaft auch allgemein als eine ausgesprochene Risikowirtschaft zu bezeichnen. Die Entstehung von forstlicher Nachhaltigkeit als Maxime einer vorausschauenden Ressourcenbewirtschaftung hatte diesen Risiken Rechnung zu tragen. Dass die Vorratsinventuren, vor allem aber die Abschätzung des Holzzuwachses mit sehr großen Unsicherheiten behaftet waren, erhöhte das Risikopotenzial noch zusätzlich. Die Forstleute wussten dies und setzten die Nutzungen eher vorsichtig an. Und es kam durchaus vor, dass Schmelzhütten ihren Betrieb einschränken mussten oder sogar (zeitweise) stillgelegt wurden, wenn das Holz nicht ausreichte.

Als der sächsische Oberberghauptmann Han(n)s Carl von Carlowitz das Prinzip der forstlichen Nachhaltigkeit in der von ihm verfassten und 1713 erschienenen *Anweisung zur Wilden Baum-Zucht* beschrieb, hatten im Harz bereits Generationen von Forstleuten praktisch umgesetzt, worauf es bei der nachhaltigen Betriebsregelung im Wald ankam. Es ist bemerkenswert, dass die Forstwirtschaft im Harz auch dann noch an den Richtlinien der Nachhaltigkeit festhielt, als der Wald seine Bedeutung für den Bergbau verloren hatte und die Nutzungsrechte der Bevölkerung abgelöst worden waren.

Der nachhaltige Wald

Seit dem 18. und besonders im 19. Jahrhundert ging man auch im übrigen Deutschland dazu über, den Wald nach Grundsätzen zu bewirtschaften, die uns aus dem Harz überliefert sind. Die nötigen Kenntnisse erwarben sich angehende Forstleute auf sogenannten Meisterschulen, an deren Spitze ein erfahrener Forstpraktiker stand. Es war wohl kein Zufall, dass die vermutlich erste forstliche Lehranstalt Europas um 1763 in Ilsenburg (Harz) durch den gräflich-stolbergischen Oberforst- und Jägermeister Hans Dietrich von Zanthier ins Leben gerufen wurde.[3]

Während anfangs ein nachhaltiger Naturalertrag der Forsten im Mittelpunkt stand, wurde der Nachhaltigkeitsgedanke im Laufe der Zeit auch auf den Wertertrag, die Wachstumsgrundlagen und zuletzt auf sämtliche Funktionen des Waldes übertragen. Je mehr die Bedeutung des Waldes als Rohstoffquelle zurückging, desto stärker rückten die immateriellen Leistungen des Waldes, seine Schutz- und Erholungsfunktionen für die Gesellschaft in den Vordergrund. Sie gerieten freilich in Gefahr, als unter den Bedingungen des Ersten Weltkriegs die Anforderungen an die Wälder in Deutschland stark erhöht wurden. Intensive Nutzungen fanden besonders in transportgünstigen Lagen statt. Allerdings kam es infolge Arbeitskräftemangels insgesamt nicht zu einer Übernutzung.[4]

Auch die Autarkiebestrebungen und die Rüstungswirtschaft im Nationalsozialismus hatten zur Folge, dass inländisch produziertes Holz zu einem der wichtigsten Roh- und Ersatzstoffe aufrückte. Darüber hinaus erlebte der deutsche Wald als angeblicher Ursprungsort und Kraftquell der Deutschen eine enorme propagandistische Aufwertung.[5] In ähnlicher Weise war auch das deutsche Bauerntum von der

»Aber wenn der Abtrieb gegen den Wieder-Zuwachs derer Hölzer mit Säen und Pflanzen jährlich eingerichtet wird nehmlich daß diese jenes wieder reichlich ersetzen kann und die Gehölze als pfleglich gehalten werden so wird leichtlich kein Holzmangel erfolgen.«

Han(n)s Carl von Carlowitz, 1713

nationalsozialistischen »Blut-und-Boden«-Politik ideologisch verklärt und vereinnahmt worden. Der Reichsforst- und Reichsjägermeister Hermann Göring nannte den »Gedanken der Nachhaltigkeit« kurzerhand eine deutsche Erfindung, welche den vorgeblich nationalsozialistischen Grundsatz »Gemeinnutz geht vor Eigennutz« gleichsam vorweggenommen habe. Aus Sicht der damaligen Machthaber in Deutschland hatten »Wald und Volk in nationalsozialistischer Auffassung [...] viel Wesensverwandtes. [...] Ewiger Wald und ewiges Volk gehören zusammen.«[6] Diese vollmundigen Parolen hielten das NS-Regime freilich nicht davon ab, die Forsten mit Holzeinschlägen zu belasten, die weit über die Nachhaltshiebssätze hinausgingen.

Diese Entwicklung setzte sich in der Nachkriegszeit zunächst noch fort. Denn jetzt ging es darum, die Bevölkerung mit dringend benötigtem Brennholz zu versorgen und Bauholz für den Wiederaufbau zerstörter Gebäude bereitzustellen. Regional wurde auch für Zwecke der Siegermächte in größerem Umfang Holz eingeschlagen und exportiert.[7]

Schild des Forstamtes Tegel, um 1990, DHM, Berlin

Han(n)s Carl von Carlowitz

geb. 14. Dezember 1645 in Oberrabenstein bei Chemnitz
gest. 3. März 1714 in Freiberg/Sachsen

Erst die Sorge um die Erhaltung der Erzgebirgswälder führte den sächsischen Oberberghauptmann zu einer späten Auseinandersetzung mit forstlichen Problemen. Lösungsvorschläge zeigt sein 1713 erschienenes Traktat *Sylvicultura Oeconomica* auf. Es basiert auf breit gefächerten Studien, mehrjährigen Europareisen und praktischen Erfahrungen in der Bewirtschaftung des eigenen Waldreviers. In ihm entwickelte Carlowitz, der einer Familie von kursächsischen Landjägermeistern entstammte, das Prinzip der nachhaltigen Forstwirtschaft: Um dem Holzmangel vorzubeugen, den er als besondere Gefährdung für den sächsischen Bergbau prognostizierte, sollte nachhaltig mit den natürlichen Ressourcen gewirtschaftet werden.

Entsprechend empfahl Carlowitz neben der sorgsamen Pflege vorhandener Waldbestände die Einrichtung von Baumschulen und die Wiederaufforstung von Kahlflächen. Orientiert an Standorten, klimatischen Bedingungen, Bodenverhältnissen, Flächengrößen und an den Altersklassenverhältnissen der Bäume stellte er in der *Anweisung zur Wilden Baum-Zucht* Bewirtschaftungsformen vor, die langfristig gleichbleibende Holzerträge garantieren sollten.

Als frühestes Werk, das waldwirtschaftliche Praktiken ohne die Berücksichtigung landwirtschaftlicher oder jagdlicher Interessen behandelt, wurde seine Schrift zur Pflichtlektüre der Kameralisten in den deutschen Kleinstaaten und zur Grundlage der späteren Forstwissenschaft.

Pay Matthis Karstens

Heute schließlich ist es selbstverständlich, dass neben der Holzproduktion auch die übrigen Funktionen des Waldes nachhaltig sicherzustellen sind. Folglich besteht auch der Zweck des deutschen Bundeswaldgesetzes darin (§ 1), »1. den Wald wegen seines wirtschaftlichen Nutzens (Nutzfunktion) und wegen seiner Bedeutung für die Umwelt, insbesondere für die dauernde Leistungsfähigkeit des Naturhaushaltes, das Klima, den Wasserhaushalt, die Reinhaltung der Luft, die Bodenfruchtbarkeit, das Landschaftsbild, die Agrar- und Infrastruktur und die Erholung der Bevölkerung (Schutz- und Erholungsfunktion) zu erhalten, erforderlichenfalls zu mehren und seine ordnungsgemäße Bewirtschaftung nachhaltig zu sichern, 2. die Forstwirtschaft zu fördern und 3. einen Ausgleich zwischen dem Interesse der Allgemeinheit und den Belangen der Waldbesitzer herbeizuführen«.

»[...] daß wir die größte Ursach hatten, die uns noch übrig gebliebenen Wälder in besseren Stand zu setzen und gute Wirthschaft zu treiben, damit wir sie erhalten können.«

Hans Dietrich von Zanthier, um 1760

003 | Bände der Hohenheimer Xylothek, aufgeschlagen: Band zur Rosskastanie, Ende 18./Anfang 19. Jahrhundert

Inzwischen fand das Nachhaltigkeitskonzept als Leitbild eines verantwortlichen Umgangs mit den Ressourcen und Rohstoffen unseres Planeten breite internationale Zustimmung, nachdem die gravierenden ökologischen und humanitären Nachteile ungebremster Wirtschaftsentwicklung ein Bewusstsein für die Grenzen des Wachstums geschaffen hatten. Die Brundtland-Kommission für Umwelt und Entwicklung formulierte 1987 die weithin akzeptierte Auffassung, dass die ökologischen, ökonomischen und sozialen Bedürfnisse gegenwärtiger und künftiger Gesellschaften nur durch eine nachhaltige Entwicklung zu einem Ausgleich gebracht werden können.

Aber es gibt auch Zweifel am Konzept der nachhaltigen Entwicklung. Kritiker weisen etwa darauf hin, dass sich die angestrebten Entwicklungsziele nicht erreichen ließen, solange besonders die reichen Industrienationen an dem Wachstumsparadigma der Wirtschaft festhielten.[8]

Die geschilderten historischen Nachhaltigkeitsmechanismen stimmen recht gut mit jenen Prozessen überein, die sich auch bei der Bewirtschaftung von gemeinschaftlichen Gütern (namentlich Waldprodukte, Fisch) in traditionalen Gesellschaften als erfolgreich erwiesen. Neuere Untersuchungen, die wesentlich auf die amerikanische Politologin und Nobelpreisträgerin Elinor Ostrom zurückgehen,[9] haben gezeigt: Unabhängig vom Ressourcentyp, unabhängig auch vom Naturraum und von der kulturellen Entwicklung vermögen vor allem überliefertes Wissen und traditionelle Managementformen zu einem nachhaltigen Umgang mit natürlichen Rohstoffen beizutragen.

Anmerkungen

1 Für das Folgende vgl. Peter-M. Steinsiek, Nachhaltigkeit auf Zeit. Waldschutz im Westharz vor 1800, Munster [u. a.] 1999.

2 Niedersächsisches Landesarchiv – Staatsarchiv Wolfenbüttel, 2 Alt 8481.

3 Peter-M. Steinsiek, [Eintrag »Zanthier, Hans Dietrich von«]. In: Horst-Rüdiger Jarck et al. (Hg.), Braunschweigisches Biographisches Lexikon: 8. bis 18. Jahrhundert, Braunschweig 2006, S. 755 f.

4 Vgl. Axel Bader, Wald und Krieg. Wie sich in Kriegs- und Krisenzeiten die Waldbewirtschaftung veränderte: Die deutsche Forstwirtschaft im Ersten Weltkrieg, Unveröff. Diss., Göttingen 2010, S. 220.

5 Peter-M. Steinsiek, Forst- und Holzforschung im »Dritten Reich«, Remagen 2008, S. 254.

6 Hermann Göring, Deutsches Volk – Deutscher Wald. Zeitschrift für Weltforstwirtschaft 3 (11/12), 1936, S. 651–661, hier S. 653.

7 Peter-M. Steinsiek, Zoltán Rozsnyay, Grundzüge der deutschen Forstgeschichte 1933–1950 unter besonderer Berücksichtigung Niedersachsens, Hannover 1994.

8 Zum Beispiel Falko Schmieder (Hg.), Die Krise der Nachhaltigkeit. Zur Kritik der politischen Ökologie, Frankfurt am Main [u. a.] 2010.

9 Zum Beispiel Elinor Ostrom, Roy Gardner, James Walker, Rules, Games, and Common-Pool Resources, Ann Arbor 1994.

* Arthur Henkel, Albrecht Schöne (Hg.), Emblemata. Handbuch zur Sinnbildkunst des XVI. und XVII. Jahrhunderts, Stuttgart, Weimar 1967/96, S. LI, Sp. 160.

Hans Dietrich von Zanthier

geb. 17. September 1717 in Salzfurth
gest. 30. November 1778 in Wernigerode

Hans Dietrich von Zanthier entstammte einer altadligen Gutsbesitzerfamilie aus Ostpreußen. Ab 1734 erlernte er bei Johann Georg von Langen in Blankenburg/Harz das Forstwesen. Er begleitete von Langen auch ab 1737 auf dessen Skandinavienreise und arbeitete fast ein Jahrzehnt lang als Holzförster und Königlich Dänisch-Norwegischer Jagdjunker.

Im Jahr 1747 berief ihn Graf Christian Ernst zu Stolberg-Wernigerode als Forst- und Jagdmeister. Zanthier war für den gesamten Wernigeröder und Hohensteinischen Forstbesitz (16 000 Hektar) verantwortlich. Mit seinem Schatz an theoretischen und praktischen Erfahrungen, die er überdies in allgemein verständlicher Weise schriftlich zu fixieren vermochte, entwarf er die »erste moderne« Forstbewirtschaftung für den Hohensteiner Forst. Auf der Grundlage des von ihm erarbeiteten Waldbaus, der standortgerechten Holzwahl, der Vermessung, der nachfolgenden Kartierung und der Bestandsgründung realisierte er diese Vorstellungen im gesamten Stolbergisch-Wernigerödischen Forst.

Im Jahr 1763 war Zanthier Initiator einer ersten Forstakademie – von ihm zunächst als Lehr-, kurz darauf als Meisterschule gegründet. Auf dem Lehrplan der bis zu seinem Tod betriebenen Akademie standen der Forstschutz ebenso wie die Forstverwaltung, vor allem aber die Forsteinrichtung. Sie umfasste bereits damals die genaue Aufnahme des Waldzustandes sowie die darauf gründende Planung und Überprüfung der nachhaltigen Waldbewirtschaftung.

Rudolf Trabold

256 | Röhrender Hirsch, Postkarte, 1906

256 | Waldlandschaft, Postkarte, 1919

256 | »Bilder aus dem Volksleben des Schwarzwald's«, Postkarte, 1909

256 | Illustration zu Eichendorffs Gedicht *Wer hat dich, du schöner Wald*, Postkarte, um 1910

256 | Der Rachelsee im Bayerischen Wald,
Postkarte, 1908

256 | Waldweg bei Dodau/Holsteinische Schweiz,
Postkarte, 1923

256 | »O Täler weit, o Höhen«,
Postkarte mit Liedillustration, um 1910

256 | Blankenburg im Schwarzatal,
Postkarte, 1919

256 | Thüringer Wald im Winter,
Postkarte, um 1963

KUNST

ald

Erhard Schütz

Dichter Wald

Nachhaltigkeit

Nachhaltiger noch als Maler und Komponisten, ja als Waldarbeiter und Waldbesitzer haben die deutschen Dichter und Schriftsteller für den Wald gesorgt. Sie schienen und scheinen zwischen Sangbarem und Unsäglichem schlechterdings zuständig für alles: für Enthusiasmus und Kritik, Waldeslust und Wäldersterben, Romantisierung und Desillusionierung, für Nationalismus und Naivität, für Eichen- und Schwarzwald, Urwald wie Hain, für Pflanzen und Getier, für Plätschern der Bächlein und Rauschen der Wipfel, für Holzfrevel und Jagdtrieb – sowie überhaupt auch für das gesamte Personal des Waldes, mithin für Förster und Jäger, Wilddiebe und Waldweiber, Köhler und Vogler, Eremiten und Eroberer, Hexen, Zwerge und Feen, Räuber und Bräute, für die Verirrten und Verborgenen wie für Wanderer und Wilderer.

Kein Wunder, dass sie gern nicht nur stimmungsvolle Szenen, sondern auch kritische Einfälle ihresgleichen wiederaufforsteten, ob nun Karl Kraus im Jahr 1912 Georg Christoph Lichtenbergs Aperçu von 1779 »Oh, zu der Zeit, wenn die Wälder aufhören, können wir sicherlich solange Bücher brennen, bis wieder neue aufgewachsen sind« nahezu wortgleich wiederholte oder Hans Magnus Enzensberger Robert Musils Auskunft auf Eichendorffs Sangesfrage, wer denn den schönen Wald so hoch da droben aufgebaut habe, 1988 nur gelinde variiert noch einmal gab: »die Forstbehörde, die Forstgenetik, die Forstaufsicht, die Forstmathematik, der Forstwirtschaftsrat und der Forstingenieur«.

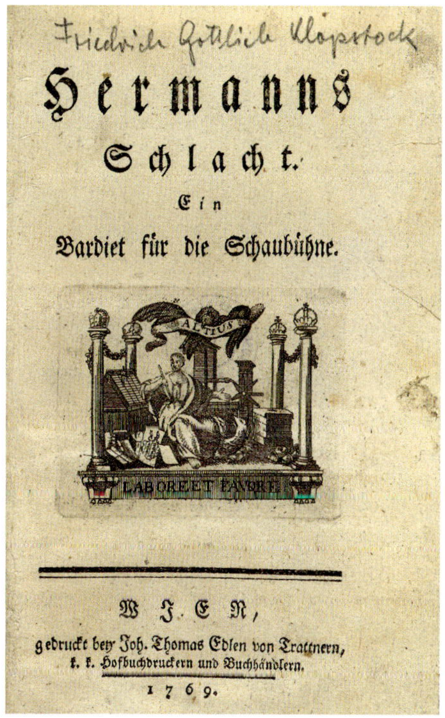
Friedrich Gottlieb Klopstock

Hermanns Schlacht.

Ein

Bardiet für die Schaubühne.

WIEN,

gedruckt bey Joh. Thomas Edlen von Trattnern, k. k. Hofbuchdruckern und Buchhändlern.

1769.

links: 041 | Carl Spitzweg:
Der Lieblingsplatz (Ausschnitt), um 1849

oben: 073 | Friedrich Gottlieb Klopstock:
Hermanns Schlacht, 1769

Romantik

»O mein Gott, wo sind die alten Bäume, unter denen wir noch gestern ruhten, die uralten Zeichen fester Grenzen, was ist damit geschehen, was geschieht? Fast vergessen sind sie schon unter dem Volke, schmerzlich stoßen wir uns an ihren Wurzeln. Ist der Scheitel hoher Berge nur einmal ganz abgeholzt, so treibt der Regen die Erde hinunter, es wächst da kein Holz wieder, daß Deutschland nicht so weit verwirthschaftet werde, sey unser Bemühen«, schrieb Achim von Arnim im Jahr 1806 in seinem Nachwort zu *Des Knaben Wunderhorn*. Wie bei Volkspoesie und Volksmärchen üblich, so galt auch für den Wald der Romantiker, dass selbst gemacht echter als aufgesammelt wirkt.

074 | Daniel Nikolaus Chodowiecki:
Illustration zu Klopstocks *Hermanns Schlacht*, 1782

Beginnen wir daher mit den Romantikern, mit denen zwar die Literarisierung des Waldes nicht begonnen hat, die aber alle Uranfänge und Urgründe erschufen, die man alsbald tatsächlich für solche zu halten begann. Aufgewachsen mit der »Holznot«, dem »Waldsterben« des 18. Jahrhunderts, und zugleich mit den neuen, aufgeklärten, das heißt forstwirtschaftlich kalkulierten, reihenweise quadrierten Nadelwäldern, noch ansichtig der lichteren, unordentlichen, aber eichenbestandenen Hutewälder,[1] haben sie zwischen Nationalisierung und Sentimentalisierung jenes Gesamtbild entworfen, das seither als panoramatischer Rundhorizont Enthusiasten wie Kritikern den deutschen Wald vor- und zugleich verstellt. Dabei erging es den Romantikern später wie dem von ihnen beschriebenen Wald: Auch sie schrieb man sich wunschgemäß zurecht.

Ja, sie haben den Wald nationalisiert. Sie haben fort- und umgeschrieben, was Friedrich Gottlieb Klopstock und der Göttinger Hain mit den deutschen Eichen angestellt hatten, nämlich nichts weniger als die vaterländische Mobilisierung gegen den »welschen Feind«. Mit Tacitus im Rücken, dessen germanische Wälder vielleicht doch gar nicht so dicht und düster, »schrecklich«, sondern bloß stachlig waren, sodass die verehrten Eichen überhaupt gedeihen konnten, hatte Klopstock 1769 in seinem »Bardiet« *Hermanns Schlacht* die Eichen mobilisiert.[2] Besonders die Zeilen, die der Anweisung nach gebrüllt zu werden haben, machten seither Zitat-Furore. Zwar ist Klopstock selbst die Umwidmung oder Auswilderung des antiken Hains zum deutschen Wald nur bedingt gelungen, aber sein patriotisches Eichenpathos hat doch Saatgut für ganze Wälder an vaterländischen Eichen geliefert. Er, der gewiss war, »daß die Eiche den deutschen Charakter vorzüglich gut abbildet«, bekam Rapport von den ihn verehrenden Göttinger Hainbündlern, die in der angeblich mondhellen Nacht vom 12. September 1772 in einem eichenen Hutewald ihr Haupt belaubten und um eine Eiche tanzten. Die gelungeneren, bis heute zu bewundernden Eichen sind gewiss die Friedrich Hölderlins: *Die Eichbäume* von 1798. Indes waren jene nationalistisch nachhaltiger, die 1809 Heinrich von Kleist in der *Hermannsschlacht* seinen Hermann taktisch wie strategisch, materialiter wie propagandistisch gegen die Römer aufbieten ließ, sodass am Ende er und die »wackern Söhne Teuts« im Teutoburger Wald, »[...] im Hain der stillen Eichen,/ Wodan für das Geschenk des Siegs [...]« danken konnten.

»Du gleichst der dicksten, schattichsten Eiche / Im innersten Hain! / Der höchsten, ältesten, heiligsten Eiche, / O Vaterland!«

Friedrich Gottlieb Klopstock
Hermanns Schlacht, 1769

Von der ursprünglich kulturellen Franzosenfeindschaft über die Abwehr der Französischen Revolution bis zum Anti-Napoleonismus stand die Eiche nun ebenso stereotyp wie beharrlich im nationalen Grenz-Dienst, als markante Zeichen eingefügt in die sich ausbreitende literarische Waldfaszination. So wurde der deutsche Wald, ursprünglich eingeführt als Symbol germanischer Herkunft, nun zum Symbol des partisanenhaften Widerstands gegen die »waldmörderischen« Franzosen wie zum Symbol wiederherzustellender deutscher Einheit und deutscher Werte. Daher wird die Kette der einschlägigen deutschen Eichen-Gedichte bis zum Ersten Weltkrieg nicht abreißen, um auch danach noch verlängert zu werden.

Der reale, der aufgeklärte Kameralistenwald hingegen konnte optimal erst ohne landwirtschaftliche Nutzung geraten, auch ohne gewohnheitsrechtliche Holzentnahme und Jagd. Letztere zu verbannen war schwierig bis unmöglich, da sie ein Privileg der herrschaftlichen Auftraggeber war. Umso mehr unternahm man es, die tradierten Hutewälder umzuwidmen – und nahm damit den Eichen ihren Grund, wofür man sie mythologisch desto hingebungsvoller umhegte. Dies nicht nur zu nationalen, sondern mehr noch allgemeinen Gemütszwecken. Die Romantiker waren die uneinholbaren Virtuosen der Sentimentalisierung und Nostalgie, jenes Phantomschmerzes eines Fehlenden, das so nie da war – Waldweben und Waldeinsamkeit in eins. Sie entdeckten etwa die Wälder des Mittelalters, indem sie diese um- und neu erfanden. Während sie in mittelalterlichen Epen – der Herkunft gemäß – noch südlich-mediterran waren, erdichteten sie nun die dunklen, tiefen, so undurchdringlichen wie unheimlichen deutschen Wälder vermeintlich germanischen Ursprungs.

083 | Wilhelm von Lindenschmit (d. J.): Helden der neudeutschen Literatur, 1865

Märchenwald

Bei den unheimlichen deutschen Wäldern denkt man zuallererst an die Wälder der Märchen. Gemeinhin erfährt man vom Grimm'schen Märchenwald zwar auf den ersten Blick kaum mehr, als dass er groß, tief, dunkel, düster und gefährlich ist. Doch ist bei näherem Hinsehen der Wald der Märchen differenzierter und auch komplexer. Er ist zunächst zwar stets Ort der Verwilderung und der (bedrohlichen) Sexualität wie der eingeschlossenen Zufluchten und Idyllen, ob nun täuschend oder echt; er enthält aber nicht nur Wölfe und Hexen, sondern auch Räuber und Königssöhne, Jäger und Holzhauer, Köhler und Vogelsteller, wilde und zahme Tiere, bietet Holz, Laub, Moos, Wurzeln, Beeren, Nüsse, Blumen und Kräuter, dient also dem Lebensunterhalt. Die Jagd freilich – da zeigt sich der Forstbann – ist den Königen, ihren Söhnen oder allenfalls Jägern vorbehalten und dient vor allem zur Symbolisierung von Macht.

So verwildert und urtümlich der romantische Wald auf den ersten Blick scheinen mag (und soll), er ist doch immer schon kulturell vorgeprägt, nicht nur durch die Wünsche und Bedrängnisse, die die Protagonisten dorthin führen. Gerade Ludwig Tieck, dessen Erfindung der »Waldeinsamkeit« im *Blonden Eckbert* so modisch inflationär wurde, dass er sich genötigt sah, 1853 unter eben diesem Titel einen einschlägigen Schwärmer einer Entwöhnungskur zu unterziehen, rüstet seine wildeste Waldnatur immer wieder mit Indizien von Kultur aus, sei es das Anwesen des Waldweibs im *Blonden Eckbert*, seien es Erzgrube und Burgruine im *Runenberg*.

Clemens Brentano liefert im *Rheinmärchen* (1811) in ethnografischer Dichte gleich eine ganze, vergangene und vergehende Waldwirtschaft.

Überlagert wurden die Konkretisierungen solch archivierter Realien freilich durch eine imaginierte Tonspur, in der die Sehnsüchte keinen Widerstand und die Sehsüchte ihre Ruhe fanden: Die Waldeinsamkeit der Romantiker ist ja allenfalls dem Wunsch nach still, real imaginiert, jedoch stets durchzogen von Tönen und Geräuschen. Und gerade das macht ihre Spezifik aus, zumal bei Joseph von Eichendorff. Sein Wald ist eine Art Hallraum der Seele. Eichendorff braucht Stille als Voraussetzung poetischen Tönens, als »erwartungsvolle [...] Stille« (*Ahnung und Gegenwart*), aus der ein Ton erlöst. Doch ist die Stille meist selbst grundiert von Rauschen. Kaum ein Wort dürfte von Eichendorff häufiger verwendet worden sein. Und kaum eins in einem weiterem Zusammenhang: Bei ihm rauschen nicht nur Blätter, Bäume und Wälder, nicht nur Brunnen, Quellen und Bäche, sondern so ziemlich alles kann rauschen, von Segeln bis zur Erde. Vorzüglich sind es nostalgische Erinnerung und grenzenlose Sehnsucht, die rauschen. Gar in jenem Gedicht, das Thomas Mann als »Perle unter den Perlen« bezeichnete und das wie

096 | *Hänsel und Gretel*, nach den Brüdern Grimm mit Zeichnungen von Richard Scholz, 1905

139 | Magda Trott:
Försters Pucki, 1940

103 | Sibylle von Olfers:
Etwas von den Wurzelkindern, 1925

100 | Elsa Beskow:
Aus Erdmännleins Klause, 1911

„Freilich erlaube ich's dir, mein Junge; geh mit Gott!" lautete die Antwort. „Nur entferne dich nicht zu weit vom Hause; du könntest dich am Ende verlaufen. Iß auch nichts, was du nicht kennst. Du weißt, im Walde gibt's mancherlei giftige Dinge."

„Kannst unbesorgt sein, Muttel, ich weiß wohl, was sich schickt", versicherte

Bild zum Text Seite 7

5

108 | Seite aus *Das Märchen vom Häuschen im Blaubeeren- und Preiselbeerreiche*, 1909

098 | Sibylle von Olfers:
Prinzeßchen im Walde, 1909

Hans Ottomeyer

Die Wilden Leute und andere Waldmenschen

In einer Höhle, hoch in einer Felsklippe, genannt »Heidenstube«, wurden sie zuletzt noch einmal gesehen, bevor die Wilden Leute für immer verschwanden. Eine ganze Familie – Mann, Weib, Knaben und Mädchen – »halb oder ganz nackt, saß unter dem Loche und hing die Beine über die Wand hinunter. Alle Augen starrten nach uns, sie lächelten schmerzlich und streckten die Hände nach uns aus, als wenn sie um etwas flehten [...].« Es blieb unklar, wer sie wirklich waren: Heiden, arme Seelen, Geister, Heimatlose, Waldleute, Arme, die in der Waldeinsamkeit ihren Aufenthalt genommen hatten. Gottfried Keller berichtet in seinem autobiografischen Roman *Der grüne Heinrich* von dieser Erinnerung aus seiner Jugend in der Schweiz.[1]

Lange waren die Mitteleuropäer überzeugt, dass in der Tiefe der Wälder Wilde Leute lebten, die sich selten den Menschen zeigten. Die Wilden Männer gingen nackt, nur um die Lenden mit Laub bekleidet und mit einem Blätterkranz bekrönt; ihre Waffe war eine Keule oder ein Schössling. Im Hochmittelalter hatten sie Konjunktur und gingen als Schildhalter der Majestätswappen mit den großen Monarchien 1918 im heraldischen Abbild zugrunde.

Glaube und Aberglaube haben diesen Leuten im Walde einen festen Stellenwert eingeräumt, ihr Bild entsprechend geformt und festgeschrieben. Die Wilden Leute unterscheiden sich von anderen Waldwesen: Blieben etwa Elfen, Waldgeister und Moosleute lange gestaltlos, so ist der »homo silvaticus« nicht an Orte, Bäume, Gewässer oder Felsen gebunden, sondern durchstreift in der Vorstellung frei umherwandernd die Waldgebirge und geht in ihnen auf. In den Ebenen Norddeutschlands hält es ihn nicht.

Pulverflasche mit Wildem Mann,
Heiliges Römisches Reich, 17. Jahrhundert,
Bein und Eisen, Höhe 12,5 cm, DHM, Berlin

Der Volksglaube schreibt dem Wilden Mann Riesengestalt, Nacktheit und Ungestüm zu. Bergen und Stätten hat der Waldnomade seinen Namen gegeben; Gasthöfe und Wirtshäuser heißen nach ihm, aber auch Quellen und Felsen werden mit ihm verbunden und erhalten bis heute seinen Namen lebendig. So dichtete Johann Wolfgang von Goethe im *Faust* zum Stichwort »Riesen«:

»Die wilden Männer sind's genannt,
Am Harzgebirge wohlbekannt;
Natürlich nackt in aller Kraft,
Sie kommen sämtlich riesenhaft.
Den Fichtenstamm in rechter Hand
Und um den Leib ein wulstig Band,
Den derbsten Schurz von Zweig und Blatt,
Leibwacht, wie der Papst nicht hat.«[2]

Johann Wolfgang von Goethe
Faust II, 1832

Wilde-Mann-Tänze und -Spiele sind in Burgund, Frankreich und England vom 15. bis in das 20. Jahrhundert überliefert – zwar ohne topografische und chronologische Kontinuität, aber in ähnlichen Formen. Früh dokumentiert ist der legendäre »Bal des Ardents«, der »Ball der Brennenden«, den Jean Froissart in seiner Chronik des Hundertjährigen Krieges beschreibt: 1393 tanzte König Karl VI. zusammengekettet mit fünf Höflingen, alle als Wilde Männer verkleidet, mit Pech beschmiert, mit Werg und Federn bedeckt, vor der Braut auf einer Hochzeit als Zeichen dafür, dass die Liebe auch Wilde Männer binden kann. Durch Unachtsamkeit des Bruders des Königs, Herzog Ludwig von Orléans, fing die Gruppe an einer Fackel Feuer und verbrannte bis auf eine Person und den französischen König, der durch seine Tante gerettet wurde. Das Grundmotiv des von Liebe beherrschten Waldmenschen findet sich später noch auf Basler Wandteppichen.

Wer waren sie und wer waren sie nicht? Keine Tiere, keine Dämonen oder Geister, sondern eben andere Menschenwesen von wilder Natur, die den Wald in Familienverbänden durchstreiften. Als 1699 in Borneo die ersten Waldmenschen – die in malaiischer Sprache »Orang-Utan« heißen – beobachtet und untersucht werden konnten, war die Vermutung naheliegend, hier diese Wesen zu finden, doch »es könnte dieser wilde Mensch auch wohl eine Art der großen Affen seyn«.[3]

Glaube, Zweifel und Vermutungen über die Waldwesen und ihre Art finden konkrete Formen in der bildenden Kunst seit der Mitte des 14. Jahrhunderts auf Wandteppichen, die dem Schmuck von großen Häusern und Palästen dienten, auf Kästen, Glasmalerei, Fliesen und Drucken – oft als Metapher für die sich in Umbruchzeiten neu definierenden Geschlechterrollen, so im 14. Jahrhundert, um 1500 und nach 1600. Zum Beispiel ist auf einem Basler Bildteppich von 1470/80 zu lesen: »Ich wil iemer wesen wild bis mich zemt ein frouwen bild« (Ich will immer leben wild bis mich zähmt einer Frauen Bild).[4]

Tugendreiche Dame zähmt Wilden Mann, Wandteppich, Basel, 1470/80, 78 × 101 cm, Dänisches Nationalmuseum Kopenhagen

Feldschlange »Der Wilde Mann« von
Herzog Julius von Braunschweig, Gittelde (Harz), 1586,
Schmiedeeisen, Länge 5,8 cm, DHM, Berlin

In den Tafelgemälden Lucas Cranachs werden die Wilden Leute zu Gestalten, die für die Natur des Waldes stehen, im Gegensatz zu menschlichen Behausungen im Bildhintergrund wie Burgen, Mühlen, Weilern oder Städten. Sie bleiben deutlich unterschieden von den bocksbeinigen und gehörnten Satyrn der oberitalienischen Renaissancekunst, welche die halbtierischen Mischwesen aus dem Gefolge des großen Gottes Pan aus der Antike wieder aufgreift. In einer *Welt-beschreibung Von allerley Wunderbahren Menschen* von 1666/67 werden Waldmenschen und Satyrn aber doch zusammen abgehandelt.[5]

Die Darstellungen der Wilden Männer überlebten das 16. Jahrhundert nur noch in Form heraldischer, zeichenhafter Wiedergaben auf Münzbildern und Wappenschildern oder als flankierende Schildhalter. Auch auf Waffen kommen sie gelegentlich vor und konnten einem riesigen Geschütz Gestalt und Namen geben. Der Typus ist weiter festgeschrieben und oft mit Ortsnamen oder dem Bergbau in Waldgebirgen verbunden. Das Haus Braunschweig, das sein Vermögen aus dem Bergbauprivileg der Silberminen des Harzes bezog, schlug seit 1539 das Bild des Waldmannes auf das Revers von Silbertalern. Münzstätten waren oft die Silbergruben. Der Wilde Mann geht hier mit Rübezahl als der Sagengestalt des Harzes in eins zusammen.

Diese Tradition ging mit dem Kurfürstentum Hannover 1803 unter. In Schildhaltern und als »Gemeine Figur« lebt der Wilde Mann bis heute in Gemeinde- und Staatswappen fort. Hochkonjunktur hatten die Kreaturen des Waldes im Königreich Preußen 1701 und während des Deutschen Kaiserreichs, als sie seit 1881 das Große Wappen des Kaisers rahmten und die Schwarzburger Fürstenwappen flankierten. Im Südgiebel des 1894 vollendeten Berliner Reichstagsgebäudes stehen bis heute zwei meterhohe Wilde Männer als Schildhalter auf Keulen gelehnt. 1918 brach auch diese Tradition ein. Große Monarchien verschwanden in Europa und damit die Zeichen des Waldes. Lappland, Luxemburg und Dänemark führen sie heute noch im Schilde.

Bisweilen gibt es die Wilden Leute noch: Wenig beachtet, haben die Gestalten des belebten Waldes in den entlegensten Winkeln deutscher Provinz, in Endtälern des Mittelgebirges als Teil dörflicher Kultur und als Wendezeichen des Jahres überlebt. Die Gebirge zwischen Harz und Tirol, das Burgund und die Schweiz sind die Landschaften, in denen sie bis heute als Personal regionaler Bräuche bekannt sind.

Grundsätzlich können sie dabei auf verschiedene Weise auftreten: Entweder werden die Darsteller als Maskengestalt bei einem oft berittenen Umzug aus dem wiederbelaubten Wald ins Dorf geführt oder aber der auserwählte Mitbewohner – oft auch mehrere – wird ganz in Blattwerk gekleidet zu Fuß durch das Dorf geleitet. Ein ausgerissener Baum als Stock, Laubkleid und -krone, wilder Bart und wirres Haar kennzeichnen stets diesen Waldmenschen. Die Zeit dieses Brauchtums, das in einem wilden Springtanz endet, liegt zwischen Fastnacht und Pfingsten.

Regional unterschiedlich waren auch die Bezeichnungen der Waldleute: So hießen sie »Maimann« im Dillkreis, »Pfingsthäs« und »Pfingsthopper« am Kaiserstuhl,[6] »Pfingstlümmel« im Erzgebirge, »Pfingstl« in Niederbayern, »Latzmann« im Albkreis oder »Laubpuppe« im Hessischen. In London hielt sich noch im 19. und frühen 20. Jahrhundert der Brauch, dass sich die Schornsteinfeger bei ihren Maiumzügen als Vertreter der Waldgeister und Wilden Männer inszenierten. Sie führten dabei einen »Jack in the green« mit sich, mithin einen Mann, der ihnen vorantanzte und einen grünen, ganz aus Laubwerk gebildeten Mantel und eine baumkronenartige Kopfbedeckung trug, die aus Blumen und Bändern bestand.[7] Sie alle markieren als Vegetationsdämonen gestalthaft den Übergang in die Vegetationszeit und den Sommer. Warum dies so ist, bleibt ungeklärt.

»Mariengroschen« mit Wildem Mann, geprägter Silbertaler aus dem Herzogtum Braunschweig Lüneburg von 1668 (links) und 1628 (rechts), DHM, Berlin

»Noch heute guckt fast aus jeder Ecke und aus jedem Baumstumpf ein Spukgesicht heraus und erschreckt die armen Leute, die dort Leseholz suchen.«

Wilhelm Mannhardt
Wald- und Feldkulte, 1875

Anmerkungen

1 Gottfried Keller, Der grüne Heinrich, 1854/55, 4 Bde., Bd. 2, Kap. 3.
2 Johann Wolfgang von Goethe, Faust, Stuttgart 1832, zweiter Teil, erster Akt, Vers 1240 – 1247.
3 Johann Heinrich Zedler, Großes vollständiges Universallexicon aller Wissenschaften und Künste, Halle und Leipzig 1732, Bd. 20, S. 744 (Stichwort »Mensch, wilder«).
4 Copenhagen, National Museum Copenhagen, Inv. 9777.
5 Johannes Praetorius, Anthropodemus Plutonicus, Das ist/ Eine Neue Welt-beschreibung Von allerley Wunderbahren Menschen Als da seyn, Die [...] 21. Waldmänner, Satyren [...], 2 Bde., Magdeburg 1666/67.
6 Abgebildet in: Hans Ottomeyer, Sven Lüken und Micha Röhring (Hg.): Geburt der Zeit. Eine Geschichte der Bilder und Begriffe. Ausst.-Kat. Kassel, Staatliche Museen Kassel/Museum Fridericianum, München 1999, S. 79 (»Maimann«) und S. 82/83 (»Pfingsthäs« und »Pfingsthopper«).
7 Vgl. Wilhelm Mannhardt, Wald- und Feldkulte, 2 Bde. (1875 – 1878), Bd. 1, Der Baumkultus der Germanen und ihrer Nachbarstämme. Mythologische Untersuchungen, Darmstadt 1963 (Nachdruck der 2. Auflage von 1905), S. 316 ff., hier S. 322.

Andreas Bernhard

Der deutsche Wald in Malerei und Grafik

Die Bildmotive des typisch »deutschen« Waldes sind zu vielfältig, als dass sie auf einem Gemälde vereinigt werden könnten: Naturdome aus Buchenstämmen sind darunter, beschneite Fichtenformationen, Ruinen zwischen knorrigen Eichen, Sonnenstrahlen, die sich durch das Laubwerk hindurch zu versteckten Teichen und Seen kämpfen, aber auch furchterregende Felsformationen in undurchdringlicher Vegetation. Zugleich fallen einem die Bewohner des Waldes ein: scheu äsendes Rehwild und wilde Wolfsrudel, balzende Auerhähne und röhrende Hirsche. Hinzu kommen spielende Elfen und neckende Zwerge, muntere Wanderer und ausruhende Waldarbeiter, zünftig gekleidete Jäger, abgerissene Wilderer und gefährliche Räuberbanden, höfische Jagdgesellschaften und Eremiten. Schließlich könnte man sich noch auf die Sagengestalten besinnen: Der Heilige Hubertus, die auf dem Hirsch reitende Jungfer Lorenzen und die in den Wald verbannte Genoveva oder Hübich und Hackelberg, die Geister des Rübezahl, sowie die Märchenfiguren von Rotkäppchen bis Hänsel und Gretel.

Diese Motive verbanden sich im kollektiven Bewusstsein nicht allein der Deutschen zum »deutschen Wald«, der in seinen Wahrnehmungsvarianten ein Kind der Romantik ist. Gemalte Wälder deutscher Künstler sind demzufolge meist Sehnsuchtslandschaften, Ideal- oder Symbolwälder. Es werden kaum charakteristische Waldtypen porträtiert. Dies blieb den regional tätigen Kleinkünstlern und der Fotografie vorbehalten, die sich den Schwarzwälder Tannen, Odenwälder Buchen oder Spreewälder Erlen widmeten.

In der europäischen Kunstgeschichte indes sind Darstellungen des Waldes nicht zu einem eigenständigen Genre geworden, sondern blieben Teil der Entwicklung innerhalb der Landschaftsmalerei. Während häufig Blicke *auf* den Wald visualisiert werden, rückt das *Waldinnere* seltener in den Mittelpunkt künstlerischer Verarbeitungen. Walddarstellungen sind keineswegs ein deutsches Phänomen. Dort, wo der Wald spätestens im Verlauf des 19. Jahrhunderts wegen des zumeist maritimen Holzbedarfs zu großen Teilen verschwunden war – etwa in Spanien oder in Großbritannien, aber auch in Italien –, verlor der Wald an Bildwürdigkeit. Aber in Frankreich, wo seit dem Ende des 18. Jahrhunderts ein großes Aufforstungsprogramm begonnen hatte, finden sich vielfältige, reizvolle Walddarstellungen, beispielsweise innerhalb der Schule von Barbizon. Und in Ivan Shishkin besitzt die russische Kunstwelt einen regelrechten Waldmaler, wie ihn die deutsche Kunst nicht hervorgebracht hat.

In der mittelalterlichen Kunst erschien der Wald nur signaturhaft als Bildhintergrund. Erst mit Albrecht Altdorfer wird in deutschen Landen der Wald bildwürdig; mit Altdorfers Darstellung des Heiligen Georg erscheint erstmals ein Waldinneres auf einem Gemälde. Später bekamen Waldansichten durch Bildnisse von Fürsten als Jäger und Darstellungen von Hofjagden, aber auch in der niederländischen Landschaftsmalerei des 17. und 18. Jahrhunderts eine größere Bedeutung. Dabei unterschied sich die Darstellungsart in den einzelnen europäischen Regionen wenig.

Einen wichtigen Anstoß gewann die Veranschaulichung von Wäldern durch die malerische Verarbeitung der von Jean-Jacques Rousseau verkündeten Parole »Zurück zur Natur«. Namentlich der Brief-Roman *Julie, ou la nouvelle Héloïse* (Julie oder Die neue Heloise, 1761) lenkte den Blick auf die Schweiz und damit auf den Hochwald. Seit dem ausgehenden 18. Jahrhundert entwickelten sich die Schweizer Hochalpen zum Sinnbild erhabener »Urnatur« und zu einer – der Italienreise ebenbürtigen – Attraktion für den zeitgenössischen Touristen. In der Malerei setzte vor allem Josef Anton Koch mit seinen »heroischen« (Alpen-)Landschaften Maßstäbe.

046 | Eduard Leonhardi: Waldeinsamkeit, 1887

110 | Georg Friedrich Kersting:
Theodor Körner, Friedrich Friesen und Heinrich Hartmann auf Vorposten, 1815

Die Politisierung des deutschen Waldes

Die Entwicklung von solchen Landschaftsdarstellungen zu Bildern von einem ausdrücklich »deutschen« Wald erfolgte vor dem Hintergrund des massiven politischen Umbruchs in den deutschen Ländern gegen Ende des 18. Jahrhunderts und den wiederum darauf reagierenden literarischen Werken. Seit der Französischen Revolution und mit dem Aufstieg Napoleons wurde der Zerfall des alten Römischen Reiches noch forciert. Der auf die französische Besetzung des linken Rheinufers (1792) folgende und 1803 endgültig verabschiedete Reichsdeputationshauptschluss leitete mit der Auflösung der geistlichen Reichsterritorien und der Profanierung vieler Klöster und Stifte den Anfang vom Ende der alten Staatsordnung ein. Ein epochaler Vorgang, der durch die Niederlegung der Reichskrone durch Kaiser Franz II. im Jahr 1806 und die vollständige Niederlage des feudalen Preußen gegen das napoleonische Frankreich in den Schlachten bei Jena und Auerstedt im gleichen Jahr zementiert wurde. Es konnte kaum überraschen, dass spätestens die durch Napoleon kurz darauf vorgenommene Neuordnung der deutschen Staaten von vielen als Auflösung Deutschlands empfunden werden musste.

Die Literatur reagierte auf diese radikale politische Umbruchsituation mit der entschiedenen Rückbesinnung auf eine Vergangenheit, in der – wie immer man sie sich auch imaginierte – der neu erwachte deutsche Patriotismus mit dem Naturraum Wald in eine enge Verbindung gebracht wurde. Wilhelm Heinrich Wackenroders *Herzensergießungen eines kunstliebenden Klosterbruders* (1796) und Ludwig Tiecks *Der blonde Eckbert* (1797) waren die Initialwerke für die Bildende Kunst jener Zeit. Besonders intensive patriotische Töne schlugen Theodor Körner und Ernst Moritz Arndt an, deren heroisch-nationalistisches Pathos seit der nationalsozialistischen Vereinnahmung ihrer Werke befremdlich wirkt.

Dieser hohe Ton klingt aber auch in den Werken der damaligen Malerei an, offenbart sich allerdings dem heutigen Betrachter nicht direkt. Georg Friedrich Kersting, der selbst als Freiwilliger im Lützowschen Freikorps am Kampf gegen Napoleon teilgenommen hatte, schuf 1815 eine der Ikonen der patriotisch-politischen Malerei des deutschen Waldes. Es handelt sich um ein im Format bescheidenes, politisch indessen mit Bedeutung aufgeladenes Bildpaar. Ein Bild zeigt Kerstings Freunde Karl Friedrich Friesen, Theodor Körner und Heinrich Hartmann »Auf Vorposten« in einem Eichenwald. Die drei tragen als Jäger des Lützowschen Freikorps Uniformen, die in Details an altdeutscher Mode orientiert sind. Auf dem zweiten Bild sitzt eine ebenfalls altdeutsch in Weiß gewandete blonde Jungfrau im Eichenwald und windet aus Eichenlaub Ehrenkränze. Das Gemäldepaar ist als Gedächtnisbild konzipiert, da Körner, Hartmann und Friesen 1813 und 1814 gefallen waren. Ihre Namen sind in die Borke der Eichen hinter der Kranzwinderin eingeschnitten. Nicht mehr der Räuber haust im Walde, sondern der patriotische Kämpfer, der bereit ist, sein Leben für das Vaterland zu opfern, und der sein Grab gewissermaßen im Wald unter einer uralten Eiche findet: in eben jenem Wald, der zuvor womöglich die Deckung abgab für einen Überfall auf französische Truppen. Das Waldgrab – bislang ein Sinnbild des Ausgestoßenseins aus der christlichen Gemeinschaft – wurde nun zum Symbol der Rückkehr des Helden in die Natur und in der Folge ein gängiges, vielfältig variiertes Bildmotiv.

Die frühen romantischen Maler entdeckten ihr historisches Deutschland im Wald wieder. Dort befanden sich die Zeugnisse einer vermeintlich großen Vergangenheit. So etwa die Ruinen von Kloster Eldena bei Greifswald, der Oybin bei Zittau, die den Sprengungen entgangene Chorruine des Klosters Heisterbach und das Heidelberger Schloss.

111 | Georg Friedrich Kersting:
Die Kranzwinderin, 1815

Caspar David Friedrich:
Der Chasseur im Walde, 1814, Öl/Leinwand,
65,7 × 46,7 cm, Privatbesitz

Diese Bauten verkörperten zwar – gemessen an den erhaltenen romanischen und gotischen Domen und den zahlreichen Residenzschlössern des Barock – nur bescheidene Reste deutscher Baukunst, aber ihr malerischer Stimmungswert war immens.

Als Abschiedsbild vor der Übersiedelung nach Rom malte Philipp Fohr 1816 die Schlossruine seiner Heimatstadt Heidelberg in einer sentimentalen Darstellung mit nationalem Unterton. Es zeigt den Gebäudekomplex eingebettet in einen Wald und betrachtet von Staffagefiguren in altdeutscher Tracht. Ein altdeutsches Schloss, von französischen Truppen im Pfälzischen Erbfolgekrieg zerstört, sollte so für vaterlands- und geschichtsbewusste Zeitgenossen als zu bewahrendes Erbe beschworen werden.

Gewissermaßen als »Erfinder« des mythischen deutschen Waldes kann Caspar David Friedrich gelten. Walddarstellungen machen zwar nur einen Teil seines Œuvres aus, auf ihnen aber wurde der Wald endgültig zu einer politischen Landschaft. Als ein Schlüsselwerk kann *Der Chasseur im Walde* gelten, gemalt 1814, also zwischen der Leipziger Völkerschlacht (1813) und dem Wiener Kongress (1814/15). Dargestellt ist eine Lichtung oder der Rand eines Fichtenwaldes, auf dessen verschneitem Boden ein französischer Soldat – ein »Chasseur«, ein Jäger, in diesem Fall ein eigentlich berittener Jäger – in das Waldinnere schreitet. Interpretiert wird das Bild als Symbol für das hilflose Agieren der Besatzungsmacht in einem nur den Deutschen vertrauten Lebens- und Naturraum, in dem zwar Bäume gefällt worden sind, aber in dem auch sinnbildlich eine neue Kämpfergeneration junger, starker Stämme heranwächst.

Weniger bekannt sind Friedrichs eindeutig politisch-symbolische Gemälde wie *Das Grab des Arminius* und *Gräber gefallener Freiheitskrieger*. Hier werden historische und moderne fiktive Heldengräber an Felsschluchten im Wald positioniert. Diese Gemälde stehen in einem starken Spannungsfeld zu Friedrichs religiös-symbolischen Darstellungen, auf denen Kreuze, Kruzifixe oder Madonnen-Statuen auf Felsen im Wald zu sehen sind. In ihnen vermengt sich der Rousseau'sche Naturenthusiasmus mit dem Bekenntnis zur christlichen Religion. Auf mehreren Gemälden Friedrichs spielt das Motiv der Ruine eines historischen Gebäudes eine wichtige Rolle. So malte er 1823/24 das – fiktive – Grab Ulrich von Huttens auf der Ufenau inmitten einer überwucherten gotischen Kapelle, betrachtet von Menschen in altdeutscher Tracht, eine Bekleidung, die öffentlich zu tragen 1816 verboten worden war. So wie Friedrich die Klosterruine Eldena inmitten von Eichen malte, so verwendete er diese Baumsymbolik auch zur Darstellung von Hünengräbern. Eines der frühesten Ölgemälde Friedrichs zeigt uralte Eichen, die in buchstäblich gefrorener Zeit ein Hünengrab umringen. Nur vordergründig sind diese Gemälde Sinnbilder der Vergänglichkeit. Vielmehr waren sie intendiert als Symbol der Stärke einer imaginierten deutschen Vergangenheit. Die alte knorrige Eiche wird zum Sinnbild deutscher Mentalität, die Hünengräber zum Verweis auf die Urahnen.

Der starke Symbolgehalt von Friedrichs Gemälden fesselte seine Zeitgenossen. Es ist bemerkenswert, dass ein derart ungewöhnliches Bildpaar wie *Abtei im Eichwald* und *Der Mönch am Meer* auf Betreiben des preußischen Kronprinzen während der Berliner Akademie-Ausstellung von 1810 für die königliche Kunstsammlung erworben wurde und damit gewissermaßen zu preußisch-nationaler Kunst avancierte. Die Rezeption von Caspar David Friedrichs Gemälden war entsprechend stark. In seinem engeren Umfeld sind Carl Gustav Carus und Johan Christian Claussen Dahl zu

035 | Caspar David Friedrich:
Kreuz im Gebirge, um 1823

043 | August von Kreling: Erwin von Steinbach im Waldesdom, 1849

088 | Philipp Veit: Germania nach dem Fresko im Städelschen Kunstinstitute, nach 1836

nennen, die Motive Friedrichs in malerisch eng verwandtem Stil gestalteten. Aber auch Karl Friedrich Schinkel wurde durch Friedrich maßgeblich beeinflusst. Dessen Bild vom deutschen Wald konnte also auch durch die Nachfolger (weiter-)wirken.

Dies gilt insbesondere für die monumentale, knorrige Eiche. Solche Bäume wurden zwar, besonders in der Grafik, schon vor Friedrich dargestellt. Aber nun erst, in der postfriedrichschen deutschen Malerei konnten Eichendarstellungen als nationales Signum verstanden werden. So malte der mit Joseph von Eichendorff und Friedrich de la Motte Fouqué befreundete Philipp Veit – ebenfalls ein Freiwilliger von 1813 – für den Städel in Frankfurt eine Germania auf steinernem Thron vor einer gewaltigen Eiche. Dies verschaffte ihm 1848 den Auftrag für das Germania-Gemälde zur deutschen Nationalversammlung in der Frankfurter Paulskirche. Zeitgleich begann der Siegeszug der Denkmalseichen: Man pflanzte sie ab 1830 zunächst als Luthereichen, später als Kaiser- und Bismarckeichen und schließlich als Hitlereichen.

Die Historisierung des deutschen Waldes

Die deutsche Historienmalerei des 19. Jahrhunderts griff häufig Waldmotive auf. Dabei zog sich das Thema der quasi zur Urmutter aller »deutschen« Kämpfe stilisierten Hermannsschlacht wie ein roter Faden durch die Zeiten. Das Kampfgeschehen im undurchdringlichen Wald bot vielfältigen Anlass für die Schilderung dramatischer und patriotisch gemeinter Szenen. Diverse römische Quellen, so besonders der römische Autor Tacitus in seinen *Annalen* und der römische Konsul und Historiker Cassius Dio, prägten durch ihre Schilderung der römischen Niederlage in einem germanischen, rechtsrheinisch gelegenen Wald in der zweiten Hälfte des Jahres 9 n. Chr. die Interpretation des Geschehens. Die Vernichtung von drei Legionen unter dem Senator und Feldherr Publius Quinctilius Varus durch einen germanischen Heerhaufen unter Arminius (»Hermann«), einem Fürsten der Cherusker, gewann seit dem späten 18. Jahrhundert unter deutschen Dichtern und Intellektuellen an Bedeutung. Insbesondere während der Befreiungskriege kulminierte die Interpretation der Schlacht, ihrer Protagonisten und ihres Schauplatzes in einer Art nationalen Heilsgeschichte. Darin wurde Napoleon als Wiedergänger des Varus gesehen, während die Fixierung auf einen neuen »Hermann« und die Nutzung des »germanischen« Waldes als Ort des Hinterhalts bald auch die Motive der entstehenden Zeichnungen und Gemälde mitbestimmte. In unmittelbarer Weise wurde dies von Wilhelm (der Ältere) Lindenschmit aufgenommen, etwa in seiner Darstellung des *Hermann als Sieger* vor deutscher Eiche oder in seiner Visualisierung einer Kampfszene aus der *Hermannsschlacht im Teutoburger Walde*.

Die Deutsch-Römer unter den Malern hatten sich neben biblischen und raffaelitischen Themen auch dem deutschen Mittelalter zugewandt. Eine romantisch verklärte Vergangenheitswelt wurde beschworen. Carl Philipp Fohrs Gemälde *Der verirrte Ritter* (1816) ist eines der bekanntesten Beispiele. Vielfach flossen auch Sagenstoffe oder historische Ereignisse in jene Darstellungen ein, die maßgeblich

Ludwig Richter: Genoveva in der Waldeinsamkeit,
1839/41, Öl/Leinwand, 116,5 × 100,5 cm, Hamburger Kunsthalle

zur Ausbildung einer nationalen Ikonografie des deutschen Waldes beitrugen. Julius Schnorr von Carolsfeld etwa schuf für die Residenz in München (im »Saal des Verrats«) mit dem Werk *Hagen ermordet Siegfried* das prägnanteste Waldbild dieser Thematik. Ein Historienbild, das auf der 98 n. Chr. erschienenen Schrift *Germania* des römischen Autors Tacitus basiert, ist Carl Blechens *Semnonenlager* von 1828. Das Bild stellt den altgermanischen Stamm zur Zeitenwende in den Müggelbergen nahe des heutigen Berlin dar. Die Semnonen besaßen laut Tacitus einen heiligen Hain ohne Kultbild, verehrten also gewissermaßen den Wald als Heiligtum. Dieses Wald-Landschaftsbild ist eines der frühesten Gemälde, das eine Art Mythos der Urdeutschen in ihrem Lebens- und Religionsraum Wald malerisch umsetzt.

Da der Überlieferung zufolge auch die späteren deutschen Volksstämme im Wald hausten, kam der Darstellung der Christianisierung in der Historienmalerei eine große Bedeutung zu. Ein sehr eindrückliches Gemälde schuf Joseph von Führich mit der *Einführung des Christentums in den deutschen Urwäldern*. Halb Historien-, halb Andachtsbild thront hier die Mutter Maria vor einer alten Eiche und einer alten Tanne. Das Gemälde zeigt gleichsam die Transformation der wilden Germanen zu kultivierten Deutschen durch die neue Religion.

Erwin von Steinbach war im 13. Jahrhundert einer der Baumeister des Straßburger Münsters. Goethes Aufsatz *Von deutscher Baukunst* – verfasst nach seinem Straßburger »Gotik-Erlebnis« – feiert Meister Erwin als deutsches Genie des Mittelalters und Schöpfer der gesamten Kathedrale, eine Zuschreibung, die durch die Forschung inzwischen widerlegt werden konnte. Für das Genie-Denken des 19. Jahrhunderts aber wurde Erwin zu einer zentralen Figur nationaler Identität. Eines der frühesten Werke zu diesem Thema schuf August von Kreling 1849. Auf dem Gemälde steht Meister Erwin inmitten eines Laubwaldes, in dem eine dem Kirchenschiff ähnliche Schneise den Blick auf das in der Ferne liegende Münster ermöglicht. Das Bild wollte den (deutschen) Wald als Vorbild für die Struktur gotischer Baukunst darstellen. Dies ist wohl eine der frühesten Darstellungen des Bildmotivs vom »Waldesdom«, der um 1900 ein sehr beliebtes Thema werden sollte.

Aber auch die jüngere Vergangenheit wurde im 19. Jahrhundert zum Thema des Historienbildes. Dazu zählt Friedrich Heideloffs um 1815 geschaffene skizzenhafte Zeichnung, die um 1856 von seinem Sohn, dem Architekten Karl Heideloff, als Aquarell und in mehreren Bleistiftwiederholungen ausgeführt wurde. Das Bild – es erfuhr als Druckgrafik weite Verbreitung – zeigt den 1805 verstorbenen Friedrich Schiller beim Vortrag seines Dramas *Die Räuber* inmitten seiner Freunde im Bopserwald bei Stuttgart.

Moritz von Schwind: Des Knaben Wunderhorn, 1845,
Öl/Leinwand, 49,5 × 39,4 cm,
Bayerische Staatsgemäldesammlungen München

Die Romantisierung des deutschen Waldes

Mit dem Wiener Kongress (1814/15) begann die Epoche Metternichs in der deutschen Geschichte. Gestützt durch die Politik Russlands brach eine Zeit der politischen Zensur und der Bespitzelung in fast allen Staaten des Deutschen Bundes an. »Demagogenverfolgung« lautete ein Schlagwort der Zeit. Dahinter verbarg sich nicht nur die Furcht vor neuen revolutionären Bestrebungen, sondern auch vor nationalem Gedankengut, wie es während der Befreiungskriege beispielsweise von Körner formuliert worden war. Die Gesellschaft zog sich ins Private zurück. Nach der Revolution von 1848 wurde für diese Zeit unter anderem durch den Mediziner Adolf Kußmaul der Spottname »Biedermeier« geprägt.

Carl Spitzweg: Der Sonntagsjäger,
um 1845, Öl/Leinwand, 40 × 32,5 cm,
Staatsgalerie Stuttgart

Nachdrücklich prägten in dieser Zeit der Wiener Moritz von Schwind und der Dresdner Ludwig Richter das Bild vom deutschen Wald, wobei beide weniger den Wald selbst darstellten. Ihre Bilder widmeten sich vielmehr den Menschen, Märchen und den sagenhaften Gestalten im Wald. Ihre Werke entstanden zwischen den späten 1830er Jahren und etwa 1860, also sowohl vor als auch nach der Revolution von 1848. Grundsätzlich sind diese Wald-Bilder eher unpolitisch, oder boten jedenfalls einen politisch nicht aktuellen Rückzugsraum. Die Gemälde und Grafiken reflektieren nun direkt die den Wald betreffende romantische Literatur, seien es die Märchen und die Sagensammlung der Brüder Grimm, sei es die Liedersammlung *Des Knaben Wunderhorn* von Ludwig Tieck und Clemens Brentano.

Schwind hat mit seiner besonders detailfreudigen und märchenhaften Bildwelt großen Einfluss auf die Kinderbuchillustrationen des 19. und 20. Jahrhunderts genommen. Hier sei an heute noch populäre Gemälde wie *Rübezahl*, *Die Rose*, *Der Falkensteiner Ritt* oder das 1931 zerstörte *Auf der Wanderschaft* erinnert. Richter erlangte zudem eine große Bekanntheit durch seine Holzschnitt-Märchenillustrationen, aber auch mit grafischen Blättern, die Gedichte als direkte Bildumsetzung oder in Kombination aus Bild und Text darstellten. Hatte schon Caspar David Friedrich für seine Gemälde umfängliche Naturstudien betrieben, so war Ferdinand Waldmüller, der sich allerdings auf die Bildnis- und Genremalerei kaprizierte, in der Waldthematik ein früher Freilichtmaler, was ihm Konflikte mit der Wiener Akademie einbrachte. Sein in mehreren Fassungen überliefertes Gemälde *Vorfrühling im Wienerwald* ist eines der wenigen Bilder, das einen entlaubten, kahlen Wald darstellt. Dieser kontrastiert reizvoll mit der farbigen Kindergruppe.

Der dritte nachhaltig prägende Maler des deutschen Waldes in dieser Zeit wurde Carl Spitzweg. Der Münchener Meister kann zwar auch als typischer Biedermeierkünstler bezeichnet werden, doch seine langwährende Schaffensphase greift weit über diesen Zeitrahmen hinaus. Als überaus produktiver Maler kleinformatiger Bilder gewann er große Popularität, die aber zu seiner Zeit noch nicht mit seinem heutigen Bekanntheitsgrad verglichen werden kann. Die Waldidylle bildet einen Schwerpunkt innerhalb seines Schaffens. Hierbei entwickelte er für die Staffagefiguren eine breit gefächerte Themenpalette: Nymphen, Frauen, Kinder, Liebespaare, Jäger, Zwerge und Eremiten. Ein schönes Beispiel ist *Der Lieblingsplatz*, auf dem der Wald als privater Rückzugsort eines lesenden Jünglings geschildert wird. Spitzweg war aber nicht nur der Schilderer einer Waldidylle, sondern auch ihr ironischer Kritiker. So ließ er Waldesgnomen nachdenklich aus dem Wald auf dampfende Eisenbahnen blicken, und unter seinen Eremiten findet sich manch seltsamer Charakter. Geradezu eine Ikone der Waldmalerei ist sein *Sonntagsjäger*. Fast schon spöttisch macht sich Spitzweg über das Bestreben bayerischer Städter lustig, als Standesperson eigentlich nur einem Sonntagspicknick zuzustreben, aber dies durch das »standesgemäße« Waidwerk veredeln zu wollen. Dabei verrät sich der Städter sofort durch die überkandidelte Kleidung, deren rote Stiefel mit der Röte des Schirmes korrespondieren; Letzterer ein Sicherheitsutensil für den gegenüber Sonne und Regen verzärtelten Städter, der zudem blind wie ein Maulwurf scheint und daher wenig Jagdglück haben wird.

Eine preußische Variante des Spottes über das Verhältnis moderner Berliner Menschen zum Wald schuf August von Rentzell mit *Die verregnete Grunewaldpartie*. Hier gerät der Sonntagsausflug mit der Kutsche in den Wald zu einem geradezu gefahrvollen Betreten einer unbekannten Welt, für die man nicht nur wegen des schlechten Wetters gänzlich ungeeignet, aber standesgemäß gekleidet ist.

Der von Ludwig Tieck im *Blonden Eckbert* am Ende des 18. Jahrhunderts geprägte Begriff »Waldeinsamkeit« entwickelte sich zu einem Schlagwort der Romantik und wirkte weit in das 19. Jahrhundert hinein. Mit dem Topos »Waldeinsamkeit« wurde fortgeführt, was Caspar David Friedrich mit einigen seiner Waldgemälde begonnen hatte: die Erkundung der eigenen Seele in einem Idealwald, der sowohl Geborgenheit als auch Bedrohung symbolisieren kann.

Der Ausnahmekünstler Carl Blechen schuf vergleichsweise viele Waldbilder, besonders typisch ist *Waldinneres mit abgebrochenen Ästen*. In seinem berühmten *Waldweg bei Spandau* scheint der Wald eine zwar gefahrvolle, unwirtliche, aber magische Passage zwischen Orten der Zivilisation. Im *Abendblick auf Bickenbach* von Johann Heinrich Schillbach ist eine reale topografische Situation an der Bergstraße geschildert. Doch wird sie so in Szene gesetzt, dass die kahlen Baumstämme den Blick auf eine Landschaft freigeben, gleichzeitig vergittern und das Gegenlicht der tiefstehenden Sonne abdecken: Der Wald als Ort der Geborgenheit, von dem aus die Gedanken in die weite Welt schweifen können. August Lewin von Wille schuf mit seiner *Waldlandschaft* eines der schönsten Bilder eines Waldinneren. Wie Blechen eine rastende Frau mit Korb als Maßstab

040 | August von Rentzell:
Die verregnete Grunewaldpartie, 1839

053 | Max Slevogt: Waldlandschaft (Auf dem Anstand), 1902

Die kunsthistorisch meist unbeachtete, wenn nicht sogar verachtete, aber kulturhistorisch weitreichendste Entwicklung erfuhren zwei Gemäldetypen für die (klein-)bürgerliche deutsche Wohnung: Gemeint ist das »Salonstück« mit röhrendem Hirsch und das »Schlafzimmerstück« mit jungen Frauen im Wald. Dabei gab es natürlich Variationen, beispielsweise balzende Auerhähne oder Liebespaare. In die immer steinerner werdenden Städte gelangte diese reduzierte Bildwelt des Waldes quasi durch die Hintertür. Der erfolgreichste Produzent von Schlafzimmerstücken wurde der Wiener Hans Zatzka. Seit dem letzten Viertel des 19. Jahrhunderts schuf er zahlreiche Gemälde mit neckisch agierenden Nymphen, Nixen und Mädchen. Charakteristisch waren die extremen Querformate für die Hängung über dem Kopfteil des Ehebettes. Wie die »röhrenden Hirsche« konnten auch diese Bilder sowohl als Ölgemälde als auch kostengünstiger im Öldruck erworben werden und wurden daher zum Massenphänomen. Wenn auf Zatzka-Gemälden eine mit einem Negligé bekleidete Dame am Waldbach einem Angler in aufreizender Pose gegenübersteht und der Bildtitel *Die Forelle* lautet, handelt es sich zwar nicht um bedeutende Kunst, sondern mehr um Inspirationen für die Erledigung ehelicher Pflichten. Aber mit diesen Bildern wurde der Aspekt des Waldes als Ort der Lust erstmals explizit vermittelt und im kollektiven Bewusstsein sicher auch verinnerlicht.

Durch die neuen Drucktechniken konnten in Periodika Farbabbildungen gezeigt werden. Dies bot Künstlern die Möglichkeit, einen neuen Markt zu erschließen, der bislang nur in Großbritannien existiert hatte: Bilder von (Jagd-)Hunden, Jagdtieren, Jägern, Pferden, aber auch von neuen Modesportarten, wie dem Segeln und Rudern. Hier sei stellvertretend die Künstlergruppe »Jagd und Sport« genannt. Sie wurde angeführt von Heinrich Sperling, der durch sein langes Wirken besonders die Hundedarstellung (»Sperlingshund«) geprägt hat. Werke dieser Künstler konnten als Originale, Kunstdrucke oder Buchillustrationen erworben werden, fanden also eine enorm große Verbreitung, wozu der Verlag Paul Paray mit seiner seit 1898 publizierten Zeitschrift *Wild und Hund* maßgeblich beitrug.

Während »Schlafzimmerstücke« aus der Mode gekommen sind, blieb der Erfolg von Gemälden des Typus »röhrender Hirsch« ungebrochen. Gerade regional tätige Maler bedienten und bedienen diesen Markt. Die parallel zur kunsthistorischen anerkannten Kunst fortlebende Existenz dieser Malerei darf in ihrer Bedeutung für die kollektive Wahrnehmung des Waldes nicht unterschätzt werden.

Darstellungen des deutschen Waldes in der Avantgardekunst ab Mitte des 19. Jahrhunderts

Symbolistisch arbeitenden Künstlern bot der deutsche Wald eine weite Projektionsfläche. Mythologische und politische Ideen wurden häufig miteinander verwoben, ohne dass die Bilder eine eindeutige Aussage besessen hätten. Da viele dieser Werke eine starke suggestive Kraft besitzen, haben sie das Image des deutschen Waldes um eine diffuse Note bereichert.

Durch häufige Reproduktionen wurde das in mehreren Fassungen überlieferte Gemälde *Das Schweigen im Walde* von Arnold Böcklin sehr bekannt, ohne aber den Popularitätsgrad seiner *Toteninsel* zu erreichen. Das Gemälde mit der Einhorn-Reiterin im Wald könnte einerseits mit der Detailfreude an der Borkenstruktur, dem Eichhörnchen und den am Boden wachsenden Pilzen der Bildwelt Moritz von Schwinds entstammen. Andererseits ist das Bild erstaunlich knapp formuliert, ein Charakteristikum, das neben der Lichtführung, dem Ausblick in die Ferne, der Exotik des in seiner Zotteligkeit weniger antikischen als deutschen Charakters des Fabeltieres und dem Bildtitel die Wirkung des Gemäldes bestimmt.

Karl Haiders genrehaften Darstellungen von Jägern und anderen Älplern waren um 1900 durchaus modern und erfreuten sich noch Mitte des 20. Jahrhunderts allgemeiner Beachtung. Während die meisten seiner Waldgemälde topografisch eindeutig als Haiders bayerische Heimat identifiziert werden können, ist im *Heiligen Hain* mit der Tempelarchitektur und dem Kultbild eine antikische Note eingeführt.

Das Thema »Waldesdom« als einem nur aus Baumstämmen gebildeten Waldinneren hat Walter Leistikow in mehreren Grafiken wirkungsvoll behandelt. Für das Bild vom deutschen Wald aber wurden seine zahlreichen Darstellungen märkischer Kiefernwälder wichtiger, denn sie fügten dem Image eine neue Facette hinzu. In impressionistischer Art, doch unter starkem Einfluss des Jugendstils entstanden äußerst stimmungsvolle und sehr populäre Gemälde. Künstlerisch weniger bedeutend, aber ebenfalls erfolgreich und prägend sind mit dieser Manier Hermann Rüdisühli, Max Zaeper und Rudolf Hellgrewe bekannt geworden.

Unter den vielen Künstlern, die ihre Walddarstellungen mit symbolischen Titeln versahen (etwa *Seele der Heimat*, *Auferstehung*, *Mauerentflohen*), zählt Georg Broel zu den

qualitätvollsten. Sein Zyklus *Waldsymphonie* – entworfen als Gegenbild zu seinem Weltkriegserlebnis – variiert vielfältig den Einblick in einen »Waldesdom«. Besonders im Wald fand auch der unter seinem Künstlernamen »Fidus« bekannt gewordene Hugo Höppener eine Bühne für seine mystisch-politische Kunst. Oft interpretierte er den Wald als Ort von Initiation und heiliger Handlung, die durchaus erotischen Charakters sein konnten. Andererseits verarbeitete er in seinen meist grafischen Werken vielerlei »deutschtümelnde« Elemente. Auf einem Gedenkblatt etwa sinniert ein nacktes Paar vor der Irminsul, der von Karl dem Großen gestürzten heiligen Säule des germanischen Stammes der Sachsen; im Schmuckrahmen befindet sich ein Hakenkreuz.

Es ist auffallend, dass der Wald den deutschen (Spät-)Impressionisten wenig Anregung gab, während er doch den französischen Malern eine breite Imaginationsfläche bot. So hat etwa Max Liebermann, der an seinem Wannseer Sommerwohnsitz den Wald gewissermaßen vor der Haustüre hatte, keine Waldgemälde geschaffen. Auch im Werk von Max Slevogt ist die Waldthematik selten, allerdings sehr reizvoll behandelt. Doch wird nicht eigentlich der deutsche Wald dargestellt, vielmehr sind gelegentlich einheimische Kiefern in ein Licht getaucht, das sie wie Pinien in der Provence erscheinen lässt. Sein Gemälde *Wald* etwa ist bemerkenswert, da hier einer an sich reizlosen Forstbepflanzung durch die Lichtführung der Darstellung die Eintönigkeit ge-

054 | Albert Weisgerber:
Sebastian, 1913

nommen wurde. Lediglich im Werk Albert Weisgerbers erfuhr die Walddarstellung eine größere Bedeutung. Es sind einheimische Wälder, in denen der Künstler mehrfach das Martyrium des Heiligen Sebastian darstellte.

Der Wald und die Kunst der deutschen Expressionisten scheinen unvereinbare Welten zu sein. Und tatsächlich sind Walddarstellungen expressionistischer Künstler selten. Vielmehr diente der Wald ihnen meist nur als Kulisse für Menschendarstellungen, so vor allem bei Otto Mueller und seinen Aktgruppen. Eine besondere Rolle spielte der Wald jedoch bei Ernst Ludwig Kirchner, dessen malerisches Werk man zumeist mit Großstadtmotiven assoziiert. Doch Kirchner hatte 1916 beim Sanatoriumsaufenthalt in Königstein sein Taunus-Erlebnis. Fortan malte er Waldmotive in einem für das Sujet bis dahin unbekannten Kolorit. Nach der Übersiedelung nach Davos schuf er dort zahlreiche Landschafts- und Waldgemälde.

Neben Kirchner hat Franz Marc viele Waldgemälde geschaffen. Doch bildet hier das Waldinnere mehr den Rahmen für Wildtierdarstellungen. Unschuldige Rehe, Füchse, Vögel und Hasen, als Gegenbild zu der von den Menschen unwohnlich gestalteten urbanen Welt, machen den eigentlichen Inhalt seiner Waldgemälde aus. Andererseits ist die Wahl dieser Bildmotive schwer denkbar ohne die Kenntnis der biedermeierlichen Waldwelten von Richter, Schwind und Spitzweg. Ein außergewöhnliches, da durch den aufkommenden Film inspiriertes, expressionistisches Gemälde *Spaziergang im Walde* schuf Walter Ruttmann, der mit seinem experimentellen Film *Berlin – Die Sinfonie der Großstadt* (1927) weltberühmt – und später durch seine Mitarbeit an NS-Propagandafilmen berüchtigt wurde.

Auch das Werk von Max Ernst wird man zunächst nicht mit dem deutschen Wald in Verbindung bringen. Aber zahlreich sind die zumeist in Paris geschaffenen Gemälde, deren Titel den Begriff »la forêt« enthält. Dargestellt werden abstrakte Strukturen, die sich nur durch den Titel als Waldbilder zu erkennen geben. Diese Bilder reflektieren jedoch die

055 | Walter Ruttmann:
Spaziergang im Wald, 1915

nachdrückliche Prägung durch den deutschen Wald, die Ernst als kleiner Junge über seinen Vater Philipp vermittelt bekam, namentlich mit Märchen-Illustrationen. In seinen *Biografischen Notizen* (1962) erinnert sich Ernst an seine gemischten Gefühle, als er zum erstenmal den Wald betrat: »Entzücken und Bedrückung. […] Die wunderbare Lust, frei zu atmen im offenen Raum, doch gleichzeitig die Beklemmung, ringsum von feindlichen Bäumen eingekerkert zu sein. Draußen und drinnen zugleich, frei und gefangen.« Vor diesem Hintergrund zeigen Ernsts »la forêt«-Gemälde den direkten Einfluss der traditionellen Anschauungen des deutschen Waldes auf die Avantgarde-Kunst des 20. Jahrhunderts.

So kunsthistorisch interessant diese Walddarstellungen auch sind, dem Bild vom deutschen Wald haben sie nur Facetten hinzugefügt, entscheidend und auf neue Art prägen konnten sie es nicht. Dies geschah weiterhin durch Friedrich, Richter, Schwind und Spitzweg. Denn während zu Lebzeiten dieser Künstler nur wenige Menschen Zugang zu ihren Werken oder denen ihrer Nachfolger hatten, ermöglichten die weiterentwickelten Drucktechniken nun die grö-

Max Ernst: L'oiseau dans la forêt (Der Vogel im Wald), 1927, Öl/Leinwand, 80 × 100 cm, Sprengel Museum Hannover

ßere Verbreitung. Als Öldruck für die Wand, als Vierfarbdruck in Büchern oder als Zigarettensammelbild fürs Album überschwemmten Abbilder ihrer Gemälde vom deutschen Wald das Reich.

In Zeiten großer politischer Umbrüche war die Vorstellung vom Wald als Ur-Heimat der Deutschen eine Idee, die vermutlich ebenso tröstlich wirkte wie zu Anfang des 19. Jahrhunderts. Für die Avantgarde-Kunst der Weimarer Republik hingegen bot der Wald keine Anregung. Vielmehr wurde Waldmalerei als dem Kitsch verwandt abgetan und Richter und Schwind allenfalls als Kinderbuchillustratoren geduldet.

Die nationalsozialistische Kunstpolitik setzte auf die Fortführung des Images vom Wald als der Deutschen Heimat. Dabei konnte durchaus eine malerisch moderne Formensprache verwendet werden. In der Rückschau waren die geschaffenen Werke allerdings so wenig charakteristisch, dass ihnen nicht einmal die Aura totalitärer Kunst anhaftet, die sonst die Werke von Adolf Ziegler oder Arno Breker im kollektiven Gedächtnis gehalten hat. Für die nicht in die NS-Kunstpolitik eingebundenen Künstler bedeutete der Nationalsozialismus einen tiefen Bruch in ihrem Schaffen. Ob verfolgt oder nicht, ob im Auslandsexil oder in der »inneren Emigration« – es konnten in diesem Kontext nur wenige Kunstwerke entstehen, die in ihrer Qualität denjenigen der Zeit vor 1933 zur Seite zu stellen wären. Christian Schad etwa malte Gebirgs-Waldlandschaften, bei denen schwer zu entscheiden ist, ob sie sich der Kunstideologie anpassen wollten. Otto Dix schuf in seiner inneren Emigration am Bodensee Waldbilder in altmeisterlicher Manier, die aber innerhalb seines Gesamtwerkes wenig Bedeutung besitzen.

Karl Hofer gestaltete seit der Zeit der Weimarer Republik mehrfach das Motiv der im unwirtlichen Wald gefangenen Menschen. Als der Maler nach 1933 zunehmenden Repressionen ausgesetzt war, erlangten seine Darstellungen bedrückende Aktualität.

Als habe es Diktatur, Völkermord und Kriegszerstörung nicht gegeben, rettete sich das traditionelle Bild vom deutschen Wald über das Kriegsende hinweg. Liebliche Landschaft und Waldeinsamkeit blieben bevorzugte Motive für konservativ arbeitende Künstler in der Nachkriegszeit. So schuf sich beispielsweise der vor 1945 mit Aktdarstellungen sehr erfolgreiche Ivo Saliger ein neues Arbeitsfeld in der Darstellung von Waldlandschaften. In der Bundesrepublik war der – durch die NS-Zeit gewissermaßen kontaminierte – deutsche Wald kein Thema für die Bildende Kunst der Avantgarde; stattdessen bildete das ungegenständliche Gestalten ein Leitmotiv. Demgegenüber wurden in der DDR zunächst Historienbilder zur Hermannsschlacht und Darstellungen von Waldarbeitern zumindest gelegentlich Thema offizieller Malerei.

Regelrechte Waldmalerei blieb ein Genre der Lokalkünstler und der Trivialkunst, die weiterhin röhrende Hirsche und balzende Auerhähne als Wandschmuck für kleinbürgerliche Haushalte schufen. Gleichsam als Gegenbild und Abgesang auf den deutschen Wald als Symbollandschaft gestaltete um 1982 Reinhart Heinsdorff sein Gemälde *Walddenkmal*, das mit illusionistisch gemalter Rahmung und Malwerkzeug ein solitäres Kunstwerk jener Jahre bleibt.

Mit der Hinwendung zur gegenständlichen Malerei in den 1970er Jahren erschien auch der deutsche Wald wieder als Thema der modernen Kunst in der Bundesrepublik. Nun aber wurden die wie auch immer geprägten Anschauungen des Waldes und dessen zumeist nationale Aufladung nicht fortgeführt oder ergänzt, sondern gebrochen.

057 | Willy Jaeckel: Waldstück, 1923

Das erste »kopfüber« gemalte Bild von Georg Baselitz war ein Waldgemälde. Der durch Baselitz stark beeinflusste Anselm Kiefer beschäftigte sich während seiner »deutschen Phase« mit deutschen Mythen. Dies brachte ihm zunächst völlig unberechtigt den Vorwurf des »Deutschtümelns« ein. Aus der Beschäftigung mit dem Thema Hermannsschlacht erwuchsen abstrakte und doch inhaltlich hochkomplexe Waldbilder. Der 1982 aus der DDR ausgewiesene Ralf Kerbach setzte in seinen Bildern ebenfalls bei der Beschäftigung mit deutschen Legenden und Vergangenheitsverklärungen an. Aber stärker als Kiefer reduzierte er die explizit deutschen Bildmotive. Als radikalste Umdeutung des Waldbildthemas kombiniert er in seinem Gemälde *Kopfstümpfe* Baumstümpfe eines Waldes mit den abgeschlagenen Köpfen von deutschen Dichtern.

rechts: 071 | Anselm Kiefer: Hermannsschlacht, 1977

unten: 070 | Eldar Faber: Wald 2, 2008

Mittlerweile haben auch jüngere Künstler den deutschen Wald als Bildthema entdeckt. Mit Eldar Farber, aus einer Familie von Überlebenden des Holocaust stammend, hat sich ein israelischer Künstler schwerpunktmäßig dieser Thematik angenommen. Es sind regelrechte Bilder des Waldinneren, deren hoher Stimmungswert durch die Romantiker beeinflusst scheint, tatsächlich aber aus Erzählungen seiner Familie gespeist wurde. In ironischem Rückbezug auf die deutsche Geschichte vermerkt der Künstler, er habe den Eindruck, der deutsche Wald stecke in seinen Genen.

Mag das Phantasma vom deutschen Wald, wie es die Dichter zu Beginn des 19. Jahrhunderts begründeten und wie es in nachnapoleonischer Zeit, im Kaiserreich und während der folgenden Systeme und deren Wechsel politisch zum Mythos aufgeladen wurde, längst verblasst sein – die Bildwelt vom deutschen Wald, wie sie von Friedrich, Richter, Schwind und Spitzweg geprägt worden war, ist fester Bestandteil deutscher Kultur geblieben.

Fichte
Heinrich v. Kleist
Carl Maria v. Weber
Christian D. Grabbe
Thusnelda

oben: August Levin von Wille: Waldlandschaft, 1859, Öl/Leinwand, 110,5 × 170 cm, Museumslandschaft Hessen Kassel

links: Joseph Anton Koch: Wasserfall im Berner Oberland, 1796, Öl/Leinwand, 99 × 75 cm, Hamburger Kunsthalle

042 | Johann Heinrich Schilbach:
Abendblick auf Bickenbach, 1847

038 | Carl Blechen: Waldinneres
mit abgebrochenen Ästen, um 1833

052 | Hans Thoma: Selbstbildnis
vor Birkenwald, 1899

oben: 047 | Valentin Ruths:
Rübezahls Garten, 1875

rechts: 039 | Ferdinand Georg
Waldmüller: Kinder im Walde, 1858

050 | Karl Haider:
Heiliger Hain, 1905

051 | Walter Leistikow: Abendstimmung
am Schlachtensee, um 1900

068 | Otto Dix:
Wald am Abend, 1940

067 | Karl Hofer: Männer mit
Fackeln im Wald, o. J.

Jan Werquet

»Deutscher Wald« – »Deutsche Kunst«?

DIE DARSTELLUNG DES WALDES IN DER MALEREI DES »DRITTEN REICHES«

»Der Riese des Waldes ist gefällt, nur ein Stumpf ist geblieben, dem Schreiber als Pult zu dienen. Des Schreibers Antlitz spannt die innere Verzückung. Wahrlich, das ist die innere Ergriffenheit eines Menschen, dem die gewaltige Schicksalsaufgabe zuteil ist, eine Offenbarung zu erfassen! Die himmlische Erscheinung ist für diese Offenbarung unwesentlich geworden; das Erdenleben schreit und spricht und flüstert aus den hundertfachen Gebilden des Waldes. [...] Es ist belanglos, welchen Namen der ergriffene Schreiber am Waldrand trägt; es ist ein deutscher Mensch, dem sich die Rätsel der Natur enthüllen.«[1]

Mit dieser aus heutiger Sicht eigentümlichen Interpretation des Gemäldes *Die beiden Johannes* von Albrecht Altdorfer leitete der Forstwissenschaftler und studierte Kunsthistoriker Josef Nikolaus Köstler 1941 sein Werk *Offenbarung des Waldes* ein. Das Buch, das den Untertitel »Ein Beitrag zur Frage der künstlerischen Gestaltung deutschen Naturerlebens« trägt, reflektiert in besonderer Weise eine an der NS-Ideologie orientierte Kunstbetrachtung. Indem es die von den Nationalsozialisten propagierte Bedeutung des Waldes als Metapher und Grundlage des »deutschen Wesens« in die Geschichte zurückprojiziert, postuliert das Buch die Kontinuität einer genuin »deutschen« Kunst, die sich in der Darstellung des Waldes manifestiere.

In diesem Zusammenhang wurden auch die Werke der sogenannten Donauschule fundamental umgedeutet. So ersetzt in der zitierten Beschreibung der »Säftestrom des gefällten Baumes«[2] die transzendente Vision des Evangelisten Johannes als Quelle der Offenbarung. Damit stellt Köstler einen direkten Bezug zur Vorstellung vom Wald als »Heiligtum«[3] und »rassischem Kraftquell«[4] des deutschen Volkes her, wie sie für die NS-Ideologie grundlegend war.

Mythos Wald

Köstlers Versuch, die nationalistische Interpretation der Kunstgeschichte ideologisch zu untermauern und dabei eine Brücke zu den weltanschaulichen Fundamenten des nationalsozialistischen Rassestaates zu schlagen, hatte in den Jahren zwischen 1933 und 1945 zahlreiche Parallelen. Wie im Folgenden deutlich wird, war dabei der Mythos »Deutscher Wald« von tragender Bedeutung. Wie kaum ein anderes Thema der Landschaftsdarstellung prägte er die Malerei des »Dritten Reiches« und diente zugleich als zentraler Anknüpfungspunkt bei der angestrebten Erneuerung einer »deutschen« Kunst.

Dass dieses Ziel kein rein kulturpolitisches, sondern auf das Engste mit dem totalitären Herrschaftsanspruch des Regimes verbunden war, hatte Hitler bereits vor der Machtübernahme deutlich gemacht. In einer 1929 in München gehaltenen Rede stellte er fest: »Die Kunst ist der Ausdruck eines weltanschaulichen, eines religiösen Erlebens und zugleich der Ausdruck eines politischen Machtwillens zu allen Zeiten gewesen. [...] Der politische Verfall eines Volkes reißt auch die Kunst zutiefst hernieder. Der politische Emporstieg reißt auch die Kunst mit sich.«[5] Dementsprechend rangierten in der Vorkriegszeit die »Kulturleistungen« als Legitimationsgrundlage des NS-Staates noch vor dessen wirtschaftlichen, militärischen und technischen Erfolgen.[6] Hitler selbst wurde in diesem Zusammenhang als »demiurgischer Künstler«[7] gefeiert, der das weltanschauliche Ideal einer klassenlosen, homogenen »Volksgemeinschaft« in einem ästhetischen Gesamtkonzept zu realisieren verstand.

059 | Edmund Steppes: Paladine des Pan (Ausschnitt), 1941/42

Christian Schad: Hochwald, 1936, Mischtechnik/Leinwand, 230 × 176 cm, Privatbesitz

Was ist »deutsche Kunst«?

Trotz des bereits früh propagierten zentralen Stellenwertes der Kulturpolitik war deren inhaltliche Ausrichtung und institutionelle Verankerung in den ersten Jahren der NS-Herrschaft noch keineswegs in allen Facetten geklärt. Zwar hatte Hitler in zahlreichen programmatischen Äußerungen eine entschieden antimoderne Stoßrichtung vorgegeben, die sich vor allem gegen übernationale Strömungen der künstlerischen Avantgarde richtete.[8] Darüber jedoch, was genau unter der zu erneuernden »deutschen« Kunst zu verstehen sei, bestand innerhalb der NS-Führung zunächst kein allgemeiner Konsens. So vertrat Hitler selbst eine dezidiert konservative Kunstauffassung, die sich an der akademischen Maltradition des 19. Jahrhunderts orientierte, und auch NS-Ideologe Alfred Rosenberg, der Vorsitzende des 1928 gegründeten »Kampfbundes für Deutsche Kultur« (KfdK), folgte nach der Machtübernahme dieser Linie mit radikaler Konsequenz.

Joseph Goebbels, der Präsident der im September 1933 als Zwangorganisation für alle Kunstschaffenden etablierten Reichskulturkammer (RKK), zeigte sich jedoch gegenüber prominenten Vertretern der Avantgarde wesentlich aufgeschlossener. Er unterstützte die Haltung des Nationalsozialistischen Deutschen Studentenbundes, der in expressionistischen Künstlern wie Emil Nolde, Ernst Barlach und Karl Schmidt-Rottluff Wegbereiter einer neuen »nordischen« Kunstrichtung sah.[9] Da Rosenberg und Goebbels in dem polykratischen Herrschaftssystem des »Dritten Reiches« in direkter Konkurrenz zueinander standen, besaß diese kulturpolitische Auseinandersetzung zugleich auch eine machtpolitische Dimension.

Konnte Goebbels diesen Machtkampf durch seine Berufung an die Spitze der RKK für sich entscheiden, versuchte Rosenberg dennoch eigene kulturpolitische Akzente zu setzen. Aufgrund seiner zentralen ideologischen Bedeutung bot sich hier das Thema »Deutscher Wald« in besonderem Maße an. So gab die von Rosenberg geleitete Nationalsozialistische Kulturgemeinde (NSKG), die 1934 aus dem Zusammenschluss des KfdK und des Reichsverbands Deutsche Bühne hervorgegangen war, den Montagefilm *Ewiger Wald* in Auftrag, welcher die Entwicklung des deutschen Volkes in seinem »angestammten Lebensraum« spiegeln sollte.[10]

Im Jahr 1936, als der Film mit mäßigem Erfolg dem Publikum präsentiert wurde, widmete die NS-Kulturgemeinde dem Thema ein weiteres Projekt: In der Berliner Tiergartenstraße veranstaltete die Organisation eine Kunstausstellung, die den Titel »Der Wald« trug. Nach den einleitenden Worten der Begleitpublikation bildete der Wald eine »vom deutschen Wesen untrennbare [...], urdeutsche Andachtsstätte« und war »Jungborn deutscher Volkskraft«[11]. Um die Bedeutung des Unternehmens zu unterstreichen, hob der Ausstellungsführer hervor, dass es »insofern einen Fortschritt in der Entwicklung thematischer Kunstausstellungen [bedeute], als es im Gegensatz zu anderen Aufgabengebieten, wie die der Marine- oder Bildnismalerei, eine eigentliche Waldmalerei nicht gibt und somit die Ausstellung dieses Themas eine Art ›Uraufführung‹ darstellt.«[12]

Diese »Uraufführung« stand in bemerkenswertem Gegensatz zu der dogmatischen Kunstauffassung Alfred Rosenbergs, in dessen Verantwortungsbereich die Ausstellung entstanden war, präsentierte sie doch die »verschiedenartigste Einstellung der Künstler«, die bis dahin »noch nie in einer einheitlichen Zusammenfassung gezeigt« worden war. Entsprechend weit gefasst war das Spektrum der vertretenen Kunstströmungen. Es reichte von Vertretern der akademischen Landschaftsmalerei des 19. Jahrhunderts wie Wilhelm Riefstahl, die »gewissermaßen das künstlerische Erbgut der deutschen Waldmalerei«[13] aufzeigen sollten, bis zu Künstlern, die den avantgardistischen Kunstrichtungen der klassischen Moderne nahestanden.

So stellte das Gemälde *Hochwald* von Christian Schad eines der herausragenden Werke der Ausstellung dar. Schad, der vor 1933 in erster Linie mit veristischen Darstellungen von Großstadtmenschen hervorgetreten war, hatte wenige Monate vor Ausstellungseröffnung mit diesem großformatigen Bild eine seiner wenigen Landschaftsdarstellungen geschaffen. Das Gemälde blieb in seiner flächigen Malweise und einem statischen Bildaufbau den künstlerischen Gestaltungsprinzipien der Neuen Sachlichkeit verpflichtet – einer Kunstrichtung, die auch nach der Machtübernahme der Nationalsozialisten positive Resonanz fand.[14] Zugleich verlieh es mit der axialen Anordnung von Bergmassiv und »Baumriesen« der dargestellten Naturszenerie einen betont monumentalen Charakter, der auch von der verdorrten Spitze des Baumes kaum gemindert wurde.

209 | Walter Dolch: Waldtriptychon, 1934

Eine Gegenposition zu diesem Gemälde formulierte das von dem Amberger Kunsterzieher Walter Dolch geschaffene *Waldtriptychon*. Dieses verband die sakrale Würdeform des Altarretabels mit einem dynamischen und kontrastreichen Malduktus, der an die Kunst des Expressionismus erinnerte.

Wie sehr es den Organisatoren der Ausstellung darum ging, unterschiedliche Kunstströmungen im Sinne des Nationalsozialismus unter dem Etikett einer »deutschen Waldmalerei« zu vereinen, wird am Beispiel des Malers Edmund Steppes deutlich, der auch in den folgenden Jahren ein prominenter Repräsentant dieses Sujets bleiben sollte. Steppes, ein Protegé Hans Thomas und Verfechter eines völkischen Nationalismus, war seit der Jahrhundertwende mit

Reinhold Koeppel: Rauchender Bauer, 1926, Öl/Leinwand, 90,4 × 70,5 cm, Gemälde- und Skulpturensammlung der Museen der Stadt Nürnberg

Die Ausstellung der NSKG beschränkte sich jedoch nicht allein auf Landschaftsdarstellungen. Um die Verbindung des Waldthemas mit dem rasseideologischen Menschenbild des Regimes zu unterstreichen, stellten die Kuratoren der »Urwüchsigkeit« des »Deutschen Waldes« die des »Deutschen Menschen« gegenüber. Auch hierbei stand die weltanschauliche Sinngebung im Vordergrund. So gelang zwar mit dem Gemälde *Waldarbeiter* des Thoma-Schülers Hans Schroedter der Brückenschlag zwischen beiden Themen. Die Umdeutung des Bildes eines rauchenden Bauern von Reinhold Koeppel aus dem Jahr 1926 zu einem *Waldler aus der Ostmark*[18] zeigt aber, dass die »Uraufführung« der deutschen Waldmalerei nicht ohne die forcierte Interpretation einzelner Werke über die Bühne ging.

mehreren programmatischen Schriften hervorgetreten. In diesen hatte er ein Ziel formuliert, das mit dem der nationalsozialistischen Kunstpolitik konform war: Das Projekt einer »Deutschen Malerei«, einer »Kunst [als] Ausdruck der völkischen Seele«[15], welche durch die Orientierung an altdeutschen und altniederländischen Meistern sowie die Herausbildung eigenständiger Künstlerpersönlichkeiten zu erreichen sei.

Als Ergebnis dieser Bemühungen präsentierte der Maler auf der Ausstellung »Der Wald« ein Bild mit der Bezeichnung *Bis des neuen Tages Licht siegreich durch die Wolken bricht*. Hinter der Silhouette eines organisch-verwachsenen Bergwaldes zeigt Steppes hier die aufgehende Morgensonne in Gestalt einer gigantischen Explosion, die dem Pathos des Gemäldetitels künstlerischen Ausdruck verleiht. Als »Meister der poetischen Landschaftsmalerei«[16] gefeiert, führte Steppes seinen Stil auch in den 1940er Jahren fort, wobei er sich etwa in dem Bild *Paladine des Pan* dem Thema Waldidyll in einer »surreal-abstrahierenden«[17] Formensprache annahm.

Von ewiger Natur und Technik

Die publikumswirksame Präsentation der Waldmalerei blieb in den Jahren der nationalsozialistischen Herrschaft nicht ausschließlich mit der Gegenwelt zur modernen Zivilisation assoziiert. Ein weiterer zentraler Gegenstand war die Konfrontation der vorgeblich »ewigen« Natur mit Errungenschaften, welche den hohen technischen Entwicklungsstand Deutschlands verkörperten und daher für das Regime von großer propagandistischer Bedeutung waren. In diesem Zusammenhang kam der künstlerischen Auseinandersetzung mit dem Thema »Reichsautobahn im Wald«[19] ein zentraler Stellenwert zu. Sie brachte Gemälde hervor, die das Technikverständnis des Regimes in zwei komplementären Aspekten spiegelten.

So standen Werke wie das 1934 von Fritz Bayerlein in akademischem Duktus gemalte Bild *So soll die Autobahn München – Salzburg an der Ausfahrt von München in 75 Jahren aussehen*«[20] für die angestrebte harmonische Verbindung der neuen Fernstraßen mit dem zum nationalen Sinnbild erhobenen Landschaftsraum.[21] Eine gänzlich andere Tonlage schlug das Gemälde *Bau der Autobahn durch die Wälder am Samerberg* an, mit dem der expressionistische Künstler Albert Birkle 1936 auf der Propagandaausstellung »Die Straßen Adolf Hitlers in der Kunst« vertreten war. Birkle unterstreicht die Konfrontation von Natur und Technik durch starke Farbkontraste und hebt so die brachiale Gewalt hervor, mit der die Schneise für die Autobahntrasse durch den Bergwald geschlagen wurde.

Das Bild stand zwar in offenkundigem Gegensatz zu dem propagierten Ideal einer »organischen Technik«[22], die den von der NS-Ideologie problematisierten Konflikt zwischen Natur und technologischem Fortschritt aufzuheben versprach. Dennoch wurde es in die Selbstdarstellung des »Dritten Reiches« als leistungsfähiger Industriestaat einbezogen. In diesem Zusammenhang konnte es als Ausdruck des Machtpotenzials gelesen werden, welches der modernen Technik innewohnte – eines Machtpotenzials, das vom NS-Regime gebändigt und für die eigenen Ziele nutzbar gemacht worden war. So habe – wie der Chemnitzer Museumsdirektor Wilhelm Rüdiger 1941 in seinem Bildband *Kunst und Technik* ausführte – die Gegenwart »Formen hervorgebracht, die sich immer vollkommener entwickelt und abgerundet haben, so daß wir darin [...] die Gestalt eines ganz neuen technischen Lebewesens zu erkennen meinen, das nun wie ein großes vorweltliches Ungetüm auf unserer Erde haust. Geladen mit dämonischer Gefährlichkeit, aber gezügelt und gezähmt von seinem Herrn, dem Menschen [...]«.[23]

066 | Albert Birkle: Autobahnbau durch die Wälder am Samerberg, Farbentwurf zum Gemälde von 1936, 1934

062 | Adolf Hitler auf der »Großen Deutschen Kunstausstellung«, 1939

Die »Große Deutsche Kunstausstellung«

Während die Ausstellungen des Jahres 1936 die thematische und stilistische Bandbreite der »Waldmalerei« umrissen, kündigte sich ein Großereignis an, mit dem die NS-Führung ihre eingangs genannten kulturpolitischen Ziele umzusetzen und dabei erstmals die offizielle Gegenwartskunst des »Dritten Reiches« zu definieren versuchte. Dieses Ereignis bildete die »Große Deutsche Kunstausstellung« (GDK), mit der im Jahr 1937 das neu erbaute Haus der Kunst in München eröffnet und diese Ausstellungshalle auch in den folgenden Jahren in das Zentrum des Kulturbetriebes gerückt werden sollte.

Zwar hatten die Organisatoren der Propagandaschau – der Direktor der Berliner Nationalgalerie, Eberhard Hanfstaengel, und der Münchner Gauleiter und Staatskommissar für das Haus der Kunst, Adolf Wagner – während eines Arbeitstreffens im Juli 1936 noch für die Maxime einer »größtmöglichen Großzügigkeit« plädiert, um »einen Überblick über die heutige deutsche lebende Kunst zu bekommen«.[24] Ein Eklat während eines Besuchs Hitlers wenige Wochen vor der Ausstellungseröffnung am 18. Juli 1937 brachte jedoch die entscheidende Wende: Der Diktator zeigte sich aufgebracht über die Werkauswahl, welche die von Goebbels nominierte Jury aus zehn Künstlern und Kulturschaffenden vorgenommen hatte, und entzog dem Sachverständigengremium die Entscheidungskompetenz. Diese übernahm nun der persönliche Fotograf des »Führers«, Heinrich Hoffmann, der dessen Kunstgeschmack teilte und auch in den folgenden Jahren die für die GDK eingereichten Werke im Sinne Hitlers vorselektierte.[25]

058 | Otto Keck: Feierabend im Bergwald, 1939

So dominierte vor allem ab der zweiten GDK des Jahres 1938 eine Malerei, die in der Tradition der akademischen Kunst des 19. Jahrhunderts stand. Dabei nahm auch hier unter den zahlreichen Landschaftsdarstellungen das Thema »Deutscher Wald« einen zentralen Stellenwert ein. Besonders stark vertreten waren Künstler, die wie Fritz Halberg-Krauss aus der Münchner Malerschule der Jahrhundertwende hervorgegangen waren oder wie der Dresdner Willy Kriegel eine deutliche Gegenposition zur künstlerischen Avantgarde der Zwischenkriegszeit bezogen hatten. Sie standen in hohem Maße in der Gunst Hitlers und genossen besondere Privilegien.[26] Aber auch Künstler, die der akademischen Maltradition nicht im engeren Sinne folgten, konnten ihre herausgehobene Position in der Gegenwartskunst des »Dritten Reiches« behaupten. So wurde das bereits erwähnte Bild *Paladine des Pan* von Edmund Steppes auf der GDK des Jahres 1942 gezeigt, und noch im Jahr 1944 konnte der Maler den ebenso prestige- wie gewinnträchtigen Ankauf seines Triptychons *Geburt der Wolke* durch Hitler verbuchen.[27]

Brachte die GDK kaum neue Aspekte im Sinne einer Ikonografie des »Deutschen Waldes«, so markierte sie dennoch eine neue gesellschaftliche Breitenwirkung der nationalsozialistischen »Kunstdiktatur«[28]. Der normative Anspruch, der mit dem seinerzeit »wichtigsten Schaufenster für Gegenwartskunst«[29] verbunden war, kommt bereits in den Begleitpublikationen zum Ausdruck, die zu diesem Anlass erschienen. So setzte Hans Kiener in seiner Einleitung des Ausstellungskataloges zur GDK 1937 einen neuen Akzent gegenüber den thematischen Ausstellungen des Vorjahres: »Bei aller Anerkennung des Inhalts, gerade für die volkstüm-

060 | Ausstellungsführer zu der nationalsozialistischen Propagandaausstellung »Entartete Kunst«, 1938

liche Wirkung des Kunstwerkes, ist doch festzuhalten, daß in den großen Zeiten der deutschen Vergangenheit alle jene Werke, die durch ihren Inhalt volkstümlich waren, doch in ihrer Form ganz groß gewesen sind und durch ihre Form, ihre stille und starke Gegenwart unbewußt auf die Seele des Volkes gewirkt haben.«[30] Zwar blieb die Bestimmung dieser »großen Form« weiterhin vage und beschränkte sich auf die allgemeine Forderung nach »klare[r] und einfache[r] Art der Wiedergabe«[31].

Durch die einen Tag nach der GDK eröffnete Ausstellung »Entartete Kunst«, die im Auftrag des Reichspropagandaministers als »Fanal seiner gewandelten Einstellung«[32] organisiert worden war, konstruierte man jedoch ein klar umrissenes Gegenbild zur offiziell propagierten Kunst. Anders als die als »Ausgeburten des Wahnsinns«[33] diffamierten Werke der künstlerischen Avantgarde sollte sich diese an der tradierten Hochkultur orientieren und zugleich einem breiten Publikum verständlich sein.

So markierte die Eröffnung der ersten GDK im Juli 1937 einen entscheidenden Schritt auf dem Weg zu einer populären Massenkultur, die den »Kulturstaatsvorstellungen«[34] der NS-Führung reale Wirksamkeit verleihen sollte. Hierzu trugen nicht nur die aufwendig inszenierten Feierlichkeiten zum Tag der Deutschen Kunst bei, der anlässlich der Ausstellungseröffnung in München begangen wurde und in einem Festzug mit dem Motto »Zweitausend Jahre Deutsche Kultur« seinen Höhepunkt fand.

Der Popularisierung der GDK dienten zudem die zahlreichen Reproduktionen, die von den dort ausgestellten Werken in Umlauf gebracht wurden. Auch hierbei kam dem Fotografen und »Reichsbildberichterstatter« Heinrich Hoffmann eine Schlüsselstellung zu. Er erhielt den Auftrag für die Produktion und den Vertrieb von Kunstpostkarten, die mehr als Tausend der in den Jahren 1937 bis 1944 im Haus der Kunst ausgestellten Werke abbildeten und diese so einem Millionenpublikum zugänglich machten.[35]

Darüber hinaus umfasste Hoffmanns Vermarktungsstrategie weitere Arten serieller Reproduktionen, welche von Bildheften bis zu stereoskopischen Aufnahmen reichten. In diesem »Medienverbund«[36] standen Bilder vom »Deutschen Wald« neben anderen volkstümlichen oder ideologisch signifikanten Motiven.

Gemälde wie Willy Kriegels *Friedlicher Wald* (vor 1944) sind beispielhaft für die dabei vorherrschende Tonlage. Sie zeigen dem historischen Wandel enthobene, vom Menschen unberührte Waldlandschaften. Diese Bilder waren zwar in ihrer Darstellungsweise der Maltradition des späten 19. Jahrhunderts verhaftet, erlangten jedoch vor dem Hintergrund des Weltkrieges, der ab Beginn der 1940er Jahre zunehmend alle Lebensbereiche prägte, eine neue Bedeutung: Wie die zahlreichen Fotobände zum Thema »Deutscher Wald«,[37] die in jener Zeit entstanden, visualisierten sie imaginäre Gegenwelten zur Realität des Kriegsalltags und dienten dabei wohl mehr der moralischen Erbauung als der vordergründigen ideologischen Indoktrination.

Gelang dem NS-Regime mit den Großveranstaltungen der GDK ein wichtiger Schritt bei der angestrebten Normierung und propagandistischen Indienstnahme der Gegenwarts-

»Deutscher Wald«, Feldpostausgabe, Königstein: Langewiesche o. J. (um 1943)

kunst, so zeigen gerade die hier besprochenen Darstellungen des Waldes die Wirkungsgrenzen der nationalsozialistischen Kunstpolitik. Dies manifestiert sich nicht nur in dem Unvermögen, eine genuin »Deutsche Kunst« mit neuer Formensprache hervorzubringen.

Wie das Beispiel des Malers Albert Birkle deutlich macht, der mehrmals auf der GDK vertreten war,[38] fand sich auch die künstlerische Avantgarde nicht vollständig aus dem öffentlichen Leben verdrängt. Der Grund hierfür waren zum einen die unterschiedlichen Interessen, welche die einzelnen Stellen innerhalb der NS-Führung verfolgten und die dazu führten, dass die offizielle antimoderne Kunstdoktrin nicht immer in gleich restriktiver Weise ausgelegt wurde. Maßgeblich war aber zum anderen auch die Anpassungsfähigkeit einzelner Künstler. Gerade im Thema »Deutscher Wald« erkannten sie ein Bildsujet, das eine starke Legitimationskraft besaß, für verschiedenartige Interpretationen offen war[39] und – wie die Frauengestalten in Rudolf Schlichters Bild *Frühstück im Walde* von 1938 exemplarisch zeigen – auch als Ort für kritische Positionen zum Menschenbild des Regimes dienen konnte.[40]

In dieser Zusammenschau zeichnen sich die Waldbilder, die in den Jahren 1933 bis 1945 zur Kunst des »Dritten Reiches« gezählt wurden, weniger durch eine spezifische Darstellungsweise des Landschaftsraums als genuin nationalsozialistisch aus. Wesentlich bedeutsamer war ihre Funktion als identitätsstiftende Projektionsflächen einer Gesellschaft, die mit dem humanistischen Wertesystem gebrochen hatte und in völkisch-nationalen Mythen einen zentralen Orientierungspunkt sah.

Willy Kriegel: Friedlicher Wald, vor 1944, Öl/Holz, 130 × 180 cm, DHM, Berlin

Rudolf Schlichter:
Frühstück im Wald, 1938,
Öl/Leinwand, 99 × 67,5 cm,
Privatbesitz

Anmerkungen

1 Josef Nikolaus Köstler, Die Offenbarung des Waldes. Ein Beitrag zur Frage der künstlerischen Gestaltung deutschen Naturerlebens, München 1941, S. 9.

2 Ebenda.

3 Johannes Zechner, »Die grünen Wurzeln unseres Volkes«: Zur ideologischen Karriere des »deutschen Waldes«. In: Uwe Puschner, G. Ulrich Großmann (Hg.), Völkisch und national. Zur Aktualität alter Denkmäler im 21. Jahrhundert. Wissenschaftliche Beibände zum Anzeiger des Germanischen Nationalmuseums, 29. Bd., Darmstadt 2009, S. 179 – 194, hier S. 189.

4 Ebenda.

5 Hitler in einer Rede am 3. April 1929. Zitat bei Klaus Backes, Hitler und die bildenden Künste. Kulturverständnis und Kunstpolitik im Dritten Reich. DuMont-Dokumente, Köln 1988, S. 55.

6 Berthold Hinz, Disparität und Diffusion – Kriterien einer »Ästhetik« des NS. In: derselbe (Hg.), NS-Kunst: 50 Jahre danach. Neue Beiträge. Kritische Berichte. Zeitschrift für Kunst- und Kulturwissenschaften, Heft 2, Marburg 1989, S. 115 – 124, hier S. 115.

7 Ebenda.

8 Klaus Backes, Hitler und die bildenden Künste. Kulturverständnis und Kunstpolitik im Dritten Reich. DuMont-Dokumente, Köln 1988, S. 51.

9 Ebenda, S. 58; Ines Schlenker, Hitler's Salon. The Große Deutsche Kunstausstellung at the Haus der Deutschen Kunst in Munich 1937 – 1944. German Linguistic and Cultural Studies, Vol. 20. Diss. phil. London 2000, Bern 2007, S. 113 – 115.

10 Johannes Zechner, »Ewiger Wald und ewiges Volk«. Die Ideologisierung des deutschen Waldes im Nationalsozialismus. Freising 2006, S. 60 – 67.

11 Kunstausstellung »Der Wald«, veranstaltet von der Nationalsozialistischen Kulturgemeinde, Berlin 1936, S. 4.

12 Ebenda.

13 Ebenda.

14 Olaf Peters, Neue Sachlichkeit und Nationalsozialismus. Affirmation und Kritik 1931 – 1947. Diss. phil. Bochum 1996, Berlin 1998, S. 48.

15 Edmund Steppes: Völkische Kunst. In Völkischer Beobachter Nr. 98, 23. 5. 1923, Zitat bei Andreas Zoller, Der Landschaftsmaler Edmund Steppes (1873 – 1968) und seine Vision einer »Deutschen Malerei«. Diss. phil. Braunschweig 1999, PDF-Datei; http://deposit.d-nb.de/cgi-bin/dokserv?idn=957860471&dok_var=d1&dok_ext=pdf&filename=957860471.pdf (aufgerufen: 11. 10. 2011), S. 176 f.

16 Vgl. ebenda, S. 184.

17 Ebenda, S. 262.

18 Reinhold Koeppel, Kunstausstellung »Der Wald«, veranstaltet von der Nationalsozialistischen Kulturgemeinde, Berlin 1936. Hg. und eingeleitet von Walter Boll, Kallmünz (Oberpfalz) o. J. [um 1966], S. 31, Abb. S. 52.

19 Alwin Seifert, Reichsautobahn im Wald. In: Die Straße, Heft 13, 1938, S. 417 – 420.

20 Abgebildet ebenda; vergleiche Hansjörg Küster, Geschichte des Waldes. Von der Urzeit bis zur Gegenwart, München 2008[2], S. 217 f.

21 Thomas Rohkrämer, Die Vision einer deutschen Technik. Ingenieure und das »Dritte Reich«. In: Wolfgang Hartwig (Hg.), Utopie und politische Herrschaft im Europa der Zwischenkriegszeit, München 2003; S. 287 – 307, hier S. 298 – 301.

22 Kunst und Technik. 50 Reproduktionen nach Gemälden, Graphiken und Plastiken. Mit einer Einführung von Wilhelm Rüdiger. Haus der Deutschen Technik (Hg.), München 1941, S. XXII.

23 Ebenda, S. XXIII.

24 Zitat bei Mario-Andeas von Lüttichau, »Deutsche Kunst« und »Entartete Kunst«. Die Münchner Ausstellungen 1937. In: Peter-Klaus Schuster (Hg.): Die »Kunststadt« München 1937. Nationalsozialismus und »Entartete Kunst«, München 1988; S. 83 – 118, S. 86.

25 Ines Schlenker, Hitler's Salon. The Große Deutsche Kunstausstellung at the Haus der Deutschen Kunst in Munich 1937 – 1944. German Linguistic and Cultural Studies, Vol. 20. Diss. phil. London 2000, Bern 2007, S. 121 f.

26 Ebenda, S. 208, 215.

27 DHM Inv.-Nr. Gm 98/570, Inv.-Nr. Gm 98/568, Inv.-Nr. Gm 98/569.

28 Paul Ortwin Rave, Kunstdiktatur im Dritten Reich, Hamburg 1949.

29 Ines Schlenker, Hitler's Salon. The Große Deutsche Kunstausstellung at the Haus der Deutschen Kunst in Munich 1937 – 1944. German Linguistic and Cultural Studies, Vol. 20. Diss. phil. London 2000, Bern 2007, S. 111.

30 Große Deutsche Kunstausstellung im Haus der Deutschen Kunst zu München, veranstaltet vom Haus der Deutschen Kunst (Neuer Glaspalast), München 1937, S. 25.

31 Tag der Deutschen Kunst. 100 Raumbild-Aufnahmen von Heinrich Hoffmann. Textgestaltung Albert Burckhard Müller, Dießen am Ammersee o. J. [1937], S. 24.

32 Klaus Backes, Hitler und die bildenden Künste. Kulturverständnis und Kunstpolitik im Dritten Reich. DuMont-Dokumente, Köln 1988, S. 67.

33 Eröffnungsrede Adolf Zieglers. Zitat bei Nikola Doll, Ausstellungsführer »Entartete Kunst«. In: Hans-Jörg Czech, dieselbe (Hg.): Kunst und Propaganda im Streit der Nationen 1930 – 1945. Katalog zur gleichnamigen Ausstellung des Deutschen Historischen Museums, Dresden 1999, S. 304 f., hier S. 304.

34 Franz Dröge und Michael Müller, Die Macht der Schönheit. Avantgarde und Faschismus oder die Geburt der Massenkultur, Hamburg 1995, S. 242 f.

35 Vergleiche die von Tobias Hellmann erarbeitete Internetdokumentation des Hauses der Kunst (http://www.hausderdeutschenkunst.de/postkarten/postkarten.html)

36 Berthold Hinz, Bild und Lichtbild im Medienverbund. In: derselbe, Hans-Ernst Mittig, Wilhelm Schäche, Angela Schönberger (Hg.), Die Dekoration der Gewalt. Kunst und Medien im Faschismus, Gießen 1979, S. 137 – 148.

37 Vgl. etwa die Feldpostausgabe der Publikation »Deutscher Wald in schönen Bildern. Naturaufnahmen aus den Ländern deutscher Zunge« des Verlags Der Eiserne Hammer; Königstein im Taunus o. J.

38 Ines Schlenker, Hitler's Salon. The Große Deutsche Kunstausstellung at the Haus der Deutschen Kunst in Munich 1937 – 1944. German Linguistic and Cultural Studies, Vol. 20. Diss. phil. London 2000, Bern 2007, S. 162.

39 Dies kennzeichnete den Mythos »Wald« bis in jüngste Zeit. So deutet Günter A. Richter in seiner 2002 erschienenen Schad-Monografie das Gemälde »Hochwald« unter ganz anderen politischen Vorzeichen als die NSKG im Jahr 1936. Er erkennt in dem Gemälde das »Bild einer Vision, der Selbstversenkung und des Glaubens. [...] Der Mensch, der für ihn [Schad] nicht mehr faßbar oder greifbar ist in der Zeit der Diktatur und des Terrors, verwandelt sich zum Baum. Rückkehr zu den Wurzeln der Erkenntnis. Gleichnis des immer bedrohten Menschen.« Günter A. Richter, Christian Schad, Rottach-Egern 2002, S. 246.

40 Olaf Peters, Neue Sachlichkeit und Nationalsozialismus. Affirmation und Kritik 1931 – 1947. Diss. phil. Bochum 1996, Berlin 1998, S. 46.

Ute Jung-Kaiser

Der Klang des Waldes

Wer den Wald als Hörender betritt, quasi mit geschlossenen Augen, erlebt ihn als Raum, der tönt oder schweigt. Da die »Klänge« des Waldes nur über Fremdeinwirkung erfolgen – über den Wind, der Wipfel und Zweige zum Rauschen bringt, über den Regen, der von den Blättern tropft, über die Tiere, deren Laute zu bestimmten Zeiten erschallen –, scheint allein die Stille dem Wald immanent zu sein; erst sie bringt ihn »zur Sprache«, vielleicht auch zum Klingen – doch nicht real, sondern imaginär. Im »Schweigen der Bäume« eröffne sich die Chance seelischen Gleichklangs mit der Natur, die inspiriert, heilt und tröstet, wie Günter Eich vorgab: »Wer möchte leben ohne den Trost der Bäume!«[1]

Ein derartiges Vertrauen in die Heil- und Motivationskraft unberührter Natur steht in der Tradition religiöser, ethnischer und archaischer Deutungen, welche Wald und Bäumen regenerative oder schöpferische Kräfte zuschreiben, die auch demjenigen, der ihn betritt, zugutekommen. Verheißungen gibt es viele, sie beinhalten Versprechungen wie Identitätsfindung, Naturverschmelzung, Jenseitserfahrung, manche garantieren gar ewiges Weiterleben, was den Wald zum idealen Ruheforst oder »Ruhebiotop« für Verstorbene werden ließ.[2]

089 | Figuren und Dekoration »Neblige Gebirgsschlucht« zum Papiertheater *Der Freischütz*, etwa 1890, Original im Stadtmuseum Berlin

Klangräume des Waldes in der Kunst

Fast scheint es, als habe der romantische Maler Philipp Otto Runge eine synästhetische Metapher für die Stille des Waldes gefunden. In seinem unvollendeten Bildprojekt *Quelle und Dichter* (1805) versuchte er eine Raum-Licht-Klang-Vision malerisch zu realisieren, wenngleich erfolglos.[3] Er glaubte an die Transformation von Naturraum und Licht in reinen Natur-Klang. Ein solches Zusammenspiel verschiedener Disziplinen und Kategorien funktioniert mittels einer – vom Weltlichen abstrahierenden – Naturwahrnehmung, durch die Stille in Klang transformiert, vielleicht auch Klang in Stille aufgelöst wird.

Voraussetzung für eine derart multimediale Erfahrung war jener spezifische Erlebnisraum, den der Frühromantiker Ludwig Tieck mit dem Kompositum »Waldeinsamkeit« treffend und diffus zugleich »definiert« hat.[4] »Waldeinsamkeit« ist der vielleicht aufregendste romantische Waldtopos; er hat die Bildende Kunst (Ludwig Richter), die Dichtung (Joseph von Eichendorff) – und nicht zuletzt die Musik (Robert Schumann) zutiefst inspiriert.[5]

Für die Romantiker erschließt der Wald eine traumhaft-magische Seelenlandschaft. Der Romanheld Franz Sternbald geht »in den Wald mit einer Empfindung, wie man einen heiligen Tempel betritt«.[6] So liegt es nahe, dass Raum, Raumklang und Wahrnehmung des Waldes mit dem Erlebnis eines gläubigen Kirchgängers einhergehen: »Orgeltöne brausen/Durch der Tannen Haar«.[7] Religiöse Konnotation und mythische Aufladung verklären den Wald zum Sakralraum, zum Dom.

Dieses Analogon fasziniert bis ins 20. Jahrhundert, bildet sogar ein Leitmotiv des NS-Propaganda-Films *Ewiger Wald* (1936, Regie: Hanns Springer, Ralf von Sonjewski-Jamrowski). Die darin visualisierte Analogiebildung von Wald und Volk, von Baum und Mensch unterstellt, dass sich der Mensch als Teil einer Gemeinschaft verstehen muss, so wie auch der einzelne Baum als Teil des Waldes zu sehen ist, verankert in der von uralten Traditionen und Ahnenblut getränkten Erde.

AB

Der Komponist Wolfgang Zeller verzichtete auf Originalgeräusche und unterlegte den Film komplett mit seiner Musik. Er konzentrierte sich auf die Vertonung der dramaturgischen Topoi Feind, Tod und Volk. Während der Feind-Topos stereotyp mit aggressiven Marsch-Rhythmen einhergeht, wird das deutsche Volk kontrastiv mit melodiösen Streicherklängen unterlegt.[8] Nach 1945 wurde der Wald »zum heilenden Ort im Nachkriegsheimatfilm«[9]. Paul Mays Spielfilm *Und ewig singen die Wälder* (1959) verzeichnete allein sieben Millionen Besucher; schon ein Jahr später startete die Fortsetzung mit *Das Erbe von Björndal*.

Auch in vielen Märchen und Mythen wird der Wald sakral aufgeladen und zum Durchgangstor in ein Land *jenseits* des Waldes. Dessen Bäume bilden, so der belgische Dichter Émile Verhaeren, wie »Pilger« ein Spalier »ins Unendliche«. Poetische Vergleiche wie diese imaginieren ein Zauberland *hinter dem Wald*, außerhalb der Kategorien von Raum und Zeit. Der Wald wird indessen nicht nur als Idylle erlebt oder als Raum, den der Besucher mit andächtiger Ehrfurcht betritt. Kontrastiv dazu stehen der bedrohliche und gefährliche Wald, auch die »weiten und furchterregenden Wälder Germaniens«, von denen als erster Tacitus berichtete. In symbolischer Übersteigerung erzählt zwölf Jahrhunderte später Dante Alighieri, wie er vom »rechten« Wege abkommt und sich in einem »dunklen Wald« verirrt, der »wild«, »hart«, »kräftig« und »bitter« ist. Der Wald bildet den Eingang in die Hölle, ins Jenseits.

Nicht der bedrohliche, sondern der bedrohte Wald schließlich ist Thema des Hörspiels *Wald, ein deutsches Requiem* von Gerhard Rühm (1983). Der Titel, der konkret das prognostizierte Waldsterben anspricht, beinhaltet zugleich eine Anspielung auf Johannes Brahms' *Deutsches Requiem*, dessen Werk im Verlauf des Stückes zitiert wird. In die Klangcollage werden Textdokumente eingeblendet, die Ergebnisse nüchterner Erhebungen darstellen: O-Töne von Meinungsumfragen etwa und Nachrichtentexte, die in scharfen Schnitten aneinandermontiert sind.

049 | Arnold Böcklin: Das Schweigen des Waldes, 1885

Freie Kunst

Singe, wem Gesang gegeben
In dem deutschen Dichterwald!

Ludwig Uhland, 1812

Waldklänge in der (Kunst-)Musik

Trägt die Musik dieser semantischen Vielfalt Rechnung? Die breite (qualitative und stilistische) Varianz von Waldmusiken lässt vermuten, dass auch hier unterschiedlichste Waldaspekte zum Tragen kommen. Doch reichen die musikalischen Mittel überhaupt aus, diese in Klang zu übersetzen? Die Musikgeschichte verzeichnet graduelle und substanzielle Unterschiede der Realisation. Neben der illustrativen Nachzeichnung konkreter Waldklänge und deren programmmusikalischer »Übersetzung« gibt es durchaus Kompositionen, die den Wald als Idee begreifen und darstellen können, auch die schlichteren, welche ihn – patchworkartig – mit stereotypen Topoi oder Versatzstücken umreißen. Hinzu kommen die psychologisierenden, die den Wald als Spiegel der Seele oder als eine Art Entfremdungsraum begreifen, aber auch die tiefromantischen, in denen sich der Moment der Stille, der »Waldeinsamkeit« spiegelt, sowie schließlich die pathetisch aufgeladenen, zu Sakralisierungen neigenden Kompositionen.

Da Naturklänge ein hohes musikimmanentes Potenzial beinhalten und hervorrufen, ist die Mehrzahl der Waldvertonungen diesem Spektrum zuzuordnen. Genannt seien neben vielen anderen Franz Liszts Konzertetüde *Waldesrauschen* für Klavier (1862/63), Johannes Brahms' 1874 bzw. 1877 entstandene Gesänge *Waldesnacht*, *Es geht ein Wehen durch den Wald* (op. 62,3 + 6) und *O kühler Wald* (op. 72,3), Richard Strauss' *Auf stillem Waldespfad* (op. 9,1) für Klavier (1882/84), Antonín Dvořáks *Waldesruhe* (op. 68,5) für Violoncello und Klavier (1891), Mikalojus Konstantinas Čiurlionis' spätromantische Sinfonische Dichtung *Im Walde* (1900/01), Hans Werner Henzes 4. Sinfonie *Waldsinfonie* (1955), extrahiert aus dem zweiten Finale seiner Oper *König Hirsch* oder Sofia Gubaidulinas verspielt-virtuoses Duo *Klänge des Waldes* (1978).

Dass der schillernde Begriff »Waldeinsamkeit« gerade in der ausklingenden musikalischen Romantik an Popularität gewinnt, zeigen die Nachträge zu Ernst Challiers *Grossem*

Lieder-Katalog; der sechste bis elfte Nachtrag der »neuen Erscheinungen von Juli 1894 bis Juli 1906« nennt allein 22 Lieder unter dem Titel *Waldeinsamkeit* zu insgesamt 14 unterschiedlichen Gedichten, gefolgt von *Wald-/Waldesnacht* und *Waldesrauschen* (je 10), *Waldeszauber* (8), *Waldesruhe* und *Waldidyll* (je 5) und *Waldmärchen* (3). Viele Lieder um 1900 frieden den Wald ein zu »einem geographisch unbestimmten Ort wilhelminisch braver Waldzweisamkeit«.[10] Diese Art Baumgarten als »locus amoenis« spielte ja bereits in der Liebesmetaphorik eine zentrale Rolle, denkt man an Pyramus und Thisbe, die sich unter Bäumen vereinen, an Gottfried von Straßburgs *Tristan*-Epos oder an Walter von der Vogelweide.

»Und meine Seele spannte
Weit ihre Flügel aus,
Flog durch die stillen Lande,
Als flöge sie nach Haus.«

Joseph von Eichendorff
Mondnacht, 1837

Max Regers *Waldseligkeit* op. 62,2 realisiert »einen geheimnisvollen Klangteppich, der dem Rauschen der Bäume, aber auch dem träumerischen Schwebezustand von Naturgeschehen und individuellem Empfinden entspricht und dessen Farbenpalette in allen Registern leuchtet. [... Das heißt:] Die ohnehin schon Bild gewordene Natur weicht so dem Traum als Inbegriff einer schönen Kunstwelt, der die Wehmut der Unerreichbarkeit und ›ewiger Sehnsucht‹ in sich trägt.«[11] In seiner *Romantischen Suite* op. 125 benannte er Eichendorff-Gedichte »als programmatische Vorlage, die er später zur Verständnishilfe in Partitur und Programmheften veröffentlicht wissen wollte.« Analog zu Eichendorff »gibt es Marmorbilder, die sehnsuchtsvoll von alten Zeiten künden – etwa das von den Posaunen wie aus der Ferne [...] vorgetragene B-a-c-h-Motiv im ersten Satz –, aber auch leichtfüßige Elfen, die sich im $\frac{3}{4}$-Takt vom Mondglanz beschienen im Tanz wiegen (2. Satz); lauscht man den *Tristan*-Klängen im Finale, so scheint Reger auch von verborgener oder verbotener Liebe zu erzählen.«[12]

Der Wald, dessen Schönheit zu Gesang und Gotteslob einlädt, ist Thema der Chormusik Felix Mendelssohns. *Der Jäger Abschied*: »Wer hat dich, du schöner Wald« op. 50,2 (1840) zählt zum Populärsten, was für die Besetzung Männerchor komponiert wurde. Das ebenfalls im Volkston gehaltene Chorlied für gemischte Stimmen *Abschied vom Walde*: »O Täler weit, o Höhen« op. 59,3 ist voller Klangzauber; 1843 komponiert, um »im Freien zu singen«, wurde es zum beliebten Volkslied.

Klaus Langs Orchesterstück *fichten* versteht den »Wald als Idee« (2006).[13] Wohl darum hat Claudia Doderer den Publikumsraum als abstrakten Wald gestaltet, in dem die Zuhörer wandeln, lagern und lauschen. Der künstliche Wald wird erlebt »als ein kollektiv erfahrenes Wunschbild«, nicht als natürlicher Wald: »Trotz der starken Stilisierung entsteht die Anmutung einer Wald-Lichtung. [Diese wird auch dadurch befördert], dass als eine weitere Schicht der Arbeit während der gesamten Aufführung eine den Raum modulierende Licht-Regie eingespielt wird, die zum Teil mit der Musik interagiert. Der Raum wird so zu einer begehbaren musikumspülten Raumplastik.« Die Zuhörer erleben den Wald »als bloß Imaginierten«.

Das 1973 von David Tudor konzipierte, elektroakustische Environment *Rainforest IV* spielt mit dem Wald als »Möglichkeitsraum experimenteller Erfahrung«. Realisiert wurde es 1980 von sechs Komponisten, von denen jeder Skulpturen entworfen hatte, die als »instrumentale Lautsprecher« fungierten. Das Publikum wanderte frei zwischen den tönenden Skulpturen umher.

Den »Möglichkeitsraum in den Konzertsaal zu überführen«, war Anliegen der *Waldstücke* (1987/94) von Volker Staub, detailliert auskomponierte Werke für nur entrindete, jedoch unbearbeitete Baumstämme, Vogelstimmen und Regenstab. Dass das Naturmaterial wie konventionelle Musikinstrumente bespielt wird, verstand der Komponist als einen komplexen Übersetzungsprozess. Seine »Waldstücke« legten »das klangliche Potential naturhafter Materialien offen«, dabei war das »spezifische Mischungsverhältnis von Naturhaftigkeit des Klanggeschehens und kompositorischer Kontrolle [durchaus] als paradox zu bezeichnen.«

Umgekehrt verfuhr die Klangkünstlerin Christina Kubisch, indem sie den Naturraum durch Fremdbeschallung »überlagert« und ihre Besucher buchstäblich in den Wald führt. Ihre Arbeit *Waldesruh* (2003) war als nächtliche Installation in einem kleinen, von einem Bach umschlossenen Waldstück eingerichtet. Jeder Besucher, ausgestattet mit Kopfhörern, tastete sich durch das Dunkel voran. Waldgeräusche (plätschernder Bach, Tierschreie, Laub-Rascheln, Blätterrauschen im Wind, Vogelgezwitscher) und künstlich generierte Klänge wurden über Kopfhörer eingespielt. So verwandelte sich der natürliche Wald »in einen surrealen, halbwirklichen Ort«. Durch die Klangüberlagerungen entstand »ein vieldeutiges, spannungsreiches Verhältnis von Natur und Kunst«, welches die »Vorstellungen von der Natürlichkeit des Waldes« in Frage stellte. Martin Schüttlers *Wald* für Orchester mit Zuspielung (2010) schließlich potenziert alle Möglichkeiten, den Wald darzustellen. Dabei wechseln sich atmosphärisches Rauschen und meditative Klangteppiche mit obligatorischem Hörnerklang und konkreten Arbeitsgeräuschen ab (Sägen, Entrindungsmaschinen, Fahrzeugtransport).

Malerei und Musik profitieren von dem »Doppelerlebnis der romantischen Seele im Walde und in der Musik«.[14] Moritz von Schwinds Ölgemälde *Im Walde* (um 1848) etwa zeigt eine Waldesidylle, die von einer erotischen Grundstimmung getragen ist, welche durch den Zusammenklang von Natur, Musik und schönem Knaben evoziert ist.[15] Mit seinen androgynen Zügen und dem euphorischen Aufforderungscharakter seines Hornrufes wirkt er wie eine Antizipation Siegfrieds aus der *Ring*-Tetralogie Richard Wagners. Dank mythischen Zaubers (des Drachenbluts) befand er sich im Gleichklang mit der Natur. Um das Wunder des »Waldwebens« (im II. Akt des *Siegfried*) angemessen zu beschreiben, wählte ein Besucher der Uraufführung (1876) Tiecks Kompositum und »etikettierte« es mit »Siegfrieds Waldeinsamkeit«.[16] Erst in diesem raumerschließenden Akt, dieser totalen Öffnung hin zur Natur versteht der lauschende Jüngling die Sprache des Waldes.

Robert Schumanns *Waldszenen* op. 82 (1848/49) sind »[Klavier-]Lieder ohne Worte«, bedienen klassische Topoi wie Vogelgesang, Blätterrauschen, plätschernde Quellen, Jagd- und Hörnerklang. Während die Rahmenstücke den Handlungsraum Wald er- und beschließen, lassen die Binnenstücke unterschiedliche Stimmungsbereiche des Waldes anklingen: »festlich, heiter, besinnlich, wehmütig, gespannt«.[17] Eine rätselhafte Ausnahme ist die Nr. 7, *Vogel als Prophet*. Die Melodiearabesken der Rahmenteile, die nur scheinbar Vogellaute stilisieren, wirken befremdend und »beunruhigend« zugleich. Selbst der sakrale Tonfall des Mittelteils

084 | Klavierauszug der Oper *Der Freischütz* von Carl Maria von Weber, um 1822

übermittelt alles andere als »romantische« Natur- oder Andachtsgefühle. Das Stück verklingt, wie es begonnen hat, »geheimnisvoll-schwebend«.[18] Verwundert lauschend vernehmen wir »die unverstandenen, aber eindringlichen Akzente einer fremden Sprache«, das »Objektive« des Naturlauts, der das letzte Wort behält.[19] Selbst die Prophetie bleibt gestisch und sprachlich verschlüsselt.

Carl Maria von Weber hat in seiner romantischen Oper *Der Freischütz* (1821) erstmalig die »Tag- und Nachtseite« des Waldes« auskomponiert. Dabei hat er, nach eigener Aussage, die »zwei Hauptelemente« der Oper und des Waldes durch Klang- und Tonfarben gestaltet.[20] So erlebten die Besucher der Uraufführung einerseits die Dämonie des Waldes in der Wolfsschluchtszene, andererseits bewunderten sie erhabene Stimmungsmusik in der großen Szene der Agathe, fühlten, wie ein zeitgenössischer Bericht vermerkte, »den Duft der schönen Nacht, hörten das Rauschen der Bäume«. Schon die unisono vorgetragenen Fragegesten der ersten Ouvertürentakte ermöglichen »die Identifikation des erlebenden Subjekts mit sich selbst« und der Gegenwelt Natur.

Strukturell handelt es sich um eine klassisch gebaute Liedperiode. Indem sie mit offener Dominante und Generalpause schließt, bildet sie eine Art Doppelpunkt, eine Art »klassizistisches Portal« hinein in den Wald, den der Komponist mit konventionellen Versatzstücken andeutet: Hornquinten für den »Wald des Jägers«, volksliedmäßiger Dreiklangmelodik, schlichter Tonika-Dominant-Begleitung, weichen Terz-Sext-Klängen. Hans Heinrich Eggebrecht nennt sie – im Kontrast zur »Erlebensmusik« des Beginns – »Assoziationsmusik«.[21] Diese wird jedoch abrupt gestört, der bedrohliche Wald kündigt sich an mit leisen Tremoli, dunklen Klangfarben, verminderten Septakkorden, »teuflischem« Intervall und synkopierenden Paukenschlägen.

Robert Schumann gelang es in seiner Loreley-Ballade *Waldesgespräch* op. 39,3 (1840) sogar, die »falsche« Musik des Waldes zu musikalisieren, und dies mittels topologischer Mittel wie tonartlicher (Ver-)Rückung oder mit dem Wechsel des Tongeschlechts. Der Hörer wird Zeuge, wie ein liebestrunkener Mann im Walde umkommt, wie er im »bodenlose[n] Meer von Wehmut« versinkt.[22]

278 i | Männerchor im Wald, 1920er Jahre

In Arnold Schönbergs expressionistischem Drama *Erwartung* (1909) wird der Wald zur zentralen Chiffre für das Unter- und Unbewusste. Der Weg der namenlosen Frau durch einen dunklen Wald ist gleichbedeutend mit dem »Abstieg in das Labyrinth der Psyche«. Da die traditionelle musiksprachliche Syntax weitgehend aufgelöst und die atonale Harmonik mit athematischer Melodik koordiniert ist, resultiert aus der »ungebundene[n] Offenheit der musikalischen Parameter« mit ihrer »assoziativ-freien Reihung dramaturgisch-szenisch gebundener Kleinmotive« »eine regelentbundene Desorientierung, die den Hauptantagonisten der zentralen Figur der ›Frau‹, nämlich den Wald, seinerseits als bedrohend undurchdringlich, fremd und undurchschaubar abweisend charakterisiert.«[23]

Der Komponist selbst hielt es für »notwendig, dass man die Frau immer im Wald sieht, um zu begreifen, dass sie ihn fürchtet!«, so Arnold Schönberg in einem Brief. Der gesungene Text evoziert den »Eindruck des Angsttraumhaften«: die »abgerissenen Sätze, assoziativen Rückerinnerungen, Metaphern und abrupten Angstzustände heben«, wie es Siegfried Mauser formulierte, »den ›wirklichen‹ Wald aus seiner empirischen Bedeutung heraus und weisen ihm die Rolle eines überwirklichen Symbolträgers zu«. Dieses Monodrama ist folglich ein Duodrama, mit dem Wald als »Antagonisten«.

In seinem Bühnenweihfestspiel *Parsifal* bezeichnete Richard Wagner den Wald, der laut Regieanweisung den Gralstempel umgibt, als »heiligen« Wald. Dabei erscheint der Wald des Westens (I. Akt) als »Ort der Belehrung, aber auch des Leidens und des Todes«.[24] Hier erlebt der leidende Amfortas nach »wilder Schmerzensnacht« den Frieden der »Waldesmorgenpracht«, was durch eine Reminiszenz an das »Waldweben« im *Siegfried* und das sich visionär wandelnde Amfortas-Motiv angezeigt wird. Hier erfährt Parsifal – dank mystischer Entgrenzung des Raumes: »Zum Raum wird hier die Zeit […]« – den Wald als Initiationsraum. Wagner hat in dieser »Verwandlungsmusik« den Weg durch das Labyrinth musikalisch realisiert: schreitender Rhythmus, absteigende Terzrückungen, harmonische Überblendungen, Vorhalte und Durchgänge. Sie beginnt und schließt mit den Gralsglocken, zuerst weich gedämpft (wie aus der Ferne), dann metallisch und hart (wie aus der Nähe). Dazu erklingt »eine dreimalige ausgedehnte, hoch expressive Intonation der ›Heilandsklage‹«. Erst im Wald des Ostens ereignet sich das Wunder des »Karfreitagszaubers« (III. Akt): Der Gralswald wird aus der Perspektive des »erlösten Menschen« und des »Unschulds-Tags« der Natur zum »wiedergewonnene[n] Paradies«.

Ein notwendig kurzer Blick muss auch das Volkslied streifen, das namentlich in Deutschland im Naturraum Wald einen starken Bezugspunkt hatte und hat. Ob Heimat-, Wander-, Jäger-, Jahreszeiten-, Liebes- oder Kinderlieder – die Themenvielfalt, mit der Wälder als Kulisse, Ereignisraum, Lebenselexier, Idee oder Traum besungen werden, ist bis heute beeindruckend. Lieder etwa von Liebessehnsucht und Liebesleid (*Es flog ein klein Waldvögelein*; *Es saß ein schneeweiß Vögelein*), beschwingte jahreszeitliche Stücke (*Bunt sind schon die Wälder*), vertonte Gedichte wie zum Beispiel Goethes *Ich ging im Walde so für mich hin* bis hin zu den immer populären Jägerliedern (*Im Wald und auf der Heide*; *Ein Jäger aus Kurpfalz*) bestimmen nach wie vor volksmusikalische Liedertafeln und Veranstaltungen.

Zum Volksgut wurden insbesondere Eichendorffs *O Täler weit, o Höhen*, in dessen »schöne[m] grüne[n] Wald« »ein stilles, ernstes Wort« geschrieben steht oder Paul Gerhardts geistliches Abendlied *Nun ruhen alle Wälder* auf die Melodie Heinrich Isaacs, das wiederum Matthias Claudius und Johann Abraham Peter Schulz als Folie diente für das wohl berühmteste deutsche Abendlied *Der Mond ist aufgegangen* und seiner beunruhigenden Naturerfahrung: »… der Wald steht schwarz und schweiget«.

Anmerkungen

1 Aus: Ende eines Sommers. In: Günter Eich, Sämtliche Gedichte, Frankfurt am Main 2006, S. 127.

2 Vgl. den Beitrag von Barbara Happe in diesem Band, S. 264.

3 Ausführlich behandelt in: Ute Jung-Kaiser, Kunstwege zu Mozart. Bildnerische Deutungen vom Rokoko bis heute, Bern [u. a.] 2003, S. 124–127.

4 Ludwig Tieck in seiner Erzählung *Der blonde Eckbert* [1797]. In: derselbe, Märchen, Stuttgart 1963, S. 10.

5 Vgl. den Beitrag von Erhard Schütz in diesem Band, S. 106.

6 Ludwig Tieck, Franz Sternbalds Wanderungen (1798). In: derselbe, Schriften Bd. 15, Berlin 1829, S. 36.

7 Friedrich Rückert, Waldandacht. Zitiert nach: Deutscher Dichter Wald. Waldgedichte. Hg. von K. Lindemann, Paderborn [u. a.] 1985, S. 51.

8 Christine Raber, Der Filmkomponist Wolfgang Zeller. Propagandistische Funktionen seiner Filmmusik im Dritten Reich, Laaber 2005.

9 Wolfgang Kaschuba und Richard Bahlinger (Hg.), Der deutsche Heimatfilm. Bildwelten und Weltbilder, Tübingen 1989.

10 Susanne Popp, Wald und Träume in Regers Liedern. In: Ute Jung-Kaiser (Hg.), Der Wald als romantischer Topos, Bern [u. a.] 2008, S. 217.

11 Ebenda, S. 225 und 231.

12 Ebenda, S. 213 f.

13 »O-Ton-Rauschen in der akustischen Kunst und Klangkunst der Moderne«. Im Folgenden zitiert nach Marion Saxer. In: Ute Jung-Kaiser (Hg.), Der Wald, S. 269–282.

14 Ulrich Christoffel, Die romantische Zeichnung von Runge bis Schwind, München 1920, S. 111 f.

15 Ausführlich behandelt in: Ute Jung-Kaiser, Schwind und Mozart. In: Hermann Jung (Hg.), Mozart. Aspekte des 19. Jahrhunderts, Mannheim 1995, S. 160–195.

16 So Karl Friedrich Glasenapp. Zitiert nach Elmar Budde, Der Wald in der Musik des 19. Jahrhunderts. Eine historische Skizze. In: Bernd Weyergraf, Waldungen. Die Deutschen und ihr Wald. Katalog zur Ausstellung der Akademie der Künste vom 20. September bis 15. November 1987, Berlin 1987, S. 47–61, hier S. 51.

17 Peter Jost, Robert Schumanns *Waldszenen*, op. 82. Zum Thema »Wald« in der romantischen Klaviermusik, Saarbrücken 1989, S. 240 f.

18 Irmgard Knechtges-Obrecht, Waldszenen. In: Helmut Loos [Hg.], Robert Schumann. Interpretationen seiner Werke, 2. Bd., Laaber 2005, S. 70–74, hier S. 73.

19 Jürgen Uhde und Renate Wieland, Denken und Spielen. Studien zu einer Theorie der musikalischen Darstellung, Kassel 1988 (Abschnitt: Verhältnis von spontanem und rezeptivem Modus), S. 418.

20 Johann Christian Lobe, Aus Gesprächen mit Carl Maria von Weber. In: derselbe, Consonanzen und Dissonanzen, Leipzig 1869, S. 126 f.

21 Hans Heinrich Eggebrecht, Die »Freischütz«-Ouvertüre. In: derselbe, Sinn und Gehalt, Wiesbaden 1979, S. 200–211.

22 Dazu Ute Jung-Kaiser, Der zauberische Spielmann. In: dieselbe und Matthias Kruse (Hg.), Joseph von Eichendorff – Tänzer, Sänger, Spielmann, Hildesheim 2007, S. 53–95.

23 Theodor W. Adorno, Philosophie der neuen Musik, Frankfurt am Main 1958, S. 45; Siegfried Mauser, Topos der Bedrohung: Schönbergs Wald in der »Erwartung« op. 7. In: Ute Jung-Kaiser (Hg.), Wald als romantischer Topos, S. 233–236, hier S. 233.

24 Dazu und im Folgenden: Ulrike Kienzle, Der »heilige« Wald in Wagners »Parsifal«. In: Ute Jung-Kaiser (Hg.), Wald als romantischer Topos, Bern [u. a.], S. 159–183.

Klaus Honnef

Der Wald in der deutschen Fotografie

Fotografen begleiteten seit der Mitte des 19. Jahrhunderts die Expeditionen der Forscher und Landvermesser in die unermesslichen Weiten des amerikanischen Westens. Die aufwendigen Unternehmungen, häufig finanziert von Investoren mit konkreten Interessen, folgten den Immigranten aus Europa, die damit begonnen hatten, das Land den vermeintlich wilden Ureinwohnern ab- und selber in Besitz zu nehmen. Forscher, Landvermesser und Fotografen sorgten auch dafür, dass die mehr oder minder ungeordnete Landnahme des »weißen Mannes« einen systematischen Charakter erhielt. Sie schufen die praktischen und symbolischen Voraussetzungen für einen geregelten Ordnungsrahmen mit entsprechenden Gesetzen.

Fast zeitgleich begaben sich Fotografen gemeinsam mit zivilisationsmüden Malern und den ersten Erholungssuchenden in den Wald von Fontainebleau. Sie alle trieb das Verlangen, wenigstens für eine kleine Weile dem Lärm und den übrigen Zumutungen des rapide wachsenden Stadtmolochs Paris zu entkommen – manche wieder auf der Suche nach dem »Ursprünglichen«. Die Fotografen handelten dabei als Agenten einer besonderen Sicht auf die Welt. Diesen Modus der visuellen Wahrnehmung leiteten vorwiegend rationalistische Maßstäbe mit pointiert utilitaristischen Zielen. Die fotografischen Bilder waren ihr symptomatischer optischer Ausdruck. Im Verein mit der Malerei bereitete die Fotografie auch dem Begriff der Landschaft als einem eigenständigen Phänomen innerhalb des Wahrnehmungsspektrums den Boden. Was sie nicht gewesen ist. Noch Winckelmann soll die Alpen uberquert haben, ohne die schneebedeckten Gipfel, die tiefen Täler und die grünen Bergwiesen auch nur eines Blickes zu würdigen: hinter den verhängten Fenstern seines Reisewagens.

345 | Stefan Moses: Meret Oppenheim, 1982

Fotografie und Landschaft

Die kurze Geschichte der Fotografie spiegelt den Wandel des Verhältnisses der Menschen zu ihrer natürlichen Umwelt in den vergangenen anderthalb Jahrhunderten. Der Wandel vollzog sich mit wachsender Beschleunigung in einem nie zuvor gekannten Tempo. Das Gewahrwerden der Landschaft als solcher und ihre planmäßige Ausbeutung und multiple Nutzung kennzeichnen ihn gleichermaßen. Obwohl die Fotografie mit der bildkünstlerischen Gattung der Landschaft anfangs eng verbunden ist, lassen ihre Bilder gleichwohl keine nennenswerten Affinitäten zur Landschaft erkennen. Jedenfalls nicht in dem Sinne, dass die Fotografen den Motiven der Landschaft trotz all ihrer technischen Meisterschaft ein substantielles Bildmodell abgewonnen hätten. Im Gegensatz zur Malerei etwa, in deren Darstellung sich die Landschaft zu einem besonderen Stimmungs- und Sinnraum entwickelte. Die Gattung verhalf der Malerei zu frischen Impulsen und eröffnete ihr den Weg in eine neue Zukunft. Es ist beileibe kein Zufall, dass sich die Landschaft als Gegenstand der Malerei, wenngleich in häufig modifizierter Form, bis ins digitale Zeitalter erhalten hat. Je stärker sich das tatsächliche Gepräge der Landschaft aber von den Vorstellungen entfernte, die in der Malerei (wie in der Literatur, im Kino, in der populären Musik) entworfen und präsentiert wurden, desto adäquater erschien der fotografische Zugang; ein Zugang, der mit den ästhetischen Möglichkeiten und Stärken des Mediums korrespondierte.

So gelangte die Landschafts-Fotografie erst zum Rang einer spezifischen Gattung, als sich im Kielwasser der industriellen Revolution auch die planmäßige Industrialisierung der Landschaft abzeichnete. Die einzelnen Etappen der Industrialisierung im 19. Jahrhundert markieren das vehemente Wachstum der modernen Großstädte samt dem Auswuchern riesiger Industriekomplexe auf Kosten der Landschaft sowie deren fast vollständiges Verschwinden in industriellen Ballungsräumen; und dann im 20. Jahrhundert die systematische Anwendung industrieller Prinzipien und Praktiken auf die Land- und Forstwirtschaft.

Der Prozess ist nicht abgeschlossen. Zu Beginn des 21. Jahrhunderts erreichte er im Zuge einer immer intensiveren Verflechtung der Weltwirtschaft und dem Aufstieg der großen Bevölkerungs- und Ressourcenpotenziale Asiens und Südamerikas in den Kreis der führenden Weltwirtschaftsmächte einen neuen Höhepunkt. Die Planierung der Regenwälder zugunsten industriell verwertbarer Palmölplantagen, die Umwidmung landwirtschaftlicher Nutzflächen zur industriell betriebenen Aufzucht von gen-manipulierten Pflanzen zwecks Spriterzeugung oder zur massenhaften Tierhaltung liefern nur einige Stichworte.

Was im Allgemeinen unter Landschaft verstanden wird, ist nahezu ausschließlich von Menschen kultivierte oder durch akuten Raubbau zerstörte Landschaft. Nur in den seltensten Fällen handelt es sich um unberührte Natur. Die kultivierte Landschaft wurde im Laufe der Jahrtausende unter mühevoller Plackerei riesigen Flächen von (Ur-)Wäldern abgerungen. Diese hatten über lange Zeit große Teile der Erde bedeckt. Die mythischen Urgründe des Selbstverständnisses ganzer Kulturkreise führen nicht von ungefähr in die Dunkelheit der Wälder zurück. Nicht zuletzt im kulturellen Bewusstsein der Deutschen kommt dem Wald eine gesteigerte Bedeutung zu.

Der Wald der Fotografen

Umso überraschender, dass sich die tiefe Beziehung der Deutschen zum Wald in der deutschen Fotografie nicht oder nur am Rande niederschlägt; und wenn überhaupt, in einer fotografischen Variante, die sich vorwiegend von ästhetischen Prinzipien der avancierten Kunst inspirieren ließ und deshalb häufig ironisch gebrochen ist. Eine Ursache mag gewesen sein, dass die Landschaftsfotografie im fotografischen Betätigungsfeld kein hohes Ansehen genoss.[1] Der Wald war den Fotografen, die sich mit ihm beschäftigten und sich in ihn hineinbegaben, zumeist ein Motiv wie jedes andere. Auch die Brüder Theodor und Oskar Hofmeister, Vorreiter einer künstlerisch anspruchsvollen Fotografie im deutschen Kaiserreich, scheinen sich mindestens so intensiv für das strukturelle Gepräge der ausgewählten Landschaften interessiert zu haben wie für das Erregen fein abgestufter Stimmungswerte: für das Zusammenspiel von »linearen« Bäumen und »malerischer« Landschaft oder für die taktilen Effekte von Baumrinden, Blättern und Zweigen. Insofern gelten sie zu Recht als Wegbereiter der fotografischen Moderne. Die sorgfältige formale Gestaltung ihrer Bilder schlägt die Brücke.

Als die Fotografie in den zwanziger Jahren des vergangenen Jahrhunderts eine eigene Ästhetik ausbildete, schrumpfte die fotografische Aufmerksamkeit für den Wald ebenso wie für die Landschaft auf die Dimension einer vernachlässigbaren Größe. Über die Gründe kann nur spekuliert werden. Zumal die Fotografie unter den Vorzeichen der künstlerischen Avantgarde hinsichtlich Anmutung und Outfit eine deutliche Neigung zur technisch präzisen Form der Vergegenwärtigung ihrer Motive an den Tag legte. Sie bediente sich einer technizistischen Bildrhetorik mit ausgesprochen exzentrischen, technisch vermittelten Perspektiven.

Diese Merkmale waren indes kein Selbstzweck, sondern bezeugten eine Sicht, die den apparatehaften (unleiblichen) Wahrnehmungsmodus des technischen Mediums Fotografie sichtbar unterstrich. Ob intuitiv oder bewusst – die Fotografen und Fotografinnen bevorzugten außerdem Gegenstände der technisch-industriellen Welt und der urbanen Zivilisation gegenüber den Motiven der Natur. Darin äußerte sich keine Künstlermarotte. Denn einerseits wurde die kollektive Einstellung der Deutschen von einem nahezu uneingeschränkten Fortschrittsglauben beflügelt,[2] und das obwohl die verheerende Niederlage, die sie in den Materialschlachten des Ersten Weltkrieges erlitten hatten, massiver technischer Unterlegenheit geschuldet war. Andererseits galt die Landschaft in erster Linie als Rohstofflieferant, mit Ausnahme der Attraktionen für den anhebenden Massen-Tourismus. Noch ihren Porträts verliehen die in punkto Ästhetik maßgebenden Fotografen ein technoides Aussehen.

Als August Sander sich entschloss, seine Bildnisse in einem Abzugsverfahren herzustellen, das bis dahin nur für Aufnahmen technischer Architektur vorgesehen war, gelangte er zu seinem charakteristischen, sachlich-dokumentarischen Stil. In Sanders Sozial-Porträts erblickt Helmut Lethen die Repräsentanz der »kalten persona«[3], eines seiner Ansicht nach vorherrschenden Typus der Gesellschaft in der Weimarer Republik. Nicht zufällig gerieten auch die Gräser und Pflanzen in den besten Fotografien von Albert Renger-Patzsch und Karl Blossfeldt zu eher technischen Gerätschaften.

Albert Renger-Patzsch: Gebirgsforst im Winter,
s/w-Fotografie, 1926, Archiv Ann und Jürgen Wilde, Zülpich

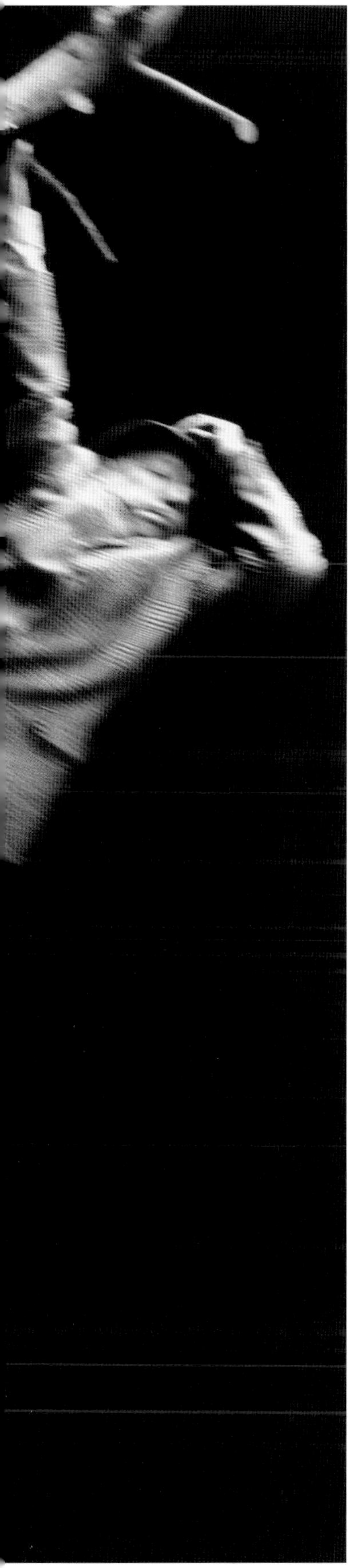

vorherige Seite:
342 | Anna und Bernhard Blume: Im Wald (Bernhard Hänsel und Anna Gretel), 1991

Ein schlagendes Beispiel aus dem deutschen Wald liefert Rengers Aufnahme *Gebirgsforst im Winter* (1926). Auf relativ großzügig ausgelegtem Vordergrund im gleißenden Weiß des Schnees baut sich eine Reihe schlanker Baumstämme in kompakter Dichte auf. Die schließen das Bild horizontlos ab. Der Schnee auf den Rinden mancher Bäume betont demonstrativ die unerbittliche Vertikale, die über den oberen Bildrand hinausschießt. Da die Kronen der Bäume abgeschnitten sind, beschleunigt sich die Höhentendenz. Analoge Bildgefüge tauchen in den Bildern nord- und ostdeutscher Kathedralen desselben Fotografen auf; ebenfalls in zahlreichen seiner Industrielandschaften. Erinnert sei an die aufstrebenden Fabrikschlote des Ruhrgebietes und seine Werbeaufnahmen, etwa den berühmten *Heizeisen aus den Faguswerken* (1926). Solche formalen Vorlieben legen den

343 | Axel Hütte: Bayerischer Wald – 2, 2002

Schluss nahe, dass es Renger-Patzsch um einen der Industriekultur angemessenen und deren Geist reflektierenden Wahrnehmungsmodus ging und nicht nur um das Motiv.

Was seinen Zeitgenossen August Sander in den 1930er Jahren veranlasst hat, sein Genre zu wechseln und die Arbeit an seinem aufsehenerregenden Mappenwerk über die *Menschen des 20. Jahrhunderts* der ersten deutschen Republik zu unterbrechen, bleibt letztlich im Dunkeln. Wahrscheinlich haben das Verbot der ersten Buchveröffentlichung seiner Typenporträts seitens der Nationalsozialisten und die Verhaftung des gegen sie konspirierenden Sohnes anno 1934 den entscheidenden Anstoß gegeben. Sander wandte sich der Landschaftsfotografie zu. Er kannte die Gegend seiner neuen Motivwahl aus der Zeit seiner Streifzüge durch den Westerwald, wo er die Bauern und ihre Familien sowie die dörflichen Institutionen fotografiert hatte.

Die größten Schwierigkeiten bei seiner Arbeit bereitete ihm wohl der Umstand, dass die Rheinlandschaft seit Mitte des 19. Jahrhunderts zu den am eifrigsten fotografierten Landschaftssujets überhaupt gehörte. Beinahe jede pittoreske Ansicht war bereits zum »romantischen« Postkartenmotiv trivialisiert worden. Zwar vermochte Sander die konventionalisierten Darstellungsmuster nicht vollständig zu meiden. Doch unverkennbar ist sein Bestreben, die verbrauchten Bild-Klischees durch eine nüchterne, rauere und weniger kitschaffine Vergegenwärtigung des Rheins und seines Umfeldes zu konterkarieren. Seine Bilder widmeten sich auffällig den geologischen Gegebenheiten und der Flora der Rheinlandschaft.[4] Dennoch ist seine »exakte Fotografie« (Sander) keineswegs stimmungslos – die Stimmung ist lediglich melancholischer als die »romantische« Version, wozu die relativ langen Belichtungszeiten und das akzentuierte, mitunter herbstliche Grau der Schwarz-Weiß-Fotografie beitragen.

Einen dramatischen Umschwung in der Betrachtungsweise der Landschaft und des Waldes zeitigten die katastrophalen Auswirkungen des Zweiten Weltkrieges. Hermann Claasen, der bewegende Chronist des zertrümmerten Kölns, unternahm 1946 zwei Reisen in den Hürtgenwald, unweit seiner Vaterstadt.[5] Dort hatte eine der verlustreichsten Schlachten im Westen getobt. Zwar bemühte sich der Fotograf, den Dingen, auf die er seine Kamera richtete, eine formale Ordnung zu vermitteln, wie in seinen Kölner Aufnahmen – allein der Versuch scheiterte. Das Ergebnis sind wüste Bilder einer verbrannten, zerschossenen, geschundenen Wald-Landschaft. Vorsichtige inszenatorische Eingriffe vergrößerten den chaotischen Eindruck noch. Ihre optische Wiedergabe widersetzt sich jeder plausiblen Gestaltung. Roh wie die Landschaft sind die Bilder. Dagegen verbreiten Rengers-Patzschs sorgfältig und nuanciert gegliederte Mischwald-Landschaften, ein knappes halbes Jahrhundert später aufgenommen, eine geradezu beschauliche Atmosphäre. Sachliche Aufnahmen in brillanter Schwarz-Weiß-Fotografie, angesichts derer man vergisst, dass die sachgerechte Bezeichnung Buchenwald nach den nationalsozialistischen Verbrechen im Deutschen eine doppelte Bedeutung hat. Den technoiden Biss haben Rengers Bilder eingebüßt. An seine Stelle ist eine empathische Sicht getreten.

Mythologische Bezüge sind im Werk von Renger-Patzsch selten. Die Aufnahme der *Abtei Murbach* (1936) gehört zu den Ausnahmen. Wobei die zentrale Platzierung der romanischen Abteikirche im elsässischen Wald die mythische Ausstrahlung befördert. Den Mythos des deutschen Waldes ignoriert die deutsche Fotografie weitgehend. Während des Nazi-Regimes betrachteten manche Fotografen, die vom Berufsverbot bedroht waren wie Sander, die Landschaft und ihre Reize nichtsdestoweniger als eine Art schöpferische Zuflucht.

349 | Andréas Lang: Eldena, 2002

In einem bemerkenswerten Zyklus seines so umfang- wie facettenreichen Bilderatlasses von Menschen, eine Reflexion des Sanderschen Mappenwerkes in mannigfacher Hinsicht, mobilisierte Stefan Moses anders als Renger und Sander mit voller Absicht den Mythos um ihn gleichzeitig ironisch zu unterfangen. Eine Kohorte von herausragenden, älteren deutschen Politikern, Wissenschaftlern, Unternehmern und Künstlern verpflanzte er in den Wald und vergegenwärtigte sie neben oder vor bestimmten Bäumen. Die Kombination provoziert nicht nur sprichwörtliche Metaphern und Analogien, sondern untergräbt sie auch.[6] Denn in den unterschiedlichen Reaktionen der Abgebildeten eröffnet sich ein Terrain des Nicht-Evidenten. Gleichwohl ist der Wald lediglich Kulisse und Folie für eine ungewöhnliche Form der Porträtfotografie.

Eine neue Waldästhetik

In dem Maße, wie sich in der Fotografie ästhetische Prinzipien der avancierten Kunst geltend machten, geriet auch der Wald in den Fokus des Regimes ihrer Aufmerksamkeit. So unterminieren die Blumes mit einer beweiskräftigen Dokumentation ihrer Ausflüge in den Wald den Wahrheitsanspruch der Fotografie.[7] Auch Axel Hütte fordert mit seinen großformatigen Farbbildern des Bayerischen Waldes das Wahrnehmungsvermögen der Betrachter in extremer Weise

Einen kompletten Perspektivwechsel vollzogen schließlich Anna und Bernhard Blume in einer umfangreichen Werkgruppe ihrer anschaulichen Untersuchungen über die Einbrüche des Grotesken in die Alltagswelt. Hier ist der deutsche Wald mit seinen Märchen und Mythen das zentrale Thema. In Gestalt eines durchschnittlichen Kleinbürgerpaares erleben die Künstler im deutschen Forst die unwahrscheinlichsten Abenteuer, manche davon höchst gefährlich. Sämtliche Begebnisse, und mögen sie noch so hanebüchen ausfallen, dokumentierten sie in authentischen Fotografien.

links: 346 | Stefan Moses: Golo Mann, 1982

oben: 347 | Stefan Moses: Willy Brandt, 1983

rechts: 338 | Sabine Wenzel: Wald bei Lausnitz #1, 2006

heraus. Seine Bilder verweigern sich dem optisch-symbolischen Zugriff, da die Betrachter keinen festen Standort entdecken können, von dem aus sich ihnen die Bilder in Gänze erschließen. Sie sind gezwungen, sich hin und her zu bewegen, und spüren wie von selbst, dass optische Wahrnehmung eine Sache des ganzen Körpers, ein leiblicher Prozess ist.[8] Daraus resultiert mindestens ebenso wie aus der gespenstischen Beleuchtung das unterschwellige Gefühl des Unheimlichen. In den Bild-Sequenzen von Anna und Bernhard Blume sowie in Hüttes imponierenden Landschafts-Tableaus zeichnet sich ein grundsätzlicher Einstellungswandel der Kunst und der Fotografie im Hinblick auf die Natur ab. Wie die Bilder, die sie zeigen, beansprucht auch die Natur durch den Modus, in der sie vergegenwärtigt wird, ein Recht auf Autonomie.

Demgemäß erscheint der Wald fortan in einem anderen Licht als vorher. Fotografinnen und Fotografen wie Sabine Wenzel, Andréas Lang und Thiemo Bögner demonstrieren es. In unglaublichen Farbnuancen bis hin zum Rausch setzt Sabine Wenzel dem Klischee vom »deutschen Wald« ein fulminantes Alternativbild entgegen.[9] Lang und Bögner variieren ausgiebiger die mythischen Aspekte des Waldes und führen überzeugend vor, dass sich Wahrnehmen nicht im Sehen erschöpft und Sehen nicht im bloßen optischen Vollzug.

Anmerkungen

1 Enno Kaufhold, Bilder des Übergangs. Zur Mediengeschichte von Fotografie und Malerei in Deutschland um 1900, Marburg 1996.

2 Van Deren Coke, Avantgarde Fotografie in Deutschland 1919–1939, München 1982.

3 Helmut Lethen, Verhaltenslehren der Kälte. Lebensversuche zwischen den Kriegen, Frankfurt am Main 1984.

4 August Sander, Rheinlandschaften. Photographien 1929–1946. Mit einem Text von Wolfgang Kemp, München 1975.

5 Rolf Sachsse, »Das Machen der Erinnerung«. In: Klaus Honnef (Hg.), Hermann Claasen, Trümmer, Köln 1996.

6 Stefan Moses. Die Monographie. Fotografien 1947 bis heute. Hg. von Ulrich Pohlmann/Matthias Harder. Hier: Die großen Alten, München 2002, S. 97.

7 Anna & Bernhard Blume. Klaus Honnef (Hg.), Transzendentaler Konstruktivismus/Im Wald. Werkverzeichnis 3. Bd., Köln 1995.

8 Klaus Honnef, »Rheingau. Bilder der Blicke«. In: Rheingau. Albert Renger-Patzsch. Axel Hütte. Fotografien, Boehringer Ingelheim – Internationale Tage, Ingelheim 2010.

9 Klaus Honnef, Sabine Wenzel. Der Deutsche Wald. In: Klaus Juhl (Hg.), Sabine Wenzel. Der Deutsche Wald. The German Forest, Ausst.-Kat., anders Galerie, Düsseldorf 2007.

Der Förster vom
SILBERWALD
ECHO DER BERGE

Nils Plath

Verweilen im Bilderwald

ANSICHTEN ZU BILDERN DES DEUTSCHEN WALDES IM FILM

Der Wald im Film zeigt sich als eine zeitgebundene Konstruktion von Blicken und liefert auf Filmbildern zugleich eine Ansicht von außerbildlich konkreter Realität mit einer eigenen Geschichte. Dabei übersieht man ihn allzu leicht. Das verwundert nicht, denn mit einer Faszination der Landschaft – und auch des Waldes – als Motiv der filmischen Darstellung war es nach der Frühzeit des Kinos relativ schnell vorbei: »Der Vordergrund trat in den Hintergrund, als sich die Syntax des narrativen Kinos verdichtete und die Landschaft immer mehr zu dem Ort wurde, an dem sich das Drama abspielte.«[1] So kann heute im Rückblick auf das Jahrhundert des Kinos auch keine Motivgeschichte des Waldes im Film erzählt werden. Wiewohl es natürlich unzählige Filme gibt, in denen der »deutsche Wald« in dusteren, wild-romantischen und allegorischen Ansichten zu sehen ist und als ein *Originalschauplatz* inszeniert wird.

Ein erster Blick sieht im Wald meist nicht mehr als einen dekorativen und schmückenden Hintergrund. Mal bildet er die Kulisse für Dramen, mal für Liebesgeschichten – oder für beides, wie in vielen Heimatfilmen. Er kann schön sein und Angst machen, er umrahmt existentielle Entscheidungen und Konflikte fern der Stadt, zeigt sich als undurchdringliches Innen, in dem das Unheimliche zu hausen scheint. Man kann ihn – wie im »NS-Kulturfilm« *Ewiger Wald* – als ein ideologisches Konstrukt erkennen oder er wird zum Schauplatz verfilmter Sagen und Legenden und ihrer literarischen Adaptionen. Er ist Ort deutscher Gegenwart für Grabungen nach deren Grundlagen in der Vergangenheit.

Auch zum Ziel vieler Fluchten wird der Wald: aus dem Lager, aus dem Alltag, vom Dienst, aus und in der Stadt – so wie er auch Lebens- und Urlaubsort, Arbeitsplatz und Tatort war und ist. Er bietet den Rückzugsraum für Gesetzeslose, Ausgestoßene und Vogelfreie verschiedenster Jahrhunderte, den Raum zum Durchfahren und für schöne Experimente. Kinderspiele abseits elterlicher Kontrolle finden im Wald ebenso statt wie er als bloß billige Kulisse für Lachhaftes dient. Er kann zum Ort des Verlorenseins und des Irregehens werden, aber auch zu dem des Märchenhaften, der Zuspruch und ein glückliches Ende verheißt. Bevölkert wird der Wald von Kindern und Komödianten, von Förstern und Waldarbeitern, von Liebespaaren, von Soldaten, von Räubern und Gendarmen, von Mördern, Toten und Kommissaren, Spaziergängern und Joggern.

Menschenleer wird der Wald nur manchmal gezeigt, dann gern als ein Stillleben, in dem er wirklichkeitsentrückt die Erhabenheit ewiger Natur zu symbolisieren hat. Wie in den Anfangseinstellungen von Werner Herzogs *Herz aus Glas* (1976), in denen auf Panoramabildern voller Tannenwipfel und Nebelschwaden in Oberbayern die Schluchten der Via Mala im Engadin und Bilder amerikanischer Nationalparks zum Ausdruck »innerer Landschaften« werden sollen. Wie immer wurde das, was bildhafte »Wahrheit« sein soll, am Schneidetisch zum Effekt montiert. Statt des angeblich Authentischen sieht man eine männlich-herrische Überwältigungsgeste am Werk, die sich gegen den Eigensinn im Zuschauer richtet.

Ein schönes Kontrastbild dazu bietet eine Szene aus Ulrich Köhlers *Montag kommen die Fenster* (2006): Der Gang der weiblichen Hauptfigur in den Forst, angetreten aus Frust über den Familienstress, endet vor einem plötzlich bildfüllenden Betonklotz. Statt im gesuchten Abstand vom unfertigen Eigenheim in der Tiefe des Waldes zu sich selbst zu finden, steht sie – und mit ihr der Zuschauer – vor dem riesigen Bau eines in die Mittelgebirgslandschaft gesetzten Sporthotels. Die Suche nach dem Alleinsein führt auf direktem Weg in die schmucke Tristesse aus Halbpension und Wellness – um ausgerechnet dort Momente unverhoffter Selbstbestimmtheit und Zärtlichkeit zu erfahren.

231 | Filmplakat (Ausschnitt)
»Der Förster vom Silberwald (Echo der Berge)«, 1955

unserer immer antropomorphen Wahrnehmungsweise« (Frieda Grafe) nannte. So gesehen zeigt der Wald in Bildern eine Wirklichkeit, die von der Wirklichkeit ihrer Bilder bestimmt wird, ein konkretes wie imaginäres Bild, das gleichzeitig stets mehr als nur Abbildung ist: nämlich ein hergestelltes Bild von Wahrnehmungen. Dies zu zeigen, verbindet auch so unvergleichbar scheinende Filme wie Jörn Staegers *Reise zum Wald* (2008), ein die Ästhetik des Videospiels zitierender Experimentaldokumentarfilm von nur sieben Minuten Länge, und Fritz Langs über viereinhalbstündiges Epos *Die Nibelungen* (1924), dessen im Atelier gebaute Waldlandschaften malerischen Vorbildern wie denen Arnold Böcklins nachempfunden wurden.

340 | Stills aus Christoph Girardets Videoinstallation *Silberwald*, 2010

In Wirklichkeit Zeit-Zeichen

Wie vielgestaltig der Wald auch immer sein mag, was der Blick *vor* ihm wieder und wieder sucht, ist die Handlung des Films, erinnert wird die Stimmung. Hinter beiden müssen die konkreten Bilder des Waldes verschwinden. Ein zweiter und dritter Blick kann sie wieder und mehr noch entdecken: Dass der Wald in Filmen als ein stilles und doch in ständigem Wandel begriffenes Zeitzeichen figuriert. Als ein solches bekommt er einen ganz eigenen Stellenwert, wenn man ihn als Stellvertreter für eine Zeit *außerhalb* der filmischen Realität betrachtet, die er *im* Film repräsentiert – und umgekehrt. Als ein Abbildungsgegenstand *im* Film macht sein Äußeres – von der realen Zeitlichkeit *außerhalb* des Films zu dem geworden, was er zeigen soll – die Zeitgebundenheit des Mediums wie des in ihm zur Anschauung kommenden Inhalts zur Ansichtssache.[2]

Sinnenverwirrend führt dies radikal Heinz Emigholz' 16-mm-Film *Schenec-Tady I* (1972/73, 27 Min.) vor, ein aus aneinandergeklebten Standbildern gefügtes Porträt eines Stücks Taunus. Mit den von einem Mittelpunkt aus kreisförmig aufgenommenen und schließlich bis zur Unkenntlichkeit beschleunigten Schwarz-Weiß-Bildern des Forstes hinterlässt der Film, was eine scharfsinnige Betrachterin ein »entschiedeneres Bewusstsein vom Eigenleben von Landschaften und Dingen, von der Beschränktheit dessen, was wir mit unserem Blick aufnehmen, und der Unzulässigkeit

Zwölf Minuten mit dem Förster in *Silberwald*

An ein Wunder grenzt es, gelingt es einem einzelnen Film, die Ansicht auf eine ganze Filmgattung zu verändern. Manchmal braucht es nur zwölf Minuten, so die Länge von Christoph Girardets Filminstallation *Silberwald*. Einmal gesehen, verändert sie auf immer den Blick auf jene unzähligen Heimatfilme der 1950er, in denen man den restaurativen Geist der Adenauer-Zeit wie sonst nirgends abgebildet zu finden meint. Seinen Found-Footage-Film setzte Girardet aus Filmszenen zusammen, die er von Klassikern mit einschlägigen Titeln borgte: *Schön ist die Welt*, *Der Wilderer vom Silberwald*, *Wetterleuchten um Maria*, *Die Fischerin vom Bodensee*, *Echo der Berge* – in Deutschland bekannt als *Der Förster vom Silberwald* –, *Die Geierwally*, *Grün ist die Heide*, *Hubertusjagd*, *Die Sennerin von St. Kathrein*, *Sohn ohne Heimat*, *Waldrausch*, *Wer die Heimat liebt*, *Wo der Wildbach rauscht*, *Der Edelweißkönig*. Deren viele blendend schönen, farbintensiven Bilder, die eine gar nicht immer ganz heile Heimatfilmwelt zeigen, setzte er zur Erzählung eines einzigen Tages zusammen, beginnend vor dem Sonnenaufgang und endend mit dem Alpenglühn. Dazwischen geht der Jäger ins Gebirge, trifft sein Mädchen, verliert und rettet es; stereotype Handlungen Szene um Szene.

Paul Richter in »Siegfrieds Tod«, Filmszene
aus Fritz Langs *Die Nibelungen*, 1924

241 | Kinoplakat für den Heimatfilm
Grün ist die Heide, 1951

Der aus alten Bildern bestehende neue Film verrät nicht das Kino als Traummaschine – und zeigt doch analytisch, wie Wirklichkeit im Film aus stetig wiederkehrenden ähnlichen Motiven, Einstellungen und Gesten arrangiert wird. Girardets präzise Montage macht die klischeesatten Heimatfilmbilder, in denen man eigentlich nur Postkartenidyllen einer ländlichen Gegen-Wirklichkeit zum Urbanen sehen konnte, den seriellen Bildern der Pop-Art ähnlich, die in der Affirmation ein Mittel der Kritik sahen. So entpuppt sich die in den Heimatfilmen vorgeblich existente Heimat als eine, die immer schon aus durch und durch künstlich-synthetischen Bildern bestand.

Der Hunsrück ist überall

In 15 ½ Stunden sei versucht worden, »die ganze widersprüchliche Vielfalt der Bedeutungen, die der Heimatbegriff in Deutschland seit 1890 akkumuliert hatte, anzusprechen«[3], kann man über einem Filmzyklus lesen, der 1984 zu *dem* Ereignis im deutschen Fernsehen wurde: Edgar Reitz' elfteilige Serie *Heimat*. Als Ort der Lohnarbeit, Spielplatz der Kinder, Tatort, Ort für Liebeleien, Vorratskammer wird der Wald in den *Heimat*-Bildern zum Schauplatz. Auch dient er zur allegorischen Begrenzung der provinziell-dörflichen Welt des Hunsrück, wenn er die um das fiktive Dorf Schabbach gezogenen Grenzen der kleinen heimatlichen Beschaulichkeit markiert, welche sich dann im Laufe der Zeit von der neu gebauten, in die Welt führenden Autobahn durchstoßen zeigen.[4]

Gerade die regelmäßig eingefügten farbigen Panoramen des Hunsrück stellen überdies eine Verbindung zwischen der vergangenen Gegenwart der Fernsehfilmhandlung und jener Gegenwart her, in der die Zuschauer mit den Erinnerungen an ihre eigenen Provinzlandschaften leben. Die Waldansichten stiften über ihre Zeitlichkeit einen Zusammenhang zwischen dem Miterleben der Filmwirklichkeit und jenen Realitätserfahrungen, die die Zuschauer in ihrer Welt vor dem Fernseher machen. Im Schwarz-Weiß der Filmhandlung eben als Schauplatz einer im Gestern angesiedelten Erzählung an einem fiktiven Ort gesehen, wird der Wald ihnen als buntes Bild in Intervallen als ein in ihrem Heute real-existierendes Stück Landschaft gezeigt. So führen unterschiedliche Bilder ein und derselben Waldlandschaft den Zuschauern ihre eigene konkrete Präsenz in der Gegenwart als ein ständiges Hin und Her *zwischen* den Bildern der Zeiten in der Geschichte vor Augen.

Cowboys und Indianer im Landschaftsschutzgebiet

Wälder wecken Erinnerungen an im Kinosaal und vor dem Fernseher verlebte Stunden. Sie vermochten es einst, in fremde Landschaften zu versetzen, wie etwa in jene der legendären Karl-May-Verfilmungen der 1960er Jahre, um sie dann in Gärten und Grünanlagen wiederzufinden – oder auch in den künstlichen Biotopen der Tierparks als beliebten Zielen von Spazierausflügen, von denen *Tocotronic* (Video 1995, Regie: Til & Nica) ein Lied zu singen wusste. Beliebt für Sonntagstouren waren auch die ausgeschilderten Wanderwege der deutschen Mittelgebirge. Im Hochsauerland etwa fand Helge Schneider den perfekten Drehort für seine Western-Adaption *Texas. Doc Snyder hält die Welt in Atem* (1993), einem Höhepunkt des deutschen Landschafts- und Waldfilms.

Wenn Schneider als Titelheld Doc Snyder in einer Szene mit gespielter Hilflosigkeit das in seinem Rücken am Waldrand stehende Landschaftsschutzgebiet-Schild vor dem Blick der Kamera zu verdecken versucht, findet nicht allein ein Improvisationstalent zu einer ganz eigenen filmischen Ausdrucksform. Schneiders kunstvoll-linkische Geste soll verbergen, dass der Drehort des Films und der Schauplatz der Handlung nicht ein und derselbe sind: »Das hier ist Texas, kein Landschaftsschutzgebiet!« Mit seiner wortlosen Hinwendung zum Film-Betrachter macht Schneider offensichtlich, dass man einen Film sieht – und bricht mit dem Illusionscharakter der Filmerzählung, wenn er als Kommentator seiner selbst als Männlein im Walde steht.

Erzeugt wird noch ein weiterer Verfremdungseffekt: Es waren bekanntlich jugoslawische Landschaften, die als Drehorte den Winnetou-Verfilmungen jene Ansichten des amerikanischen Westens verschafften, die bei jedem Cowboy-und-Indianer-Spiel in westdeutschen Parks oder in den Wäldchen am Rand der Neubausiedlungen auf ein Neues imaginiert wurden. Auf das Spiel mit der Produktivkraft der Einbildung lässt sich *Texas* ganz bewusst – und hochkomisch – ein, wenn er daran erinnert. So werden die im Schauspielfilm der Gegenwart weitgehend verloren gegangenen Potenziale der Illusionskraft des frühen Kinos wachgerufen, durch die der Imagination des Zuschauers Raum gegenüber dem so oft behaupteten Abbildrealismus der Bilder geschenkt wird.

Sommerfrischen

»Das Spiel der Geschlechter erneuert sich/ jedes Frühjahr. Die Liebenden finden sich zusammen. [...] Maßlos ist das Wachstum der Bäume und Gräser/ Im Frühjahr./ Ohne Unterlaß fruchtbar/ ist der Wald, sind die Wiesen, die Felder./ Und es gebiert die Erde das Neue/ ohne Vorsicht.« Nicht erst seit gestern, so zeigen es die Bilder in *Kuhle Wampe* (1932), die dem von Bertolt Brecht/Kurt Eisler geschriebenen

Stills aus dem Spielfilm *Menschen am Sonntag*, nach einem Drehbuch von Billy Wilder und den Brüdern Curt und Robert Siodmak, 1930

und von Helene Weigel gesungenen Lied unterlegt werden, ist der Wald gerade den Großstadtbewohnern ein beliebtes Ausflugsziel.[5] *Menschen am Sonntag*, zwei Jahre zuvor produziert, schildert ein Wochenende im Leben junger Leute im Berlin der Neuen Sachlichkeit.[6] Am Nikolassee – fern des Alltags – sieht man zwei Frauen und zwei Männer lustvoll-vergnügt in der Sommerfrische, neckisch Spielchen miteinander treibend. Eines der Ausflugspärchen findet und entfernt sich – es folgt Sex im Freien, während die Kamera ganz demonstrativ hinüberschwenkt auf die umstehenden Bäume. Die überdeutliche Kamerabewegung zeigt den Zuschauern, was nicht zu sehen ist – und was schließlich doch noch verstohlene Blicke und verrutschte Kleidung verraten.

Angezogen und irritiert von den freizügigen und körperbetonten Freizeitvergnügungen der Deutschen zeigen sich seit jenen Jahren zwischen den Kriegen die nichtdeutschen Beobachter. Anhaltend faszinierte sie, wie Körperertüchtigung und Wald eine deutsche Einheit bilden.[7] Folgerichtig lässt Jean-Luc Godard in *Allemagne 90 neuf zéro* (1991), seinem filmischen Kommentar zur deutschen Vereinigung, den Helden des Films, kaum ist er über die Glienicker Brücke von Ost nach West gewechselt, Joggern begegnen, die durch den Wald am Seeufer laufen. Kommentiert wird die Szene durch ein Zitat aus Friedrich Murnaus *Nosferatu*: »Kaum hatte ich die Grenze überschritten, da stürzten sich mir die Gespenster entgegen.«

339 | Ernst Volland: Deutscher Wald, 1996

Deutscher Wald?

Wie drei Spaziergänger sehen sie aus, wie sie dort durch den Wald gehen, einander im Gespräch zugewandt, ruhig gestikulierend, dann vom Waldrand auf die Bildmitte zugehend. Worüber mögen sie sprechen? Vielleicht über die Abgeschiedenheit und schöne Stille des Waldes. Doch der Eindruck täuscht. Worüber sie tatsächlich sprechen – Interviewer, Zeitzeuge und Dolmetscherin –, verändert sofort unsere Wahrnehmung der unschuldig wirkenden Baumreihen im Hintergrund, dieser deutschen Waldidylle in Polen:

»›Das ist der Charme unserer Wälder, diese Stille, diese Schönheit. [...] Aber ich muss Ihnen sagen, dass diese Stille hier nicht immer herrschte. [...] Es gab eine Zeit, in der hörte man hier, wo wir sind, überall Schreie, Schüsse, Bellen, und es ist vor allem diese Zeit, die sich den Menschen, die damals hier wohnten, ins Gedächtnis eingegraben hat. [...] Nach dem Aufstand haben die Deutschen beschlossen, das Lager zu liquidieren, und zu Beginn des Winters 1943 haben sie kleine drei- bis vierjährige Kiefern angepflanzt, um alle Spuren zu verwischen.‹ ›Das ist diese Baumreihe?‹/ ›Ja.‹/ ›Waren hier überall Massengräber?‹/ ›Ja.‹

Als er 1944 zum ersten Mal hierherkam, konnte man sich nicht vorstellen, was hier geschehen war. Man konnte nicht ahnen, dass sich hinter diesen Bäumen das Geheimnis eines Vernichtungslagers verbarg.«[8]

Die Rede ist vom deutschen Vernichtungslager Sobibór im südöstlichen Polen, seit Anfang 1942 Schauplatz der planmäßigen Ermordung von vermutlich mehr als 250 000 Juden, darunter allein fast 33 000 Juden aus den Niederlanden. Nach einem der wenigen zunächst erfolgreichen Aufstände in einem Vernichtungslager am 14. Oktober 1943 gelang es unmittelbar darauf 365 Häftlingen zu fliehen, von denen wiederum 200 Menschen den nahe gelegenen Wald erreichten. Nur 47 der Entflohenen erlebten das Ende des Krieges. Alle anderen wurden von der SS aufgespürt und ermordet, ebenso wie sämtliche zurückgebliebenen Häftlinge ermordet wurden, bevor die Einebnung des Lagers erfolgte und die Aufforstung des Geländes mit Jungkiefern, um alle Spuren zu tilgen.[9]

Nicht nur der Tod, auch der Wald: ein nachwachsender Exportartikel aus Deutschland. Im Film Lanzmanns versinnbildlicht er, was in der Wirklichkeit ausgelöscht werden sollte: Die Erinnerung an den Ort, an dem Vernichtung stattfand, wie an den Widerstand. Allein Worte müssen im Film sichtbar machen, wofür es keine Bilder gibt.

Anmerkungen

1 Barbara Pichler und Andrea Pollach, Moving Landscapes. Einführende Anmerkungen zu Landschaft und Film. In: dieselben (Hg.), Moving Landscapes. Landschaft und Film, Wien 2006, S. 19.

2 Vgl. Nils Plath, Landschaft erblicken. Nicht mehr als Vorbemerkungen zum Thema. In: Augen-Blick. Marburger und Mainzer Hefte zur Medienwissenschaft, Heft 37, Dezember 2005 (Themenheft: Blicke auf Landschaften, hg. von Nils Plath), S. 5–14. Für Material und Hinweise gilt der Dank: Jan Distelmeyer, Maria Mohr, Gunnar und Arne Plath, Norbert Nowotsch, Klaus Adam, Helmut Lang, Negativeland/Berlin. Anton Kaes, Deutschlandbilder. Die Wiederkehr der Geschichte als Film, München 1987, S. 177.

3 Ebenda.

4 Vgl. den Film *Reichsautobahn* (BR Deutschland 1986, Regie: Hartmut Bitomsky).

5 *Kuhle Wampe oder Wem gehört die Welt?* (D 1932, Regie: Slatan Dudow). Vgl. auch: *Der Bootgott vom Seesportclub. Die 100 ME – Teil I* (D 2006, Regie: Robert Bramkamp).

6 *Menschen am Sonntag* (D 1930, Regie: Curt Siodmak, Robert Siodmak, Edgar G. Ulmer, Fred Zinneman, Rochus Gliese).

7 Vgl. Jean Giraudoux, Berlin 1930: Straßen und Gesichter. Mit Illustration von Chas-Laborde, Nördlingen 1987.

8 *Shoah* (F 1985, 566 Min., Regie: Claude Lanzman), Claude Lanzman im Gespräch mit Jan Piwonski, als Dolmetscherin Barbara Janica, hier zitiert nach: Claude Lanzmann, Shoah, Düsseldorf 1986, S. 25 f.

9 *Sobibor, 14 octobre 1943, 16 heures* (F 2001, Regie: Claude Lanzmann).

Der Wald als filmischer Schauplatz – Filmografie

Der Architekt (D 2009, 93 min., Regie: Ina Weisse) | ***Blindlings*** (D 2009, 83 min., Regie: Wolfgang Weigl) | ***Deutschland im Herbst*** (BR Deutschland 1978, 134 min., Regie: Alexander Kluge, Volker Schlöndorff, Alf Brustellin, Bernhard Sinkel, Rainer Werner Fassbinder, Katja Rupé, Hans Peter Cloos, Edgar Reitz, Maximiliane Mainka, Peter Schubert) | ***Dreileben – Etwas Besseres als den Tod*** (D 2011, 90 min., Regie: Christian Petzold), ***Dreileben – Eine Minute Dunkel*** (D 2011, 90 min., Regie: Christoph Hochhäusler) | ***Ewiger Wald*** (D 1936, 88 min. Regie: Hanns Springer und Rolf von Sonjevski-Jamrowski) | ***Fadenspiele 2*** (D 2003, 8 min., Regie: Detel u. Ute Aurand) | ***Fala Lala*** (D 1991, 2 min., Regie: Karl Heil) | ***Ferien*** (D 2007, 91 min., Regie: Thomas Arslan) | ***Gespenster*** (D 2005, 85 min., Regie: Christian Petzold) | ***Hänsel und Gretel*** (BR Deutschland 1954, 87 min., Regie: Fritz Genschow) | ***Herbstmilch*** (BR Deutschland 1989, 111 min., Regie: Joseph Vilsmaier) | ***Die Hermannsschlacht*** (D 1924, 54 min., Regie: Leo König) | ***Im Schatten*** (D 2010, 85 min., Regie: Thomas Arslan) | ***Das kalte Herz*** (DDR 1950, 106 min., Regie: Paul Verhoeven) | ***Die Könige der Nutzholzgewinnung*** (D 2006, 94 min., Regie: Matthias Keilich | ***Meridian oder das Theater vor dem Regen*** (BR Deutschland 1983, 92 min., Regie: Rüdiger Neumann | ***Milchwald*** (D 2003, 94 min., Regie: Christoph Hochhäusler) | ***Morituri*** (D 1948, 88 min., Regie: Eugen York) | ***Das Schweigen im Walde*** (D 1929, Regie: William Dieterle), ***Das Schweigen im Walde*** (BR Deutschland 1955, 90 min., Regie: Helmut Weis), ***Das Schweigen im Walde*** (BR Deutschland 1976, 90 min., Regie: Alfred Vohrer) | ***Sie haben Knut*** (D 2003, 107 min., Stefan Krohmer) | ***7 Zwerge – Männer allein im Wald*** (D 2004, 95 min., Regie: Sven Unterwaldt Jr.), ***7 Zwerge – Der Wald ist nicht genug*** (D 2006, 95 min., Regie: Sven Unterwaldt Jr.) | ***Tannöd*** (D 2009, 104 min., Regie: Bettina Oberli) | ***Vor Einbruch der Dunkelheit*** (D 2006, 87 min., Regie: Jean Christopher Burger, Jana Soffner) | ***Die Vorstadtkrokodile*** (D 1977, 88 min., Regie: Wolfgang Becker) | ***Der Wald*** (BR Deutschland 1979, 113 min., Regie: Will ten Haaf) | ***Wald*** (Bohren & Der Club of Gore/Mark Sikora): ***Äste***, Video (D 1995, 00:47 min.) | Justus Köhncke, ***Was ist Musik?***, Video (D 2004, 4 min., Regie: Claudia Rorarius) | ***Winterschläfer*** (D 1997, 122 min., Regie: Tom Tykwer) | ***Wolfsburg*** (D 2003, 90 min., Regie: Christian Petzold) | ***You Enter Germany*** (D 2007, 104 min., Regie: Aribert Weis) | ***Der Zauberberg*** (BR Deutschland, 153 min., Regie: Hans W. Geissendörfer) | ***Bussmanns im Wald*** (D 1990, 91 min., Regie: Benjamin Geissler, Bernhard Gierds, Barbara Metzlaff) und in Fernsehserien von ***Förster Horn*** (ARD, 1966) bis ***Forsthaus Falkenau*** (ZDF, seit 1989) | ***Es geschah am hellichten Tag*** (BR Deutschland, Schweiz, Spanien 1958, 95 min., Regie: Ladislao Vajda), in ungezählten Folgen von Krimiserien im deutschen Fernsehen wie ***Der Kommissar*** (ZDF, 1969–1976), ***Tatort*** (ARD, seit 1970), ***Polizeiruf 110*** (DDR-FS/ARD, seit 1971), ***Derrick*** (ZDF, 1974–1998) und vielen anderen TV-Regionalkrimis | ***Das Wirtshaus im Spessart*** (BR Deutschland 1958, 99 min., Regie: Kurt Hoffmann), ***Al Capone im deutschen Wald*** (BR Deutschland 1969, 135 min., Regie: Hans Peter Wirth), ***Mathias Kneissl*** (BR Deutschland 1970, 94 min., Regie: Reinhard Hauff), ***Jaider, der einsame Jäger*** (BR Deutschland 1971, 94 min., Regie: Volker Vogeler), ***Jennerwein*** (D 2003, 90 min., Regie: Hans-Günther Bücking), ***Der Räuber Hotzenplotz*** (BR Deutschland 1974, 114 min., Regie: Gustav Ehmck), ***Neues vom Räuber Hotzenplotz*** (BR Deutschland 1979, 103 min., Regie: Gustav Ehmck), ***Räuber Kneißl*** (D 2008, 114 min., Regie: Marcus H. Rosenmüller), ***Die Geschichte vom Brandner Kaspar*** (D 2008, 105 min., Regie: Joseph Vilsmaier).

Wa

POLITIK

Simone Derix

Der Wald als Bühne der Macht

Der Wald ist historisch ein genuin politischer Raum – als umstrittener Rechtsraum und als Bühne, auf der Herrscher ihre Macht zu demonstrieren suchten. Könige, Fürsten und Herzöge reklamierten seit dem Frühmittelalter bis ins 19. Jahrhundert die Nutzung des Waldes für den Holzschlag und die Jagd als Herrschaftsprivilegien. Sie erweiterten ihre Sonderrechte zunehmend, sodass im Spätmittelalter die bäuerliche Bevölkerung mehrheitlich von der Jagd ausgeschlossen war. Die Ausbreitung von Forsten und Wildbanngebieten stellte einen wesentlichen Baustein für den Ausbau von Landesherrschaften dar. Über Forstordnungen, welche die Waldnutzung der Kontrolle durch die Obrigkeit unterwarfen, suchten die Landesherren seit dem 16. Jahrhundert ihre Macht über ein Territorium zusätzlich zu zementieren.

Die damit verbundene Einschränkung der Rechte der Bevölkerung war stets von Kritik begleitet und stieß auf aktiven Widerstand. Seit den Bauernkriegen 1525 bildeten die Jagdprivilegien den Ausgangspunkt für Auseinandersetzungen. Denn zum einen stellte der Wald als Lieferant von Bau-, Brenn- und Werkholz sowie für Tierfutter und als Raum für Viehweide und Jagd eine nahezu unverzichtbare »Zentralressource« des täglichen Lebens auf dem Land dar.[1] Zum anderen boten die mit der herrschaftlichen Jagd einhergehenden Frondienste und die Schäden, die das in den Forsten beheimatete Wild auf den Äckern verursachte, zusätzliches Konfliktpotenzial. Die Wilderei, die im Absolutismus als Majestätsverbrechen galt, lässt sich vor diesem Hintergrund als sozialer Protest und »Selbsthilfe gegen den Wildschaden«[2] und gegen die Armut verstehen.

193 | Kronprinz Wilhelm und seine Frau Cecilie mit erlegtem Hirsch, Postkarte, 1910/15

Die Jagd als Herrschaftsinstrument

Ihr Anrecht auf das umkämpfte Terrain Wald unterstrichen Herrscher und Adlige durch die Jagd, die seit der Antike als Symbol von Herrschaft galt und vielfache Möglichkeiten bot, sich als Machthaber darzustellen. Dabei engagierten sich bei der Jagd neben den Männern, welche sie zur Inszenierung ihrer Männlichkeit nutzten, auch adlige Damen und Herrscherinnen wie Elisabeth Auguste von der Pfalz.

Die herrschaftliche Jagdpraxis wandelte sich durch die Jahrhunderte. Im Mittelalter galt die kostspielige Beizjagd mit abgerichteten Raubvögeln als angemessene Betätigung des Herrschers. Zudem kam im Hochmittelalter der Jagd auf den Hirsch, der nunmehr vom antiken Symbol der Feigheit zum Inbegriff des Königlichen umgedeutet wurde, besondere Bedeutung zu. Die Hirschjagd sollte das Reiten und den Umgang mit Waffen schulen. Demnach diente die Jagd nicht nur der Erholung, sondern auch der körperlichen Ertüchtigung, bei der Könige und Fürsten herrschaftliche Attribute wie körperliche Leistungsfähigkeit und Geschicklichkeit unter Beweis stellen konnten. Das Aufspüren der Tiere und die potenziell gefährliche, direkte körperliche Konfrontation mit ihnen sollten den Jäger physisch wie charakterlich für den Krieg schulen, wie Niccolò Machiavelli betonte. Noch im 20. Jahrhundert beschwor der spanische Philosoph José Ortega y Gasset in seinen *Meditationen über die Jagd* die Begegnung zwischen wildem Tier und Mensch als archaische Kampfsituation.

Ein Blick auf die Geschichte der Jagdpraxis relativiert diese Perspektive. Denn während etwa die vom 15. bis 18. Jahrhundert praktizierte Sauhatz, eine Form der Hetzjagd, bei der ein Wildschwein mit der sogenannten Saufeder aufgespießt wurde, durchaus Gefahren für Leib und Leben des Jägers barg, verlangte die im 18. Jahrhundert beliebte und mit viel Aufwand inszenierte eingestellte Jagd oder Lappjagd von den Jägern kaum mehr Geschick und Risikobereitschaft. Die Herrscher ließen die Tiere in einem Jagdareal zusammentreiben und erlegten sie aus der sicheren Distanz eines abgegrenzten Schießstands. Im Zentrum des Geschehens stand der Herrscher, der sich vor den Augen eines großen Publikums in teils grausamen Spektakeln als Herr über Leben und Tod gebärdete. Diese Massentiertötungen mündeten oftmals in prunkvolle Jagdfeste, die gerade im territorial zersplitterten Deutschland der »Visualisierung fürstlicher Macht«[3] dienten. Sowohl diese glanzvollen Großspektakel als auch die Jagdordnungen des 17. und 18. Jahrhunderts lassen sich als Ausdruck des spezifischen Ordnungsverständnisses absoluter Herrschaft lesen. Die prunkvollen Großjagden postulierten ebenso wie die Jagdordnungen, die Tiere in Hoch- und Niederwild einteilten und so »ein nach Tierarten gestuftes Prestigegefälle« schufen, die Dominanz des Herrschers.[4]

Die Jagd in der beginnenden Moderne

Das »Dominanzpostulat« des Absolutismus stieß seit dem 18. Jahrhundert zunehmend an seine Grenzen. Mit der Säkularisierung Anfang des 19. Jahrhunderts gerieten die Sonderrechte des Adels, wie zuvor in Frankreich, in den deutschen Territorien ins Wanken. Im Zuge der Revolution von 1848/49 fielen schließlich mit der Reichsverfassung vom 27. März 1849 die Jagdprivilegien der Fürsten, wenngleich dies nicht die endgültige Freigabe der Jagd bedeutete. Bereits im März 1850 hob ein preußisches Gesetz die Jagdfreiheit wieder auf, indem es das Revierprinzip einführte, das später zur Grundlage für die Jagdgesetzgebung im Deutschen Reich und in der Bundesrepublik werden sollte. Das Jagdrecht war nunmehr an einen Mindestbesitz von 300 Morgen gebunden. Da nicht einmal fünf Prozent der preußischen Bevölkerung so

oben: 187 | Einladung Wilhelms I. an den preußischen General der Infanterie Leopold Hermann von Boyen zur Hasenjagd, 1876

rechts: 188 | Programmablauf für die Reise von Berlin zu den Hofjagden bei Letzlingen im November 1878

viel Land besaß, bedeutete dies, dass wie zuvor ein Großteil der Landbewohner de facto von der Jagd ausgeschlossen blieb. Auch das Sonntagsjagdverbot von 1852, das 1871 in die Reichsverfassung aufgenommen wurde, zielte darauf ab, Bürger und Bauern von der Jagd abzuhalten, fanden diese doch lediglich am Sonntag Zeit, privaten Vergnügungen nachzugehen. Im Zuge dieser rechtlichen Restauration jagten die

Reise

zu den Hofjagden bei Letzlingen im November 1878.

Mittwoch, den 27.:

Von **Berlin** (Lehrter Bahnhof)	Nachmittags	3_{30}	Extrazug
in **Gardelegen**	„	5_{30}	
zu Wagen in **Letzlingen**	Abends	6_{15}	

Souper um 7 Uhr (Reise-Anzug).

Donnerstag, den 28.:

Morgens $8^1/_2$ Uhr Aufbruch zur Jagd.

Eine Suche mit der Findermeute auf Sauen im Forstort Lehmkuhlen, Oberförsterei Jaevenitz.

Mittags 12 Uhr **Déjeûner** im Walde.

Ein Lappjagen auf Roth- und Dammwild im Forstort Eisengrund, Oberförsterei Jaevenitz.

Strecke.

Nachmittags $5^1/_2$ Uhr in Letzlingen.

Abends 7 Uhr **Dîner** im Schlosse (Frack, schwarze Cravatte).

Freitag, den 29.:

Morgens 8 Uhr Aufbruch zur Jagd.

Ein Lapptreiben auf Roth- und Dammwild in der Oberförsterei Planken.

Vormittags $10^1/_2$ Uhr **Déjeûner** im Walde.

Ein Lapptreiben auf Roth- und Dammwild in der Oberförsterei Letzlingen.

Strecke.

Nachmittags 3 Uhr in Letzlingen.

Nachmittags $3^1/_2$ Uhr **Dîner** im Schlosse (Reise-Anzug).

Von **Letzlingen** zu Wagen	Nachmittags	5 Uhr,	
von **Gardelegen**	„	5_{45}	Extrazug.
in **Berlin** (Lehrter Bahnhof)	Abends	7_{55}	

Empfang und Begleitung finden auf dieser Reise nicht statt.

Die Bestellung der Beförderungsmittel zwischen Gardelegen und Letzlingen wollen die Herren selbst veranlassen.

[illegible]

201 | Wilmersdorfer Rentiers (»Millionenbauern«) mit Jagdbeute in der Prignitz, 1913

Fürstenhäuser bald wieder »in alter feudaler Leutseligkeit in ihren landesherrlichen Waldungen und unter Hilfeleistung ihres Forstpersonals«[5] und führten die Lappjagd wieder ein.

Obwohl Kaiser Wilhelm II. sie 1888 abschaffte, pflegte auch er »ein neo-absolutistisches Jagdgepränge«[6] – sowohl bei der Jagdpraxis als auch mit Blick auf die Zahl der erlegten Tiere. Die Jagdzeitschrift *Wild und Hund* errechnete anlässlich seines 25. Thronjubiläums 1913, dass der Kaiser bis dato rund 75 000 Tiere bei der Jagd erlegt hatte. Gerade in den ersten Jahren seiner Regentschaft fand der repräsentationsbewusste Hohenzollern-Herrscher offenbar kein Maß. Die Schießfertigkeiten Wilhelms II. wurden durch seinen seit der Geburt verkürzten linken Arm begrenzt. Seine körperliche Einschränkung suchte der Kaiser auf vielfache Weise zu

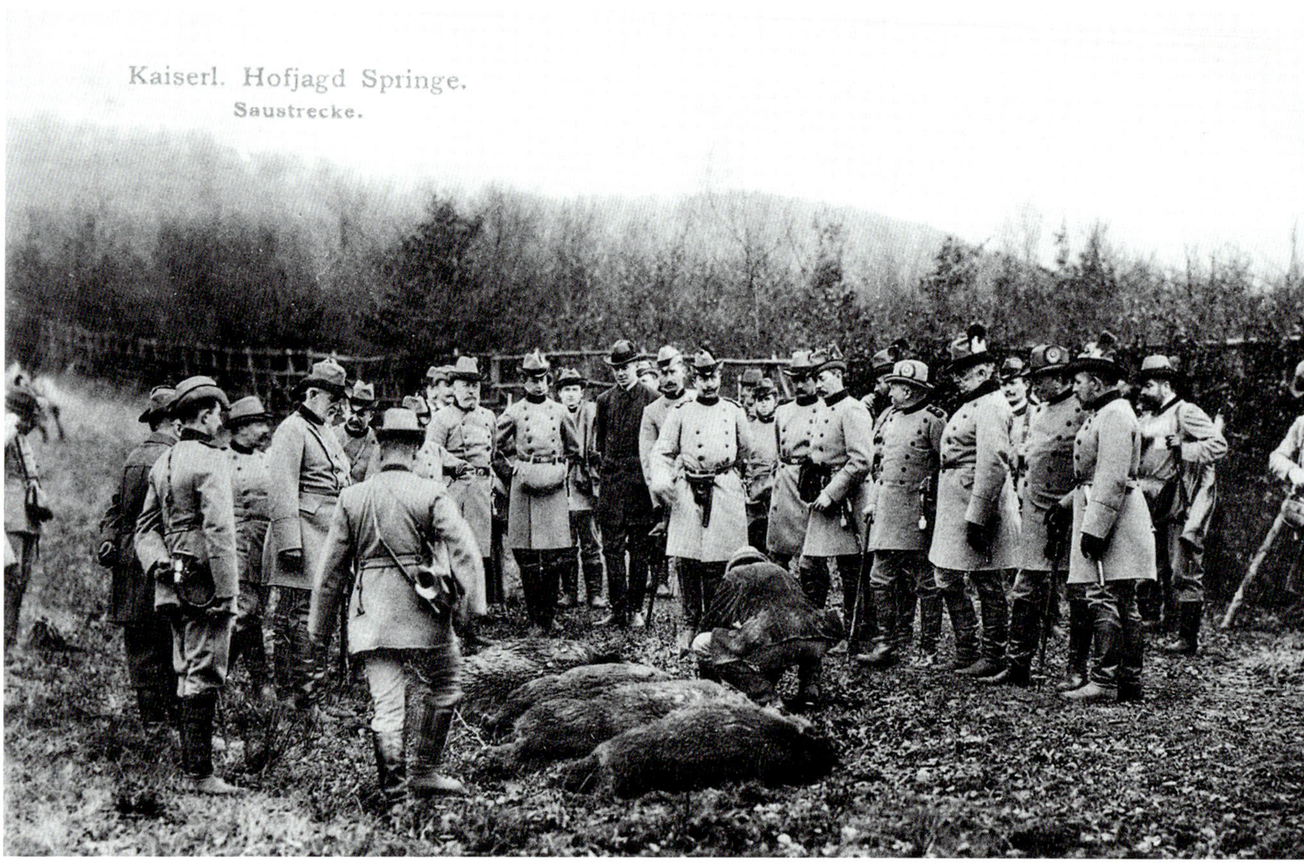

191 | Wilhelm II. nach der Jagd, Postkarte, um 1900

kompensieren. Er jagte von Boden- und Hochsitzen aus und bedurfte der Unterstützung ausgewählter Jagdbegleiter, die, während er schoss, bereits die nächsten Flinten für ihn luden. Zudem entwickelte der Waffenhersteller Mauser ein Gewehr, das eigens auf die Bedürfnisse des Kaisers abgestimmt war. Schließlich griff Wilhelm II. auf vormoderne Jagdtechniken zurück und ließ einzelne Tiere vor der Jagd einlappen, um zu garantieren, dass er auch zum Schuss kam.

Wie im Absolutismus war auch die Jagd im deutschen Kaiserreich eng mit Ordnungsvorstellungen verknüpft: Der Kaiser fällte mit jedem Schuss, »einem gottähnlichen Selektionsermessen« folgend, eine »Entscheidung [...] ›von oben‹ herab« und betrieb eine »Hege mit der Büchse«.[7] Den Gedanken der sogenannten Hegeauswahl, nach dem Hirsche mit einer herausragenden Geweihentwicklung eigens für den Abschuss durch den Kaiser herangezogen wurden und diesem vorbehalten bleiben sollten, adaptierte Wilhelm II. von dem preußischen Oberjägermeister Hans Heinrich XI., Herzog von Pless. Die kaiserlichen Jagdgebiete bildeten so idealerweise jene gottgewollte Hierarchie und Ordnung ab, die den Kaiser als Zentrum der Macht imaginierte.

Kaiser Wilhelm II. und die Folgen

Zu den bevorzugten Jagdrevieren Wilhelms II. zählten die in Brandenburg gelegene Schorfheide sowie die zu jener Zeit ostpreußische Rominter Heide. Die Leidenschaft für beide Waldgebiete verband preußische Herrscher mit Politikern der Weimarer Republik und NS-Größen. Wilhelm II. ging in Rominten seiner Leidenschaft für die Rotwildjagd nach und ließ ab 1891 ein kaiserliches Jagdschloss im skandinavischen Stil errichten. Nach dem Ende der Monarchie rückten die preußischen Ministerpräsidenten in die Position der Jagdherren. Unter den Demokraten der Weimarer Republik fanden sich passionierte Waidmänner und Naturliebhaber, so etwa der Sozialdemokrat Otto Braun, dessen Leidenschaft fürs Jagen ihm Kritik aus allen politischen Lagern eintrug.

200 | Hermann Göring und der polnische Präsident Mościcki mit erlegtem Wolf, 1938

Mit seinen Tier- und Pflanzenschutzverordnungen schuf Braun 1929 als preußischer Ministerpräsident die Grundlage für das Reichsjagdgesetz, das Hermann Göring 1934 in Kraft setzte und auf dem das heutige Bundesjagdgesetz basiert. Göring trat nicht nur jagdrechtlich in Brauns Fußstapfen, sondern auch als ostpreußischer Jagdherr. Er hielt sich erstmals 1933 in Rominten auf und ließ 1936 ein Jagdhaus errichten. Der »Reichsjägerhof« war nicht nur Ausgangspunkt für viele Jagden, sondern wie die Schorfheide auch ein Schauplatz von Görings Versuchen, durch Einladungen an ausgewählte ausländische Gäste eine eigene Außenpolitik zu etablieren. Mit dem deutschen Überfall auf die Sowjetunion im Sommer 1941 schlug Göring hier ein Hauptquartier auf. Nach dem Krieg blieb Rominten, das nunmehr russisches Territorium war, bis 1991 militärisches Sperrgebiet.

Eine noch prominentere Rolle als Rominten hatte historisch nur die nahe bei Berlin gelegene Schorfheide, eines der größten zusammenhängenden Waldgebiete Mitteleuropas. Auch die Schorfheide war traditionelles Jagdgebiet der Hohenzollern. König Friedrich Wilhelm IV. ließ zwischen 1847 und 1849 zu Ehren seiner bayerischen Ehefrau ein Jagdhaus im bayerischen Landhausstil bauen, das sogenannte Jagdschloss Hubertusstock. Hier empfingen er und seine Nachfolger zahlreiche Gäste, darunter Zar Alexander III., und nutzten den Ort für Feste. So feierten Wilhelm I. und Augusta von Sachsen-Weimar 1879 ihre Goldene Hochzeit auf Hubertusstock. Wilhelm I. verbesserte die Erreichbarkeit der Schorfheide durch eine Eisenbahnverbindung; Wilhelm II. ging einen Schritt weiter und ließ zur Jahrhundertwende bei Joachimsthal am Werbellinsee einen Kaiserbahnhof errichten. In der Weimarer Republik nutzten die Reichspräsidenten Friedrich Ebert und Paul von Hindenburg Hubertusstock, das dem preußischen Staat 1926 übertragen worden war, als Jagdsitz. Nach Hindenburgs Tod stellte Adolf Hitler, der selbst keine Neigung zur Jagd zeigte, das Gebäude Hans Heinrich Lammers, dem Chef der Reichskanzlei, zur Verfügung.

Bereits 1933 hatte sich Hermann Göring, begeisterter Jäger und ab Juli 1934 als Reichsjägermeister Leiter des Reichsforstamtes, in der Schorfheide 120 Hektar zur Verfügung stellen lassen, wo er aus Kiefernstämmen, Schilfrohr und Findlingen ein Landhaus im schwedischen Stil erbauen ließ.

155 | Speiseraum in Hermann Görings Jagd-Anwesen Carinhall, 1940–1945

Der Landsitz Carinhall diente Göring als Refugium und war dem Andenken seiner ersten Ehefrau gewidmet, deren Leichnam dorthin umgebettet wurde. Zugleich nutzte der Politiker seine Waldresidenz für politische Gespräche und Empfänge, wohl wissend, dass die entspannte Atmosphäre einer Jagdgesellschaft der Lösung politischer Probleme förderlich sein konnte. Vor allem zwischen 1934 und 1939 verfolgte der polyglotte Göring auch auf Carinhall eigene außenpolitische Ambitionen, indem er neben Parteigenossen ausländische Diplomaten und Potentaten, darunter Benito Mussolini, in die Schorfheide einlud. Während die männlichen Gäste mit Jagden und Jagdfrühstücken unterhalten wurden, arrangierte Emmy Göring für die Damen Teegesellschaften. Auf Carinhall gaben sich die Górings unter Einbeziehung des Nachwuchses familiär und kombinierten diese intime Atmosphäre mit prunkvollem Luxus. Göring zeigte sich »in phantasievoller Aufmachung«, etwa gekleidet als »vornehmer Gutsbesitzer und Jagdherr des 18. Jahrhunderts«, und ließ auch Personal Uniform und Tracht tragen.[8]

Das Repräsentationsstreben der Görings dokumentieren auch diverse bauliche Maßnahmen. Zwischen 1936 und 1937 wurde Carinhall auf Staatskosten de facto um das bestehende Gebäude herum neu gebaut. Der neue Waldhof beinhaltete mehrere Galerien und Hallen, in denen Jagdtrophäen, Gemälde und Gobelins ausgestellt wurden, einen Spielboden für Görings Modelleisenbahn sowie Schwitzbad und Sauna, Friseursalon, Zahnstation und Kinosaal. 1939 bis 1940 ließ Göring Carinhall nochmals um das Doppelte erweitern; ein dritter Erweiterungsbau, der unter anderem ein Kunstmuseum für 1951 projektierte, wurde nicht mehr realisiert. 1945 ließ Göring das Anwesen sprengen, damit es nicht in feindliche Hände fiele.

Mit der stetigen Ausbreitung Carinhalls missachtete Göring seine eigenen Bestimmungen zum Schutz der Landschaft. Ausgehend von Brauns Maßnahmen in den 1920er Jahren hatte Göring 1934 den »Natur- und Urwildpark Schorfheide« gegründet, der durch Einzäunungen großer Areale Schongebiete für bedrohte Tierarten schaffen sollte.

Deutsch-deutsche Bühnen

Auch nach 1945 diente der Wald als Bühne der Macht. Zugleich sollte er die verbliebenen Spuren des NS-Regimes überdecken. Sowohl in Berchtesgaden, wo Hitlers Berghof gestanden hatte, als auch in der Schorfheide, wo die Trümmer Carinhalls lagen, wurde nach dem Krieg aufgeforstet, damit sich über die Vergangenheit ein grüner Teppich des Schweigens lege. Die beiden deutschen Nachkriegsstaaten knüpften an die jagdlichen Traditionen früherer Zeiten an.

Wenngleich die DDR mit dem Jagdgesetz von 1953 das Wild zum Volkseigentum erklärte und Jagden als kollektive Aktivitäten konzipierte, etablierten sich sehr schnell wieder Staatsjagdgebiete, deren Nutzung Politikern und Diplomaten vorbehalten war. Hochrangige SED-Funktionäre wie Walter Ulbricht, Willi Stoph, Erich Honecker oder Erich Mielke verfügten gleichsam über persönliche Jagdreviere auf Staatskosten. Die Schorfheide, mittlerweile offiziell unter der Ägide der Nationalen Volksarmee (NVA), erfreute sich weiterhin großer Beliebtheit. Wie ehedem empfingen nun die Repräsentanten der DDR auswärtige Gäste in Hubertusstock und anderen teils von Göring erbauten Gästehäusern.

Vor allem Erich Honecker befeuerte in den 1970er Jahren den Jagdeifer im Politbüro und nutzte Jagdgesellschaften gezielt zur Pflege politischer Kontakte mit den Bruderstaaten des Ostblocks, aber auch mit westdeutschen Journalisten und Politikern von Franz Josef Strauß bis Helmut Schmidt. Bereits in den 1960er Jahren hatte die DDR Diplomatenjagden eingeführt – als Reaktion auf die Etablierung dieses Veranstaltungstyps in der Bundesrepublik. Dort erlebten für das Diplomatische Korps und Staatsgäste ausgerichtete Jagden von den 1950er bis in die 1970er Jahre eine Konjunktur, die auch Wirtschaftsvertreter durch eigene Jagdeinladungen förderten.

»Im Walde sind die Elfen verschwunden,
Jagdhörner hör ich, Gekläffe von Hunden;
Im Dickicht ist das Reh versteckt,
das tränend seine Wunden leckt.«

Heinrich Heine, 1851

Wie eng bis heute Jagd, Macht und Männlichkeit in der Politik miteinander verknüpft sind, zeigt sich auch bei einem Blick auf ehemalige Ostblockstaaten. Hier hatten sich Nikita Chruschtschow, Leonid Breschnew, Josip Broz Tito, Todor Schiwkow und Nicolae Ceauşescu, der mit seinen Jagdtrophäen in den 1980er Jahren mehrfach internationale Auszeichnungen gewann, als leidenschaftliche Jäger gezeigt. Wenn Wladimir Putin sich heute mit nacktem Oberkörper und Tarnhose im Wald ablichten lässt, führt er diese Tradition ikonografisch fort.

Anmerkungen

1 Stefan von Below, Das Eigentum am Wald – ein Forschungsüberblick. In: Stefan von Below, Stefan Breit (Hg.), Wald. Von der Gottesgabe zum Privateigentum. Gerichtliche Konflikte zwischen Landesherren und Untertanen um den Wald in der frühen Neuzeit, Stuttgart 1998, S. 1–55, hier S. 1.

2 Werner Rösener, Die Geschichte der Jagd. Kultur, Gesellschaft und Jagdwesen im Wandel der Zeit, Düsseldorf 2004, S. 324.

3 Martin Knoll, Umwelt – Herrschaft – Gesellschaft. Die landesherrliche Jagd Kurbayerns im 18. Jahrhundert, St. Katharinen 2004, S. 388.

4 Martin Knoll, Dominanz als Postulat. Höfische Jagd, Natur und Gesellschaft im »Absolutismus«. In: Francois Duceppe-Lamarre, Jens Ivo Engels (Hg.), Umwelt und Herrschaft in der Geschichte = Environnement et pouvoir: une approche historique, München, Paris 2008, S. 73–91, hier S. 82 (auch für das Folgezitat).

5 Wilhelm Bode, Elisabeth Emmert, Jagdwende. Vom Edelhobby zum ökologischen Handwerk, München 1998, S. 124.

6 Martin Knoll, Dominanz als Postulat. Höfische Jagd, Natur und Gesellschaft im »Absolutismus«. In: Francois Duceppe-Lamarre, Jens Ivo Engels (Hg.), Umwelt und Herrschaft in der Geschichte = Environnement et pouvoir: une approche historique, München, Paris 2008, S. 90.

7 Wilhelm Bode, Elisabeth Emmert, Jagdwende. Vom Edelhobby zum ökologischen Handwerk, München 1998, S. 131.

8 Volker Knopf, Stefan Martens, Görings Reich. Selbstinszenierungen in Carinhall, Berlin 2006[3], S. 84.

194 | Kronprinz Wilhelm und seine Frau Cecilie auf der Jagd, Postkarte, um 1910

196 | Wilhelm von Preußen mit erlegtem Hirsch, Postkarte, 1910/15

198 | Friedrich Ebert mit seiner Ehefrau und Hegemeister Scholz bei der Jagd in der Schorfheide, um 1922

197 | Paul von Hindenburg bei der Jagd
in den Wäldern von Bialowieza, 1915

Otto Braun mit Jagdgesellschaft, o. J.

Jagd im Geisterholz bei Oelde/Westfalen
für die in Bonn akkreditierten Diplomaten:
Bundespräsident Theodor Heuss (mit Hut und Stock)
begutachtet zusammen mit den Diplomaten
die Strecke, 1957

Diplomatenjagd in Anwesenheit
von Bundespräsident Heinrich Lübke (Mitte)
in Oelde/Westfalen, 1960

Franz Josef Strauß, Fürst Johannes von Thurn und Taxis und
der griechische Reeder Stavros Niarchos bei der Schwarzwildjagd
im Jagdrevier »Thiergarten« der Thurn und Taxis, 1983

Erich Honecker auf der Jagd in Finnland
mit seiner Beute, einem 450 Kilogramm schweren Elch, 1984

Mitbürger, helſt uns
unsere Wälder erhalten!
Schließt Euch uns an,
zur Erhaltung der Wälder um Berlin
Reinhaltung, Anſiedelung von Singvögeln
Mindeſt-Jahresbeitrag 1 Mark
Annahme von Einzahlungen bei ſämtlichen
Depoſitenkaſſen der Deutſchen Bank
Berliner Waldſchutz-Verein

Jeffrey K. Wilson

»Waldverwüster« und Waldverliebte

DER KONFLIKT UM DEN BERLINER GRUNEWALD (1860–1920)

Das 19. Jahrhundert in Deutschland ist berühmt für die Waldromantik; Dichter und Schriftsteller besangen und beschrieben die Schönheit der Wälder und deren die Seele und das Gemüt berührende Atmosphäre. Manche betrachteten den Wald aber auch als eine Art Quelle des Volkscharakters, so etwa der Volkskundler Wilhelm Heinrich Riehl, der das Publikum zum Waldschutz aufrief, »damit Deutschland deutsch bleibe.«[1]

Mit der zunehmenden Verstädterung im 19. Jahrhundert suchte das Bürgertum verstärkt einen Zugang zur Natur, um sich von dem immer rascheren Tempo des Stadtlebens und von der urbanen Naturarmut zu erholen. Deshalb ist der Spaziergang schon in den frühen Jahrzehnten des Jahrhunderts zu einem wichtigen Bestandteil des bürgerlichen Rituals geworden. In späteren Jahren, als die Städte noch schneller wuchsen und das Eisenbahnnetz sich verbesserte, zogen Wanderer und Sommerfrischler auf dem Lande und in den Wäldern umher, ihre Heimat und neue Landstriche entdeckend. Der Zeitraum zwischen 1860 und 1890 – also in jener Phase, an deren Ende mehr Menschen in den Städten als auf dem Land lebten – wies auch einen ersten Höhepunkt in der Gründung von Wandervereinen auf. Bald darauf erreichte die Praxis des Wanderns mit der Gründung des ersten sozialistischen Wanderklubs der »Naturfreunde« im Jahre 1895 auch die Arbeiterbewegung.

Während der Wald zum Ort der bürgerlichen (und später der Arbeiter-) Erholung wurde, blieben die Wälder zugleich Eigentum von Großgrundbesitzern sowie nicht zuletzt des Staates oder der Kommunen, die wiederum Besucher oft ausschließen wollten: entweder um ihr Wild zu schützen oder um Verstöße gegen die strikten Regeln der forstwirtschaftlichen Produktion zu verhindern. Diese beiden »Aneignungen« vom Wald gerieten gerade zu der Zeit in Konflikt, als die Wandervereine sich auszubreiten begannen. Zwischen 1878 und 1880 fanden im preußischen Landtag heftige Debatten über das Feld- und Forstpolizeigesetz statt, mit dem versucht wurde, den öffentlichen Zugang zum Wald einzuschränken. Im Grunde genommen hat das Gesetz, das endlich im Jahr 1880 verabschiedet wurde, niemanden zufriedengestellt, und der Streit um den öffentlichen Zugang zum Wald setzte sich bis ins 20. Jahrhundert hinein fort.

Der Streit um den Grunewald beginnt

Der Grunewald, am westlichen Rand von Berlin gelegen, war um die Jahrhundertwende der Ort eines solchen Kampfes, der jedenfalls einige Berliner sich gegen ihren Kaiser und König stellen ließ. Landesfürsten hatten seit mindestens 1543 im Grunewald gejagt, und der Wald blieb bis ins 20. Jahrhundert hinein ein königliches Jagdrevier. Seit den 1870er Jahren vermochte die Hubertusjagd, die jährliche Hofjagd, Hunderte von empörten oder am Spektakel interessierten Berlinern anzulocken. Mehr als nur passive Beobachter, versuchten manche mit den berittenen Jägern Schritt zu halten, nur um ihnen dann unvermittelt in den Weg zu laufen und damit die Jagd zu stören. Die aus der Stadt angereiste Menschenmenge bejubelte die populären Jäger zu Pferde und verspottete in typisch Berliner Art die unbeliebten. Der teilnehmende Heinrich Prinz von Schönburg-Waldenburg klagte: »Es war eben für die Berliner eine Art Narrenfreiheit proklamiert.«[2] Ab den 1880er Jahren kam es bei solchen Gelegenheiten zu einer Ansammlung von über 10 000 Menschen, und 40 Gendarmen sowie ein Militäraufgebot wurden benötigt, um sie in Schach zu halten. Wegen solcher wachsenden und anhaltenden Störungen gab Kaiser Wilhelm II. die Jagd im Grunewald schließlich auf: ein wesentliches Zugeständnis an das Publikum.

300 | Plakat des »Berliner Waldschutz-Vereins« nach einem Entwurf des Grafikers Lucian Bernhard (Ausschnitt), um 1907

277 a | Paar im Wald, um 1908

Als Ergebnis des großen Interesses an der Hubertusjagd – heute würden wir von einem »Event« sprechen – lernten die Berliner den Grunewald überhaupt erst kennen. Der Wald wurde schon in den 1890er Jahren zu einem immer beliebteren Ausflugsort. Eine Schilderung aus dem Jahr 1902 beschrieb die verschiedenen Vergnügungen der sonntäglichen Besucher: Großstädter strömten aus den Havel-Dampfern, die bei Schildhorn festgemacht hatten, wo an manchen Sonntagen ein Orchester das beliebte, von Otto Teich verfasste (1890) und von Franz Meißner vertonte (1892) Lied *Im Grunewald, im Grunewald ist Holzauktion!* intonierte.[3] Hunderte von Ausflüglern waren bereits angekommen, per Schiff, zu Fuß, mit dem Fahrrad oder der Kutsche.

Die Menge verteilte sich bald in den verschiedenen Biergärten und Restaurants, um ein Glas Bier oder eine Tasse Kaffee im Freien zu genießen; manche Cafés warben auch mit dem Spruch: »Hier können Familien Kaffee kochen«, das heißt, angeboten wurde gegen Entgelt das Geschirr und heißes Wasser, während die Ausflügler ihre Brote und den Kuchen selbst mitbringen konnten. Viele zogen auch gleich in den schattigen Wald, um dort zu picknicken und den Tag unter Bäumen zu verdösen. Nach den Erfrischungen nahmen Berliner aller Stände an Spielen und Wettrennen teil, sie kletterten auf Bäume, jagten Schmetterlinge und stibitzten Kuchen aus den Körben anderer Besucher. Viele schwammen oder ruderten in Booten umher. An Sommerabenden stellten sich mitunter Flötisten neben das Schildhorn-Denkmal auf und spielten *Wer hat Dich, Du schöner Wald* von Joseph von Eichendorff in der Vertonung von Felix Mendelssohn Bartholdy. Wenn der Abend weiter voranrückte, spielten Restaurantkapellen zu beliebter Tanzmusik auf, und Mädchen führten die neuesten Tanzschritte vor.[4] Kurz – die Berliner hatten den Grunewald entdeckt und begannen damit, durch ihre Aktivitäten den Wald auf ihre eigene Weise zu formen.

045 | Paul Franz Flickel: Am Havelufer, um 1890

Als er um 1904 seine Jagdtätigkeiten im Grunewald einstellte, gab Wilhelm II. – der sich Volkskaiser nannte – bekannt, dass sein ehemaliges Jagdrevier in einen Volkspark umgewandelt werden sollte. Mehrere Berliner Zeitungen begrüßten diese Entscheidung mit Begeisterung und vermerkten, dass der öffentliche Zugang zum Wald die Schönheit der Reichshauptstadt noch steigern würde. Überdies ließe sich auf diese Weise auch die Gesundheit der Arbeiterklasse Berlins verbessern, die sonst keinen Zugang zur Natur hatte.

Der Konflikt eskaliert – und findet eine Lösung

Dennoch hatte das preußische Landwirtschaftsministerium schon geheime Pläne entwickelt, um beachtliche Teile des Grunewaldes als Bauland (und zu Baulandpreisen) zu veräußern. Als Berlins linksliberale Presse davon erfuhr, lancierte sie 1904 eine Gegen-Aktion. Hauptsächlich von der *Berliner Volks-Zeitung* und dem *Berliner Tageblatt* geführt, erschienen nun regelmäßig Artikel, die alle umlaufenden Gerüchte über Verkaufspläne aufgriffen und sich in ihren Kommentaren vehement der befürchteten »Waldschlächterei« entgegensetzten. Die Chefredakteure dieser Zeitungen kündigten eine Protesterklärung gegen jegliche Veräußerungen von Landstücken des Grunewaldes an und sammelten eindrucksvolle 30 000 Unterschriften, die sie persönlich dem preußischen Landwirtschaftsminister Victor von Podbielski überreichten.[5] Zur gleichen Zeit verspotteten die Satirezeitschriften Podbielski als den »Waldverwüster«, und der »Verein für naturgemäße Lebens- und Heilweise« setzte besorgte Bürger in Bewegung.[6] Da die preußischen Behörden jedoch nicht nachgaben und alle Forderungen des Publikums ablehnten, wurde die Zeitungsaktion fortgesetzt.

Zwischen 1905 und 1914 entwickelten engagierte Berliner diverse Strategien, um den Grunewald und später auch andere Wälder um Berlin vor staatlichem Verkauf und Bebauung zu schützen. Weil der Staat keine Versprechungen zum Waldschutz zu geben bereit und auch nicht in der Lage war, die Situation zu entschärfen, tobten alsbald intensive Debatten über die Erhaltung des Grunewaldes in beiden Häusern des preußischen Landtages. Mit Gesetzesinitiativen nicht zufrieden, schlossen sich viele Berliner Bürger in Protestversammlungen zusammen, um ihre Missbilligung zum Ausdruck zu bringen.

»Zu fällen einen schönen Baum
Braucht's eine halbe Stunde kaum.
Zu wachsen, bis man ihn bewundert,
braucht er, bedenk es, ein Jahrhundert.«

Eugen Roth, *Der Baum*

Diese Versammlungen fanden bereits im unmittelbaren Vorfeld des zweiten Waldschutztages 1909 statt, der die mannigfaltigen Stimmen und Aktionen für die Erhaltung des Grunewaldes bündelte und organisierte. Repräsentanten der Sozialreform-, Bodenreform-, Gartenstadt-, Heimat-, Naturschutz- und selbst der Abstinenzbewegung verbündeten sich mit Vertretern der Berliner Mietervereine, den liberalen Gewerkschaften, den Krankenkassen sowie mit Frauen-, Geschichts-, Botaniker-, Naturheil-, Turn- und Lehrervereinen sowie weiteren Gruppierungen.[7] Obwohl die Gruppen die Erhaltung der Wälder um Berlin durch die Brille ihrer unterschiedlichen eigenen Interessen betrachteten, waren sich alle über die besondere Bedeutung des freien Zugangs zum Wald für die Arbeiter einig. Insbesondere im dynamischen Berlin, dessen Bevölkerung zwischen der Jahrhundertwende und dem Ersten Weltkrieg von 2,7 auf 3,7 Millionen Menschen wuchs, zeugte diese übergreifende Einsicht von einem durchaus hoch entwickelten Umweltbewusstsein.

Innerhalb der preußischen Regierung war mittlerweile das Unbehagen angesichts der offen zutage tretenden Unduldsamkeit des Berliner Publikums gewachsen – und hatte die Bereitschaft zu einem Kompromiss gefördert. Bereits 1908 hatte der anhaltende Widerstand innerhalb der Bevölkerung den Verkauf von einigen Waldstücken verhindert. Um 1910 begann die Regierung nun angesichts des anhaltenden Unmuts recht komplizierte Verhandlungen über den Verkauf des Grunewaldes und anderer Wälder sowie über die Regulierung der Stadtplanung und des Eisenbahnnetzes der Großstadt mit Vertretern aus Berlin und aus dessen Vororten.

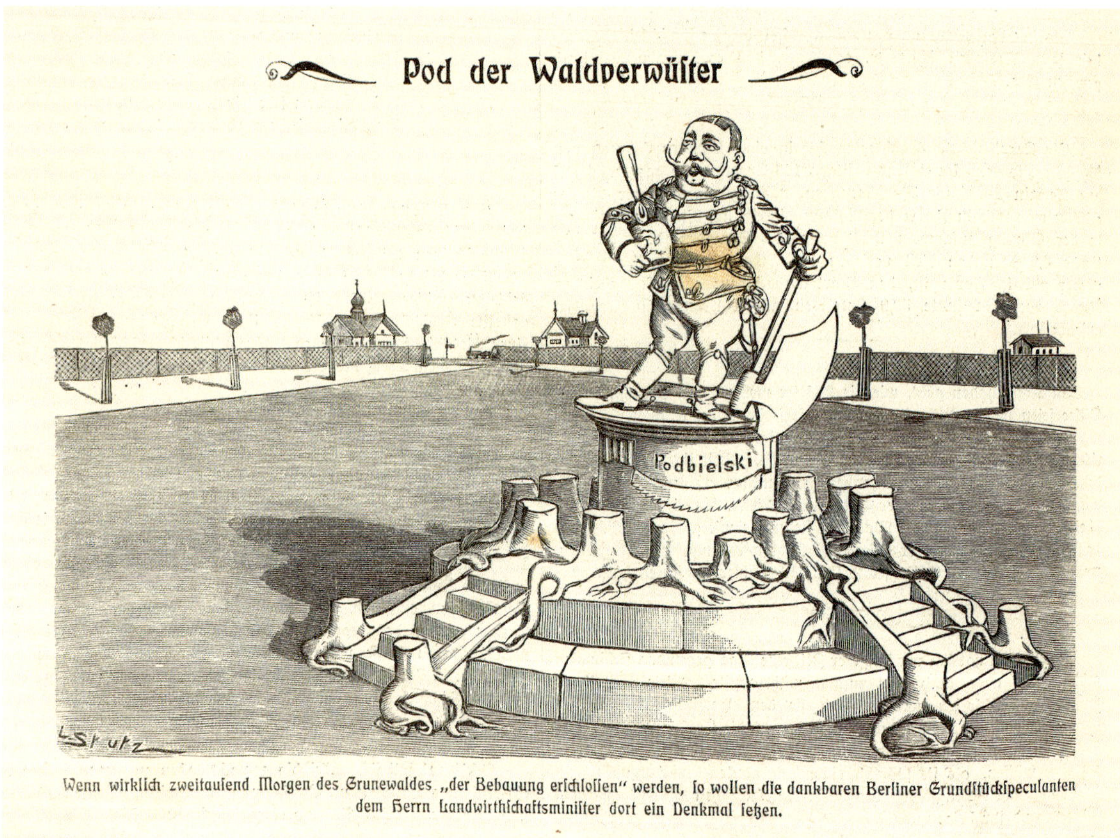

302 | Die 1904 im *Kladderadatsch* erschienene Karikatur verspottet den Preußischen Landwirtschaftsminister Victor von Podbielski als »Waldverwüster«, 1904

Die Verhandlungen verzögerten sich indessen im Jahr 1912. Das lag vor allem daran, dass das preußische Finanz- und das Landwirtschaftsministerium mindestens 1,60 Mark pro Quadratmeter Wald forderten, während andere Ministerien auf noch größere Zugeständnisse hinsichtlich des Preises drängten. Manche der ministeriellen Verhandlungsführer machten sich unter Verweis auf die positiven gesundheitlichen Auswirkungen des Waldes für einen niedrigeren Preis stark und betonten, dass der Verkauf an Berlin auch »politisch durchaus erforderlich« sei. Wenn der Staat auf einem hohen Preis bestehe, so lautete eines der Argumente, so würde »an dem guten Willen der Staatsregierung gezweifelt werden« und das würde ernsthafte Folgen haben, »besonders im Hinblick darauf, daß die Person Sr. Majestät des Königs bereits in Verbindung mit der Angelegenheit genannt sei«.[8]

Der anhaltende Druck von Gruppierungen inner- und außerhalb der Regierung führte zu einer Herabsetzung des Preises auf schließlich 70 Pfennige pro Quadratmeter und damit auf weniger als die Hälfte des ursprünglichen Preises. Aber auch diese starke Reduzierung wurde von mehreren Ministern – darunter vom Preußischen Ministerpräsidenten und Reichskanzler Theobald von Bethmann Hollweg – als unzureichend betrachtet; verlangt wurde von dieser Seite eine Reduzierung bis auf 53 Pfennige pro Quadratmeter, und zwar aus »allgemeinen politischen Gesichtspunkten« heraus, andere dachten an einen noch niedrigeren Preis.[9] Schließlich kaufte die Stadt Berlin den Grunewald mit fast 10 000 Hektar Wald im März 1915 für 50 Millionen Mark, mithin 50 Pfennige pro Quadratmeter, ein günstiger Preis im Vergleich zu anderen Waldverkäufen an Städte zu dieser Zeit. Der Waldankauf und der neue Waldgürtel wurden dann ab 1920 zur Grundlage für die Bildung Groß-Berlins.

Der skizzierte Streit um den Wald zeigt vor allem, dass um die Jahrhundertwende das Interesse an der Natur nicht allein einer nationalistischen, völkischen Politik diente. Die Waldschwärmerei führte vielmehr auch dazu, dass Teile der Berliner Bevölkerung gegen die Obrigkeit kämpften, um die Naturräume ihrer Umwelt für die Allgemeinheit zu öffnen und zu schützen. Entgegen der üblichen Charakterisierung als schüchtern und schwach, hat die Naturschutzbewegung des Kaiserreiches die preußische Regierung eigensinnig herausgefordert und tatsächlich auch Erfolge erzielt. Der Kampf um die Wälder in dieser Zeit war inspiriert von einem generellen Interesse an der Natur und dem starken Wunsch, einen dauerhaften Zugang zu ihr zu sichern.

»O der süße grüne Wald,
Wo wir einst in Wonne klangen,
Wo wir spielten, wo wir sangen,
Wo wir tanzten Maientänze,
Wo wir pflückten Maienkränze,
O der süße grüne Wald!«

Ernst Moritz Arndt
Der grüne Wald, 1835

Anmerkungen

1 Wilhelm Heinrich Riehl, Die Naturgeschichte des Volkes, Stuttgart 1867, S. 49 – 50.

2 Heinrich Prinz von Schönburg-Waldenburg, »Parforcejagd im Grunewald«. In: Karl Heinz Höfele (Hg.), Geist und Gesellschaft der Bismarckzeit, Göttingen 1967, S. 263.

3 Der Text des Liedes geht zurück auf den Ende des 19. Jahrhunderts beginnenden Bau der Villenkolonie Grunewald, der gegen den Widerstand mancher Naturfreunde durchgesetzt wurde. Die notwendigen Rodungen führten eine Zeit lang dazu, dass hier besonders günstig Feuerholz gekauft werden konnte, das mitunter über Auktionsveranstaltungen veräußert wurde. In der Grunewalder Villenkolonie lebten mehr oder weniger vermögende Unternehmer und Bankiers, aber auch viele Künstler und Schriftsteller. Bis 1933 war das Gebiet ein bevorzugter Wohnort des arrivierten jüdischen Bürgertums.

4 Das Denkmal auf der Schildhorn-Halbinsel war 1845 von König Friedrich Wilhelm IV. veranlasst und nach einem Entwurf von Friedrich August Stüler errichtet worden. Es ist der Erinnerung an den Wendenfürsten Jaczo gewidmet, der die Havel auf der Flucht durchschwommen haben soll. Um seine Rettung zu befördern, rief er auch den christlichen Gott an und ließ sich nach geglückter Flucht taufen. Seinen Schild und sein Schwert hat Jaczo nach der Durchschwimmung der Havel an angeblichen jenem Ort, wo das Denkmal bis heute steht, an einen Baum gehängt. Deshalb hat das Denkmal auch die Form eines Baumstumpfes. Vgl. zum Inbesitznehmen des Grunewalds durch die Berliner: Hermann Berdrow, Der Grunewald, Berlin 1902, S. 98 – 100.

5 »Schicksal des Grunewaldes«. In: Volks-Zeitung 536, 14. November 1904.

6 Stutz, »Pod der Waldverwüster«. In: Kladderadatsch 57, 9. Oktober 1904, S. 164; »Gegen die Verstümmelung des Grunewaldes«. In: Volks-Zeitung 534, 12. November 1904.

7 Der Berliner Zentralausschuß für die Wald- und Ansiedlungsfrage (Hg.), Der Kampf um unsere Wälder, Berlin 1909, S. 5.

8 Beratung im Landwirtschaftsministerium, 12.10.1912. GStAPK, I HA Rep. 90 Nr. 1632 b.266 – 269.

9 Sitzung des Staatsministeriums, 22.1.1913. GStAPK I HA Rep. 90, Nr. 1633, b.118 – 123.

Benjamin Ziemann

Wald-Gewalt

WALD UND KRIEG

In *Masse und Macht*, diesem an Reflexionen und Einsichten so überaus reichen Jahrhundertbuch, kommt Elias Canetti auch auf den Wald zu sprechen. In einer berühmten Passage über die Massensymbole der Nationen Europas verbindet Canetti die Deutschen mit dem Heer, welches für diese der »marschierende Wald« darstelle. In der klaren und symmetrischen Ordnung der geraden, hoch aufschießenden Stämme, deren »Standhaftigkeit« an die Tugenden des »Kriegers« gemahne, gehen Wald und Heer ineinander über. Selbst die gleichförmigen Rinden der Bäume mochten »den Uniformen einer Heeresabteilung« gleichen. Der zugleich aufgeräumte, kompakte und in sich gegliederte Raum des deutschen Waldes ähnele einer auf dem Schlachtfeld aufmarschierenden militärischen Formation und vermittele den Bürgern dieser Nation damit ein Gefühl der Geborgenheit und Sicherheit. Im Walde fühle sich der Deutsche nicht etwa verloren oder von einem unheimlichen Schauer umweht, sondern vielmehr »beschützt« und geborgen.[1]

Der Erste Weltkrieg

Es gehört zur Signatur der von extremer kriegerischer Gewalt geprägten Epoche seit 1914, dass der Wald gerade diese ihm in der nationalen Kollektivsymbolik zugedachte Schutzfunktion nicht mehr in vollem Maße übernehmen konnte. Die destruktive Kraft einer von Maschinen geprägten Kriegführung warf die Ordnung der Stämme buchstäblich über den Haufen. Sie machte den Wald, der den Soldaten Schutz bieten sollte, selbst des Schutzes bedürftig und zeigte die Verletzlichkeit und Zerbrechlichkeit der Holzstämme auf. Damit öffnete sich zugleich ein Raum für ambivalente symbolische Zuschreibungen und konkurrierende Ausdeutungen des Sinns, den das Töten und Sterben deutscher Männer auf den Schlachtfeldern haben sollte und konnte. Zwar müssen – gerade wenn man die von Canetti erkannte enge Beziehung des Waldes zur Selbstbeschreibung der deutschen Nation ernst nimmt – die symbolischen Bezüge im Vordergrund stehen. Die Verbindung von Wald und Krieg hatte aber seit 1914 auch eine zutiefst handfeste, praktische Komponente.

Im Falle eines Krieges konnten dichte Wälder in Grenzgebieten dabei helfen, den Einmarsch des Feindes aufzuhalten oder zumindest zu verlangsamen. So jedenfalls sah es ein traditionelles Verständnis des Krieges, in dem die zügige Bewegung von Truppen auf einem großen Gelände über Erfolg und Misserfolg entschied. Die Erfahrung des russischen Einmarsches in die Provinz Ostpreußen im August 1914 reaktivierte solche Vorstellungen wieder und verlieh ihnen eine bittere Präsenz. Als Kaiser Wilhelm II. 1922 einen Band mit Erinnerungen publizierte, vergaß er nicht den preußischen Landwirtschaftsminister Victor von Podbielski zu erwähnen, der vor dem Krieg durch die Anpflanzung größerer Waldkomplexe in den östlichen Provinzen darauf abgezielt hatte, einen »Naturschutz gegen russische Einfälle zu schaffen«.[2]

Aber mit dem Übergang zum Stellungskrieg seit dem Herbst 1914 wurde eine andere praktische Nutzanwendung von Forstanlagen weitaus wichtiger. Diese stationäre Form der Kriegführung, bei der sich die tief in den Boden eingegrabenen gegnerischen Truppen oft auf Rufweite gegenüberlagen, verbrauchte Unmengen an Holz. Dicke Balken und Bretter wurden in den Unterständen verbaut, lange Stämme dienten als Telegrafenmasten, kurze Balken als Schwellen für das dichte Netz der Munition heranführenden Feldeisenbahnen. Auch Baracken mussten gebaut werden, und mit Holzkohle befeuerte Öfen wärmten die Soldaten.

091 | Georg Broel: Zyklus *Waldsinfonie*
Blatt No. 4 (Ausschnitt), 1919

056 | Peter August Böckstiegel: Quartierswald, 1916

Die Beschaffung dieses Holzes war nicht nur eine militärische Notwendigkeit, sondern auch eine deutsche Kulturaufgabe. In Ober-Ost, dem Gebiet des Armeebefehlshabers für die eroberten russischen Gebiete, machte sich seit Oktober 1915 der bayerische Forstrat Georg Escherich daran, die Ressourcen des Landes auszubeuten. Im Gebiet von Bialowies, zwischen den Städten Białystok und Brest-Litowsk, baute er einen der größten Forstbetriebe der Welt auf. Die gewaltigen Bestände an Kiefern, Eschen und Eichen auf einem Areal von 130 000 Hektar waren bis dahin kaum rationell genutzt worden. Unterstützt von einer Handvoll bayerischer Forstbeamter und mit mehr als 10 000 Zwangsarbeitern aus der lokalen polnischen Zivilbevölkerung, darunter Frauen und Mädchen, ging Escherich an die Erschließung des Waldes. Auf den Bau von Baracken für die Arbeiter folgte die Verlegung von 100 Kilometer Waldbahnen mit einer Spurweite von 600 Millimetern. Die für den Grabenkrieg nötigen Hölzer gewannen die kärglich verpflegten Zwangsarbeiter in schwerer Handarbeit. Bald waren auch einige hundert Holzkohlenmeiler in Betrieb. In deren weißem Rauch spiegelten sich die Feuer, um die sich die Arbeiter in der Kälte kauerten, und so schien es, einer zeitgenössischen Beschreibung zufolge, »als stünde der ganze Wald in Flammen«.[3]

An der Ostfront schwang sich Escherich, im Rang eines Hauptmanns militärisch ein keinesfalls hochrangiger Offizier, zum unumschränkten Herrscher über Natur und Bevölkerung der weiten Räume Russisch-Polens auf. Nach einem früheren Aufenthalt im deutschen »Schutzgebiet« Kamerun verstand Escherich auch die Waldwirtschaft in Ober-Ost als eine Kolonisierungsaufgabe, welche den Aufbau deutscher Ordnung und Kultur – nicht nur in den Stämmen des Waldes – mit maximaler Rentabilität verband.

An der Westfront dagegen entstand unter dem Hagel der Granaten bald jene bereits zeitgenössisch so bezeichnete, von Menschenleere und Zerstörung des natürlichen Habitats geprägte »Kriegslandschaft«.[4] Der Wald an der Westfront in Belgien und Nordfrankreich, oder vielmehr die Reste dessen, was nach intensivem Beschuss mit Granaten und Minen noch von ihm übrig war, entwickelte sich bald zur Projektionsfläche für jene Mythologien, mit denen die Soldaten die Transformation von Natur und Kultur durch den Krieg zu begreifen versuchten. Gerade der Wald mit seinem Kreislauf des Werdens und Vergehens der Bäume bot sich dafür an, als eine mythische Landschaft gelesen zu werden. Die sinnliche Wahrnehmung der Zerstörung ließ sich mit der Hoffnung auf Auferstehung und Erlösung vom Kriegstod verbinden, wenn der Frühling im Wechsel der Jahreszeiten neues Grün sprießen ließ.

Eine Art Projektionsfläche bildete der belgische Wald auch im Vergleich mit jenem in der deutschen Heimat. »Grause Stummel und zerfetztes Wurzelwerk« war oft alles, was von Waldstücken im Frontbereich noch übrig geblieben war. Doch gerade der Anblick solcher Trümmerwälder stärkte die kulturelle Identität der deutschen Besatzer, da niemand »mehr Mitleid mit diesen wüsten Wäldern« hatte »als der deutsche Soldat«.[5]

Empathie mit dem Wald als einem passiven Opfer der Waffentechnik und der Härte des Krieges ist eines der Grundmotive jener deutschen Mythen im Ersten Weltkrieg, die aus der Kollektivsymbolik von Natur und Landschaft ihre Kraft schöpften. Diese Sensibilität für die Leiden der geschändeten Natur fand ihr logisches Korrelat im unbändigen Hass auf den Feind, der ihr diese Verwundungen zugefügt hatte, und im Drängen nach Rache für die gefallenen Kameraden. In der Schützengrabenzeitung der 50. Infanterie-Division beschwor ein Soldat 1916 seine Liebe und Zuneigung für den »zerschmetterten Wald«. Mit den aus seinem Holz gezimmerten Unterständen war er »nicht nur Kamerad«, sondern auch ein »starker Schutz«, der das »tödliche Blei und Eisen« abhielt. Dabei wurde er allerdings selbst zum Opfer, dessen »gebrochene Bäume [...] die sterbenden Äste hoch gen Himmel strecken wie in ringender, hilfloser Verzweiflung und stummer ungeheurer Anklage«. Das waren in der Tat nicht mehr die »in Reih und Glied« stehenden Fichtenstämme aus jener Zeit, als das Regiment seine Stellung bezogen hatte, damals noch »exakt bis auf den Millimeter ausgerichtet wie ein Regiment Paradesoldaten«.[6]

Die Verwandlung der Menschen durch die destruktive Kraft der Waffen fand ihre Parallele in der Verheerung der Bäume; und die anthropomorphe Schilderung der Bäume, erst als Recken und später als Krüppel in Menschengestalt

beschrieben, spiegelte das Leiden der Soldaten in die mythische Weite der Kriegslandschaft hinein. Zum Krieg gehört das Sterben, von dem sich im Spiegel des Waldes zwanglos reden ließ. Während der Wald »lichter wurde«, »wuchs das kleine Wäldchen der Holzkreuze am Waldessaum weiter und größer«, bis zu jenem Tag, als der General einen Sturmangriff befahl. In der Stille »nach dem Sturm« hieß es dann »am Saum des gemordeten Waldes« zu stehen, »an den offenen Gräbern der gefallenen Kameraden«.[7]

Ansichtskarte aus dem Ersten Weltkrieg mit Schützengraben und künstlich hergestelltem Wald, 1914/18, DHM, Berlin

hatten und Wassertropfen »wie Tränen eines unendlichen Schmerzes« aus den »zerschundenen Kronen« perlten.[8] Auch noch in seiner von den traditionellen Assoziationen wie Trutz und Schutz weit entfernten Verletzlichkeit ließ sich der Wald in die deutsche Nationalmythologie einschreiben.

Eine Grenze solch mythischer Erzählungen war allerdings dort erreicht, wo sich die Kriegslandschaft nur noch als ein leerer Raum präsentierte, in dem sich jegliche Assoziation mit einem geordneten Ensemble von Bäumen verbot, weil nichts mehr zu erkennen war als eine von den Granaten gestaltete Fläche. Wo der Geschützhagel nur noch eine Leerstelle hinterließ, war der Wald nicht mehr geformte Natur, sondern nur noch Wildnis. Christian Krull, Kriegsfreiwilliger und Mitglied des Steglitzer Wandervogels, schilderte 1916 in einem Feldpostbrief seine Eindrücke von einer Stel-

In der Nutzung des Waldes als Metapher für die Destruktionskraft des Krieges konnten deutsche Soldaten auch fernab der Heimat auf ein zentrales Kollektivsymbol deutscher Identität zurückgreifen. Gewiss, in einem rein geografischen Sinne waren die Wälder an der Westfront nicht »deutsch«. Aber die Analogie mit den zerstörten Bäumen eröffnete ein semantisches Feld, in dem sich Töten, Sterben und die Pflicht der Überlebenden zur Trauer mit Sinn versehen ließen. Die Verzeitlichung als ein zentrales Motiv eines jeden Mythos fand auch dann noch genügend Anhaltspunkte, als die Stämme selbst ihre geometrische Ordnung eingebüßt

lung bei Verdun: »Granattrichter von 3 m Tiefe und 10–12 m Durchmesser liegen vor und hinter den Geschützständen, – es ist eine richtige Wildnis. Und so wie in unserer Feuerstellung, so sieht es in dem ganzen, großen, herrlichen Eichenwald aus.«[9]

Weimarer Republik

Seine Bedeutung als nationales Kollektivsymbol der Deutschen rückte den Wald auch dann ins Zentrum der Aufmerksamkeit, als es in der Weimarer Republik darum ging, einen zentralen Erinnerungsort für den Weltkrieg zu finden. Anlässlich der Feiern zur zehnjährigen Wiederkehr des Kriegsbeginns am 2. August 1924 hatten Reichspräsident Friedrich Ebert und Kanzler Wilhelm Marx zur Sammlung für ein Denkmal aufgerufen, das als nationales Ehrenmal zur Erinnerung an die Toten des Weltkrieges dienen konnte. In der anschließenden öffentlichen Debatte stellte sich alsbald heraus, dass Pläne für ein Denkmal in Berlin nicht mehrheitsfähig waren. Zu stark war die antiurbanistische Strömung in weiten Teilen der Gesellschaft, der es unmöglich erschien, ein der Einkehr gewidmetes Denkmal im hektischen Getriebe einer Millionenstadt zu errichten. Zu stark war allerdings auch der die politischen Gegensätze von Sozialdemokraten bis zur extremen Rechten übergreifende Konsens darüber, dass ein solches Nationaldenkmal nur im deutschen Wald errichtet werden konnte, ja dass der Wald selbst das Denkmal sein müsse.

Rasch kristallisierte sich ein »Heiliger Hain« als favorisierte Idee für das Denkmal heraus, der in einem Wald bei Bad Berka in Thüringen zu errichten sei. Für diese Lösung sprach nicht zuletzt, dass die Frontsoldatenverbände aller politischen Richtungen, vom pro-republikanischen, sozialdemokratisch geprägten Reichsbanner Schwarz-Rot-Gold bis zum rechtsnationalen Stahlhelm, diese Variante unterstützten. Das war deshalb möglich, weil der Heilige Hain im deutschen Wald jegliche Stellung- oder Bezugnahme auf die aktuellen oder alternativ denkbaren Staatsformen ebenso umging wie jeden konkreten Bezug auf die Ereignisse des Weltkrieges oder den Charakter und möglichen Sinn des dort gestorbenen Todes. Stattdessen stellte er die Kriegserinnerung in die inhaltlich völlig unbestimmte innere Geistigkeit des überzeitlichen, eine Gemeinschaft der Lebenden und der Toten bildenden deutschen Volkes hinein. Mit dem Rückgriff auf den Wald als überzeitlich-germanisierendes Nationalsymbol der Deutschen, das fernab der »entseelenden« Großstadt die konkreten, widersprüchlichen Formen und Inhalte des Gedächtnisses im Urgrund und Kraftquell des Volkes im doppelten Sinne still stellte, hatte die Suche nach einer angemessenen Form für das Reichsehrenmal eine Lösung gefunden, die viele der Interessenten überzeugte. Mit seinem Zyklus von

122 | Unbekannter Künstler: Wettbewerbsentwurf für das geplante Nationaldenkmal Bad Berka

Werden und Vergehen schien der Wald ein ideales Symbol für die Erinnerung an den Weltkrieg zu sein: »In ihm tönt das Lied vom Vergehen der Geschlechter, die wie Blätter im Walde sind, und von der mütterlichen Erde, die uns einst aufnimmt. In ihm wird aber auch das ewige Gesetz sichtbar, dass der Baum, wenn seine Blätter fallen, noch Hoffnung hat und alles, was hinsinkt, seine Kraft ins All schickt. Hier rauschen die tiefen Quellen deutscher Art.«[10]

Bei aller Übereinstimmung zur symbolischen Grundidee des Reichsehrenmales ließ sich ein praktisches Problem des zentralen Erinnerungsortes als »Heiliger Hain« jedoch nicht aus der Welt schaffen. So stimmig die konzeptionelle Idee zunächst scheinen mochte, so problematisch war jeder Versuch, im deutschen Reich konkret einen dafür geeigneten Ort zu benennen. Denn zum deutschen Wald als symbolischer Verkörperung der deutschen Nation gehörte zwangsläufig, dass im Prinzip beinahe jedes geschlossene Waldstück diese Stelle vertreten konnte. Die Aufladung des zentralen Erinnerungsortes mit den mythologischen Energien des Waldes machte dessen praktische Benennung zu einer völlig willkürlichen Angelegenheit.

Für Bad Berka sprach immerhin, dass die forstwirtschaftlichen Eingriffsmöglichkeiten nach Auskunft von Fachleuten hier nahezu unbegrenzt waren und ein dichter Fichtenwald vorhanden war. Aber die Vertreter von zahlreichen anderen Gegenden Deutschlands konnten ebenfalls auf die praktische und symbolische Tauglichkeit ihres lokalen Waldes verweisen. Und so wurde das Projekt eines Reichsehrenmales durch die Fliehkräfte der zersplitterten regionalen Interessen zerrieben, ohne dass die Einigung auf *einen* geeigneten Wald jemals möglich war. Während sich das Projekt des Heiligen Hains im Gestrüpp der Gutachten und Gegengutachten verfing, eröffnete die preußische Regierung 1931 im Alleingang die von Heinrich Tessenow umgestaltete Neue Wache als ein Ehrenmal für die Gefallenen des Weltkrieges. Hitler brachte die Suche nach einem zentralen Erinnerungsort 1935 dezisionistisch dadurch zu einem Abschluss, dass er das bereits 1927 eingeweihte Tannenberg-Denkmal zum Reichsehrenmal erklärte.[11]

121 | Hans Poelzig: Wettbewerbsentwurf für das geplante Nationaldenkmal Bad Berka

Es gab also vornehmlich praktische Gründe dafür, dass die Opfer der Deutschen im Ersten Weltkrieg nicht in einem bestimmten Waldstück ihren zentralen Erinnerungsort fanden, der die mythischen Gehalte des Waldes als kollektives Nationalsymbol aufnahm. Dennoch bleibt zu fragen, ob diese ergebnislose Suche nach einem besonders sinnfälligen Wald nicht auch daran scheiterte, dass sich die romantische Vorstellung vom Wald als Ort des Schutzes und der Einkehr auf den Schlachtfeldern an der Westfront definitiv erschöpft, ja gar in ihr Gegenteil verkehrt hatte. Das war jedenfalls die Überzeugung des Pazifisten und Anarchisten Ernst Friedrich. Mit seinem erstmals 1924 publizierten und hunderttausendfach verkauften Fotobuch »Krieg dem Kriege« setzte Friedrich auf den Schockeffekt von zeitgenössischen Aufnahmen, welche die destruktive Wucht des Krieges – und die Verlogenheit jeder positiven Bemäntelung dieser Verheerungen – in drastischer Weise illustrierten. Eine der Aufnahmen zeigt die kümmerlichen Reste eines Waldstücks an der Westfront, aus einigen wenigen Baumstümpfen bestehend, die bestenfalls einen Meter über die Erde aufragen, inmitten einer von Granaten zerwühlten Landschaft.[12] Als Bildunterschrift benutzte Ernst Friedrich die erste Zeile eines 1810 von Joseph von Eichendorff geschriebenen Gedichts, das in der Vertonung von Felix Mendelssohn Bartholdy zum festen Bestandteil deutschen romantischen Liedgutes zählte:

»Wer hat dich, du schöner Wald
Aufgebaut so hoch da droben?
Wohl dem Meister will ich loben
So lang noch meine Stimm erschallt.
Lebe wohl, lebe wohl!
Lebe wohl, lebe wohl, du schöner Wald!«

Joseph von Eichendorff
Der Jäger Abschied, 1810

Anmerkungen

1 Elias Canetti, Masse und Macht, Frankfurt am Main 1994 [1960], S. 190.

2 Kaiser Wilhelm II., Ereignisse und Gestalten aus den Jahren 1878 – 1918, Leipzig, Berlin 1922, S. 157.

3 Horst G. W. Nußer, Konservative Wehrverbände in Bayern, Preußen und Österreich 1918 – 1933. 2 Bde., München 1973, 1. Bd., S. 61 – 72, Zitat S. 64.

4 Kurt Lewin, Kriegslandschaft. In: Zeitschrift für angewandte Psychologie, Nr. 12, 1917, S. 440 – 447.

5 Vgl., auch zum folgenden: Christoph Nübel, Umwelt – Gelände – Landschaft. Studien über die Raumerfahrungen deutscher Soldaten an der Westfront, 1914 – 1918, phil. Diss. Kiel 2011, das Zitat [ist] aus einer 1917 publizierten Kriegs-Chronik, S. 78.

6 Heinrich Otto Oehlke, Der gemordete Wald. In: Die Feldgraue. Illustrierte Kriegszeitschrift der 50. I. D., 1 (1916), Nr. 6, S. 12f.

7 Ebenda.

8 Ebenda.

9 Brief des Kriegsfreiwilligen Christian Krull vom 29. Juli 1916. In: Bernd Ulrich, Benjamin Ziemann (Hg.), Frontalltag im Ersten Weltkrieg. Ein Historisches Lesebuch, Essen 2008, S. 64.

10 So Erich Zweigert in: Der Reichsehrenhain, Berlin 1931, hg. von der Stiftung Reichsehrenmal, S. 6.

11 Benjamin Ziemann, Die Deutsche Nation und ihr zentraler Erinnerungsort. Das »Nationaldenkmal für die Gefallenen im Weltkriege« und die Idee des »Unbekannten Soldaten» 1914 – 1935. In: Helmut Berding [u. a.] (Hg.), Krieg und Erinnerung. Fallstudien zum 19. und 20. Jahrhundert, Göttingen 2000, S. 67 – 91.

12 Ernst Friedrich, Krieg dem Kriege [1924], Frankfurt am Main 1980, S. 178.

Juden sind in unsern
deutschen Wäldern
nicht erwünscht.

Johannes Zechner

Von »deutschen Eichen« und »ewigen Wäldern«

DER WALD ALS NATIONAL-POLITISCHE PROJEKTIONSFLÄCHE

Seit Anfang des 19. Jahrhunderts lassen sich im deutschen Kulturraum ideengeschichtliche Entwicklungen beobachten, in deren Verlauf dem Naturphänomen Wald zunehmend patriotische und nationale Bedeutungen zugeschrieben wurden.[1] Seine mutmaßliche Unveränderlichkeit, die durch ihn angeblich repräsentierte Unterordnung und Ungleichheit dienten als Gegenentwurf zu den Ideen der Französischen Revolution von 1789. In der Folge erklärten vor allem Künstler, Schriftsteller und Wissenschaftler den »deutschen Wald« zur Nationalnatur, die territoriale Zersplitterung wie politische Uneinigkeit überwinden sollte. Bereits zuvor hatte der Aufstieg der knorrigen »deutschen Eiche« zum heroisch-männlichen Symbol der nationalen Geschichte begonnen.

Eine entscheidende Rolle dafür spielte die Rezeption der um das Jahr 100 verfassten *Germania* des römischen Geschichtsschreibers Tacitus. Die Nationalbewegten des 19. Jahrhunderts sahen sich als direkte Nachfahren der Germanen, deren Wald der Schrift zufolge mythischer Ursprung der Vorvater, Stätte politisch-militärischer Versammlungen und Sphäre der »Heiligen Haine« gewesen war. Wichtigster Erinnerungsort – neben der zwischenzeitlichen Natur- und Arminiusbegeisterung – war die in Tacitus' *Annalen* überlieferte »Hermannsschlacht«. Sie galt nun immer mehr als ein Fanal für den Nationalaufstand gegen ein »waldfremdes« römisches Besatzungsregiment. Insofern geriet der Naturgrund des Teutoburger Waldes zum vermeintlichen Geschichtsgrund des deutschen Volkes.

Der weltanschauliche Werdegang des »deutschen Waldes« konnte die lyrische Beschwörung romantischer Naturnähe ebenso umfassen wie später die politische Rechtfertigung nationalsozialistischer Herrschaftspraxis. Im Folgenden ist also nicht die Rede von ökonomischen und ökologischen Funktionen des real existierenden Waldes oder von Vorstellungen und Wahrnehmungen der breiten Bevölkerung. Vielmehr steht seine Eigenschaft als Projektionsfläche für gesellschaftliche Eliten im Mittelpunkt: Wie wollten Poeten, Philologen, Publizisten und Propagandisten nationale Identität in einer imaginierten Waldnatur begründen?

207 | Antisemitisches Schild in einem Waldstück in Mittenwalde bei Berlin, aufgenommen von dem Arbeiterfotografen Eugen Heilig (Ausschnitt), 1936

Facetten des deutschen Waldes um 1800

Mit den Gedichten Ludwig Tiecks und Joseph von Eichendorffs begann die Poetisierung der »Waldeinsamkeit« zur stadtfernen Sehnsuchtslandschaft. Allerdings widersprach das Wildnisidyll immer mehr der Realität, in der die sich etablierende Forstwissenschaft mit einförmigen Nadelholz-Monokulturen auf das genaue Gegenteil setzte. In Eichendorffs Pathos überschwänglicher Naturverklärung zeigten sich zudem schon erste Ansätze einer Politisierung zum »deutsch Panier, das rauschend wallt«.[2]

Die 1812 erstmals veröffentlichten *Kinder- und Hausmärchen* von Jacob und Wilhelm Grimm erzählten den Wald als urtümlichen Hort des Gestern.[3] Wissenschaftliche Beiträge der romantisch geprägten Brüder bestimmten ihn darüber hinaus zum Symbol vergessener Volkskultur sowie zum »Tempel« des Volksglaubens. Er sollte die gewissermaßen organische Grundlage kulturellen Selbstbewusstseins formen, um eine noch nicht verwirklichte staatliche Einheit ideell vorwegzunehmen.

In der Zeit der anti-napoleonischen »Befreiungskriege« von 1813 bis 1815 knüpften dann waldpatriotische Dichter und Denker an die vorangegangene Naturschwärmerei an. So forderte »Turnvater« Friedrich Ludwig Jahn Grenzaufforstungen gegen die Nachbarvölker; der viel gelesene Ernst Moritz Arndt begriff die Erhaltung des Waldes gar als Voraussetzung für das Überleben des Volkes.[4] Somit war der »deutsche Wald« in klarer Abgrenzung von Frankreich zum quasi natürlichen Symbol territorialer Souveränität und nationaler Kontinuität geworden.

»Darum sei der Eichenbaum
Unser Bundeszeichen:
Daß in Thaten und Gedanken
Wir nicht schwanken oder wanken,
Niemals muthlos weichen.«

August Heinrich Hoffmann von Fallersleben
Bundeszeichen, 1859

Der nationalisierte Wald bei Wilhelm Heinrich Riehl

Eine weit engere Verknüpfung von Wald und Volk unternahm bald nach der Jahrhundertmitte Wilhelm Heinrich Riehl, dessen volkskundliche Abhandlungen vornehmlich im Bildungsbürgertum Verbreitung fanden. Sein vierbändiges Hauptwerk *Die Naturgeschichte des Volkes* – und speziell der erste Band *Land und Leute* – versuchte, den Nationalcharakter von Völkern aus der sie umgebenden und prägenden Umwelt herzuleiten.

Riehl definierte im Anschluss an ältere Klimatheorien die Identitäten des Eigenen und des Fremden anhand prototypischer Landschaften. Den Konkurrenznationen Frankreich und England ordnete er pauschal das gerodete Feld und den gezähmten Park zu, die den Niedergang dieser Länder durch Industrialisierung und Verstädterung anzeigen sollten. Gegenpol war für ihn die deutsche Waldwildnis, deren Erhalt das Fortbestehen von Kultur und Volkstum garantiere.[5]

Die den Deutschen gemäße Form der Freiheit erkannte Riehl daher nicht im konstitutionell-parlamentarischen System Englands und Frankreichs, sondern in der vorgeblich jahrhundertealten »Waldfreiheit« eines uneingeschränkten Naturzugangs. Neben den rein materiellen Nutzen des Waldes trat mithin seine Bestimmung als eine Art nationaler Jungbrunnen für ein nach wie vor ungeeintes Volk: »Wir müssen den Wald erhalten, nicht bloß damit uns der Ofen im Winter nicht kalt werde, sondern [...] damit Deutschland deutsch bleibe.«[6]

Der völkische Wald des »Deutscher Wald e.V.«

Mit Beginn des Ersten Weltkrieges machte die »Heimatschutz«-Bewegung den »deutschen Wald« zum Inbegriff des Vaterlandes, der zur militärischen Verteidigung der 1870/71 erlangten Nationalstaatlichkeit verpflichte. Nach Kriegsende richtete sich namentlich gegen Frankreich der Vorwurf, es wolle mit dem Versailler Vertrag von 1919 das deutsche Volk durch Holzreparationen und Abtretungen waldreicher Gebiete vernichten. Die waldnationalistische Agitation koordinierte ab 1923 der »Deutscher Wald e.V. – Bund zur Wehr und Weihe des Waldes« in Hamburg.

In Vortragsveranstaltungen und Publikationen verbreiteten Vereinsmitglieder wie der Forstwissenschaftler und ehemalige Freikorpsführer Georg Escherich oder der »Heimatforscher« August Meier-Böke die Botschaften des Bundes. Freilich ging es weniger um die Waldnatur selbst als vor allem um das kollektive Selbstbewusstsein einer nach der Niederlage des Ersten Weltkriegs zutiefst entzweiten Nation. Dieses sollte einmal mehr unter Bäumen Stärkung erfahren: »Kommt, Deutsche, in den Wald hinein und lasst uns alle, alle einig sein.«[7]

Ferner propagierte der »Deutscher Wald e.V.« einen rassereinen Idealwald als den Ort vaterländischer Wiedergeburt, in dem nur »deutsche« Pflanzen und Tiere ihren Platz hatten. Nicht minder deutlich benannte er die Feinde von Wald wie Volk: die Franzosen als das »welsche Schlächtergesindel« und den Juden als »Wüstensprößling«.[8] Damit hatten bereits vor der nationalsozialistischen Machtübernahme rassistische und antisemitische Elemente Eingang in die weltanschauliche Instrumentalisierung des Waldes gefunden.

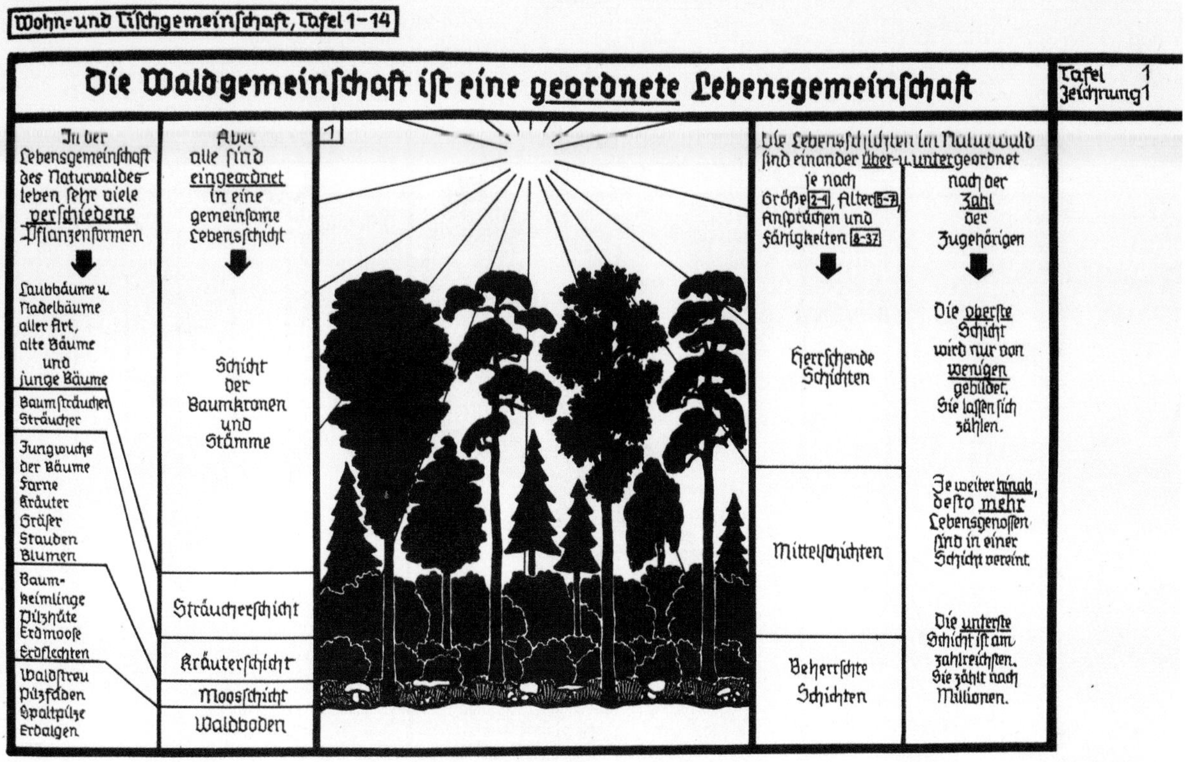

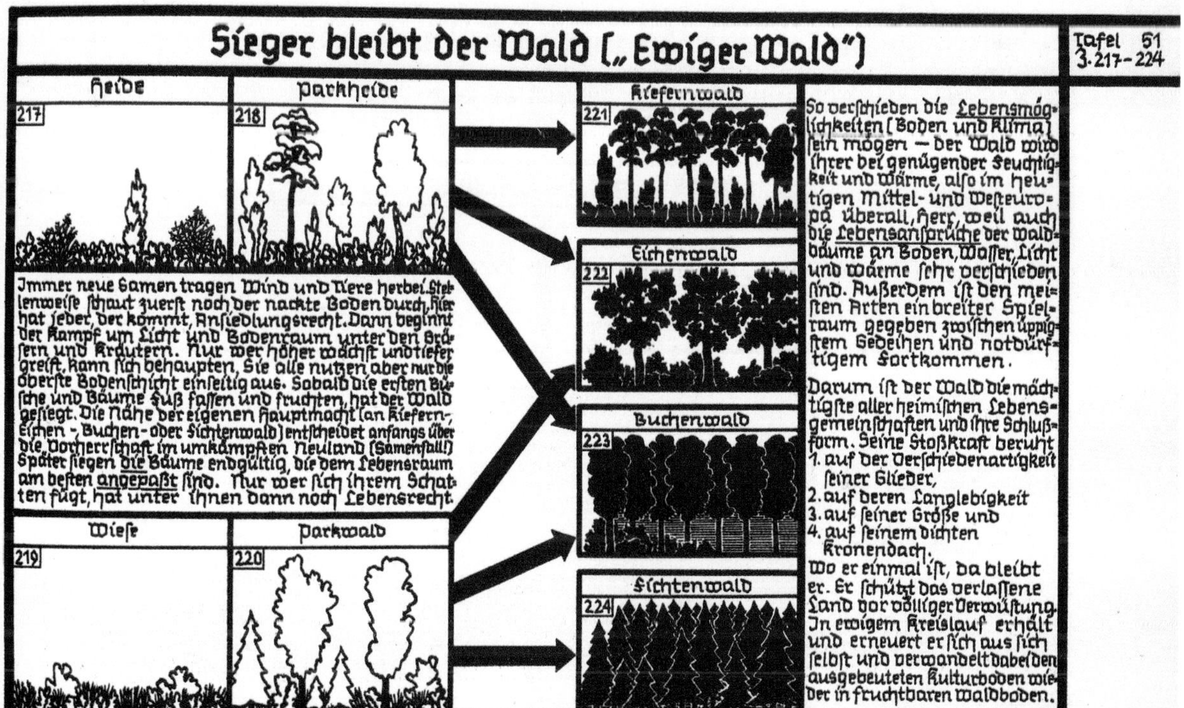

210 | Nationalsozialistisches Unterrichtswerk, Heft 1 und 2, *So lebt die Waldgemeinschaft*, 1938

Die nationalsozialistische Waldanschauung

Während der NS-Herrschaft wurde der »deutsche Wald« zum mannigfach anschlussfähigen Bestandteil der Partei- und Staatsideologie, die das deutsche »Waldvolk« dem wurzellosen »Wüstenvolk« der Juden gegenüberstellte. Der Reichsjäger- und Reichsforstmeister Hermann Göring formulierte es so: »Wenn wir durch den Wald gehen, sehen wir Gottes herrliche Schöpfung. [...] Das unterscheidet uns von jenem Volke, das sich auserwählt dünkt und das, wenn es durch den Wald schreitet, nur den Festmeter berechnen kann.«[9] Angesichts seiner scheinbar ständischen Gliederung und naturgesetzlichen Auslese gewann auch die Vorstellung vom »Wald als Erzieher« und Vorbild für die »Volksgemeinschaft« an Bedeutung.

Sichtbarster und oft bleibender Ausdruck eines derartigen Denkens waren die in zahlreichen Orten gepflanzten »Hitlereichen« sowie die »Hakenkreuzwälder« im brandenburgischen Zernikow und im hessischen Asterode.[10] Die Waldideologen jener Jahre griffen in ihren Veröffentlichungen zwar auf ältere Denkfiguren zurück, verliehen diesen aber eine breitere Öffentlichkeitswirkung und Praxisrelevanz.[11] Doch nahmen sie wenig Rücksicht auf die ursprünglichen historischen und kulturellen Hintergründe, zum Beispiel auf die der romantischen Waldbegeisterung.

Die von Heinrich Himmler begründete Forschungsgemeinschaft Deutsches Ahnenerbe etwa rief das umfängliche Forschungsvorhaben »Wald und Baum in der arisch-germanischen Geistes- und Kulturgeschichte« ins Leben. Systematisch untersuchten die germanophilen Wissenschaftler Sagenwelt und Brauchtum der Vorvergangenheit daraufhin, welche kultischen Funktionen unter anderem Lebensbaum, Lichterbaum und Questenbaum erfüllt hätten. Auf derlei Grundlage rekonstruierten sie unter ideologischen Vorzeichen eine vorchristliche »Wald- und Baumreligion«, die als Glaubensanschauung an die Stelle des Christentums treten sollte.

Die »NS-Kulturgemeinde« von Alfred Rosenberg gab den Kulturfilm *Ewiger Wald* in Auftrag, der eine einzigartige Symbiose von Volk und Wald durch die Jahrtausende zur Darstellung brachte. Fast zu Beginn erschien die Hermannsschlacht als nationalgesinnter Kampf der Germanen gegen die waldfremden Römer, zum Schluss beendete die »Machtergreifung« lange Jahre angeblicher Wald- wie Volkszerstörung. Das Propagandastück interpretierte und inszenierte die gesamte germanisch-deutsche Geschichte aus der Waldperspektive, um die Herrschaft der NSDAP gleichsam als Höhe- und Endpunkt eines Naturprozesses darzustellen.

»Was sind das für Zeiten, wo
Ein Gespräch über Bäume fast ein
Verbrechen ist
Weil es ein Schweigen über so viele
Untaten einschließt!«

Bertolt Brecht
An die Nachgeborenen, 1939

219 | Hermann Claasen: Hürtgenwald, Kampfstellung »Wilde Sau«, 1946

Das »Reichsforstamt« unter Leitung Hermann Görings schließlich behauptete im Projekt »Wiederbewaldung des Ostens« eine angeborene Waldfeindschaft von Juden und Polen. Demgegenüber verstanden die Forstleute einen im »Altreich« ermittelten Bewaldungsgrad von knapp 30 Prozent als Bedingung, damit die geplante Niederlassung deutscher Siedler zu verwirklichen sei. Die Voraussetzung für die Aufforstungs- und Ansiedlungsaktivitäten bildete indes die Deportation dort ansässiger Bevölkerungsgruppen, womit waldpolitisches Denken im Rahmen der Besatzungsherrschaft genozidale Folgen nach sich zog.

Der vorgestellte deutsche Wald nationalsozialistischer Prägung bündelte modernitätskritische, nationalistische, rassistische und biologistische Denkmuster. Er verkörperte das Gegenbild zu Fortschritt und Großstadt und stand für germanischen Ursprung und deutsche Heimat, heidnisches Heiligtum und rassischen Kraftquell sowie ständische Gesellschaftsordnung und hierarchischen Staatsaufbau. Spätestens mit einem solch bedenkenlosen Gebrauch für national-politische Zwecke hatte der Wald seine poetische Unschuld verloren – wenn er sie denn je besessen hat.

Anmerkungen

1 Vgl. etwa Albrecht Lehmann und Klaus Schriewer (Hg.), Der Wald – Ein deutscher Mythos? Perspektiven eines Kulturthemas, Berlin [u. a.] 2000; Ann-Katrin Thomm, Mythos Wald, Münster 2009; Bernd Weyergraf (Hg.), Waldungen. Die Deutschen und ihr Wald, Berlin 1987.

2 Vgl. Klaus Lindemann, »Deutsch Panier, das rauschend wallt«. Der Wald in Eichendorffs patriotischen Gedichten im Kontext der Lyrik der Befreiungskriege. In: Hans-Georg Pott (Hg.), Eichendorff und die Spätromantik, Paderborn [u. a.] 1985, S. 91–130.

3 Vgl. Hisako Ono, Waldsymbolik bei den Brüdern Grimm. In: Fabula. Zeitschrift für Erzählforschung. 48, Heft 1–2, 2007, S. 73–84.

4 Vgl. Friedrich Ludwig Jahn, Werke II. 2, Hof 1887, S. 587–591; Ernst Moritz Arndt, Ein Wort über die Pflegung und Erhaltung der Forsten und der Bauern im Sinne einer höheren d. h. menschlichen Gesetzgebung, Schleswig 1820.

5 Vgl. Konrad Köstlin, Der ethnisierte Wald. In: Albrecht Lehmann und Klaus Schriewer (Hg.), Der Wald – Ein deutscher Mythos? Perspektiven eines Kulturthemas, Berlin, Hamburg 2000, S. 53–65.

6 Wilhelm Riehl, Die Naturgeschichte des Volkes als Grundlage einer deutschen Socialpolitik I, Stuttgart [u. a.] 1856^{3}, S. 48.

7 Anonymus, Sinnspruch. In: Deutscher Wald 2.20 (15. Juli 1926), S. 1.

8 August Meier-Böke, Wald und Wehrwolf, Hamburg 1924, S. 6; derselbe, Deutscher Wald und deutscher Friedhof, Hamburg 1924, S. 8.

9 Hermann Göring auf einer Hubertusfeier der Deutschen Jägerschaft, zitiert nach Erich Gritzbach, Hermann Göring. Werk und Mensch, München 1938^{17}, S. 111.

10 Vgl. Albrecht Lehmann, Von Menschen und Bäumen. Die Deutschen und ihr Wald, Reinbek bei Hamburg 1999, S. 126–145.

11 Vgl. Johannes Zechner, »Ewiger Wald und ewiges Volk«. Die Ideologisierung des deutschen Waldes im Nationalsozialismus, Freising 2006.

Jochen Vogt

Leichen und Bäume

DER WALD ALS TATORT – EINST UND JETZT

So plötzlich und unvermutet, wie wir es aus zahllosen Thrillern kennen, gerät das Opfer ins Visier des Schützen. »Ich [...] erkenne den Jäger Robert, der hinter dem dicken Stamm einer Eiche auf eben das Wild anschlägt, dem ich den Schuss bestimmt hatte. Eine tödliche Kälte fährt bei diesem Anblick durch meine Gebeine. Just das war der Mensch, den ich unter allen lebendigen Dingen am grässlichsten hasste, und dieser Mensch war in die Gewalt meiner Kugel gegeben. In diesem Augenblick dünkte mich's, als ob die ganze Welt in meinem Flintenschuss läge und der Hass meines ganzen Lebens in die einzige Fingerspitze sich zusammendrängte, womit ich den mörderischen Druck tun sollte. Eine unsichtbare fürchterliche Hand schwebte über mir, der Stundenweiser meines Schicksals zeigte unwiderruflich auf diese schwarze Minute. Der Arm zitterte mir, da ich meiner Flinte die schreckliche Wahl erlaubte – meine Zähne schlugen zusammen wie Fieberfrost, und der Odem sperrte sich erstickend in meiner Lunge. Eine Minute lang blieb der Lauf meiner Flinte ungewiss zwischen dem Menschen und dem Hirsch mitten inne schwanken – eine Minute – und noch eine – und wieder eine. Rache und Gewissen rangen hartnäckig und zweifelhaft, aber die Rache gewann's, und der Jäger lag tot am Boden. Mein Gewehr fiel mit dem Schusse ... ›Mörder‹ ... stammelte ich langsam – der Wald war still wie ein Kirchhof – ich hörte deutlich, dass ich ›Mörder‹ sagte. Als ich näher schlich, starb der Mann.«[1]

Trotz Zoom, Zeitlupe und innerem Monolog kann es hier keinen Zweifel geben: Wir befinden uns mitten im 18. Jahrhundert. Und dass der Wilderer Christian Wolf an seinem langjährigen Rivalen und Peiniger, eben dem fürstlichen Jäger Robert, gerade hier im Walde tödliche Rache nimmt, ist alles andere als zufällig. Der hat den Wilddieb schon einmal in die Haft und ein zweites Mal auf die »Festung« zur verschärften Zwangsarbeit gebracht, die seine Persönlichkeit zerstört hat.

Der Wald aber war und ist das Terrain dieses persönlichen Machtkampfs – dessen Ausgang sich dann auf dem dörflichen Tanzboden zeigt (denn natürlich geht es auch um weibliche Gunst). Doch hier im Wald kollidieren auch die Besitz- und Machtansprüche des feudalen Landes- und Waldherrn und seiner beamteten Helfer mit dem anarchischen Selbsthelfertum des Untertanen, der längst ein Outlaw ist. Für ihn – wie für viele im armen Volk – ist der Wilddiebstahl kein Verbrechen, sondern eine Art und Weise, ehrenhaft, »honett zu stehlen«.[2]

Doch mit dem Mord, das fühlt Wolf selbst, hat er eine letzte Grenze überschritten, sein Gewissen treibt ihn immer »tiefer in den Wald« hinein, dorthin wo einem lustigen Verslein zufolge »die Räuber sind«. Bald wird er selbst einer, gar Anführer einer Bande, mit der er buchstäblich in der Tiefe, im »Abgrund« einer Waldschlucht haust. Spät erst, nachdem er sich selber nicht aus dem moralischen Abgrund befreien kann, lässt Friedrich Schiller den *Verbrecher aus verlorener Ehre* (1786) zu »seinem Recht« kommen. Das kann freilich, in einer befremdlichen Mischung von idealistischer Rechtsphilosophie und spätmittelalterlicher Strafprozedur, nur in Folter und Hinrichtung liegen.

333 | Diorama eines fiktiven Mordtatortes im Wald in den 1920er Jahren (Ausschnitt), 1950er Jahre

Landesherrliche Willkür, Auspressung der Untertanen und die Wilderei als Notwehraktion einer verelendeten Landbevölkerung geben der kurzen Fallgeschichte einer zerstörten Biografie und kriminellen Karriere markante, durchaus moderne Züge. Ähnlich auch in einer späteren »Criminalnovelle«, deren faszinierende Rätselhaftigkeit nicht einmal viele Jahrzehnte schulischer Pflichtlektüre zerstören konnten: Annette von Droste-Hülshoffs *Judenbuche* aus dem Jahr 1842.[3] Auch in diesem »Sittengemälde aus dem gebirgigten Westfalen« ist es der natürliche Reichtum des Waldes und der Widerspruch zur ärmlichen Existenzform des Landbevölkerung, der einen labilen jungen Mann in die Kriminalität, ins Elend und in die Selbstzerstörung führt. Hier geht es um den Holzdiebstahl, der bereits in Strukturen organisierter Kriminalität betrieben wird: Die notorischen »Blaukittel«, die

143 | Die Wilderer, um 1880

da nächtens am Werk sind, lassen sich wegen ihrer einheitlichen Kostümierung so schwer identifizieren wie heutzutage die Bankräuber mit ihren Clownsmasken.

Aber dies ist nur der Hintergrund: Ins Zentrum rückt die Dichterin mit symbolischem Nachdruck jene »weite Buche«, die »den Eingang der Schlucht«[4] überwölbt. In ihrem Schatten wird zu Beginn die Leiche des jüdischen Geldverleihers gefunden, in ihre Rinde schneiden seine Glaubensbrüder ihren Vergeltungs-Spruch, an ihrem Ast erhängt sich nach beinah 30 Jahren der mutmaßliche Missetäter.

333 | Diorama eines fiktiven Mordtatortes im Wald in den 1920er Jahren (Ausschnitt), 1950er Jahre

Bei Theodor Fontane, um auch die letzte von drei klassischen deutschen Kriminalnovellen zu erwähnen, spielt der Wald keine Rolle mehr. Zwar liegt *Unterm Birnbaum* (1885), wie der Titel avisiert, eine Leiche – aber es ist die falsche! Da hat der Mörder selbst eine täuschende Spur gelegt (den *red herring*, wie man später sagt). Retten wird ihn das aber nicht: Tief unten im Keller seines Gasthauses, wo er die »richtige« Leiche vergraben hat, wird er selbst ein »schröckliches Ende« finden.[5]

In Theodor Fontanes letztem Jahrzehnt, zwischen 1890 und 1900, erobert die moderne Kriminalliteratur den literarischen Markt, zunächst in England. Wo die deutschen Novellisten sich auf die Beweggründe des Täters kapriziert hatten, sucht nun ein »detective«, der keineswegs die Staatsmacht vertreten muss, systematisch nach Spuren und Indizien, um den unbekannten Täter erst zu identifizieren. Der Wurzelboden der modernen Detektivgeschichte ist freilich ganz entschieden *nicht* der Wald, sondern die moderne Großstadt. Schon Edgar Allan Poe, der geniale Vorläufer, verlegte seine Fälle aus dem beschaulichen Philadelphia nach Paris oder London, das dann für lange Zeit die Metropole der Kriminalliteratur bleibt. Nur diese neue Form, proklamiert der geistreichste ihrer Begründer, Gilbert K. Chesterton, könne der »Poesie von London« mit ihren Menschenmassen, Straßenlabyrinthen, Gaslampen und Bahnhöfen eine adäquate Form geben.[6] Materialistisch gewendet heißt dies auch: Der gesellschaftliche Reichtum liegt nun hier – wenn nicht gerade auf der Straße, so doch in den Tresoren, den Immobilien, den Fabriken.

Die moderne Stadt, und vor allem die Metropole, ist das Schlachtfeld der Interessen und Marktplatz der Eitelkeiten, wo Reichtum und Ruhm schnell erworben und ebenso schnell wieder verloren werden. Sie ist Labyrinth oder – wie es bald metaphorisch heißen wird – das *Dickicht der Städte* (so Bertolt Brecht), der »Dschungel der Großstadt«. Gewiss ist es inzwischen leichter (und effektiver), sich in einer anonymen Menschenmenge zu verstecken als im Wald. Auch wenn die Begriffe der »Spur« und des Spurenlesens aus der Jagd, also aus dem Walde stammen, das urbane »Revier«, in dem die Menschen unaufhörlich neue Zeichen und Spuren produzieren, erweist sich als das sehr viel komplexere semiotische System.[7]

Schlechte Zeiten also für die Wälder! Im Einklang mit der »Entwaldung« als Grundzug moderner Zivilisation, wie sie der Kulturhistoriker Robert Harrison beschrieben hat, verschwindet der Wald als literarischer Schauplatz – und als Tatort in der Kriminalliteratur – immer mehr. Jedoch nicht vollständig: Denn gerade der Krimi, eine im Wesentlichen realistische Form, braucht äußere Schauplätze, ja er verbraucht sie geradezu – in seinen filmischen Varianten fast noch mehr und schneller als im Roman. Damit wird der Wald in seinen aktuellen Erscheinungsformen, vom dürftigen Randstreifen der Schnellstraße bis zum geschlossenen Forst, zu einer Szenerie unter anderen, die benutzt wird, wie man sie eben brauchen kann – bald mehr, bald weniger überzeugend.

Nirgendwo lässt sich dies besser sehen als in den bald 800 Folgen der Fernsehserie *Tatort*, einer Bilderchronik unserer Republik seit 1970.[8] Dramaturgisch brauchbar sind solche »Waldstücke« für bestimmte Handlungselemente: etwa für die »Entsorgung« der Leiche (trotz der erheblichen Konkurrenz von Industriebrachen, Baggerseen und Betonfundamenten) oder für ihr Auftauchen, ohne das kaum ein Krimi beginnt. Tatsächlich gehören die fitnessbewusste Joggerin, der spazierende Ruheständler, der einsame Angler oder auch das Liebespaar im Wald, die über das Corpus Delicti stolpern (oder gar auf demselben liegen), inzwischen zum stereotypen Hilfspersonal (*Blutsbande*, SWR 2007, Regie: Jürgen Bretzinger). Und auch wenn einem Förster diese Rolle zufällt, ist die Untat selbst meist anderswo geschehen, das Waldstück, zumal am Rande eines Gewerbegebiets, eine Art illegaler Schuttabladeplatz (*Schneetreiben*, BR 2005, Regie: Tobias Ineichen). Ein ähnliches Handlungselement ist die Flucht und/oder Verfolgung. Unvergesslich beklemmend sind auch nach 20 Jahren noch die ausdrucksstarken Sequenzen, in denen ein ganzes Dorf, zur Lynchjustiz aufgehetzt, den verhassten Außenseiter jagt (*Tod im Häcksler*, SWF 1991, Regie: Nico Hoffmann).

Charakteristisch dürfte sein, dass Waldszenen – oder auch Anspielungen in den Titeln – oft nur die ländliche oder dörfliche Szenerie illustrieren sollen, wobei es dann in aller Regel um Konflikte innerhalb der Gemeinschaft geht. Die Assoziation »Wald« beschwört nach wie vor in erster Linie »Gefahr« und »Verborgenheit« – kein Wunder, dass es sich bei den meisten Fällen, die tatsächlich dort geschehen, um

Stills aus *Tatort* »Nachtfrost«, NDR 1974

sexuell motivierte Gewalttaten handelt. Darin trifft sich die Fantasie der Filmemacher mit den faktischen Verbrechen, über die uns die Presse in bedrückender Regelmäßigkeit informiert.

Wo also spielt der Wald als »Tatort« noch eine wichtige Rolle? Zum Beispiel im ländlichen Niedersachsen, wo jeder halbwegs erwachsene Mann im Schützenverein ist und die kühle Schöne aus der Landeshauptstadt, Frau Kommissarin Lindholm, immer ein Fremdkörper bleibt. Da kann dann aus-

Still aus *Tatort* »Ein mörderisches Märchen«, BR 2001

nahmsweise sogar das alte Konfliktdreieck Waldbesitzer – Förster – Wilderer wiederbelebt werden, auch wenn das nicht ohne anachronistische Provinzialität geht. Das ist aber Teil des Konzepts, und auch wenn die Opfer im Walde abgelegt werden, die Motive für eine solche »Tragödie von Liebe, Schuld und Rache« liegen stets in der Familie oder der Dorfgemeinschaft, anders gesagt: in der Vergangenheit (*Märchenwald*, NDR 2004, Regie: Christiane Balthasar).

Wesentlich amüsanter, wenn auch teilweise oberhalb der Baumgrenze, wird der Wildschützenmythos, hier gar als Familientradition, in einem österreichischen *Tatort* mit einem ganz anderen Mythos parodistisch aufgemischt, wie bereits der Titel annonciert: *Elvis lebt* (SFB/ORF 2002, Regie: Peter Sämann). Wie ernst das in diesem Fall gemeint ist, steht dahin. Grundsätzlich aber gilt, dass die Jagd (mit ihrer strukturellen Affinität zur Spannungsliteratur) meist keine ernsthafte Sache mehr ist, sondern nur noch ein Handlungsmuster, für die Figuren ein naives Spiel, ein psychischer Zwang, oder eine perverse Parodie. In Frankfurt verliert ein neurotischer Hobbyjäger vollends die Nerven und entführt eine Geisel, die er dann auf einem Hochsitz im Taunus gefangen hält (*Der Tag des Jägers*, HR 2006, Regie: Niki Stein); auf einem Waldgelände bei Berlin wird aus dem halb sportlichen, halb militärischen »Gotcha«-Spiel junger Leute tödlicher Ernst (*Tot bist Du!* RBB 2001, Regie: Diethard Küster); auf einem Landgut bei Kiel geht eine Yuppie-Runde von Finanzspekulanten an Wochenenden auf die »Jagd« nach exotischen Großtieren, die sie dafür extra herbeischaffen (*Borowski und der vierte Mann*, NDR 2010, Regie: Claudia Garde).

Selten, aber nicht unmöglich, dass der Schauplatz Wald noch einmal die existenzielle Dimension gewinnt, die er einst besaß. Zumindest muss man weit reisen, um das zu erfahren. So in der *Tatort*-Folge *Tango für Borowski* (NDR 2010, Regie: Hannu Salonen), die den Ermittler überraschender Weise in die Unendlichkeit finnischer Wälder führt, in der er dann auch folgerichtig verloren geht und einen Zweikampf auf Leben und Tod zu bestehen hat.

Und wie geht es weiter? Ganz Ähnliches, das verrät uns die ARD-Vorschau im Sommer 2011, wird der Kommissarin Odenthal demnächst im Pfälzer Wald geschehen – eben da, wo sie vor mehr als 20 Jahren den Häcksler-Fall gelöst hatte: *Der Wald steht still und schweiget* (SWR 2012, Regie: Ed Herzog). Unerschöpflich scheint zumindest der Fundus von Wendungen, die an den Wald als geheimnisvollen, wenn nicht gefährlichen Ort erinnern: Notfalls borgt man sich (wie hier) ein Zitat bei Matthias Claudius.

Anmerkungen

1 Friedrich Schiller, Der Verbrecher aus verlorener Ehre. Eine wahre Geschichte. In: derselbe, Der Verbrecher aus verlorener Ehre und andere Erzählungen. Hg. von Bernhard Zeller, Stuttgart 2008, S. 15 f.

2 Ebenda, S. 9. Zur weiteren Interpretation vgl. Jochen Vogt, Wie Gewalt entstehen und wohin sie führen kann. Friedrich Schillers Erzählung »Der Verbrecher aus verlorener Ehre« (1786/92). In: Jochen Vogt, Wie analysiere ich eine Erzählung? Ein Leitfaden mit Beispielen, München 2011, S. 97–115.

3 Annette von Droste-Hülshoff, Die Judenbuche. Ein Sittengemälde aus dem gebirgigten Westfalen, Stuttgart 2001. Zur Interpretation: Norbert Mecklenburg, Der Fall »Judenbuche«. Revision eines Vorurteils, Bielefeld 2008.

4 Ebenda, S. 15.

5 Theodor Fontane, Unterm Birnbaum. Roman, Stuttgart 2001. Zur Interpretation: Klaus Lüderssen, Der Text ist klüger als der Autor. Kriminologische Bemerkungen zu Theodor Fontanes Erzählung »Unterm Birnbaum«. In: Jochen Vogt (Hg.), Der Kriminalroman. Poetik – Theorie – Geschichte, München 1998, S. 340–356.

6 Gilbert K. Chesterton, A Defence of Detective Stories. In: derselbe, The Defendant, London 1902. Deutsch: Eine Verteidigung von Detektivgeschichten. In: Jochen Vogt (Hg.), Der Kriminalroman. Zur Theorie und Geschichte einer Gattung, München 1971, S. 95–98.

7 Grundsätzlich dazu: Sybille Krämer, Werner Kogge, Gernot Grube (Hg.), Spur. Spurenlesen als Orientierungstechnik und Wissenskunst, Frankfurt am Main 2001.

8 Vgl. Jochen Vogt, »Tatort« – der wahre deutsche Gesellschaftsroman. In: derselbe (Hg.), MedienMorde. Krimis intermedial, München 2005, S. 111–129. Zur Übersicht: Holger Wacker und Almut Oetjen, Tatort. Das große Buch für Fans, Berlin 2002, sowie www.tatort-fundus.de

Simone Erpel

Der Wald – ein Sehnsuchtsort der deutschen Jugendbewegung

In den Verszeilen des 1911 verfassten Wandervogelliedes ist von der Suche nach der »Blauen Blume« die Rede, einem zentralen Sehnsuchtsmotiv der im Deutschen Kaiserreich entstandenen bürgerlichen Jugendbewegung. Dieses Motiv hatte der Frühromantiker Novalis im Romanfragment *Heinrich von Ofterdingen* (1802) besungen, und seither tauchte die »Blaue Blume« immer wieder als literarisches Bild für die Sehnsucht nach der als verloren empfundenen Einheit zwischen Mensch und Natur auf, etwa in Joseph von Eichendorffs Gedicht *Die blaue Blume* (1818) oder in Werner Helwigs Buch *Die Blaue Blume des Wandervogels* (1960). In besonderer Weise schien das Wandern in der Natur, bevorzugt im Wald, eine Möglichkeit des bürgerlichen Großstadtmenschen zu sein, der Suche nach Selbsterkenntnis und sinnlicher Naturerfahrung nachzugehen.

Die Anfänge des modernen Wanderns finden sich bereits um 1800 im Ideenbereich der Spätaufklärung, insbesondere in der Naturphilosophie Jean-Jacques Rousseaus: »In der Begegnung mit der äußeren Natur, mit dem stofflich Einfachen und Schlichten, soll sich auch die innere, die menschliche Natur wiederfinden: die Natur als Objekt und zugleich als Medium der menschlichen Erkenntnis.«[1] Auch das moderne Wandern wurde keineswegs von der Jugendbewegung »erfunden«, vielmehr hatte es sich innerhalb des Bürgertums bereits im 19. Jahrhundert zu einem touristischen Massenphänomen entwickelt.[2]

277 c | Mitglied der »Wandervogel«-Bewegung, 1920er Jahre

Die Jugendbewegung bildete hingegen subkulturelle und alternative Formen des Reisens aus: In spezieller »Kluft« wanderten Jugendliche tage- oder gar wochenlang durch einsame Wälder und Wiesen, bepackt mit Rucksack, Zelt, Gitarre (der »Klampfe«) und einem »Herdentopf« für die gemeinsamen Mahlzeiten. Sie erklommen Berghöhen, erkundeten Burgruinen und sangen abends am Lagerfeuer oder in einsam gelegenen Scheunen schwermütige Volkslieder über das Fernweh und die Liebe, das Abenteuer und die Kameradschaft. Gepflegt wurde dabei ein eigenwilliger, asketischer Lebensstil, der zunächst eher romantisch-abenteuerlich, später stärker national-bündisch eingefärbt war.

Die aus der jugendlichen Freizeit-Subkultur entwickelten Leitbilder, Rituale und Symbole sollten prägend für ganze Generationen der bürgerlichen Jugendbewegung werden. Die Trias des Wandervogel-Kanons – »Fahrt«, »Lager« und »Kluft« – hatte aber auch großen Einfluss auf die jugendgemäßen Formen konfessioneller und parteipolitischer Jugendorganisationen sowie auf jene der Arbeiterjugendbewegung. Aufgrund dieses Wirkungsgrads ist es sinnvoll zu fragen, welche Bedeutung der Wald im Selbstverständnis der deutschen Jugendbewegung hatte und ob und wie sich im ersten Viertel des 20. Jahrhunderts die kulturelle Praxis des Wanderns veränderte.

Ein elitäres, bildungsbürgerlich-städtisches Milieu forcierte um die Jahrhundertwende in Deutschland eine Stimmung des Aufbruchs. Sie fand ihren Ausdruck unter anderem in spontanen, freiwilligen Zusammenschlüssen von gleichaltrigen Jugendlichen, die sich von den Zwängen des großbürgerlichen Lebensstils ihrer Väter und den im Formelhaften erstarrten zwischenmenschlichen Beziehungen der Erwachsenenwelt zu befreien suchten. Vor diesem Hintergrund wird die bürgerliche Jugendbewegung gemeinhin als Reaktion der meist männlichen Jugend auf die soziokulturellen Umbrüche und Krisen der damaligen Zeit gedeutet – aber auch als ein spezifisch deutsches Phänomen, wie die Historikerin Barbara Stambolis hervorhebt.

»Es blüht im Walde tief drinnen die blaue Blume fein, die Blume zu gewinnen, ziehn wir in die Welt hinein.«

Hjalmar Kutzleb
Wir wollen zu Land ausfahren, 1911*

Die Industriegesellschaft, die sich innerhalb weniger Generationen im Deutschen Kaiserreich entwickelt hatte, stand in einem Spannungsverhältnis zur starren, auf der patriarchalen Autorität ruhenden wilhelminischen Klassengesellschaft, deren »Formen und Träger [...] historisch längst überholt waren«.[3] Auch im familiären und schulischen Bereich wurde dieser Widerspruch sichtbar.

Überdies hatte die Gesellschaft des Kaiserreichs die Jugend als eigenes Lebensalter zwischen Kindheit und Erwachsenendasein entdeckt und einen regelrechten Jugendkult kultiviert. Die Jugend sei nichts weniger als »der Inbegriff der Zukunft, der Aufbruch zu neuen Ufern, die Überwindung eines kranken und überalterten Systems«.[4] Die entstehende Jugendbewegung zeigte sich ganz als »Kind ihrer Zeit«, beeinflusst von den reformpädagogischen und lebens-

reformerischen Strömungen. Danach war die Selbsterziehung der Jugend zu fördern, das Verständnis für den »Heimatschutz« zu wecken, und schließlich waren Volkshochschulen und Jugendherbergen zu gründen sowie generell eine gesundheitsorientierte Lebenshaltung zu favorisieren.

Aufbruchstimmung und »Wandervogelzeit«

Den Ausgangspunkt für die ersten organisierten Schülerwanderfahrten bildete 1896 das Gymnasium im damaligen Berliner Vorort Steglitz. »Steglitz«, so der Schriftsteller und Philosoph Hans Blüher als erster Chronist der Wandervogel-Bewegung, »wurde der Mutterboden einer Jugendbewegung, die sich fast zehn Jahre lang ganz im Kleinen und Privaten hielt [...], die sich dann auf einmal ziemlich plötzlich erhob, als die Sterne günstig standen, und in romantischer Begeisterung in wenigen Jahren sich über ganz Deutschland ergoß, so daß zu Tausenden und Abertausenden die vom Alter gekränkte Jugend durch die Wälder brauste.« Bevor die Wandervögel »durch die Wälder« brausen konnten, wurde als rechtlich-institutioneller Rahmen für die Fahrten der noch minderjährigen Teilnehmer 1901 in Steglitz der Verein »Wandervogel. Ausschuß für Schülerfahrten« ins Leben gerufen. Die Idee, in der Freizeit gemeinsam »auf Fahrt zu gehen«, wie es im jugendbewegten Jargon hieß, fand rasch Verbreitung, und die Bezeichnung Wandervogel gab schließlich einer ganzen Bewegung »mit ihren in der Folge hochgradig unübersichtlichen Abspaltungen und Wiedervereinigungen ihren Namen«.[5]

Als Höhepunkt der Jugendbewegung vor dem Ersten Weltkrieg gilt der »Freideutsche Jugendtag«, der im Oktober 1913 von Jugendverbänden auf dem »Hohen Meißner« im hessischen Mittelgebirge abgehalten und maßgeblich von Studenten und Sozialreformern bestimmt wurde.[6] Die verschiedenen, teils sich widerstreitenden Richtungen in den Jugendverbänden blieben durch ihre überregionale Organisationsstruktur nicht ungehört in der gesellschaftlichen Öffentlichkeit. Das zeigte sich spätestens bei den Kampagnen zur »Judenfrage« und zur Homosexualität in den eigenen Reihen. An der Basis blieben fundamentale Gegensätze bestehen: Jungenbund versus gemeinsames Wandern von Jungen und Mädchen, soziale Öffnung versus Elite und Integration versus Ausschluss jüdischer Mitglieder.[7] In der Folge kam es zur Gründung von jüdischen Jugendverbänden und von Mädchenorganisationen, während sich die Arbeiterjugendbewegung bereits parallel zum Wandervogel mit eigenen Verbänden weiterentwickelt hatte.

links: 277 d | Proletarisches Jugendlager im Wald, um 1925

rechts: 277 f | Hitlerjungen am Waldrand, nach 1933

Polarisierung und Politisierung in der »bündischen Zeit«

Der Erste Weltkrieg markierte eine Zäsur in der Geschichte der deutschen Jugendbewegung. Viele Jugendbewegte und Förderer aus der ersten Generation der »Wandervogelzeit« hatten sich im Sog einer insbesondere unter Gymnasiasten und Studenten um sich greifenden Begeisterung als »Kriegsfreiwillige« gemeldet, von ihren weniger freiwilligen Kameraden bald »Kriegsmutwillige« genannt. Der Schriftsteller und Lyriker Walter Flex – selbst Kriegsfreiwilliger und später Leutnant an der Ostfront – traf mit seinem vielfach gelesenen Büchlein *Der Wanderer zwischen beiden Welten. Ein Kriegserlebnis* (1916) offensichtlich den Nerv einer ganzen Generation von Kriegsfreiwilligen. Flex stilisierte den Kriegstod seines Freundes und einstigen »Wandervogels« Ernst

256 | Ansichtskarte der »Bezirks-Jugend-Herberge Rittersgrün« im Erzgebirge, 1934

Wurche, den er während seiner Offiziersausbildung kennengelernt hatte, zum Opfertod und ästhetisierte den Krieg mit schwülstigen Reden von »kriegswunden Laubwälder(n) Welsch-Lothringens, wo monatelanger Eisenhagel jeden Stamm gezeichnet und zerschroten hatte«.[8]

Recht bald wich die patriotische Kriegsbegeisterung mancher einer tiefen Erschütterung vieler. Auf den Schlachtfeldern des Ersten Weltkrieges war es durch den Einsatz modernster Waffen zu einem bis dahin unbekannten Massentöten gekommen. An seinem Ende hatte der Krieg, wie sich insbesondere für die überlebenden Wandervögel zeigte, »nicht nur viele Menschenleben gefordert und zu wirtschaftlichem Chaos geführt, sondern vor allem auch einen bedeutsamen ideellen Schaden hinterlassen«.[9]

»Ich liebe den Wald. In den Städten ist schlecht zu leben: da gibt es zu viele der Brünstigen.«

Friedrich Nietzsche
Also sprach Zarathustra, 1883

Die Phase nach dem Ersten Weltkrieg bis zur »Machtergreifung« Adolf Hitlers 1933 wird als »Bündische Zeit« der Jugendbewegung bezeichnet. Sie war vor allem geprägt von einer starken Polarisierung und Politisierung der »eigentlich« parteipolitisch neutralen Jugendgruppen. Die ideologisch aufgeladene Schuldsuche für den verlorenen Krieg und der wenig geschätzte Parlamentarismus machten den Antisemitismus auch in der Jugendbewegung zu einer starken politischen Kraft. Vor allem in der Bündischen Jugend blieben undemokratische und völkische Denkweisen verbreitet.

In den Bündischen Gruppen herrschte das Führerprinzip.[10] Überdies hatte in den 1920er Jahren in den jugendlichen Bünden und Orden der kriegerische Ritter das Leitbild des vom Mittelalter inspirierten Scholaren abgelöst. Kurz – aus den Wanderburschen und Wanderfüchsen der Anfangsjahre wurde nun mehr und mehr eine im Gleichschritt marschierende Gruppe.[11] Vergleichbare Feststellungen lassen sich für das Liedgut treffen: Statt von der »Blauen Blume« sangen die bündischen Gruppen nun eher Marschlieder. Auch die »Kluft« verlor ihr fantasievoll Scheckiges sowie ihre Bezugnahme auf das Mittelalter und verschwand zugunsten einer gleichförmigen, stärker militärisch ausgerichteten, männlichen Kleidung. Zudem begann sich die ganze Idee des Wanderns zu wandeln. Die Bündischen stellten die Disziplin und eine Art Wehrertüchtigung in den Vordergrund und nicht mehr die Abenteuerlust und Selbsterziehung. Ungeachtet dieser vielfältigen Veränderungen blieb die Frage nach der Gemeinschaft und die unterschiedlichen Wege zu ihr ein zentrales Anliegen der Jugendbewegung.

256 | Ansichtskarte des »Naturfreundehauses am Zirkelstein« bei Schöna (Sächsische Schweiz), um 1930

Wälder, Burgen, Berge

Der Wunsch nach einer sinnlich erfahrbaren Gemeinschaft verknüpfte sich in der Jugendbewegung häufig mit einem besonderen Umweltverständnis. Man fühlte sich dem »Heimatschutzgedanken« verpflichtet, nach dem die Umwelt quasi als eine Ansammlung spezifisch deutscher, nationaler Kultur-, vor allem aber auch Naturgüter aufzufassen wäre, die es zu schützen galt.[12] Eben deshalb waren die deutschen Wälder und Berge sowie nicht zuletzt die im Zuge einer allgemeinen Mittelalter-Begeisterung wiederentdeckten Burgen die Sehnsuchtsziele der Jugendbewegung; sie in erster Linie boten die Möglichkeiten für jugendgemäße Aktivitäten und Naturerlebnisse. Die Wandervögel entwickelten eine Vorliebe für Burgruinen, die sie instand setzten und zu ihren Zentren ausbauten, wie etwa Burg Ludwigstein in Hessen.

Zu den begehrten Reisezielen gehörten von Anfang an der Böhmerwald und der Bayerische Wald sowie der Harz und der Rhein.[13] Mehrtagestouren und mehrwöchige Fahrten fanden in den Ferien statt, Tageswanderungen an Wochenenden und meist in der jeweils heimatlichen Region. Ein Faible hatten die »Jugendbewegten« auch für grenzüberschreitende Reisen nach Skandinavien sowie nach Süd- und Südosteuropa.[14]

Angesichts dieser Reise- und Fahrtenpraxis lässt sich das Verhältnis der Jugendbewegung zur Natur nicht auf die Verehrung des »Deutschen Waldes« verengen. Der Wald bildete vielmehr neben Burgen und Bergen die romantische Kulisse für eine Bewegung, die sich im Grunde selbst feierte. Ausdruck fand diese Selbstinszenierung etwa in dem bekannten Fidus-Bild *Lichtgebet*, das 1913 für die Teilnehmer des »Freideutschen Jugendtags« als farbiger Druck in Postkartenformat erschienen war und als Sehnsucht nach Gemeinschaft gedeutet werden kann.[15]

Die »Open-Air-Veranstaltung« auf dem »Hohen Meißner« mit Grußworten und Vorträgen, Volkstänzen und Volksliedern, Lagerfeuern und gemeinsamen Essen grenzte sich bewusst ab von den national-patriotischen Feiern zum hundertjährigen Jubiläum der Völkerschlacht bei Leipzig und zum 25-jährigen Regierungsjubiläum Wilhelms II., die im gleichen Jahr mit viel militärischem Pathos inszeniert wurden. Das Treffen der »Freideutschen« Jugend und ihre Erklärung, die sogenannte Meißnerformel, sollten die gesellschaftliche Vorreiterrolle der Jugendbewegung, ihren Autonomieanspruch sowie ihre konfessionelle und politische Neutralität dokumentieren, doch letztlich blieb sie einem konservativen patriotischen Idealismus verhaftet.

Fidus: Lichtgebet, 1924, Öl/Leinwand, 150 × 100 cm, Berlin, DHM

Anmerkungen

1 Ulrich Linse, Der Wandervogel. In: Etienne François und Hagen Schulze (Hg.), Deutsche Erinnerungsorte, München 2001, 3. Bd., S. 531–548, hier S. 535.

2 Vgl. den Beitrag von Jeffrey K. Wilson in diesem Band, S. 216.

3 Hermann Giesecke, Vom Wandervogel bis zur Hitlerjugend, München 1981, S. 32

4 Winfried Mogge, Aufbruch einer Jugendbewegung. Wandervogel. Mythen und Fakten. In: Fokus Wandervogel. Der Wandervogel in seinen Beziehungen zu den Reformbewegungen vor dem Ersten Weltkrieg, (hg. v. Sabine Weißler im Auftrag des Bezirksamtes Steglitz-Zehlendorf von Berlin), Marburg 2001, S. 9–25, hier S. 18. Auch: derselbe, Wandervogel, Freideutsche Jugend und Bünde. Zum Jugendbild der bürgerlichen Jugendbewegung In: Thomas Koebner, Rolf-Peter Janz, Frank Trommler (Hg.), »Mit uns zieht die neue Zeit«. Der Mythos Jugend, Frankfurt am Main 1985, S. 174–198.

5 Hans Blüher, Wandervogel – Geschichte einer Jugendbewegung, Berlin 1912. Zitiert nach: Wilfried Mogge, Wandervogel, Freideutsche Jugend und Bünde, S. 194; Barbara Stambolis, Jugendbewegung. In: Europäische Geschichte Online (EGO), hg. vom Institut für Europäische Geschichte, Mainz 2011, URL: http://www.ieg-ego.eu/stambolisb-2011-de.

6 Vgl. Winfried Mogge und Jürgen Reulecke, Hoher Meißner 1913 – Der Erste Freideutsche Jugendtag in Dokumenten, Deutungen und Bildern, Bd. 5, Köln 1988.

7 Vgl. Hermann Giesecke, Vom Wandervogel bis zur Hitlerjugend, München 1981, S. 158; vgl. Wilfried Breyvogel, Der Wandervogel, Die erste Jugendbewegung im Ruhrgebiet. In: Wilfried Breyvogel und Heinz-Hermann Krüger (Hg.), Land der Hoffnung – Land der Krise. Jugendkulturen im Ruhrgebiet 1900–1987, Berlin, Bonn 1987, S. 50–61, hier S. 52.

8 Walter Flex, Der Wanderer zwischen beiden Welten. Ein Kriegserlebnis, München 1916, S. 1. Vgl. Thomas Medicus, Jugend in Uniform. Walter Flex und die deutsche Generation von 1914. In: Ursula Breymayer, Bernd Ulrich, Karin Wieland (Hg.), Willensmenschen. Über deutsche Offiziere, Frankfurt am Main 1999, S.94–108.

9 Hermann Giesecke, Vom Wandervogel bis zur Hitlerjugend, München 1981, S. 81f.

10 Vgl. Hans-Ulrich Thamer, Jugendmythos und Gemeinschaftskultur: Bündische Leitbilder und Rituale in der Jugendbewegung der Weimarer Republik. In: Eckart Conze [u. a.] (Hg.), Geschichte zwischen Wissenschaft und Politik: Festschrift für Michael Stürmer, Baden-Baden 2003, S. 268–285, hier S. 278.

11 Diese Entwicklung konnte natürlich nicht verhindern, dass für manchen die abenteuerlich-romantische Wahrnehmung weiterhin im Vordergund stand. Vgl. Jürgen Reulecke, »Ich möchter einer werden, so wie die ...«. Männerbünde im 20. Jahrhundert, Frankfurt am Main, New York 2001.

12 Vgl. zum »Heimatschutz«: Edeltraud Klueting (Hg.), Antimodernismus und Reform. Zur Geschichte der deutschen Heimatbewegung, Darmstadt 1991.

13 Bereits 1899 fand eine Böhmerwaldfahrt statt, an der Hermann Hoffmann (1875–1955) und Karl Fischer (1881–1941) teilgenommen hatten, deren Namen untrennbar mit den Anfängen des Wandervogels in Berlin-Steglitz verbunden sind. Vgl. Werner Kindt (Hg.), Die deutsche Jugendbewegung 1920 bis 1933. Die bündische Zeit. Quellenschriften, Dokumentation der Jugendbewegung, 3. Bd., Düsseldorf 1974, S. 34f.

14 Vgl. Barbara Stambolis, Jugendbewegung. In: Europäische Geschichte Online. http://www.ieg-ego.eu/de/threads/transnationale-bewegungen-und-organisationen/internationale-soziale-bewegungen/barbara-stambolis-jugendbewegung/?searchterm=jugendbewegung (aufgerufen: 11. 10. 2011).

15 Vgl. Michael Neumann, Fidus – Ikonograph der Jugend. In: Der Wandervogel, S. 256–265, hier S. 263. Zur »Meißnerformel« siehe: Freideutscher Jugendtag 1913, Freideutscher Jugendverlag Adolf Saal, Hamburg 1913, S. 8.

* Vertont 1912 von Kurt von Burkersroda, abgedruckt u. a. in: Wander-Liederbuch für deutsche Mädchen. 100 Texte und 21 Melodien, im Auftrag des Oberlyzeums I zu Kiel zusammengestellt v. Heinrich Grahl, Kiel [u. a.] 1927; vgl. Fritz W. Franzmeyer, Hjalmar Kutzleb (1885–1959). Mindener Heimatschriftsteller, Gesellschaftskritiker, Antisemit. In: Walter Gödden (hg. im Auftrag der Literaturkommission für Westfalen des Landschaftsverbandes Westfalen-Lippe), Literatur in Westfalen. Beiträge zur Forschung, 8. Bd., Bielefeld 2006, S. 101–132.

Astrid Mignon Kirchhof

»Tu dem Wald kein Leid, er ist der Heimat schönstes Kleid«

GRÜNDUNG UND ENTWICKLUNG DER SCHUTZGEMEINSCHAFT DEUTSCHER WALD

Die Gründung

Die Schutzgemeinschaft Deutscher Wald (SDW) gründete sich am 5. Dezember 1947. Mit ihr sollte der bereits im Zweiten Weltkrieg begonnenen Zerstörung des Waldes, den Holzdiebstählen der Bevölkerung und vor allem den »Reparationshieben« der Besatzungsmächte entgegengewirkt werden. »Jede Gründung eines Landesverbandes«, so die rückblickende Beurteilung in der Verbandszeitschrift *Unser Wald*, »war zwar ein Appell an die Öffentlichkeit gewesen, primär aber ein lautstarker, zudem legaler Protest unmittelbar an die Adresse der Besatzungsmächte. [...] Es war der Widerspruch gegen die damals allüberall betriebene Waldvernichtung! [...] Größer als die Furcht war die Empörung! Sie war der erste sichtbare Zorn, der aus der Öffentlichkeit den Siegern entgegenschlug.«[1]

Die hier anlässlich des 50-jährigen Jubiläums der SDW angesprochene »Empörung« der Anfangsjahre bezieht sich auf den Verlauf einer Entwicklung, als deren Opfer man sich fühlte: Zuerst war man von Hitler »verführt« worden, dann hatten die Deutschen den Krieg verloren, und nun wurden sie von den alliierten Siegern ausgebeutet.[2]

Mit der Verbandsgründung reagierte die Schutzgemeinschaft auf eine aktuelle politische Situation, deren Relevanz sie selbst mit geschaffen hatte. Als Institution war sie Teil einer kulturkritischen, modernitätsfeindlichen Bewegung. In einer sich verändernden Bundesrepublik konnte sie ihren Bestand durch die Formulierung eines klaren Verbandsziels, eine erfolgreiche Anpassung an die jeweilige politische Situation sowie durch erfolgreiche Netzwerk-Strategien sichern.

Bundespräsident Theodor Heuss pflanzt einen Baum. Abbildung aus dem Handbuch der Schutzgemeinschaft Deutscher Wald *Uns ruft der Wald*, 1954

Vereinszweck des Verbandes

In Paragraf 2, Absatz 2 der Satzung der SDW wird der Zweck der Institution mit den tiefgreifenden Auswirkungen begründet, die angesichts geschlagener Bäume und gerodeter Wälder für das gesamte Volk vermutet wurden: »Zweck der Schutzgemeinschaft ist, die Öffentlichkeit über den volksgefährdenden Zustand des Waldes aufzuklären, die hiermit verbundenen Gefahren aufzuzeigen und für eine verständnisvolle Einstellung zum Wald sowie eine sparsame Verwendung des Holzes zu gewinnen.«[3]

Die in der Satzung angesprochene Volksgefährdung weist zurück auf Bilder, Vorstellungen und Überzeugungen, die bereits im 19. Jahrhundert artikuliert worden waren und die eine besondere Verbindung der Deutschen mit dem Wald voraussetzten: Demnach hatte die Natur eine Seele, und die ländlich geprägte Gegend wurde städtischem Leben positiv gegenübergestellt. Besonders der Wald geriet – basierend auf der Beschreibung Germaniens durch den römischen Historiker Tacitus – zum Ursprungsmythos der Deutschen. Die Natur im Allgemeinen und der Wald im Besonderen avancierten zum nationalen Symbol.

Nach der Niederlage des Nationalsozialismus wurde ein mythologisch begründeter Glaube an den Wald zwar obsolet. Doch ein Heimatkonzept, nach dem der Charakter einer Bevölkerung angeblich durch die von ihr besiedelte Landschaft beeinflusst wird, war in der »unbehausten« Nachkriegsgesellschaft nach wie vor lebendig. Dem Naturschutz kam hier eine erhebliche Bedeutung zu, weil durch ihn, so die Vermutung, die Wurzeln des nationalen Charakters und dadurch die gesellschaftliche Stabilität sichergestellt werden könnten. Wegweisend für die Verknüpfung von nationaler Identität und Natur waren die schon im 19. Jahrhundert breit rezipierten Theorien des nationalkonservativen Sozialtheoretikers Wilhelm Heinrich Riehl. Riehl sah den Charakter einer Bevölkerung durch ihre natürliche Umgebung und durch die alltägliche Auseinandersetzung mit ihr geprägt – eine Entwicklung, die eine emotionale Verbundenheit mit

Der Erfolg der Schutzgemeinschaft wurde vor allem durch die Unterstützung hochrangiger Politiker und durch Verbindungen zur Industrie und zur Wirtschaft gesichert. Senatoren, Minister, Regierungs- und Bundespräsidenten sowie Kultusminister dienten der SDW auf allen Ebenen als Lobbyisten, Vorsitzende, Schirmherren und Ehrenpräsidenten. Beispielsweise übernahm Bundespräsident Heinrich Lübke (CDU) im Jahr 1961 das Amt des Schirmherrn. Als Präsident amtierte zu dieser Zeit der damalige Ministerpräsident von Bayern, Hans Ehard (CSU). Auch der Beirat der Schutzgemeinschaft liest sich wie ein »Who is Who« des zeitgenössischen Wissenschafts- und Politikbetriebes. 1971 wurden in das Ehrenpräsidium der SDW der damalige rheinland-pfälzische Ministerpräsident Helmut Kohl (CDU) und der Verteidigungsminister Helmut Schmidt (SPD) aufgenommen.[5]

der Region und schließlich ein »Heimatgefühl« zur Folge hätten. Tatsächlich vertrauten viele Naturschützer darauf, dass der Einzelne seine Heimat-Landschaft als Deutscher wahrnehmen würde, als Mitglied einer Gemeinschaft, das sich an einen bestimmten Ort gebunden fühlte, statt sich als Bürger eines abstrakten Staatengebildes zu verstehen.

Die Träger der Institution

Es war nicht die breite Masse, die an den Waldrodungen Anstoß nahm. Direkt nach Kriegsende hatten die meisten Menschen andere Sorgen als geschlagene Bäume. Wie ein Blick in die Akten des Beschwerdebüros der US-amerikanischen Militärregierung zeigt, waren es ganz persönliche Belange mit direktem Bezug zur Lebenswelt der Menschen, die artikuliert wurden. Von Beschwerden über die Zerstörung des deutschen Waldes fehlt jede Spur.[4] Im Gegenteil: Vor allem im Kältewinter 1946/47 nutzte die Bevölkerung den Wald als Brennholzlieferant und schlug selbst Bäume, um nicht zu erfrieren.

Die Schutzgemeinschaft Deutscher Wald bedurfte indessen gar nicht der breiten Masse, sie konnte vielmehr von Beginn an auf die Unterstützung eines anderen Personenkreises zählen. Seit der Gründung hat die Verbandsspitze ein Mitgliederprofil, das männlich dominiert ist und sich im Verlauf der Zeit wenig veränderte: Aktiv sind Politiker, Beamte höherer Laufbahnen, Professoren aus naturwissenschaftlichen Disziplinen und Angestellte der Forstverwaltung. Die Vorsitzenden der Schutzgemeinschaft sind noch zum 50-jährigen Jubiläum des Verbandes allesamt Männer, Frauen spielen eine eher untergeordnete Rolle. In fünf Bundesländern gab es in den 1990er Jahren Stellvertreterinnen, und nur in einem Landesverband war eine Frau Geschäftsführerin.

296 | Fahne der Schutzgemeinschaft Deutscher Wald, 1950er Jahre

»In dem Winter sechsundvierzig
Fror'n die Menschen, und das Holz
war rar / Und es fieln da viele Bäume
Und es wurd ihr letztes Jahr.«

Bertolt Brecht
Die Pappel vom Karlsplatz, 1950

Solche Unterstützung war und ist umso wichtiger, als der Bundesverband der SDW durch Bundesmittel finanziert wurde und wird, während die unabhängigen Landesverbände ihre Finanzierung bis heute durch Spenden der Wirtschaft, Industrie und von Einzelpersonen zu sichern versuchen. Gesellschaftlich einflussreiche Personen für sich zu gewinnen, gehört mithin zum eminent wichtigen Tagesgeschäft des Verbandes.

Zielgruppen und Projekte

Ein wichtiges Ziel der SDW war und ist die Öffentlichkeitsarbeit. Dabei ging es insbesondere um die Gewinnung der Jugend. Bereits auf der Gründungsversammlung hatte der liberale Politiker und spätere Vizekanzler der Bundesrepublik Franz Blücher eine wirksame Aufklärungsarbeit unter der Jugend angemahnt. Es sei eine besonders wichtige volkserzieherische Aufgabe, »den Nihilismus der Jugend zu bekämpfen«.[6] Ein Gegengewicht verbindlicher ethischer Werte und Normen sollte den jungen Menschen durch die Natur vermittelt werden. Auf der Bundestagung der Schutzgemeinschaft im Jahr 1952 berichtete Hans Thierbach in seinem Referat »Wald und Mensch«: »Viel ist uns durch den verlorenen Krieg genommen worden, aber geblieben ist uns die Natur. Und diese enttäuscht uns nicht, sondern sie gibt uns in überreichem Maße zurück, was wir an Liebe und Arbeit in die Erde und ihre Pflanzenwelt hineinstecken. Der letzte Krieg hat uns tausendfach gezeigt, daß materielle Dinge letzten Endes nicht den inneren Reichtum unseres Lebens ausmachen, sondern daß es ideelle Werte sind, die das Dasein lebenswert machen. Gerade in unserem auseinandergeredeten 4-Zonen-Deutschland brauchen wir Werte, die uns wieder zusammenführen.«[7]

In der Klage über den Werteverfall und die Verrohung der Menschen, insbesondere der Jugend, durch Krieg, kulturellen Niedergang oder die »Amerikanisierung« verbindet sich eine kulturkritische Haltung mit einem antimodernen, antiwestlichen Selbstverständnis. Alles tatsächlich oder scheinbar Materielle wurde als seelenlos, kalt und technizistisch und der »deutschen Wesensart« fremd abgelehnt. Abhilfe schaffe hier die Natur und das richtige Verhältnis zu ihr. Begegnungen mit der Natur könnten den Menschen sittlich stärken und helfen, die Schrecken des Krieges zu vergessen. Alles was als Verschandelung und Beschädigung der Landschaft wahrgenommen wurde, galt hingegen als Ausdruck einer Schieflage in Kultur und Gesellschaft. Achtung vor der Natur als Gottes Schöpfung sollte dem Menschen die Erkenntnis vermitteln, nur Gast auf der Erde zu sein.

Die angeschobenen Projekte der SDW zielen daher bis heute nicht ausschließlich, aber sehr intensiv auf eine jugendliche Zielgruppe. In den sogenannten Jugendwaldheimen werden seit 1948 – zumeist für 14 Tage – Jugendliche untergebracht, die zur Waldarbeit herangezogen werden, indem sie einige Stunden täglich mit Waldpflegearbeiten, mit dem Vogelschutz und der Wildfütterung beschäftigt sind. Auf diese Weise kann bis heute der »Waldläuferbrief« erworben werden, ein 16 Seiten umfassendes Taschenbuch, in dem nicht nur die Grundregeln für den Umgang mit dem Wald nachzulesen sind, sondern auch ein abbildungsreicher Überblick über die wichtigsten Bäume und Sträucher geboten wird. Anfang der 1950er Jahre wurde zudem der »Tag des Baumes« ins Leben gerufen, der seither regelmäßig und begleitet von Baumpflanzaktionen durchgeführt wird, die symbolisch für die angestrebte »Wiederverwurzelung« mit der Heimat stehen.[8]

Ein weiteres Projekt umfasste die Einrichtung der sogenannten Schulwälder. Dahinter stand die Idee, dass nur Kinder, die sich mit der Pflege des Waldes beschäftigen, die Bäume auch künftig schützen und bewahren. Im Jahr 1957 wurde schließlich die »Deutsche Waldjugend« gegründet, die Jugendorganisation der SDW. Die entstehenden Gruppen schlossen sich ab 1966 als Bundesverband zusammen, der 1997 aus 5000 Waldläufern in 300 Gruppen bestand. Früh organisierte man überdies die Jugendcamps, in deren Verlauf es auch zur Begegnung mit Kindern und Jugendlichen aus anderen europäischen Staaten kam, nicht zuletzt mit Teilnehmern aus der DDR. Damit rückte die SDW bewusst von einer nationalistischen Haltung ab und passte sich erfolgreich an die veränderte, politische Situation nach 1945 an. Seit 1970 werden schließlich die Waldjugendspiele organisiert, bei denen die Kinder den Lebensraum Wald mit Hilfe von Spiel- und Fragestationen kennenlernen sollen und sich über Stunden im Wald aufhalten.[9]

Kontinuität und Umbruch

Die Jahre um 1970 waren nicht nur gesamtgesellschaftlich, sondern auch für den Naturschutz, seine Verbände und Aktivisten von Umbrüchen geprägt. Düstere Prognosen zur Ressourcenknappheit, zum Bevölkerungsanstieg, über das Wachstum der Städte und die Verschmutzung der Umwelt bestimmten die öffentliche Meinung. Die bis dahin vorherrschende optimistische Stimmung in Politik und Gesellschaft fand ihr Ende. Die Warnungen und Szenarien stießen auf eine aufnahmebereite Öffentlichkeit. Bürgerinitiativen und neue soziale Bewegungen prägten in wachsendem Maße die Vorstellung von dem, was nun »politische Ökologie« hieß. Sie diente als Bezugspunkt für neue politische Handlungsformen und für Lebensweisen, insbesondere im alternativen Milieu. Nach dem »Machtwechsel« von der Großen zur sozialliberalen Koalition unter Bundeskanzler Willy Brandt im Jahr 1969 begannen sich sowohl der Politikstil wie auch die Inhalte des Regierungshandelns zu verändern. Ein großes Reformwerk der Bundesregierung betraf den Umweltschutz. Institutionell drückte sich dies in der Etablierung einer allein dem Umweltschutz gewidmeten Abteilung innerhalb des Bundesinnenministeriums aus. Kurz darauf rief der Europarat das »Europäische Naturschutzjahr« aus, eine Aktion, die als erste europaweite Umweltkampagne gelten kann.

Ähnlich wie in der Nachkriegszeit gelang es der SDW auch jetzt, sich den veränderten politischen Themen anzupassen. Traditionelle Werte und Überzeugungen wurden jedoch nicht aufgegeben. Wie aus dem Tätigkeitsbericht des Bundesver-

350 | Stefan Ritte: Ohne ihn steht die Welt auf dem Kopf, Preisgekrönte Fotografie des Wettbewerbs »Ohne ihn ...« zum Internationalen Jahr der Wälder 2011

Im Mittelpunkt steht die seit Anfang des 20. Jahrhunderts für Naturschützer gültige Auffassung, nach der die Natur im Allgemeinen und der Wald im Besonderen eine absolute Größe darstellen: vollendet, umfassend, überzeitlich. Mit dieser Haltung korrespondierte seit jeher die Überzeugung, dass nur die Natur der Verstädterung, der Technisierung und – vor allem in der Nachkriegszeit – der »Amerikanisierung« Einhalt gebieten könne. Die Entwicklung der Schutzgemeinschaft Deutscher Wald zeigt, dass sie als Teil einer modernitäts- und kulturkritischen Bewegung zeitgenössische Gedanken nicht unbedingt ablehnte, sondern ihnen ein neues, kulturkritisches Gepräge geben wollte.

bandes aus dem Jahr 1971 hervorgeht, schlossen sich sowohl auf Bundes- als auch auf Landesebene verschiedene Naturschutzverbände zu Arbeitsgemeinschaften zusammen, vor allem um Neugründungen für den Umweltschutz vorzubeugen. Die SDW reagierte sofort auf die veränderte Ausgangslage und trat verschiedenen, neugegründeten Arbeitskreisen bei, die sich etwa mit Fragen des technischen Umweltschutzes – also mit Fragen um Wasser, Luft und Lärm – beschäftigten. Ebenso verband die SDW klassische Naturschutz- mit neuen Umweltthemen: Beispielsweise wurde der »Tag des Baumes« mit einer Ausstellung über den Umweltschutz verbunden.

Bestimmte Werte und Konzepte überlebten allerdings. Auch 1974 noch stand der Wald als Synonym für die »Heimat« schlechthin. Die SDW sah ihre Aufgabe nach wie vor darin, den Wald als »unentbehrlich für die Erhaltung der Heimat, ihrer Landschaft und ihrer Kultur zu schützen und zu mehren.«[10] An der Wertekritik – allen voran die am Konsum und an der Konsumgesellschaft – wurde ebenfalls weiter festgehalten. So unterstützte die SDW die kommunalen Verwaltungen, um den Wald vom »Wohlstandsmüll« zu entrümpeln.

Der Schutzgemeinschaft Deutscher Wald ist es bis heute erfolgreich gelungen, über durchdacht angelegte Netzwerke die Verbindungen in die höchsten Kreise von Politik, Wirtschaft und Industrie zu erhalten. Um die eigenen politischen Ziele besser umsetzen zu können, wählte die Schutzgemeinschaft die Jugend als vielversprechende und zukunftsweisende Zielgruppe. Darüber hinaus hat die Gemeinschaft immer wieder ihre immense Anpassungsfähigkeit an die jeweiligen politischen Umstände unter Beweis gestellt und damit ihren Erfolg und Bestand gesichert.

Anmerkungen

1 Erich Hornsmann, Von unseren Anfängen. In: Unser Wald. Zeitschrift der Schutzgemeinschaft Deutscher Wald, Heft 3, Juni 1997, S. 70–79, hier S. 71.

2 Sinngemäß wiedergegebenes Zitat von Jens Ivo Engels, Naturpolitik in der Bundesrepublik. Ideenwelt und politische Verhaltensstile in Naturschutz und Umweltbewegung 1950–1980, Paderborn 2006, S. 53.

3 Anlage 1 zum Protokoll der Gründungsversammlung der »Schutzgemeinschaft Deutscher Wald«, Bad Honnef, 5.12.1947, S. 8, ASDW, LV Berlin e.V., Ordner: Veranstaltungen.

4 Complaint Office Report, Nr. 1., 1.–15. Januar 1949, Bundesarchiv Koblenz (BArch Koblenz), OMGUS: AG 1949/36/4, Fiche 7, S. 1–5.

5 Unser Wald. Zeitschrift der Schutzgemeinschaft Deutscher Wald, Heft 3, Juni 1997, S. 30–69. Impressum. In: Unser Wald, Heft 10, Oktober 1961, S. 246. Tätigkeitsbericht der Schutzgemeinschaft Deutscher Wald 1971, Bayerisches Hauptstaatsarchiv (BayHStA), SDW, LV Bayern 142, Anhang – Ehrenpräsidium. Schreiben der Rhein-Main Bank an die SDW, LV Bayern am 22.10.1952, BayHStA, SDW, LV Bayern 98; Schreiben der Siemens AG an die SDW am 11.4.1957, BayHStA, SDW, LV Bayern 98; Liste Spendenaktion vom 15.3.1956, BayHStA, SDW, LV Bayern 95.

6 Protokoll der Gründungsversammlung und ersten Arbeitstagung »Schutzgemeinschaft Deutscher Wald«, Bad Honnef, 5.12.1947, S. 4, ASDW, LV Berlin e.V., Ordner: Veranstaltungen.

7 Aus dem Referat von Hans Thierbach, »Wald und Mensch«, gehalten am 24.1.1952 auf der Bundestagung des SDW, S. 6f, ASDW, LV Berlin e.V., Ordner: Veranstaltungen.

8 Kurt Jaeger, Jugend und Wald. In: Naturschutz und Landschaftspflege, 27. Jg.,), Heft 9/10, Sept./Okt. 1952, S. 99–100.

9 Erich Hornsmann, Von unseren Anfängen. In: Unser Wald. Zeitschrift der Schutzgemeinschaft Deutscher Wald, Heft 3, Juni 1997, S. 70–79.

10 Landtagspräsident Rudolf Hanauer zum 25. Jahrestag der SDW LV Bayern am 28.7.1975, BayHStA, SDW, LV Bayern 3, S. 1.

C 7007 C
DER SPIEGEL
Nr. 47
35. Jahrgang · DM 3,50
16. November 1981
Saurer Regen über Deutschland
Der Wald stirbt

Franz-Josef Brüggemeier

Totgesagte leben länger

DER GEFÄHRDETE WALD ALS REALEREIGNIS UND MEDIENPHÄNOMEN

Der Tenor der Zeitungsberichte war eindeutig: Unisono vermeldeten sie Anfang der 1980er Jahre, in den deutschen Wäldern ticke eine Zeitbombe. Die Bäume, auf jeden Fall aber Tannen und Fichten, würden großflächig absterben. Eine »weltweite Umweltkatastrophe von unvorstellbarem Ausmaß« stehe bevor – so *Der Spiegel*. Im November 1981 berichtete das meinungsführende Magazin der alten Bundesrepublik, gestreckt über drei Hefte, ausführlich über das Waldsterben und löste damit eine Debatte aus, die bald alle Medien beherrschte. Forstwirte stellten bei Fichte und Kiefer eine »schnelle Vergreisung« fest, sahen mehr als die Hälfte des Waldbestandes gefährdet und führten diese Entwicklung auf eine primäre Ursache zurück, nämlich auf die zunehmende Luftverschmutzung, »insbesondere durch Schwefeldioxid (SO_2) aus Ölheizungen, Auspufftöpfen und, vor allem, den Schloten von Kraftwerken, Erzhütten und Raffinerien.«[1]

Der Wald stirbt

Die ersten großen Wälder, so der Göttinger Bodenkundler Bernhard Ulrich im Jahr 1981, würden schon in den »nächsten fünf Jahren sterben. Sie sind nicht mehr zu retten.«[2] Hinzu kämen Schäden an Gebäuden, eine Übersäuerung von Gewässern und nicht zuletzt gesundheitliche Gefährdungen, vor allem für Kinder, Alte und Kranke – und dies nicht nur in Deutschland, sondern auch in den angrenzenden Ländern West- und Osteuropas, in Skandinavien, Japan, in den USA und in Kanada. Und diese Schäden würden nicht nur weltweit auftreten, lautete das düstere Szenario, sie hingen überdies auch eng miteinander zusammen. Saurer Regen aus Japan gehe in den USA nieder, von dort gelangten Emissionen nach Kanada, und die europäischen Staaten belasteten sich je nach Windrichtung gegenseitig. Zum ersten Mal wurde der Öffentlichkeit durch diese Aussagen bewusst, wie großflächig Umweltschäden auftreten können, wie komplex die ökologischen Zusammenhänge sind und wie wenig dabei nationale Grenzen eine Rolle spielen. Die Umweltdebatte hatte eine neue Dimension erreicht.[3]

Nahezu täglich erschienen in den folgenden Monaten und Jahren weitere Artikel, Reportagen und Serien über das Waldsterben. Fernsehen und Radio berichteten ausführlich darüber, Bücher entstanden, und Kommissionen wurden einberufen, um Gutachten zu erstellen.[4] Dieses öffentliche Interesse beeindruckte das Ausland so sehr, dass der Begriff »Waldsterben« auch in außerdeutschen Sprachen verwandt wurde, zumal die Berichte immer dramatischer ausfielen und Katastrophenszenarien sich durchsetzten. Für den *Stern* waren 1984 zwei der sieben Millionen Hektar Wald in Deutschland unheilbar krank oder bereits abgestorben. Die Höhenzüge des Harzes würden sich langsam zur Mondlandschaft entwickeln, und die dortigen Förster stellten einen »gewaltigen Todesschub« unter den Bäumen fest. Auch Buchen, Eichen, Eschen oder Kirschbäume seien befallen, die Krankheit fresse sich wie ein Krebsgeschwür durch das Land. Spätestens im Jahr 1990, so die Experten, werde es in Deutschland keine Nadelwälder mehr geben, bald darauf würden auch die Buchen verschwinden. Eine vom Bonner Innenministerium beauftragte Studie ging noch weiter: Sie prognostizierte, dass im Jahre 2002 vom Waldsterben keine Rede mehr sein werde, denn »dann existiert praktisch kein Wald mehr«.[5] Doch dies sei nur der Anfang des Schreckens: Mit dem Verschwinden des Waldes schwinde auch der Schutz vor Hochwasser und Lawinen, in den Alpen und Mittelgebirgen müssten Siedlungen und Straßen aufgegeben werden.

311 | Titelblatt der Zeitschrift *Der Spiegel* zum Waldsterben, November 1981

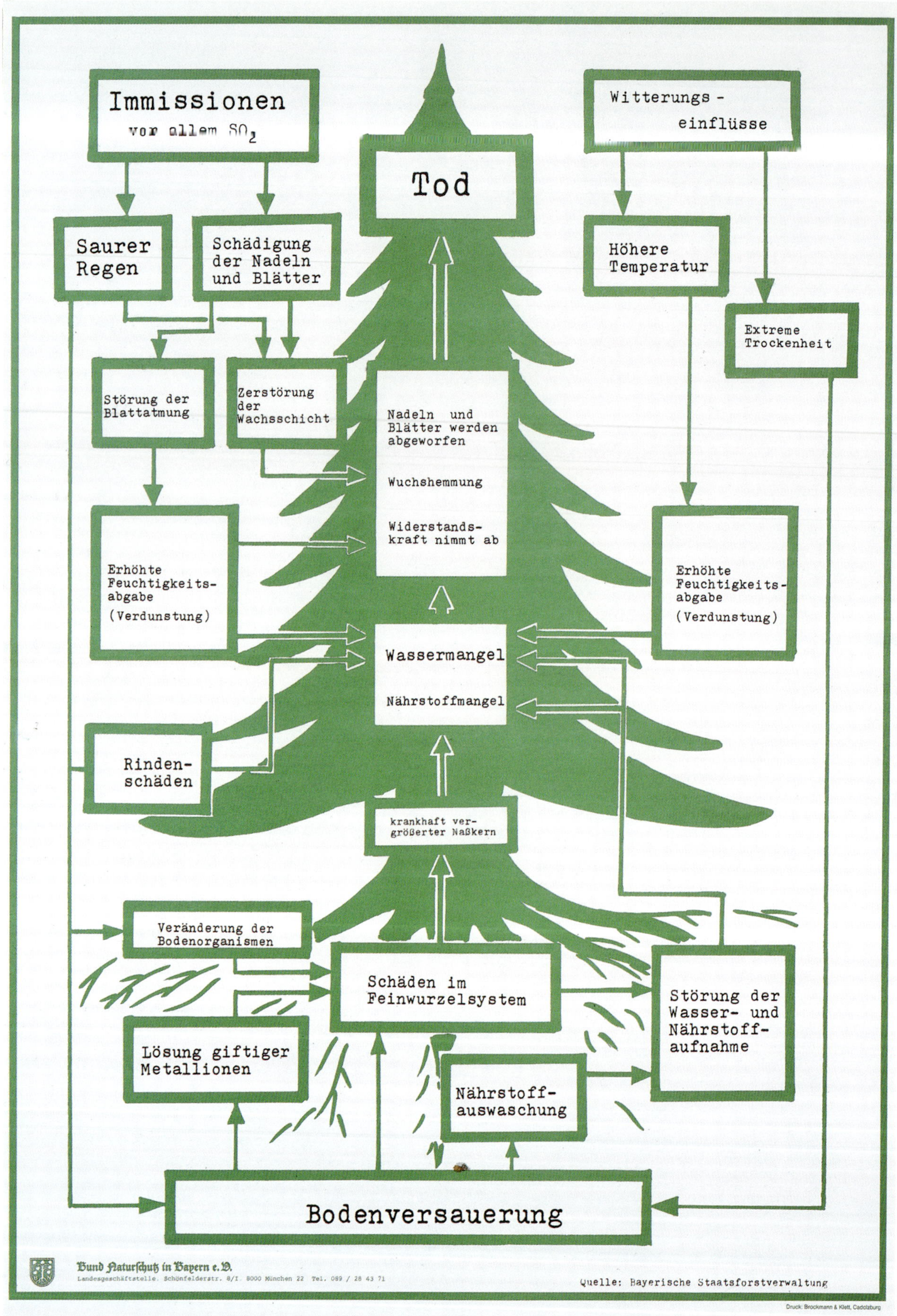
Immissionen
vor allem SO_2
Witterungs-
einflüsse
Tod
Saurer Regen
Schädigung der Nadeln und Blätter
Höhere Temperatur
Extreme Trockenheit
Störung der Blattatmung
Zerstörung der Wachsschicht
Nadeln und Blätter werden abgeworfen
Wuchshemmung
Widerstands-kraft nimmt ab
Erhöhte Feuchtigkeits-abgabe (Verdunstung)
Erhöhte Feuchtigkeits-abgabe (Verdunstung)
Wassermangel
Nährstoffmangel
Rinden-schäden
krankhaft ver-größerter Naßkern
Veränderung der Bodenorganismen
Schäden im Feinwurzelsystem
Störung der Wasser- und Nährstoff-aufnahme
Lösung giftiger Metallionen
Nährstoff-auswaschung
Bodenversauerung
Bund Naturschutz in Bayern e.V.
Landesgeschäftstelle, Schönfelderstr. 8/I. 8000 München 22 Tel. 089 / 28 43 71
Quelle: Bayerische Staatsforstverwaltung
Druck: Brockmann & Klett, Cadolzburg

links: 321 | Plakat des Bundes Naturschutz in Bayern e.V., 1983

rechts: 315 | Titelblatt *Süddeutsche Zeitung Magazin*, Oktober 1991

Zu diesen strengen Regeln trugen nicht zuletzt die 1980 gegründeten »Grünen« bei, die überraschende Wahlerfolge erzielten und vor allem die FDP in Bedrängnis brachten. Baums Vorstoß war ein Versuch, in der Umweltpolitik zusätzliches Profil zu gewinnen und Wähler anzusprechen. Dazu sahen sich auch die anderen Parteien und die neue Bundesregierung genötigt, die am 4. Oktober 1982 von der CDU/CSU und der FDP gebildet wurde. Die neue Koalition strebte eigentlich an, die Rolle des Staates zu reduzieren und die Belastungen der Unternehmer durch Steuern und Vorschriften abzubauen. Vor allem Auflagen zum Umweltschutz galten als Kostenquelle und Hemmnis für Innovationen. Sie standen deshalb im Mittelpunkt der Kritik. Doch auch die neue Regierung musste auf die Debatten um das Waldsterben und das wachsende Interesse der Öffentlichkeit am Umweltschutz reagieren.

Die mittlerweile durchgeführten »Waldschadenserhebungen« bestätigten diese Befürchtungen und kamen 1984 zu dem Ergebnis, dass bereits die Hälfte des bundesdeutschen Waldes sichtbare Schäden aufweise. Dabei seien, so *Die Zeit*, diese Zahlen noch geschönt, da kranke und absterbende Bäume gefällt und deshalb nicht länger erfasst würden. Nur »pathologische Ignoranten« könnten das Ausmaß der Schäden noch bezweifeln, während Fachleute wie der Landesforstpräsident von Baden-Württemberg konstatierten: »Es gibt kein gedankliches Ausweichen mehr vor der harten Erkenntnis, dass wir am Anfang einer durch Immissionen ausgelösten Katastrophe in unseren Wäldern stehen, wenn die Schadstoffbelastung der Luft nicht unverzüglich und drastisch gesenkt wird.« Der BUND sprach von nichts weniger als einem »ökologischen Hiroshima«, und die »Grünen« formulierten kurz und bündig: »Erst stirbt der Wald, wann stirbt der Mensch?«[6]

Die Debatte

Diese Debatte war ganz unvermittelt losgebrochen. Noch 1975 hatte das Bonner Innenministerium Schwefeldioxid als einen örtlich eng begrenzt auftretenden Schadstoff bezeichnet. Waldschäden galten allenfalls als lokales Problem, das vor allem in der Nähe von Industrieanlagen auftrat. Forderungen, die schwefligen Schadstoffe gar nicht erst aus den Schornsteinen entweichen zu lassen, spielten bis Ende der 1970er Jahre keine große Rolle – bis die Debatte um das Waldsterben die Situation grundlegend änderte. Der als Innenminister zuständige Gerhart Baum (FDP) sah sich so unter Druck gesetzt, dass er in der Umweltpolitik »einen großen Sprung nach vorne wagen« und damit zugleich der sozialliberalen Koalition neuen Aufschwung geben wollte, die sich in einer tiefen Krise befand und auch bald zerbrach. Baum drängte auf eine Sondersitzung des Kabinetts, die am 1. September 1982 stattfand und für SO_2-Emissionen bedeutend strengere Grenzwerte vereinbarte als ursprünglich vorgeschlagen.

Sie hielt an den bestehenden Regelungen weitgehend fest und baute sie im Fall der Feuerungsanlagen sogar noch aus. Bereits im Juni 1983 wurden die Schonfristen für bestehende Anlagen erheblich verschärft, sodass 1988, nur fünf Jahre später, 90 Prozent der Kohlekraftwerke Entschwefelungsanlagen besaßen.

Diese Maßnahmen minderten die Emissionen deutlich und galten als wichtiger Grund dafür, dass sich die Lage der Wälder verbesserte. Entsprechend hieß der frühere *Waldschadensbericht* ab 1989 semantisch entschärft *Waldzustandsbericht*. Das klang weniger dramatisch, erschien aber vielen Umweltschützern als Etikettenschwindel. Ihre Sorgen hielten an, denn weiterhin stellten die Berichte fest, dass weite Teile des Waldes mehr oder minder stark geschädigt seien.

Zwischen Statistik und Forschung

Für gelangweiltes Desinteresse besteht allerdings kein Anlass. Denn tatsächlich ist der Zustand der Wälder ein äußerst interessantes Thema, zu dem sehr unterschiedliche Positionen vorliegen. Dazu zählen etwa die Ergebnisse einer Forschergruppe um den Forstwissenschaftler Heinrich Spiecker aus Freiburg. Wissenschaftler aus zwölf Staaten untersuchten in ganz Europa den Zustand der Wälder seit etwa 1900 und veröffentlichten 1996 ihre Ergebnisse. Die Befunde überraschen: Die Bäume in Europa, auch in Deutschland, wüchsen mittlerweile schneller als je zuvor, von einem allgemeinen Waldsterben könne keine Rede sein. Zwischen 1950 und 1990 habe vielmehr das Gesamtvolumen der Bäume in Europa um 43 Prozent zugenommen, wobei die deutschen Wälder zu den holzreichsten gehörten.

von links nach rechts:
314 | Titelblatt der Zeitschrift *Natur*, September 1983
324 | Umweltpolitisches Plakat von Klaus Staeck, 1984
328 | Wahlplakat der Grünen, 1982
327 | Wahlplakat der SPD zur Europawahl 1984

Die Gefahr des Waldsterbens schien nach wie vor nicht gebannt, und Jahr für Jahr ist seitdem das immer gleiche Ritual zu beobachten: Die Regierung legt ihren Bericht vor, die Naturschutzverbände klagen über die anhaltend schlechte Situation und fordern, endlich energische Maßnahmen zu ergreifen. Die Medien berichten pflichtschuldigst, und die Öffentlichkeit nimmt kaum noch Notiz, sondern betrachtet das ganze Schauspiel mit einer gewissen Enttäuschung, wenn nicht mit Langeweile.[7]

In den Worten der *Frankfurter Rundschau*: »So viel Holz gab es lange nicht«.[8] Im Einzelnen ergaben die Untersuchungen, dass sich die Wachstumsbedingungen der Wälder in den letzten Jahren nicht verschlechtert, sondern verbessert haben. Zu keinem Zeitpunkt der vergangenen 200 Jahre waren zudem so viele alte Bäume vorhanden wie gegenwärtig. Lediglich an solchen Standorten, die außergewöhnlich stark belastet sind oder unter extremen Witterungsbedingungen leiden, müssten Rückgänge des Wachstums verzeichnet werden. Die Forscher zeigten sich von diesen Ergebnissen überrascht. Beschränkte sich zuvor das Wachstum auf bestimmte Baumsorten und auf einzelne Gebiete, so könne es nun in ganz Europa, bei sehr divergierenden Standorten und für unterschiedlichste Baumsorten belegt werden. Der Gegensatz zur These vom Waldsterben konnte größer kaum sein – und beruhte vor allem auf den jeweils gewählten Erhebungsmethoden.

Die Forschungsgruppe um Spiecker stützte sich auf Messungen des Längen- und Umfangszuwachses der Bäume, während bis dahin die Angaben zum Waldsterben von der sogenannten Kronenverlichtung ausgingen, ein Verfahren, bei dem der Zustand von Nadeln und Blättern beobachtet wird. Diese können geschädigt sein oder auch ganz abfallen, und je nach Schädigung wurden (und werden bis heute) die Bäume unterschiedlichen Schadensklassen zugeordnet: ein Vorgehen, das wenig Aufwand erfordert, schnell erlernbar ist und erlaubt, auch großflächige Erhebungen relativ einfach durchzuführen.

Mit dieser Methode sind jedoch zwei gravierende Nachteile verbunden: Zum einen beruht die Zuordnung zu Schadensklassen wesentlich auf dem Augenschein und ist deshalb nicht ganz exakt. Und zum anderen bleibt umstritten, welche Rückschlüsse aus dem Zustand der Nadeln und Blätter auf die Bäume gezogen werden können. Spiecker und andere Kritiker weisen darauf hin, dass der Verlust von Nadeln oder Blättern auch ein Schutzmechanismus sein könne, um Trockenperioden zu überstehen; auch wüchsen Bäume selbst dann, wenn eine gewisse Kronenverlichtung bestehe. Hierbei handele es sich oftmals um einen normalen Vorgang, aus dem nicht zwangsläufig folge, dass die befallenen Bäume erkrankt seien. Zwischen Wachstum und Kronenbefall bestehe eben kein eindeutiger Zusammenhang. Schließlich gehöre es zur Natur eines Waldes, dass einzelne Bäume erkrankten oder abstürben. Auftretende Schäden könnten generell sehr unterschiedliche Ursachen haben, darunter die wachstumsstarken Monokulturen, die sich in den letzten 200 Jahren durchgesetzt haben und besonders anfällig sind.[9]

So kontrovers die Debatte auch weiterhin verläuft, so ist doch unübersehbar von einem Waldsterben keine Rede mehr. Dieses ist ganz offensichtlich nicht eingetreten, wie schon der bloße Augenschein zeigt. Doch damit ist die Diskussion nicht beendet. Einige Wissenschaftler vertreten sogar die Position, das Wachstum der Bäume könne auch eine Folge von Stickstoff-Emissionen sein, die sich in den Böden anreicherten und als Dünger wirkten, sodass sich der Wald gleichsam zu Tode wachse. Das klingt anschaulich, wird jedoch nur von wenigen vertreten.

Dies gilt ebenso für die Behauptung, zwei Drittel der Böden seien so versauert, dass die Wald-Ökosysteme grundlegend gefährdet seien. Eine pauschale Behauptung, die aber insofern zutreffend ist, als die Emissionen der letzten Jahre vielfach tatsächlich zu einer Versauerung der Böden geführt haben. Wichtige mineralische Boden-Nährstoffe können dadurch ausgewaschen und andere, für die Wurzeln schädliche Verbindungen angereichert werden. In der Folge nimmt die Anfälligkeit der Wälder gegenüber ungünstigen Witterungsverhältnissen und Schädlingen zu, ohne dass sich eindeutig bestimmen lässt, welches die tatsächlichen Ursachen sind. Denn eventuell auftretende Schäden hängen auch von der Entwicklung des Wetters und nicht zuletzt davon ab, ob die Versauerung des Bodens und die damit verbundenen schädlichen Reaktionen zunehmen werden. Auch hier gibt es gegenläufige Entwicklungen. So ist der pH-Wert des Regens seit 1982 deutlich angestiegen, er ist also nicht mehr so sauer, was zum größten Teil auf den Rückgang schwefliger Emissionen zurückzuführen ist.

Insgesamt sind die Befunde schwer zu beurteilen. Doch es kann keinen Zweifel daran geben, dass die Bäume in den vergangenen Jahrzehnten ungewöhnlich schnell gewachsen sind und dass es kein Waldsterben gegeben hat. Selbst wenn berücksichtigt wird, dass die diversen Emissionen bis heute Boden und Bäume belasten und andere Probleme bestehen, bleibt dies eine erstaunliche Feststellung. Sie ist umso bemerkenswerter, als weiterhin Berichte über den Zustand der Wälder erscheinen, die anhaltende Schäden beklagen. Dem aktuellen Waldzustandsbericht aus dem Jahr 2010 zufolge weisen 62 Prozent aller Bäume einen Nadel- oder Blattverlust auf, bereits jede zweite Eiche, heißt es, sei schwer erkrankt. Der Naturschutzbund Deutschland (NABU) beklagte deshalb ein »Siechtum« der Wälder, für das die Überdüngung der Landwirtschaft, der Verkehr und der Klimawandel verantwortlich seien. Im Gegenzug verwies die Bundesministerin für Ernährung, Landwirtschaft und Verbraucherschutz, Ilse Aigner, darauf, dass in Deutschland die Waldfläche stetig zunehme und in den vergangenen 40 Jahren um etwa zehn Prozent oder eine Million Hektar gewachsen sei. Damit besteht aktuell etwa ein Drittel der Fläche Deutschlands (etwa 11,1 Millionen Hektar) aus Wald.[10]

Die Kontroverse über den Zustand der Wälder hält also an und wird sich fortsetzen. Das liegt fraglos daran, dass die beteiligten Gruppen und Personen je eigene Interessen

310 | In-vitro-Kulturen mit Baumsetzlingen:
Fichte, Lärche, Birke, Eibe, Eiche in Erlenmeyerkolben, 2011

und Standpunkte vertreten und zu entsprechend unterschiedlichen Bewertungen kommen. Zumindest genauso wichtig ist aber der Umstand, dass alle Aussagen zum Stand der Wälder und Bäume auf Wahrnehmungskonstruktionen beruhen und unweigerlich mit Wertungen verbunden sind. Sehr vereinfacht ausgedrückt: Bäume wissen nicht, wie es ihnen geht, und sie sind schon gar nicht in der Lage, uns dies mitzuteilen. Solche Aussagen können nur wir beziehungsweise die dafür zuständigen Experten treffen, die sich wiederum nicht auf den bloßen Augenschein verlassen können, sondern Kriterien bestimmen, Modelle entwickeln und Wertungen vornehmen müssen. Im Einzelnen mögen sie die Kronenverlichtung betrachten, das Dickenwachstum beurteilen oder Böden analysieren und darauf aufbauend ihre Ergebnisse formulieren. Doch in jedem Fall handelt es sich um Konstruktionen und nicht um den »wirklichen« Zustand von Bäumen oder gar den ganzer Wälder.

Wie unsicher oder auch fehlerhaft derartige Aussagen sein können, zeigt die Debatte zum Waldsterben. Im Nachhinein liegt es nahe, von Hysterie und Katastrophenszenarien zu sprechen, zumal einige der Beteiligten ihre Aussagen bewusst dramatisierten. Doch dies geschah in bester Absicht, denn sie sahen sich mit Befunden konfrontiert, die auf gefährliche Entwicklungen verwiesen. Zudem stützten sie sich auf den damals neuen Ökosystemansatz, der versprach, komplexe Einheiten (wie den Wald) im Zusammenhang zu erfassen und einen Anspruch auf »Ganzheitlichkeit« zu verwirklichen. Zwar war ihnen bewusst, dass ihre Aussagen vielfach auf einer unsicheren Basis beruhten und eigentlich erheblich mehr Untersuchungen erforderten. Doch diese Unsicherheit lag für sie vor allem im Detail, während die grundsätzliche Gefährdung eindeutig belegt zu sein schien.

Ein weiteres Zögern war deshalb aus ihrer Sicht nicht zu rechtfertigen, ein Argument, das auch bei späteren Debatten – etwa zur Vogelgrippe oder zum »Rinderwahn« – eine Rolle spielte. Auch in diesen Fällen blieben Ursachen und Folgen unbekannt, und erneut wurde argumentiert, dass die drohende Gefährdung trotz beziehungsweise gerade wegen der Unsicherheit rasches Handeln und energische Maßnahmen erforderte.

Allerdings – es bleibt ein problematisches Argument, wenn ins Feld geführt wird, die Debatte um das Waldsterben habe zu schärferen Umweltgesetzen geführt und die drohende Gefahr wenn nicht verhindert so doch zumindest minimiert. Denn weiterhin ist umstritten, ob die damals festgestellten Schäden überhaupt das Ausmaß besaßen, das ihnen zugeschrieben wurde. Hinzu kommt, dass der Zusammenhang zwischen den verschärften Gesetzen und einer Besserung der Situation nicht so eindeutig ausfällt, wie oft vermutet wird. Und schließlich: Es muss sehr gute Gründe dafür geben, von einem »ökologischen Hiroshima« zu sprechen oder andere Katastrophen-Vergleiche zu bemühen. Diese Gründe gab es damals nicht, und es ist deshalb nicht überraschend, dass derartige Argumente seitdem nicht wieder eingesetzt wurden.

Anmerkungen

Vielen Dank an Mariette Franz, die bei der Fertigstellung dieses Texte wichtige Hilfe geleistet hat.

1 Der Spiegel Nr. 47, 16. November 1981, S. 96 – 110.
2 Ebenda, S. 99.
3 Der Spiegel Nr. 47 – 49, 16., 23. und 30. November 1981; Roland Schäfer und Birgit Metzger, Was macht eigentlich das Waldsterben? In: Patrick Mausius [u. a.] (Hg.), Umweltgeschichte und Umweltzukunft. Zur gesellschaftlichen Relevanz einer jungen Disziplin, Göttingen 2009, S. 201 – 227.
4 Rudi Holzberger, Das sogenannte Waldsterben. Zur Karriere eines Klischees. Das Thema Wald im journalistischen Diskurs, Bergatreute 1995.
5 Stern, 24. März 1983 und 5. Juli 1984.
6 Ebenda; Die Zeit, 19. Oktober 1984, S. 17 ff.; Der Spiegel, 14. Februar 1983.
7 Kenneth Anders und Frank Uekötter, Viel Lärm ums stille Sterben. Die Debatte über das Waldsterben in Deutschland. In: Frank Uekötter und Jens Hohensee (Hg.), Wird Kassandra heiser? Die Geschichte falscher Ökoalarme, Stuttgart 2004, S. 112 – 138.
8 Frankfurter Rundschau, 24. November 1996.
9 Heinrich Spiecker [u. a.] (Hg.), Growth Trends in European Forests. Studies from 12 Countries, Berlin 1996.
10 http://www.sueddeutsche.de/wissen/waldschadensbericht-auf-kritischem-niveau-1.1054183, vom 2. 2. 2011 (aufgerufen: 10. 10. 2011).

40
SCHELLERER
RHINNON
1965-2008
RHIANNON
1965-2008

Barbara Happe

Vom Waldfriedhof zum »FriedWald«

DER WALD ALS ORT DER TOTEN

Von Martin Luther stammt die Bemerkung, dass es angesichts der ungepflegten Zustände auf dem Kirchhof in Wittenberg nicht von Belang sei, »ob er ynn der Elbe oder ymm walde« begraben sei. Diese provokative Äußerung war langfristig von großer Tragweite für die Friedhofs- und Bestattungskultur, thematisierte sie doch erstmals in der Geschichte der christlichen Sepulkralkultur die Möglichkeit, dass Menschen nicht auf einem Begräbnisplatz, sondern in freier Natur ihre letzte Ruhestätte finden könnten. Für Protestanten zählt ein Begräbnisplatz nicht zu den *res sacrae*, den heiligen Dingen, weswegen sie diesen auch nicht wie die Katholiken bischöflich weihen. Der Ort des Grabes hat also keine Auswirkung auf das Seelenheil, vielmehr zählt der Ort wie alle anderen Elemente der Bestattungskultur zu den »Adiaphora«, das heißt, zu den Dingen, die dem Seelenheil nicht zuträglich sind; sie sind ethisch und sittlich neutral. So konnte Luther frei von theologischen Dogmen aus hygienischen Gründen dazu raten, Friedhöfe unabhängig von den die Reliquien bergenden Kirchen und außerhalb der Ortschatten anzulegen. In der Folge kam es im 16. und 17. Jahrhundert zur ersten großen Auslagerungswelle von Begräbnisplätzen vor die Städte.

Jahrhunderte später sollte sich der Gedanke von einem Grab in der Natur zu einer tiefen Sehnsucht der Menschen entwickeln. So fragte sich Heinrich Heine in seinem Gedicht *Wo?*, das seit 1901 auch auf seiner Grabbüste auf dem Friedhof Montmartre steht:

Wo?

Wo wird einst des Wandermüden
Letzte Ruhestätte sein?
Unter Palmen in dem Süden?
Unter Linden an dem Rhein?
Werd ich wo in einer Wüste
Eingescharrt von fremder Hand?
Oder ruh ich an der Küste
Eines Meeres in dem Sand?
Immerhin! Mich wird umgeben
Gotteshimmel, dort wie hier.
Und als Totenlampen schweben
Nachts die Sterne über mir.

Heinrich Heine
Letzte Gedichte, 1869

1917 sinniert der Schweizer Schriftsteller Robert Walser, ein passionierter Spaziergänger, in seiner Erzählung *Der Spaziergang*: »Hier in kühler Walderde unauffällig begraben zu liegen, müsste süß sein. Ach, dass man im Tode doch auch den Tod noch fühle und genösse! Ein Grab im Wald zu haben, wäre schön. Vielleicht würde ich das Vögelsingen und Rauschen über mir hören. Ich wünschte mir solches.«

Wenige Jahre bevor Robert Walser diesen Gedanken nachhing, hatte sich die Friedhofsreformbewegung gebildet. Sie wollte gegen die Industrialisierung, Urbanisierung und die

Baumgrab auf Münchner Waldfriedhof, 2009

»Begräbnisstätten,
die hohe Baumwipfel umrauschen,
sind ohne Frage das Ideal
für uns Deutsche«

Kommentar zum Sennefriedhof in Bielefeld von Gustav Brandes aus dem Jahr 1913*

damit einhergehende Massengesellschaft angehen und neue Konzepte zur Herstellung einer baulichen, ästhetischen Einheit auf den Friedhöfen sowie alternative Lebens- und Produktionsformen entwickeln. Ein Kernanliegen bildete die Errichtung von Waldfriedhöfen. Sie sollten die großen Friedhöfe ersetzen, die in der zweiten Hälfte des 19. Jahrhunderts noch ganz unter dem Einfluss der englischen Landschaftsarchitektur standen. Diese wiederum waren in einem großzügigen, parkartigen Stil an der Peripherie der Städte angelegt worden. Auf ihnen entfaltete sich – ganz im Einklang mit der kunstvoll gestalteten Naturkulisse – eine bürgerlich-repräsentative Grabmalkultur, die Gefallen an dekorativer Freude, Pracht und Monumentalität fand.

Einer der prominentesten Fürsprecher und Leitfiguren der Friedhofsreformbewegung war der protestantische Architekt und Stadtbaurat von München Hans Grässel. Er hatte sich bereits als klassischer Friedhofsarchitekt und Kirchenbauer einen Namen gemacht. Wie seine Mitstreiter kritisierte er vehement die vermeintlich »künstlerische Entartung« der damaligen Grabmalgestaltung. Grässel und andere geißelten sie als »entleerten Pomp«, als »Surrogatkultur«, als bloßes Imponiergehabe unter Verwendung »eitler Fabrikware«, mit der die angebliche Wahrhaftigkeit und Schlichtheit deutscher Handwerkskunst herabgesetzt werden sollte. Dagegen propagierte Grässel, der sich wie beispielsweise Paul Schultze-Naumburg als konservativer Reformer verstand, im Sinne der Heimatbewegung eine heimisch-traditionelle Bauweise und Bodenständigkeit in der Wahl der Materialien.

Grässel realisierte 1907 den ersten deutschen Waldfriedhof in München. Seine Intention zielte darauf ab, die Gräber in die Natur hineinzukomponieren, denn »der stimmungsvolle Eindruck der freien Natur und des Waldes soll auch mit der Benützung des Waldes als Friedhof möglichst erhalten bleiben, dementsprechend muß die Ausnützung des Friedhofsgeländes zu Grabstätten stets in Rücksicht hierauf erfolgen«.[1] In naturreligiöser Schwärmerei wollte er die Tiefe des Gemütes bewegen und die »Freiheit, welche die Natur des Waldes vorgibt«, nicht durch die Grabmäler oder deren Einfriedungen beeinträchtigen. Er erließ strenge Größen- und Materialvorschriften für die Gräber, gruppierte formgleiche Grabzeichen in einzelnen Sektionen und untersagte beispielsweise abgebrochene Säulen, Felsblöcke oder Findlinge sowie alle industriell hergestellten Accessoires wie Metallkränze, Fotografien oder Porzellanengel. Der von ihm geprägte Wahlspruch »Schon Ordnung ist Schönheit« war der Auftakt für die Reglementierung der Grabmalgestaltung des 20. Jahrhunderts.

Auch die Bepflanzung sollte die »Waldnatur« nicht stören, weswegen Blumen, verschiedene Moosarten, Farne, Efeu, Wacholder und Wein als zulässig galten, sämtliche Zierformen dagegen nicht angepflanzt werden durften. Innerhalb der einzelnen Sektionen durfte kein zu großer Wechsel der Formen spürbar sein, denn der Wille zur Einordnung in die Gemeinschaft und die heimische Natur hatten den Gegenentwurf zum »Wirrwarr unkünstlerischer Dutzenddenkmäler« zu bilden. Der Wald wurde gewissermaßen zum Erzieher wahrhaftiger, innerer Kultur. »Heimische Natur verschmilzt hier organisch mit dem Menschenwerk, und die Einheit von Natur und Kultur verklärt den Ausgang alles Münchner Lebens in einer versöhnenden und das Gemüt im tiefsten aufrichtenden Schönheit«[2], hieß es in einer zeitgenössischen Betrachtung des Waldfriedhofes. Die Münchner Schriftstellerin Helene Raff verleiht ihm sogar religiöse Züge: »Nicht einmal der laute Schmerz wagt sich hervor, so kirchenhaft ist alles. Gottes Kirche – der Wald.«[3]

Auch an anderen Orten wurden in landschaftlich reizvoller Lage Waldfriedhöfe angelegt. So entstand etwa 1912 in Bielefeld, am Fuße des Teutoburger Waldes, der im Wald gelegene Sennefriedhof. Aber auf Dauer bewährte sich das Konzept des Waldfriedhofes nicht, da die grundsätzliche Idee des Naturhaften und die Bewirtschaftung des Waldes als Friedhof in Widerstreit gerieten.

Knapp hundert Jahre später wurde die Idee des FriedWaldes geboren. Sie geht auf den Schweizer Unternehmer Ueli Sauter zurück, der sie zunächst in der Schweiz und dann seit 2001 in Deutschland erfolgreich realisierte. FriedWälder sind großflächige Laubmischwalder mit einer Mindestgröße von 30 Hektar. Obwohl sie über keinerlei Infrastruktur im Sinne eines Friedhofes verfügen, haben sie in Deutschland rechtlich den Status von Bestattungsplätzen. Im Unterschied zum Waldfriedhof sind im FriedWald nur Aschebeisetzungen möglich, und es werden – bis auf kleine Metallmarkierungen an den Bäumen – überhaupt keine sichtbaren Gräber angelegt. Eine Grabpflege ist demzufolge weder nötig noch möglich. Hier dominiert tatsächlich die Natur beziehungsweise das, was wir darunter verstehen.

Natur und Natürlichkeit sind heutzutage sehr positiv besetzt. Sie evozieren Bilder, die sich nicht nur die Betreiberfirmen der Waldbestattungen werbestrategisch zu eigen machen. Darüber hinaus werden sie für die Menschen, die sich in freier Waldnatur bestatten lassen wollen, zum Trost spendenden Hoffnungsträger. Der persönliche Baum, der oftmals schon vor dem Ableben ausgesucht wird, fungiert nicht nur als natürliches Grabmal und als Ort der Erinnerung, er wird überdies zum Sinnbild für ein Leben über den Tod hinaus. Denn bei dieser nicht kirchlich gebundenen Jenseitshoffnung geht es um das materielle Einswerden mit dem persönlichen Baum, mit dem der Verstorbene sich in Form seiner Asche verbindet und ihn damit düngt.

Waldfriedhof München,
Ansicht der Kreuzigungsgruppe
von Georg Schreyögg, 1908

»Ruheforst« als alternative Bestattungsform
im Pfälzer Wald, 2008

Tatsächlich liegt diesem Wunsch nach einer Verbindung mit dem Baum der pflanzenphysiologische Vorgang der Aufnahme von Mineralstoffen aus der menschlichen Asche in den Stoffwechselkreislauf des Baumes zugrunde. Er nährt die Hoffnung auf eine postmortale Fortexistenz, ist aber frei von religiösen Bindungen und scheint somit dem heutigen Menschen, der sich seine Glaubenswelten mosaikartig zusammenbastelt, zu entsprechen. Die Sehnsucht, sich als Teil der Natur zu begreifen, den Baum als Träger spiritueller Energie anzusehen und daraus Hoffnung und Trost zu ziehen, kann als materialistische Metaphysik bezeichnet werden. Neben dem Wegfall der Grabpflege ist diese pseudoreligiöse Naturschwärmerei ein entscheidender Aspekt für die große Akzeptanz der Waldbestattungen.

Diese schwärmerische Affinität zur Natur griff der World Wide Fund For Nature (WWF) für seine Ziele auf und bietet nun den Testamentsspendern des WWF in ausgesuchten FriedWäldern »naturnahe, einzigartige, stimmungsvolle Ruhestätten außerhalb von Friedhöfen« an, die zusätzlich mit einer WWF-Plakette versehen werden. So kann der umweltbewusste Mensch gleichsam über den Tod hinaus mit seiner eigenen Asche ökologisch korrekt handeln und – wie es auf jedem Friedhof üblich ist – gewissermaßen ein Ehrengrab erwerben.

»Die Seele wird vom Pflastertreten krumm. Mit Bäumen kann man wie mit Brüdern reden / und tauscht bei ihnen seine Seele um. / Die Wälder schweigen, doch sie sind nicht stumm. / Und wer auch kommen mag, sie trösten jeden.«

Erich Kästner
Die Wälder schweigen, 1959

Ein weiterer Beweggrund für die Bestattung im Wald besteht vermutlich in der Freiheit der Gestaltung von Beisetzungsriten, die angesichts der Individualisierung und Pluralisierung von Glaubens- und Sinnsystemen für viele Menschen von Bedeutung ist. Angeblich werden bei den Bestattungen in FriedWäldern oder RuheForsten kreative Potentiale freigesetzt, die den Verstorbenen in authentischer Weise ehren und eben nicht vorgezeichneten Ritualstrukturen folgen, die von manchen als unzeitgemäß empfunden werden.

Die anfänglich dezidierte Ablehnung der Kirchen gegenüber den Bestattungen im Wald ist einer differenzierten Betrachtung gewichen. Wurden einst insbesondere naturreligiöse und neuheidnische Einflüsse sowie eine weitere Anonymisierung der Bestattung befürchtet, versuchen nun sowohl Protestanten als auch Katholiken gezielt Einfluss zu nehmen. So werden mittlerweile Gottesdienste in den Bestattungswäldern gefeiert, christliche Symbole in Form von Hochkreuzen aufgestellt und Andachtsplätze geschaffen. Der FriedWald wird getauft, wie es die Evangelische Kirche in einer Stellungnahme dazu formulierte.

Anmerkungen

1 Zitiert nach Nina Krieg, »Schon Ordnung ist Schönheit.« Hans Grässels Münchner Friedhofsarchitektur (1894–1929), ein ›deutsches‹ Modell?, München 1990, S. 192.
2 Ebenda, S. 152.
3 Ebenda, S. 165 f.
* Zitiert nach Ralph Gälzer, 60 Jahre Sennefriedhof der Stadt Bielefeld. Das Gartenamt 21, Heft 9, 1972, S. 498 f.

Bettina Foerster-Baldenius

»Die Frau vom Hirsch heißt Reh«

DIE WACHSENDE BEDEUTUNG VOM LERNEN IM WALD

Während meiner langjährigen Tätigkeit als Diplom-Forstwirtin und Waldpädagogin an einer Berliner Waldschule wurde die von Goethe gestellte Frage: »Wie machst du die Bäume?« zwar noch nicht an mich gerichtet. Was er beschreibt und beklagt, verweist jedoch auf ein aktuelles Problem: Stadtkindern sind die Natur im Allgemeinen und der Wald im Besonderen zunehmend fremd geworden. So ist mir schon die Annahme zu Ohren gekommen, das vor uns liegende Hirschgeweih wäre aus Holz oder Plastik. Andere Standardaussagen aus der täglichen Waldschularbeit lauten: »Der Wald ist wichtig, weil der für uns den Sauerstoff macht«, »Rehe werden geschossen, weil sie krank sind« und natürlich der Klassiker: »Die Frau vom Hirsch heißt Reh.« Nur wenige Kinder wissen, dass Geweihe Knochen sind und alljährlich abgeworfen werden, um dann wieder nachzuwachsen, oder dass männliche Hirsche und Rehböcke Geweihe tragen, aber unterschiedliche Tierarten darstellen. Auch dass der Wald eine ausgeglichene Sauerstoffbilanz aufweist und Holznutzung eine seiner wichtigen Funktionen ist, ist ihnen unbekannt oder kommt ihnen nicht in den Sinn, ebenso wenig wie die Jagd zur Nutzung des Wildbrets oder zum Schutz der Bäume vor Verbiss.

Die deutliche Distanz zur Natur und insbesondere zu deren Nutzung durch den Menschen spiegelt sich auch im Jugendreport »Natur 2010« wider, dessen Ergebnisse unter dem Titel »Natur vergessen?« vorgestellt wurden. Allerdings gibt es für viele Kinder nichts zu vergessen, weil sie noch gar nicht die Gelegenheit hatten, die Natur überhaupt kennenzulernen. Denn vielen Kindern fehlt sie als Erfahrung, als Teil ihres persönlichen Lebensraums. »Der junge Mensch«, so der Psychoanalytiker Alexander Mitscherlich bereits 1965, »braucht Seinesgleichen – nämlich Tiere, überhaupt Elementares, Wasser, Dreck, Gebüsche, Spielraum. Man kann ihn auch ohne das alles aufwachsen lassen, [...] auf asphaltierten Straßen und Höfen. Er überlebt es, doch man soll sich dann nicht wundern, wenn er später bestimmte soziale Grundleistungen nie mehr erlernt [...].«[1]

Über die letzten Generationen haben wir zusehends älteres, lange geformtes Wissen verloren, denn gelehrt und gelernt wurde im Wald seit jeher. Die Menschen lernten, den Wald für den alltäglichen Lebensbedarf zu nutzen, zu sammeln, zu jagen und mit Holz Feuer zu machen. Sie lernten, Essbares von Ungenießbarem zu unterscheiden und den Wald mit seinen Pflanzen als eine Art Apotheke in Anspruch zu nehmen. Ein Wissen, das lange Zeit von Generation zu Generation weitergegeben und verfeinert wurde. Heute gibt es nur noch wenige Eltern, Lehrerinnen und Lehrer, die über ein entsprechend umfassendes naturkundliches Wissen verfügen. Der Wald wird, wenn überhaupt, wie ein Museum besucht: nur von den Waldwegen aus beobachtet, wahrgenommen wie eine »natürliche« Fototapete – nicht mehr zum Anfassen, Riechen, Kosten oder Entdecken.

Die Waldpädagogik, wie sie in den inzwischen verbreiteten Waldschulen praktiziert wird, stellt hier ein wichtiges Gegengewicht dar. Kinder erhalten die Möglichkeit, nicht nur in der Schule oder aus einem Buch etwas über den Wald zu lernen, sondern in der Waldschule den Naturraum Wald mit allen Sinnen spielerisch zu entdecken und erleben. Es galt und gilt, im Wald selbst zu forschen und zu beobachten, was ansonsten nur allzu oft trockenes Buchwissen bleibt.

Dazu ist es notwendig, die Kinder in den Wald zu holen und sie für den Wald zu begeistern! Die Berliner Forstverwaltung tritt mit dem erklärten Ziel an, dass jedes Kind zumindest einmal im Verlauf seiner Grundschulzeit an einem Waldtag in einer Waldschule teilnehmen sollte. Denn Kinder lieben die Natur und haben Freude daran, sie zu entdecken und in ihr zu spielen, wenn man ihnen diese Gelegenheit gibt. Das erleben wir in den Waldschulen fast täglich.

Kinderzeichnung,
Wachsmalkreide, Buntstift,
Anna, 6 Jahre, 2011

»So wahr und gut es wäre, den Kindern frühzeitig Geographie zu lehren, so bin ich doch der Meinung, daß man mit den nächsten Umgebungen der bildenden Natur zuerst anfangen müßte. Alles, was auf ihre Augen und Ohren Eindruck macht, erregt ihre Aufmerksamkeit. Sonne, Mond und Sterne, Feuer, Wasser, Schnee, Eis, Wasser, Gewitter, Thiere, Pflanzen und Steine sind die besonders wirksamsten Eindrücke auf das kindliche Gemüth. Kinder haben Mühe, die von Menschen gebildeten Formen von den natürlichen Gestalten zu unterscheiden, und es wäre nicht zu verwundern, wenn sie den Vater fragen: wie machst du die Bäume?«

Johann Wolfgang von Goethe, 1786*

Deshalb verfolgen die Waldschulen einen erlebnisorientierter Ansatz und bieten sogenannte Walderlebnisveranstaltungen an. Dazu gehören etwa spezielle Waldtage für Schulklassen oder Familien, Projektwochen, Abendwanderungen und vieles andere mehr.

Das Waldschulgebäude gibt die Möglichkeit, im Trockenen zu frühstücken und sich an kalten Tagen aufzuwärmen. Der Hauptteil einer jeden Veranstaltung findet aber bei Wind und Wetter draußen im Wald statt: So verbringen wir beispielsweise während eines Walderlebnistags idealerweise mindestens drei Stunden an der frischen Luft. Zeit genug also zum Suchen und Entdecken, zum Herumtoben und zum spielerischen Lernen. Bei der Suche nach Tierspuren und beim Pirschen durch den Wald sollen Interesse und Begeisterung für die Natur geweckt, die Sinne geschult und naturkundliches Wissen vermittelt werden. Jeder interessante

Bildertafel für den Anschauungsunterricht zum Thema »Waldarbeit«, Carl Wilke, Berlin 1839, Lithografie, schablonenkoloriert, 40,4×50,7 cm, DHM, Berlin

»Fund« und jede Entdeckung – ob abgebrochener Ast oder Waldameise – wird inhaltlich aufgegriffen, sodass sich der Wald den Kindern und Erwachsenen als Teil des eigenen Lebensumfeldes öffnet: als ein Ort, den man tatsächlich besuchen kann und darf und der Freude bereitet.

Ganz nebenbei erfahren die Kinder eine Menge Interessantes – zum Beispiel über das Leben der Pflanzen und Tiere im Wald, über Lebens- und Stoffkreisläufe sowie über die Bewirtschaftung des Waldes. »Heute haben die Kinder mehr gelernt als in sechs Wochen Sachkundeunterricht«, sagte uns eine Lehrerin aus Neukölln vor einigen Wochen nach einem Waldtag in einer der Berliner Waldschulen. Kurz darauf kam einer ihrer Schüler, Mohammed, und verkündete: »Das war der schönste Urlaubstag, den ich je hatte!«

Natürlich ist die Idee, die Vielfalt der Natur im Allgemeinen und die des Waldes im Besonderen für Kinder erfahrbar zu machen, sehr viel älter als die noch junge Waldschulbewegung. Allein die zitierte Textpassage von Goethe belegt mit ihrem Appell, den Kindern die Natur in der nächsten Umgebung nahezubringen, dass es schon im späten 18. Jahrhundert galt, einer räumlichen und seelischen Entfremdung der Menschen von der Natur zu begegnen. Ende der 1880er Jahre sah der Reformpädagoge Hermann Lietz die Ursache für den pädagogischen Erfolg seines Landerziehungsheims in Ilsenburg/Harz, dem ersten Deutschlands, darin, dass die auf dem Lehrplan befindliche Naturerfassung »herrlich« und ganz »unseren Kindern gemäß« sei.[2]

Bereits 1904 wurde in Charlottenburg eine Waldschule – eine Schule im Wald als erste ihrer Art – gegründet. Hier konnten kranke Stadtkinder ein Schuljahr verleben, um an der frischen Luft lernend und naturerfahrend zu genesen und ihre Widerstandskräfte zu stärken. »Der ständige Aufenthalt im Walde«, so einer der Schulleiter über die Vorzüge dieser Schule, »[....] die täglich erlebte Abhängigkeit vom Wetter [....], die Erkenntnis vom Wandel der Natur. Nie ist Unterricht lebensnäher, nie Lernen sinnvoller. Es werden viele Bilder, Bücher und mühsam erklügelte Apparate überflüssig über diesem lebendigen Lehrbuch der Natur.«[3]

Die erlebnisorientierte Pädagogik im Wald wurde ebenfalls bereits vor über hundert Jahren von den Reformpädagogen entwickelt und praktiziert. Aber auch Försterwanderungen, eine Art des Lehrens im Wald, haben eine lange Tradition. Waldmuseen, Lehrkabinette und Waldlehrpfade gibt es schon seit vielen Jahrzehnten, nicht zu vergessen die vielen Jugendwaldheime, die ihren Beginn mit den Wiederaufforstungen in den Nachkriegsjahren Mitte des 20. Jahrhunderts nahmen. Vor 30 Jahren entstand die sogenannte Umweltbildung. Hierbei handelte es sich um Aufklärungskampagnen, die sich an Kinder und Erwachsene wandten und die Themen wie sauren Regen oder Energieeinsparung zum Inhalt hatten. Meist vernachlässigten sie den emotionalen Zugang und konnten deshalb nicht den gewünschten Erfolg erzielen.

»Die Bäume sind nicht wichtig, um dieses Leben auf der Erde aufrechtzuerhalten, nein, die Bäume sind wichtig, um die menschliche Seele zu retten.«

Joseph Beuys
Christus Denken, 1996

Die Grundidee der Waldpädagogik war hingegen eine andere: »Nur was ich kenne, kann ich auch schützen.« Anders ausgedrückt: »Allein positive emotionale Bindungen, die innere Berührung mit dem Leben, schaffen die Grundlagen für ein späteres Engagement für unsere Mitwelt: nur was wir kennen und lieben, sind wir auch bereit, zu pflegen und zu schützen.« So hieß es in den Anfängen dieser Bewegung, die sich in der Schweiz formierte und bewusst von der Katastrophenpädagogik der 1970er Jahre absetzen wollte. In der Schweiz nahm in den 1980er Jahren auch die moderne Waldpädagogik ihren Anfang. In der Bundesrepublik traf sie namentlich seit 1980 bei der in Aachen arbeitenden Pädagogin Ute Reifferscheidt auf Interesse. Reifferscheidt, die seither in Deutschland als erste Waldpädagogin gilt, ging von dem hier nur paraphrasierten Grundsatz aus: »Gebt den Kindern den Wald, dann benutzen sie auch ihre Phantasie.«

In diesem Verständnis der Waldpädagogik nahm von Beginn an der erlebnisorientierte und spielerische Ansatz einen zentralen Raum ein. Viele Übungen und Spiele beruhten dabei auf den Vorschlägen des amerikanischen Naturpädagogen Joseph Cornell. Insbesondere sein 1979 publiziertes, mittlerweile in 20 Sprachen übersetztes Buch *Mit Kindern die Natur erleben* (1999) wirkte sich überaus innovativ und prägend auf die Entwicklung der Waldpädagogik in Deutschland aus. Das spielerische, aber auch das interne gruppendynamische Agieren in der Natur wurde von Cornell zum Erlernen komplexer ökologischer Zusammenhänge vorgeschlagen und beschrieben. Die moderne Waldpädagogik verknüpft den Gedanken der Nachhaltigkeit mit Naturerleben und naturkundlichem Wissen. In diesem Bemühen treffen pädagogische und forstliche Pfade zusammen: Die Verbindung beider Bereiche wurde zur Grundlage der Waldschulen-Bewegung, die sich vor 20 Jahren in Deutschland herausbildete. Auch die Waldschule Spandau wurde 1991 als eine der ersten erlebnisorientierten Waldschulen von der Berliner Forstverwaltung gegründet – eine Entwicklung, die

Unterricht im Freien in der Waldschule Berlin-Charlottenburg, fotografiert von Edmund Thiele, 1945, DHM, Berlin

auch im übrigen Bundesgebiet, teilweise ebenfalls ausgehend von den jeweiligen Forstverwaltungen – beobachtet werden konnte. Mittlerweile gibt es sieben Waldschulen in Berlin, sechs von den Berliner Forsten betrieben, eine von der Schutzgemeinschaft Deutscher Wald. Die Einrichtungen der Berliner Forsten betreuen pro Jahr etwa 30 000 Kinder über je einen halben Tag hinweg und kommen damit rein rechnerisch dem erklärten Ziel nahe, jedem Berliner Kind einmal in der Grundschulzeit einen Walderlebnistag zu ermöglichen.

Neben den Waldschulen hat sich eine wachsende Zahl weiterer waldpädagogischer Einrichtungen etabliert. Dazu gehören zum Beispiel die Waldkindergärten und zahlreiche verwandte Institutionen wie Naturschulen oder Wildnisschulen. Es existieren keine Statistiken, aber man wird davon ausgehen können, dass es gegenwärtig rund 200 waldschulähnliche Umweltbildungseinrichtungen in Deutschland gibt. Sie alle arbeiten daran, den Menschen den Zugang zur Natur zu erleichtern. Was wir aber ohne den Einsatz in Schulen und Kindergärten und vor allem ohne die Eltern nicht ausgleichen können, ist der Mangel an Natur und Wald im Alltag der Kinder, an erwachsenenfreien Abenteuerzonen, an bildschirmfreier und ungeordneter Zeit.

Anmerkungen

Unterstützung und Informationen für Anfänger und Fortgeschrittene, wenn sie allein oder gemeinsam die Natur entdecken wollen, gibt es unter: www.treffpunktwald.de.

1 Alexander Mitscherlich, Die Unwirtlichkeit unserer Städte, Frankfurt am Main 1965, S. 66.

2 Zitiert nach: Wilhelm Flitner und Gerhard Kudritzki, Die Deutsche Reformpädagogik, 1. Bd., Düsseldorf 1961, S. 78 f.

3 Zitiert nach: Dagmar Hänsel, Karl Tornow als Wegbereiter der sonderpädagogischen Profession. Die Grundlegung des Bestehenden in der NS-Zeit, Bad Heilbrunn 2008, S. 44 f.

* Goethes Gespräche. Hg. von Woldemar Freiherr von Biedermann, 1.–10. Bd., Leipzig 1889–1896, 1. Bd., S. 78–87, hier S. 80.

278 b | Gäste eines Sanatoriums im Wald, 1920er Jahre

278 j | Drei Frauen im Wald, 1920er Jahre

278 k | Schulklasse im Wald, 1920er Jahre

277 l | Mann in Damenunterwäsche im Wald, 1970er Jahre

278 g | Lesender im Wald, 1920er Jahre

278 d | Übungen im Wald, 1920er Jahre

278 a | Liebespaar an einem Baum, 1920er Jahre

277 j | FDGB-Urlauber wandern im Harz, 1951

277 i | Ausflug der FDJ-Gruppe des VEB Karosseriebau Erfurt an die Lütsche-Talsperre, 1957

278 c | Rast im Wald,
1920er Jahre

277 g | Kleiner Junge beim Waldspaziergang, 1930er Jahre

277 h | Paar beim Waldspaziergang, 1942

Kata

alog

Wald-Kultur

Die Überschriften und Zwischentitel entsprechen der Ausstellungsgliederung.

DIE VERMESSUNG DES WALDES

001
Zwei Karten – Wälder in Deutschland und Europa | 2006 |
Joensuu, European Forest Institute
ohne Abb.

002
Dendrochronologische Scheibe
1710–2010 | Esche | H 147 × B 123 × T 10 cm |
Berlin, Deutsches Archäologisches Institut
ohne Abb.

003
109 Bände der Hohenheimer Xylothek
Carl von Hinterlang (ältere Serie), Alexander von Schlümbach, Johann Goller (neuere Serie)
Ende 18./Anfang 19. Jh. | Polierte Holzbrettchen verschiedener Holzarten, Baumsamen, getrocknete Blätter, Pollen usw. | je Band etwa 19,4 × 12,8 cm | Stuttgart, Universität Hohenheim
Abb. S. 17, 90, 96

004
Acht Bände des »Forst- und Jagdarchivs von und für Preußen«
Georg Ludwig Hartig | Leipzig: »In Commission bei der Kummerischen Buchhandlung zu Leipzig« | 1816–1819 | Hannover, Privatbesitz
Abb. S. 58

005
Wilhelm Leopold Pfeil im Kreis seiner Schüler auf der Hirschjagd in Liepe
V. E. Meyer | 1848 | Lithografie | 60 × 90 cm |
Eberswalde, Museum in der Adler-Apotheke
Abb. S. 59

006
»Hauung-Plan. Karte von der Königlichen Oberförsterei Groß Schönebeck«
1847 | Tusche/Papier auf Lw. aufgezogen |
115 × 125 cm | Potsdam, Landesbetrieb Forst Brandenburg LFB 1
Abb. S. 78/79

007
Schmalkalder Diopterbussole
Um 1910 | Messing, Glas | L 10 cm |
Chorin, Lehroberförsterei Chorin (V3/785/L)
Abb. S. 91

008
Winkelspiegel
Um 1910 | Messing, Glas, Schnur, Bleilot mit Stahlschraube | L 10 cm | Chorin, Lehroberförsterei Chorin (V3/786/L)
ohne Abb.

009
Bauern-Messkluppe
Ende 19. Jh. | Holz, Messing, Stahl | L 116,5 cm |
Chorin, Lehroberförsterei Chorin (V3/428/E)
ohne Abb.

010
Baumhöhenmesser »Christen«
Ende 19. Jh. | Messing, Futteral: Leder, Textilgewebe | L 35 cm, B 7 cm | Chorin, Lehroberförsterei Chorin (V3/784/L)
ohne Abb.

011
Transversalmaßstab
Um 1900 | Messing, Stoffeinfassung |
25 × 5 cm | Chorin, Lehroberförsterei Chorin (V3/783/L)
ohne Abb.

012
Die »forstlichen Klassiker«: Georg Ludwig Hartig | Lithographisches Institut v. L. Sachse & Co. | Offset einer Lithografie (Reproduktion) | Berlin, UB der HU zu Berlin | Porträtsammlung (14045)
Abb. S. 62

013
Die »forstlichen Klassiker«: Heinrich Cotta
Louis Zoellner, Carl Vogel von Vogelstein |
1832 | Lithografie (Reproduktion) | Dresden, Kupferstich-Kabinett (A 138 201) | Dresden, SLUB/Deutsche Fotothek/Foto: Regine Richter (70226804)
Abb. S. 81

014
Die »forstlichen Klassiker«: Friedrich Wilhelm Leopold Pfeil
Gustav Zschoche, Hugo Bürkner |
Holzstich (Reproduktion) | Dresden, Kupferstich-Kabinett (A 146700 in A 294 f, 2) |
Dresden, SLUB/Deutsche Fotothek/Foto: Regine Richter (70236259)
Abb. S. 58

015
Die »forstlichen Klassiker«: Carl Justus Heyer | Wilhelm Trautschold |
Fotografie (Reproduktion) | Gießen, Bildarchiv von Universitätsbibliothek- und -archiv Gießen (HRA0692a)
Abb. S. 87

016
Die »forstlichen Klassiker«: Johann Christian Hundeshagen
Kupferstich (Reproduktion) | Heidelberg, Universitätsbibliothek Heidelberg (Graph. Slg. P_0872, HeidICON: 13722)
Abb. S. 60

017
Die »forstlichen Klassiker«: Gottlob König
Kohlezeichnung (Reproduktion) | Jena, Thüringer Universitäts- und Landesbibliothek Jena, ThULB (HIS:UO:980:j510-X:2004)
Abb. S. 88

018
Messkluppe mit Datenspeicherung
1990er Jahre | Pressverfahren, Metall, Plastik |
L 100 cm | Potsdam, Landesbetrieb Forst Brandenburg
ohne Abb.

019
Klemmbrett zur Mitnahme in Forsteinrichtungen | 1970er Jahre |
Holz, Papier | 35 × 26 cm | Potsdam, Landesbetrieb Forst Brandenburg
ohne Abb.

020
Rucksack mit GPS-Empfänger
2000 | Textil, Plastik, Druckgussverfahren | 80 × 40 cm | Potsdam, Landesbetrieb Forst Brandenburg
▭ ohne Abb.

021
Zuwachsbohrer zur Bestimmung des Baumalters und »Zähllupe« | 1960er Jahre | Metall, geschmiedet | 33 × 33 cm | Potsdam, Landesbetrieb Forst Brandenburg
▭ ohne Abb.

022
Forst-Markierfarbe
2011 | Metall | H 25, D 8 cm | Potsdam, Landesbetrieb Forst Brandenburg
▭ ohne Abb.

DER WERKSTOFF HOLZ

023
Süddeutscher Brettschemel
1. Hälfte 18. Jh. | Eichenholz, geschnitzt | 89,5 × 42 × 42 cm | Berlin, DHM (MK 78/77)
▭ ohne Abb.

024
Thonet Stuhl Nr. 14
Gebr. Thonet | um 1855 (Entwurf), um 1865 (Ausführung) | Boppard/Wien | Buche, über Wasserdampf gebogen | 94 × 41 × 47 cm | Berlin, DHM (KG 2001/21)
▭ ohne Abb.

025
Klappstuhl Modell SE 18 »Klipp-Klapp«
Egon Eiermann (Entwurf) | 1952 (Entwurf) | Gebr. Thonet (Ausführung) | Buche, Sperrholz | 75 × 52,5 × 48,5 cm | Berlin, DHM (KG 96/3)
▭ ohne Abb.

026
Weihnachtsberg (Krippenszene)
1. Hälfte 19. Jh. | Erzgebirge | Holz, handgeschnitzt, handbemalt | 83,8 × 168,9 × 53 cm | Berlin, DHM (AK 99/734)
▭ Abb. S. 18/19

027
Schaukelpferd
2. Hälfte 19. Jh. | Süddeutschland | Leder, Holz, Stoff, Metall | 94,5 × 37,5 × 133 cm | Berlin, DHM (1991/2531)
▭ ohne Abb.

028
Kuckucksuhr
Anfang 20. Jh. | Deutschland | Holz, Metalle, geschnitzt | 31,5 × 23,7 × 17 cm | Berlin, DHM (AK 92/86)
▭ Abb. S. 19

029
Schwibbogen »Waldidyll«
1994 | Seiffen, Seiffener Volkskunst eG | Holz, Eisenblech | 13,4 × 34,7 × 5,4 cm | Berlin, DHM (AK 95/24.1-2)
▭ ohne Abb.

030
Aktive Armprothese (rechts) für Kurzstumpf
Um 1930 | Deutschland | Stahl, Leder, Holz | 12,5 × 10,5 × 64,5 cm | Berlin, DHM (1991/509)
▭ ohne Abb.

031
Blockflöte
Um 1958 | Celle, Fa. Moeck | Holz | L 32,4 cm | Berlin, DHM (AK 2005/15)
▭ ohne Abb.

032
Druckstock für Holzschnitt mit Waldlandschaft | 1950 | Holz | 31 × 24 cm | Berlin, DHM (Pro 68/89)
▭ ohne Abb.

033
Umweltfreundlicher Sarg
1992 | Fichtenholz, Bienenwachslasur | H 61 cm, T 67 cm, L 200 cm | Berlin, DHM (AK 92/244)
▭ ohne Abb.

034
Friedwald-Urne
2011 | Erlenholz, gedrechselt | H 29, D 23 cm | Berlin, Drews Bestattungen
▭ ohne Abb.

Wald-Künste

DER WALD IN DER MALEREI

035
Kreuz im Gebirge (Der Ilsenstein?)
Caspar David Friedrich | Um 1823 | Öl/Lw. | 128 × 71 cm | Gotha, Stiftung Schloss Friedenstein Gotha, Schlossmuseum – Aus den Sammlungen der Herzog von Sachsen-Coburg und Gotha'schen Stiftung für Kunst und Wissenschaft (SG 407)
Abb. S. 133

036
Eichwald
Robert Zünd | 1859 | Öl/Lw. | 78 × 105 cm | Genf, Privatsammlung
Abb. S. 140

037
Schneelandschaft mit Kiefern
Carl Blechen | Um 1825 | Öl/Lw. | 44,5 × 67 cm | Cottbus, Stiftung Fürst-Pückler-Museum Park und Schloss Branitz; Leihgabe der Bundesrepublik Deutschland (mü3533)
ohne Abb.

038
Waldinneres mit abgebrochenen Ästen
Carl Blechen | Um 1833 | Öl/Papier/Holz | 23 × 32,8 cm | Cottbus, Stiftung Fürst-Pückler-Museum Park und Schloss Branitz (FPM/292)
Abb. S. 153

039
Kinder im Walde
Ferdinand Georg Waldmüller | 1858 | Öl/Lw. | 62,4 × 79 cm | Nürnberg, Germanisches Nationalmuseum; Leihgabe Gemälde- und Skulpturensammlung der Museen der Stadt Nürnberg (Gm 0763)
Abb. S. 155

040
Die verregnete Grunewaldpartie
August von Rentzell | 1839 | Öl/Lw. | 28,5 × 33,5 cm | Potsdam, Haus der Brandenburgisch-Preußischen Geschichte; Leihgabe der Bundesrepublik Deutschland (mü10567)
Abb. S. 139

041
Der Lieblingsplatz
Carl Spitzweg | Um 1849 | Öl/Lw. | 39,7 × 22 cm | Hannover, Niedersächsisches Landesmuseum Hannover (KA 209/1967)
Abb. S. 106

042
Abendblick auf Bickenbach
Johann Heinrich Schilbach | 1847 | Öl/Lw. | 51,5 × 46 cm | Darmstadt, Institut Mathildenhöhe, Städtische Kunstsammlungen Darmstadt (155 MA)
Abb. S. 152

043
Erwin von Steinbach im Waldesdom
August von Kreling | 1849 | Öl/Lw. | 106,6 × 79,2 cm | Hannover, Niedersächsisches Landesmuseum Hannover (KA 197/1967)
Abb. S. 135

044
Wäldchestag bei Frankfurt
Johann Heinrich Hasselhorst | 1871 | Öl/Lw. | 55 × 77,5 cm | Frankfurt am Main, historisches museum frankfurt (B 1110)
Abb. S. 44

045
Am Havelufer
Paul Franz Flickel | Um 1890 | Öl/Lw. | 66 × 98 cm | Berlin, Stiftung Stadtmuseum Berlin (GEM 71/1)
Abb. S. 218/219

046
Waldeinsamkeit
Eduard Leonhardi | 1887 | Öl/Lw. | 223 × 173 cm | Dresden, Galerie Neue Meister, Staatliche Kunstsammlungen Dresden (2769)
Abb. S. 128

047
Rübezahls Garten
Valentin Ruths | 1875 | Öl/Lw. | 102,4 × 169,5 cm | Hamburg, Hamburger Kunsthalle (HK-2217)
Abb. S. 155

048
Deutscher Wald
Carl August Heinrich Ferdinand Oesterley | O. J. | Öl/Lw. | 43,5 × 62,5 cm | Hamburg, Hamburger Kunsthalle (HK-3048)
Abb. S. 64

049
Das Schweigen des Waldes
Arnold Böcklin | 1885 | Öl/Holz | 61 × 51 cm | Poznań, Eigentum des Nationalmuseums in Poznań (MNP Mo 903)
Abb. S. 174

050
Heiliger Hain
Karl Haider | 1905 | Öl/Holz | 100 × 124 cm | München, Marco und Jessica Mignucci
Abb. S. 156

051
Abendstimmung am Schlachtensee
Walter Leistikow | Um 1900 | Öl/Lw. | 73 × 93 cm | Berlin, Stiftung Stadtmuseum Berlin (GEM 68/16)
Abb. S. 157

052
Selbstbildnis vor Birkenwald
Hans Thoma | 1899 | Öl/Lw. | 94 × 76 cm | Frankfurt am Main, Städel Museum, Eigentum des Städelschen Museums-Vereins e.V. (1370)
Abb. S. 154

053
Waldlandschaft (Auf dem Anstand)
Max Slevogt | 1902 | Öl/Lw. | 98 × 77 cm | Hamburg, Hamburger Kunsthalle, Vermächtnis Dr. Oscar und Gertrud Troplowitz 1920 (HK-2357)
Abb. S. 143

054
Sebastian
Albert Weisgerber | 1913 | Öl/Lw. | 85,7 × 106,6 cm | Ludwigshafen am Rhein, Wilhelm-Hack-Museum (450/201)
Abb. S. 144

055
Spaziergang im Walde
Walter Ruttmann | 1915 | Öl/Lw. | 110 × 82 cm | Berlin, Stiftung Stadtmuseum Berlin (VII 60/207x)
Abb. S. 145

056
Quartierswald
Peter August Böckstiegel | 1916 | Öl/Lw. | 121 × 101 cm | Werther, Peter-August-Böckstiegel-Stiftung (1021)
Abb. S. 225

057
Waldstück
Willy Jaeckel | 1923 | Öl/Lw. | 120 × 81 cm | Berlin, Bröhan-Museum, Landesmuseum für Jugendstil, Art Deco und Funktionalismus 1889-1939 (73-283)
Abb. S. 147

058
Feierabend im Bergwald
Otto Keck | 1939 | Öl/Lw. | 160 × 125 cm | Berlin, DHM (Gm 98/295)
Abb. S. 166

059
Paladine des Pan
Edmund Steppes | 1941/42 | Tempera/Hartfaserplatte | 120 × 100 cm | Berlin, DHM (Gm 98/558)
Abb. S. 160

060
Ausstellungsführer »Entartete Kunst«
Berlin: Verlag für Kultur- und Wirtschaftswerbung 1938 | Berlin, DHM (D02 94/3262)
Abb. S. 168

061
Ausstellungsführer »Große Deutsche Kunstausstellung 1939 im Haus der Deutschen Kunst zu München« | München: Knorr und Hirth 1939 | Berlin, DHM (G861-1939)
ohne Abb.

062
Adolf Hitler auf der »Großen Deutschen Kunstausstellung« bei der Auswahl von Werken | Heinrich Hoffmann | 11./12. Juli 1939 | Fotografie (Reproduktion) | München, Bayerische Staatsbibliothek München (hoff 26125)
Abb. S. 167

063
Adolf Hitler auf der »Großen Deutschen Kunstausstellung« bei der Auswahl von Werken | Heinrich Hoffmann | 11./12. Juli 1939 | Fotografie (Reproduktion) | München, Bayerische Staatsbibliothek München (hoff-26126)
ohne Abb.

064
Kunstpostkarte »Paladine des Pan«
Edmund Steppes | Um 1942 | Hofmann-Verlag, HDK-Serie Nr. 453 | Berlin, Privatsammlung Tobias Hellmann
ohne Abb.

065
Kunstpostkarte »Friedlicher Wald«
Willy Kriegel | Hofmann-Verlag, HDK-Serie Nr. 66 | Vor 1944 | Berlin, Privatsammlung Tobias Hellmann
ohne Abb.

066
Autobahnbau durch die Wälder am Samerberg – Farbentwurf zum Gemälde von 1936
Albert Birkle | 1934 | Öl/Lw. | 37 × 43 cm | Österreich, Privatsammlung
Abb. S. 165

067
Männer mit Fackeln im Wald
Karl Hofer | O. J. | Öl/Lw. | 110 × 90 cm | Ettlingen, Museum Ettlingen ((343) 97/1)
Abb. S. 159

068
Wald am Abend
Otto Dix | 1940 | Öl/Holz | 100,5 × 75,5 cm | Darmstadt, Sammlung Sander/The Sander Collection
Abb. S. 158

069
Walddenkmal
Reinhart Heinsdorff | Um 1982 | Acryl/Lw. | 65 × 78,5 cm | München, Bayerische Staatsgemäldesammlungen München – Pinakothek der Moderne (KM 73)
Abb. S. 31

070
Wald 2
Eldar Farber | 2008 | Öl/Lw., auf Holz aufgezogen | 65 × 100 cm | Tel Aviv, Shiff Art Collection
Abb. S. 148

071
Hermannsschlacht
Anselm Kiefer | 1977 | Öl/Lw. | 306 × 197 cm | Darmstadt, Sammlung Ströher (00266)
Abb. S. 149

Wald-Künste

DER WALD IN LITERATUR UND MUSIK

072
Die Künste am Brunnen der Poesie
Friedrich Jentzen nach Eduard Julius Friedrich Bendemann | 1844 | Lithografie | 51,8 × 61,7 cm | Berlin, Staatliche Museen zu Berlin, Kupferstichkabinett (353-114)
ohne Abb.

073
Hermanns Schlacht. Ein Bardiet für die Schaubühne | Friedrich Gottlieb Klopstock | Wien: Johann Thomas Edler von Trattner 1769 | Berlin, DHM (R 60/1704)
Abb. S. 107

074
Illustration zu Klopstocks »Hermanns Schlacht« | Daniel Nikolaus Chodowiecki | 1782 | Aus: »Leben und Bildnisse der großen Deutschen, von verschiedenen Verfassern und Künstlern« hg. v. Anton Klein, Mannheim 1782 | Radierung/Papier | 22,9 × 18,7 cm | Berlin, DHM (Gr 57/673)
Abb. S. 108

075
Die Räuber. Ein Schauspiel
Friedrich Schiller | Frankfurt, Leipzig: Metzler 1781 | Berlin, DHM (R 94/1770)
ohne Abb.

076
Friedrich Schiller und seine Freunde im Bopserwald | Nach Karl Alexander von Heideloff | 1859, 1856 (Vorlage) | Farblithografie/Karton, nachkoloriert (Weißhöhungen, Lippenrot) | 31,5 × 41,2 cm | Marbach, Deutsches Literaturarchiv Marbach (0866)
Abb. S. 57

077
Des Knaben Wunderhorn. Alte deutsche Lieder | Ludwig Achim von Arnim, Clemens Brentano | Heidelberg: Mohr und Zimmer 1806 | Berlin, DHM (R 53/175 -1<a>)
ohne Abb.

078
Leyer und Schwerdt
Theodor Körner | Berlin: Nicolaische Buchhandlung 1814 | Berlin, DHM (R 52/4550<a>)
ohne Abb.

079
Kinder- und Hausmärchen. Gesammelt durch die Brüder Grimm | Jacob Grimm, Wilhelm Grimm | Berlin: Realschulbuchhandlung 1812 | Berlin, DHM (R 92/963 –1)
ohne Abb.

080
Genoveva (Blatt aus einem Mappenwerk von Ludwig Richter) | Ludwig Richter | 1912 | Druck/Papier | 36,5 × 27 cm | Berlin, Staatsbibliothek zu Berlin – Preußischer Kulturbesitz (Bl. 17, 50 MC 912)
ohne Abb.

081
Rübezahl (Blatt aus einem Mappenwerk von Ludwig Richter) | Ludwig Richter | 1912 | Druck/Papier | 36,5 × 27 cm | Berlin, Staatsbibliothek zu Berlin – Preußischer Kulturbesitz, Kinder- und Jugendbuchabteilung (Bl. 11, 50 MC 912)
ohne Abb.

082
Das Märchen von den sieben Raben
Moritz von Schwind (Autor), Albert Jos (Illustrator) | 1862 | Druck/Papier | 30 × 43 cm | Berlin, Staatsbibliothek zu Berlin – Preußischer Kulturbesitz, Kinder- und Jugendbuchabteilung (BIV 1c, 438)
ohne Abb.

083
Helden der neudeutschen Literatur
Wilhelm von Lindenschmit (d. J.) | 1865 | Zeichenkarton/Lw., laviert | 175 × 205 cm | Berlin, DHM (Gr 93/40)
Abb. S. 109

084
Klavierauszug der Oper »Der Freischütz« von Karl Maria von Weber | Karl Zulehner | Mainz: B. Schott und Söhne, um 1822 | Berlin, DHM (Do 2007/90)
Abb. S. 177

085
»Der Freischütz« – Wolfsschluchtszene
Carl Wilhelm Holdermann, Carl Wilhelm Lieber | 1823 | Aquatintaradierung, koloriert | 57 × 64 cm | Weimar, Klassik Stiftung Weimar, Direktion Museen (DK 524/93)
Abb. S. 63

086
Der Hochwald
Adalbert Stifter | Leipzig: Amelang 1882 | Berlin, Staatsbibliothek zu Berlin – Preußischer Kulturbesitz (7 Y 436^2)
Abb. S. 113

087
Germania
Publius Cornelius Tacitus | Helmstädt: C. G. Fleckeisen 1809 | Berlin, Staatsbibliothek zu Berlin – Preußischer Kulturbesitz (Wn 1504)
ohne Abb.

088
Germania mit Buch und Schwert und Doppeladler | Germania nach dem Fresko im Städelschen Kunstinstitute | Philipp Veit, E. Schäffer (Stecher), Heinrich Felsing (Drucker), Johannes Velten (Verleger) | Nach 1836 | Druck/Papier | 43,2 × 28,8 cm | Berlin, DHM (Gr S 56/9800)
Abb. S. 134

089
Papiertheater »Der Freischütz«
Figuren zu »Der Freischütz« und Dekoration »Waldige Gebirgsschlucht« | Um 1890 | J. F. Schreiber, Eßlingen | Farbdruck | Etwa 100 × 100 cm | Berlin, Stiftung Stadtmuseum Berlin
Abb. S. 172

090
Papiertheater »Rotkäppchen«
Figuren und Dekoration zu »Rotkäppchen« | Ende 19. Jh. | Fa. Adolf Engel, Berlin und J. Scholz, Mainz | Farbdruck | Etwa 100 × 100 cm | Berlin, Stiftung Stadtmuseum Berlin
ohne Abb.

091
Zyklus »Waldsinfonie« Blatt No. 4
Georg Broel | 1919 | Radierung, Druck in Grün | 32 × 22,5 cm (Platte) | In der Platte u. l. signiert u. datiert | Bad Honnef, Hartmut Witte
Abb. S. 222

092
Zyklus »Waldsinfonie« Blatt No. 7
Georg Broel | 1919 | Radierung, Druck in Schwarzgrün | 30 × 23,5 cm (Platte) | In der Platte u. l. signiert u. datiert | Bad Honnef, Hartmut Witte
ohne Abb.

093
Zyklus »Waldsinfonie« Blatt No. 10
Georg Broel | 1920 | Radierung, Druck in Grün | 30 × 23,5 cm (Platte) | In der Platte u. l. signiert u. datiert | Bad Honnef, Hartmut Witte
ohne Abb.

094
Zyklus »Waldsinfonie« Blatt No. 12
Georg Broel | 1920 | Radierung, Druck in Grün | 30 × 23 cm (Platte) | In der Platte u. l. signiert u. datiert | Bad Honnef, Hartmut Witte
ohne Abb.

095
Märchenstrauß für Haus und Kind
Viktor Paul Mohn | Berlin: G. Stilke 1882 | Berlin, Staatsbibliothek zu Berlin – Preußischer Kulturbesitz, Kinder- und Jugendbuchabteilung (53 MB 500186)
Abb. S. 41

096
Hänsel und Gretel
Nach den Brüdern Grimm, Richard Scholz (Zeichnungen) | Mainz: Scholz' Künstler-Bilderbücher 1905 | Berlin, DHM (RA 87/1115)
Abb. S. 110/111

097
Rotkäppchen
Nach den Brüdern Grimm, Arpad Schmidhammer (Zeichnungen) | Mainz: Scholz' Künstler-Bilderbücher 1915 | Berlin, Staatsbibliothek zu Berlin – Preußischer Kulturbesitz, Kinder- und Jugendbuchabteilung (B IV 1c, 418)
ohne Abb.

098
Prinzeßchen im Walde
Sibylle von Olfers | Eßlingen, München: Schreiber 1909 | Berlin, Staatsbibliothek zu Berlin – Preußischer Kulturbesitz, Kinder- und Jugendbuchabteilung (B III b, 841)
Abb. S. 121

099
Wald. Der deutsche Wald und was er raunt und singt. Der Deutsche-Spielmann Bd. 3
Ernst Weber | München: Callwey 1910 | Berlin, Staatsbibliothek zu Berlin – Preußischer Kulturbesitz, Kinder- und Jugendbuchabteilung (Yc 8514-1/3 <2>)
ohne Abb.

100
Aus Erdmännleins Klause: ein Waldmärchen
Elsa Beskow | München: Dietrich 1911 | Berlin, Staatsbibliothek zu Berlin – Preußischer Kulturbesitz, Kinder- und Jugendbuchabteilung (BIII b, 1701)
Abb. S. 119

101
Im Walde
Emmy Landmann | Nürnberg: Offenstadt & Fellheimer 1921 | Berlin, Staatsbibliothek zu Berlin – Preußischer Kulturbesitz, Kinder- und Jugendbuchabteilung (B III b, 1148)
ohne Abb.

102
Bambi. Eine Lebensgeschichte aus dem Walde | Felix Salten | Berlin: Ullstein 1923 | Berlin, Staatsbibliothek zu Berlin – Preußischer Kulturbesitz, Kinder- und Jugendbuchabteilung (53 MA 502866 R)
Abb. S. 21

103
Etwas von den Wurzelkindern
Sibylle von Olfers | Eßlingen, München: Schreiber 1925 | Berlin, DHM (R 02/1079<23>)
Abb. S. 118

104
Die Häschenschule. Ein lustiges Bilderbuch
Albert Sixtus (Verse), Fritz Koch-Gotha (Illustration) | Hamburg: Hahn 1924 | Berlin, Staatsbibliothek zu Berlin – Preußischer Kulturbesitz, Kinder- und Jugendbuchabteilung (B III b, 238)
ohne Abb.

105
Sammelbilderalbum »Deutsche Märchen«
Paul Hey | Hamburg: Cigaretten Bilderdienst 1939 | Berlin, DHM (RA 94/869)
ohne Abb.

106
Bilderpossen
Enthält u. a. »Der Eispeter«, »Katze und Maus«, »Krischan mit der Piepe«, »Hänsel und Gretel« | Wilhelm Busch | München: Obpacher Buch- und Kunstverlag 1957 | Berlin, DHM (R 94/872)
ohne Abb.

107
Der Räuber Hotzenplotz. Eine Kasperlgeschichte | Otfried Preußler | Stuttgart: Thienemann 1964 | Berlin, Staatsbibliothek zu Berlin – Preußischer Kulturbesitz, Kinder- und Jugendbuchabteilung (B IV 2b, 1053)
ohne Abb.

108

Das Märchen vom Hänschen im Blaubeeren- und Preiselbeerreiche | Julius Schmidt (Autor), Elsa Beskow (Illustrator) | Stuttgart: Loewe 1909 | Berlin, Staatsbibliothek zu Berlin – Preußischer Kulturbesitz, Kinder- und Jugendbuchabteilung (BIV 2b, 1016)
Abb. S. 120

DER WALD IN DER NATIONALEN ERINNERUNG

109

Hermann als Sieger
Wilhelm Lindenschmit (d. Ä.) | Um 1840 | Öl/Pappe | 52 × 28 cm | Leipzig, Maximilian Speck von Sternburg Stiftung im Museum der bildenden Künste Leipzig (1752)
Abb. S. 20

110

Theodor Körner, Friedrich Friesen und Heinrich Hartman auf Vorposten
Georg Friedrich Kersting | 1815 | Öl/Lw. | 46 × 35 cm | Berlin, Staatliche Museen zu Berlin, Nationalgalerie (A II 327)
Abb. S. 130

111

Die Kranzwinderin
Georg Friedrich Kersting | 1815 | Öl/Lw. | 40 × 32 cm | Berlin, Staatliche Museen zu Berlin, Nationalgalerie (A II 328)
Abb. S. 131

112

Körners Grab
Monogrammist R H | Um 1830 | Kreidelithografie, Federlithografie/Papier | 18,8 × 15,8 cm | Berlin, DHM (Gr 86/3)
ohne Abb.

113

Entwurf für ein Völkerschlachtdenkmal auf den Schlachtfeldern bei Leipzig
Anton Radl | Um 1815 | Gouache, aquarelliert | 75,2 × 57 cm | Berlin, DHM (Gr 93/43)
ohne Abb.

114

Ansicht des Hermannsdenkmals, mit Widmung | Hugo Ulbrich | 1909 | Radierung/Karton | 89,5 × 68 cm | Berlin, DHM (Gr 2000/124)
Abb. S. 47

115

Die Hermannsschlacht im Teutoburger Wald | Wilhelm Lindenschmit (d. Ä.) | Um 1840 | Öl/Lw. | 88 × 117 cm | Karlsruhe, Staatliche Kunsthalle Karlsruhe (525)
ohne Abb.

116

»Die Hermannsschlacht«
In: Heinrich von Kleists hinterlassene Schriften, hg. v. Ludwig Tieck | Berlin: G. Reimer 1821 | Berlin, Staatsbibliothek zu Berlin – Preußischer Kulturbesitz, Abteilung Historische Drucke (Yc9307<b>R)
ohne Abb.

117

Soldatenausgabe »Die Herrmannsschlacht«
Heinrich von Kleist | Leipzig 1908 | Berlin, DHM (66/1696)
ohne Abb.

118

Das National-Denkmal auf dem Niederwald | August Weger | Nach 1877 | Stahlstich/Papier | 31,3 × 22 cm | Berlin, DHM (Gr 74/160)
ohne Abb.

119

Kyffhäuserdenkmal
Albrecht Bruck | Ende 19. Jh. | Radierung/Papier | 33,4 × 41,2 cm | Berlin, DHM (Gr 2001/739)
ohne Abb.

120

Bismarckturm bei Göttingen
Hermann Hirsch | Anfang 20 Jh. | Papier, Bleistiftzeichnung | 27 × 20 cm | Heilbronn, Privatbesitz
ohne Abb.

121

Entwurf für das Nationaldenkmal Bad Berka | Hans Poelzig | Entwurfszeichnung | 88 × 121,5 cm | Berlin, Architekturmuseum der Technischen Universität Berlin (5187)
Abb. S. 228

122

Entwurf für das Nationaldenkmal Bad Berka | Unbekannter Künstler | Entwurfszeichnung | 68,5 × 93,6 cm | Berlin, Architekturmuseum der Technischen Universität Berlin (18205)
Abb. S. 227

Wald-Auftritte

DER FÖRSTER

123
Schorfheideförster Purbs mit Ehefrau im Wohnzimmer | Um 1906 | Fotografie (Reproduktion) | Groß Schönebeck, Schorfheide Museum, Sammlung H. Suter
Abb. S. 54

124
Forstkalender oder Verzeichnis derer Verrichtungen, die einem Förster in jedem Monate vorzüglich obliegen | Johan Gottlieb Beckmann | Leipzig: M. G. Weidmanns Erben und Reich 1767 | Hannover, Privatbesitz
ohne Abb.

125
Die Waldbeschützungs-Lehre für [...] Forstmänner | Johann Matthäus Bechstein | Gotha: Hennings'sche Buchhandlung 1818 | Hannover, Privatbesitz
ohne Abb.

126
Forstschutz und Forstpolizeilehre
Wilhelm Pfeil | Berlin: J. W. Boike 1831 | Hannover, Privatbesitz
ohne Abb.

127
Dienstkappe eines sächsischen Forstbeamten | 2. Hälfte 19. Jh. | Wolle und Metall | 15,5 × 18 × 22 cm | Steingaden, Max Georg Freiherr von Eltz-Rübenach
Abb. S. 22/23

128
Zweispitz einer anhaltinischen Försteruniform | Um 1900 | Filz, Seide, Leder und metallene Verzierungen | L 41 cm | Berlin, DHM (KTe 69/132)
Abb. S. 22/23

129
Schiffshut zur Galauniform der Forstmeister in Bayern | 1910 | Wolle und Metall | 15 × 44 × 18 cm | Steingaden, Max Georg Freiherr von Eltz-Rübenach
Abb. S. 22/23

130
Hut eines königlich-preußischen Forstbeamten | Bis 1918 | Wolle, Regeneratzellulose und ledernes Schweißband | H 17 cm, L 36 cm | Berlin, DHM (U 63/229)
Abb. S. 22/23

131
Schirmmütze einer Forstdirektorenuniform des Deutschen Staatsforstdienstes
Um 1937 | Wolle, Regeneratzellulose, Kunstleder und Metalldekor | H 16 cm, D 19 cm | Berlin, DHM (U 93/77)
Abb. S. 22/23

132
Hut eines Staatsforstangestellten aus Baden-Württemberg | Um 1985 | Filz, Regeneratzellulose, ledernes Schweißband, Gamsbart und Metalldekor | H 12 cm, D 19 cm | Berlin, DHM (KT 97/180)
Abb. S. 22/23

133
Forsthut der Berliner Forsten
2005 | Kanin- und Hasenhaar, Schurwolle, Polyester, Teflonmembran und Innenleder | 13 × 30 × 35,5 cm | Berlin, Berliner Forsten
ohne Abb.

134
Nussknacker als Förster
Wilhelm Füchtner | Um 1910 | Lackiertes Holz mit Fellbesatz | H 38 cm | Seiffen, Erzgebirgisches Spielzeugmuseum Seiffen (5684)
Abb. S. 16

135
Nussknacker als Förster
Julius Gläser | 1968 | Lackiertes Holz mit Fellbesatz | H 35 cm | Seiffen, Erzgebirgisches Spielzeugmuseum Seiffen (8362)
Abb. S. 16

136
Nussknacker: Wilderer Karl Stülpner
Werner Füchtner | 1981 | Lackiertes Holz mit Fellbesatz | H 37 cm | Seiffen, Erzgebirgisches Spielzeugmuseum Seiffen (12315)
Abb. S. 16

137
Wilddieberei und Förstermorde. 3. Band
Otto Busdorf | Berlin: Kameradschaft 1931 | Berlin, Staatsbibliothek zu Berlin – Preußischer Kulturbesitz (Fw 9030-3)
ohne Abb.

138
Förster Stern mit Treff und Männe: eine lustige Dackellade | Franz Robert Hannesen (Autor), Ernst Knöllner (Illustrator) | Neudamm: J. Neumann 1919 | Berlin, Staatsbibliothek zu Berlin – Preußischer Kulturbesitz (N. 17/238-1/2<2>)
ohne Abb.

139
Försters Pucki: eine Erzählung für Kinder
Magda Trott (Autorin), Artur Scheiner (Illustrator) | Stuttgart: Titania 1949 | Berlin, Staatsbibliothek zu Berlin – Preußischer Kulturbesitz, Kinder- und Jugendbuchabteilung (B VIII, 2956-1 <71.Tsd.>)
Abb. S. 118

140
Förster Pribam
Hanns Dieter Hüsch (Autor), Helmut Bischoff und Klaus Winter (Illustratoren) | Oldenburg, Hamburg: Stalling 1959 | Berlin, Staatsbibliothek zu Berlin – Preußischer Kulturbesitz, Kinder- und Jugendbuchabteilung (B III c, 6924)
ohne Abb.

141
Horst wird Förster
Erich Kloss (Autor), Moritz Pathe (Illustrator) | München: Franz Schneider 1959 | Berlin, DHM
Abb. S. 116

142
Wie Klaus Förster wurde
Kurt Knaak (Autor), Carl Fr. J. Benedek (Illustrator) | Göttingen: W. Fischer 1967 | Berlin, Staatsbibliothek zu Berlin – Preußischer Kulturbesitz, Kinder- und Jugendbuchabteilung (B VIII, 13780)
ohne Abb.

143
Die Wilderer
Um 1880 | Chromolithografie | 39,3 × 51 cm | Berlin, Staatliche Museen zu Berlin, Museum Europäischer Kulturen (D (33 R 663) 1150/1981)
Abb. S. 238

144
Dr. Bernhard Danckelmann in der Gala-Uniform eines königlich-preußischen Oberforstmeisters | Heinrich Lauenstein | 1896 | Öl/Lw. | 93 × 86 cm | Eberswalde, Museum in der Adler-Apotheke
ohne Abb.

DER HIRSCH

145
Hirschkopf – ungrader Kronenzehner mit Fellansatz | 2. Hälfte 18. Jh. | Horn, Fell, Holz | 100 × 80 × 43,5 cm | Berlin, DHM (KG 2008/18)
ohne Abb.

146
Jungfrau Lorenzen von Tangermünde
Christian Daniel Rauch (Vorlage) | Um 1830/33 | Gusseisen | 37,5 × 34 × 17,1 cm | Berlin, Stiftung Stadtmuseum Berlin (VII 61/554y)
ohne Abb.

147
Trophäensaal im ehemaligen Stadtpalais des Grafen von Arco-Zinneberg am Wittelsbacherplatz in München | Um 1900 | Fotografie (Reproduktion) | München, Deutsches Jagd- und Fischereimuseum München
ohne Abb.

148
Schloss Moritzburg – Speisesaal
1937 | Fotografie (Reproduktion) | Berlin, bpk – Bildagentur für Kunst, Kultur und Geschichte (40001410)
ohne Abb.

149
Brunftmorgen
Nach einer Vorlage von Moritz Müller | Um 1925 | Chromolithografie | 67 × 85 cm | Berlin, Werkbundarchiv – Museum der Dinge (O 12292)
Abb. S. 24

150
o. T. [»Sommer«]
Ludwig Möller Kunstverlag nach einer Vorlage von Carl Zimmermann, Lübeck | Aquarelldruck | 40,7 × 31,5 cm | Berlin, Staatliche Museen zu Berlin, Museum Europäischer Kulturen (D (33 R 2530) 200/1987)
ohne Abb.

151
Brunfthirsch im Hochgebirge
KAMAG Dresden | Chromolithografie | 32 × 41,3 cm | Berlin, Staatliche Museen zu Berlin, Museum Europäischer Kulturen (D (33 R 1409) 200/1987)
ohne Abb.

152
Röhrender Hirsch
Papier, Hartfaserplatte | 52 × 57,7 cm | Berlin, Privatbesitz
ohne Abb.

153
Blick in ein gutbürgerliches Wohnzimmer, im Hintergrund zwei Wandbilder mit röhrendem Hirsch | 1900 | Fotografie (Reproduktion) | Berlin, bpk - Bildagentur für Kunst, Kultur und Geschichte (20034268)
ohne Abb.

154
Der Textdichter und Librettist Heinz Bolten-Baeckers in seiner Wohnung, im Hintergrund ein Wandbild mit röhrendem Hirsch
1910 | Fotografie (Reproduktion) | Berlin, bpk – Bildagentur für Kunst, Kultur und Geschichte (70006269)
ohne Abb.

155
Speiseraum in Hermann Görings Jagd-Anwesen Carinhall | Karoline Junkersdorf-Uhlenhuth | 1940 – 1945 | Fotografie (Reproduktion) | Berlin, DHM (Ph 95/189)
Abb. S. 206

156
»Bilder für ein Herrenzimmer!«
Werbung für Lichtdrucke des Kunstverlags Willy Vobach | Der Kunsthandel 17 (1925), S. 274 | Reproduktion | Berlin, Staatsbibliothek zu Berlin – Preußischer Kulturbesitz (4" Nr 387/53)
ohne Abb.

157
»Die Schlager des Orpheus-Verlages«
Werbung für Schlafzimmerbilder des Orpheus-Verlags | Der Kunsthandel 18 (1926), S. 105 | Reproduktion | Berlin, Staatsbibliothek zu Berlin – Preußischer Kulturbesitz (4" Nr 387/53)
ohne Abb.

158
»Zur Jagdsaison empfehlen wir«
Werbung für Vierfarbendrucke des Kunstverlags Otto Gustav Zehrfeld | Der Kunsthandel 19 (1927), S. 73 | Reproduktion | Berlin, Staatsbibliothek zu Berlin – Preußischer Kulturbesitz (4" Nr 387/53)
ohne Abb.

159
Geschenkteller mit röhrendem Hirsch
1985 | DDR | Holz | D 27 cm | Berlin, DHM (SI 90/27)
□ ohne Abb.

160
Wandteller mit Rehbock
Porzellan | D 25 cm | Berlin, Dagmar Welz, »Hirschsammlerin«
□ ohne Abb.

161
Wandteller mit Hirschrudel
Porzellan, Metall | D 25 cm | Berlin, Dagmar Welz, »Hirschsammlerin«
□ ohne Abb.

162
Sammelteller »Weihnachten 1979«
1979 | DDR | Porzellan, Kobalt | D 20 cm | Berlin, Dagmar Welz, »Hirschsammlerin«
□ ohne Abb.

163
Holzteller mit röhrendem Hirsch
Geschenk des VEB Oberflächenveredlung Benshausen (Thüringen) an Otto Grotewohl zum 65. Geburtstag | 1959 | DDR | Holz, Metall | D 31,7 cm | Berlin, DHM (SI 90/541)
□ ohne Abb.

164
Souvenir aus Bischofsgrün
Beklebte Holzscheibe mit Hirschmotiv | Holz, Papier, Lack | 16 × 40 cm | Berlin, Dagmar Welz, »Hirschsammlerin«
□ ohne Abb.

165
Reliefbild mit Hirsch
1950er Jahre | Resopal, Kunststoff | 26 × 12 cm | Berlin, Dagmar Welz, »Hirschsammlerin«
□ ohne Abb.

166
Porzellanfigur Rehbock
2. Hälfte 20. Jh. | Porzellan | H 30 cm | Berlin, Dagmar Welz, »Hirschsammlerin«
□ ohne Abb.

167
Skulptur »Röhrender Hirsch«
Geschenk des VEB Rhönkunstschnitzerei Empfertshausen zu Otto Grotewohls 65. Geburtstag | 1959 | DDR | Holz | H 29,5 cm | Berlin, DHM (SI 90/687)
□ ohne Abb.

168
Vergoldete Hirschplastik
Souvenir aus Berlin | Kunststoff, vergoldet | Holz | H 12 cm | Berlin, Werkbundarchiv – Museum der Dinge (O 12305)
□ ohne Abb.

169
Vergoldete Hirschplastik
Souvenir aus Bad Niederbreisig | Kunststoff, vergoldet | H 8 cm | Berlin, Dagmar Welz, »Hirschsammlerin«
□ ohne Abb.

170
Plastiskop in Form eines Fernsehapparates mit aufgedrucktem Hirsch
Souvenir aus Tegernsee | Um 1970 | Kunststoff, Aluminium, gepresst, bedruckt | 6,2 × 6,5 × 2,9 cm | Berlin, DHM (AK 94/5110.1205)
□ ohne Abb.

171
Tabakdose der Marke »Hochwild«
Anfang 20. Jh. | Eisen | 2,8 × 11,1 × 8 cm | Berlin, DHM (AK 94/516.2978)
□ ohne Abb.

172
Schießscheibe mit aufgeklebtem Farbdruck eines röhrenden Hirschs in einer Wald- und Berglandschaft | Weihnachtsschießen 1930 | Holz, Chromolithografie | D 43 cm | Berlin, Staatliche Museen zu Berlin, Museum Europäischer Kulturen (D (32 P 8) 272/1973)
□ Abb. S. 24

173
»In voller Brunft«
Carl Zimmermann | Anfang 20. Jh. | Postkarte | Berlin, DHM
□ ohne Abb.

174
Umweltpolitisches Protestplakat: Röhrender Hirsch vor Industrielandschaft
Klaus Staeck (Entwurf) | 1975 | Offset | 59 × 84 cm | Berlin, DHM (P 97/246)
□ ohne Abb.

175
Hirschkopf »Robert« in Weiß und Pink
2011 | Plüsch | 32 × 20 cm | Berlin, DHM
□ ohne Abb.

176
Lila Rehbock
2011 | Kunststoff, beflockt, L 10 cm | Berlin, DHM
□ ohne Abb.

177
Grüner Rehbock mit Glimmer
2011 | Kunststoff, Glimmer | L 10 cm | Berlin, DHM
□ ohne Abb.

178
Kupferfarbener Hirsch mit Glimmer
2011 | Kunststoff, Glimmer | H 25 cm | Berlin, DHM
□ ohne Abb.

179
Kordelkette mit zwei Holzanhängern in Herzform mit Bambi-Motiv
2011 | Holz, Wolle, Papier, lackiert | je 1,5 × 1,5 cm | Berlin, DHM
☐ ohne Abb.

180
Memospiel »Hirsch«
2011 | Design: Sybs Bauer | Hersteller: Eberle und Osterried GmbH, Pfronten | Karton, bedruckt | Berlin, DHM
☐ ohne Abb.

181
Ausstechform Rehkitz
2011 | Edelstahl | 4 × 3 cm | Berlin, DHM
☐ ohne Abb.

182
Ausstechform Hirsch
2011 | Edelstahl | 8 × 6,5 cm | Berlin, DHM
☐ ohne Abb.

183
Postkarte mit röhrenden Hirschen und Aufdruck »Heimat«
2011 | Postkarte | Berlin, DHM
☐ ohne Abb.

DIE JAGD

184
Überrock für Hofjagden, getragen von Kaiser Wilhelm II. | 1912 | Wollmischfaser, atlasbindig | H 106 cm | Berlin, DHM (U 59/355)
☐ ohne Abb.

185
Einladung für Generalmajor Leopold Hermann von Boyen zu einer in Letzlingen stattfindenden Hofjagd
9. und 10. Dezember 1861 | Magdeburg: Haenel'sche Hofbuchdruckerei | Druck/Papier | 18,8 × 12,4 cm | Berlin, DHM (Do 55/983.33)
☐ ohne Abb.

186
Speisekarte zu einem Jagddiner König Wilhelms I. von Preußen im Jagdschloss Letzlingen | Berlin, 21. November 1865 | Louis Veit (Drucker) | Tinte/Karton | 24,4 × 16,5 cm | Berlin, DHM (1990/606.3)
☐ ohne Abb.

187
Einladung Wilhelms I. an den preußischen General der Infanterie Leopold Hermann von Boyen zur Hasenjagd | 21. Januar 1876 | Louis Veit (Drucker) | Druck/Karton | 18,2 × 23,2 cm | Berlin, DHM (Do 2009/99)
☐ Abb. S. 202

188
Programmablauf für die Reise von Berlin zu den Hofjagden bei Letzlingen im November 1878 | Aus dem Nachlass Leopold Hermann von Boyens | Vor 27. November 1878 | Druck/Papier | 28,8 × 22,9 cm | Berlin, DHM (Do 55/983.39)
☐ Abb. S. 203

189
Einladung zur Treibjagd für Oberst von Wyneken | 9. Januar 1908 | Druck/Papier | 14,9 × 17,9 cm | Berlin, DHM (2003/7285)
☐ ohne Abb.

190
Wilhelm II. nach der Hofjagd
Um 1900 | Postkarte | Berlin, DHM (PK 2004/170)
☐ ohne Abb.

191
»Kaiserl. Hofjagd Springe. Saustrecke«
Wilhelm II. nach der Jagd | Darmstadt: Zedler und Vogel | um 1900 | Postkarte | Berlin, DHM (PK 2004/171)
☐ Abb. S. 204

192
»Kaiser Wilhelm mit seiner Jagdgesellschaft« | Dora Tarnke | Berlin: Gustav Liersch und Co., um 1910 | Postkarte | Berlin, DHM (1990/3024.327)
☐ ohne Abb.

193
»Unser Kronprinzenpaar auf der Jagd«
Kronprinz Wilhelm und seine Frau Cecilie mit erlegtem Hirsch | S. Pfeifel | Berlin: Gustav Liersch und Co. | 1910/15 | Postkarte | Berlin, DHM (1990/3024.93)
☐ Abb. S. 200

194
»Unser Kronprinzenpaar auf der Jagd«
Kronprinz Wilhelm und seine Frau Cecilie auf der Jagd | Berlin: Gustav Liersch und Co. | Um 1910 | Postkarte | Berlin, DHM (PK 90/216)
☐ Abb. S. 208

195
»Unser Kronprinzenpaar auf der Jagd«
Kronprinz Wilhelm und seine Frau Cecilie auf der Jagd | Berlin: Gustav Liersch und Co. | Um 1910 | Postkarte | Berlin, DHM (1990/3024.275)
☐ ohne Abb.

Wald-Gewalt

196
»Prinz Wilhelm von Preussen, der älteste Sohn des Kronprinzenpaares«
Wilhelm von Preussen mit erlegtem Hirsch | S. Pfeifel | Berlin: Gustav Liersch und Co. 1910/15 | Postkarte | Berlin, DHM (1987/189.92)
Abb. S. 208

197
Paul von Hindenburg bei der Jagd in den Wäldern von Bialowieza | 1915 | Fotografie (Reproduktion) | Berlin, DHM (F 64/1550)
Abb. S. 210

198
Friedrich Ebert mit seiner Ehefrau und Hegemeister Scholz bei der Jagd in der Schorfheide | Um 1922 | Fotografie (Reproduktion) | Bonn, AdsD/Friedrich-Ebert-Stiftung (6/FOTA003874)
Abb. S. 209

199
Der Preußische Ministerpräsident Otto Braun mit erlegtem Hirsch | Um 1926 | Fotografie (Reproduktion) | Bonn, AdsD/ Friedrich-Ebert-Stiftung (6/FOTA003875)
Abb. S. 25

200
Hermann Göring und der polnische Präsident Mościcki mit erlegtem Wolf
1938 | Fotografie (Reproduktion) | Berlin, DHM (00/170 (1))
Abb. S. 205

201
Wilmersdorfer Rentiers (»Millionenbauern«) mit Jagdbeute in der Prignitz
1913 | Fotografie (Reproduktion) | Berlin, Museum Charlottenburg-Wilmersdorf (W 320,a)
Abb. S. 204

202
Diplomatenjagd in Anwesenheit von Bundespräsident Theodor Heuss bei Springe/Hannover
Brodde | 1953 | Fotografie (Reproduktion) | Koblenz, Bundesarchiv (B 145 Bild-F001213-0007)
ohne Abb.

203
Diplomatenjagd in Anwesenheit von Bundespräsident Heinrich Lübke in Oelde/ Westfalen | Simon Müller | November 1960 | Fotografie (Reproduktion) | Koblenz, Bundesarchiv (B 145 Bild-F009157-0012)
ohne Abb.

204
Franz Josef Strauß als Jäger mit Hund bei einer Treibjagd bei Eggenfelden in Niederbayern am Wahltag zum bayerischen Landtag
1966 | Fotografie (Reproduktion) | Berlin, ullstein bild – dpa (00075717)
ohne Abb.

205
Jagdgewehr aus dem Besitz Erich Honeckers | 1975 | Gussstahl, Eisen, graviert, vergoldet, Nussbaum, geschnitten | L 117 cm | Berlin, DHM (W 97/13)
ohne Abb.

206
Montiertes Präparat eines von König Wilhelm I. erlegten Wildschweins – Sus Scrofa | 1721 | Holz, Gips, Draht | H 107, L 190 cm | Berlin, Museum für Naturkunde (ZMB 1962)
ohne Abb.

207
Fotografie eines Waldstücks mit einem Schild »Juden sind in unsern deutschen Wäldern nicht erwünscht« | Eugen Heilig | 1936 | Reproduktion | Privatbesitz
Abb. S. 230

208
Serie von Wald-Fotografien aus Raumbildalben
Bayrischer Wald, Totenbretter bei Lam | Hünengräber an der Autobahn bei Kaiserslautern | Autobahnbepflanzung bei Siegburg | Baumpflanzungen an der Autobahn München-Salzburg | Hermanns Denkmal bei Detmold | »Lebensgemeinschaft des Waldes, Wie ein Wald nicht aussehen soll (künstliche Fichtenkultur)« | »Lebensgemeinschaft des Waldes, Ein Baumstumpf wird zum Lebensboden einer neuen Vegetation« | »Lebensgemeinschaft des Waldes, Tannenhochwald im Nordschwarzwald« | »Lebensgemeinschaft des Waldes, Buchenwald im März« | »Lebensgemeinschaft des Waldes, Der Pilz im Dienste des höheren Lebens« | »Lebensgemeinschaft des Waldes, Widertonmoose-Mosaik« | »Lebensgemeinschaft des Waldes, Dachsbau in einem Heldengrab« | Schönstein, Raumbild Verlag, 1930er Jahre | Stereofotografien (Reproduktionen) | Berlin, DHM
Abb. S. 74/75

209
Waldtriptychon
Walter Dolch | 1934 | Öl/Lw. | 118 × 205,5 cm | St. Oswald, Nationalpark Bayerischer Wald
Abb. S. 163

210
Nationalsozialistisches Unterrichtswerk »So lebt die Waldgemeinschaft«
Heft 1 Biologische Gemeinschaftskunde, Heft 2 Biologische Landschaftskunde | Hugo Keller | Leipzig: Wunderlich 1938 | Privatbesitz
Abb. S. 233

211
Kiefernstamm aus dem Gusower Forst mit einem Geschossrest aus der Schlacht bei den Seelower Höhen 16. bis 19. 4. 1945
Oktober/November 2007 (Fälldatum) | Gusow | Holz, Metall | L 23 cm, D 21 cm | Gusow-Platkow, Museum Platkow
▭ ohne Abb.

212
Eichenstamm, Teil eines Alleebaums, mit innen schwarz verfärbter (oxidierter) Fläche, hervorgerufen durch einen Granatsplitter aus der Schlacht bei den Seelower Höhen 16. bis 19. 4. 1945 | 13. 2. 2007 (Fälldatum) | Gusow | Holz, Metall | L 19 cm | Gusow-Platkow, Museum Platkow
▭ Abb. S. 26

213
Abdruck von einem Baumstamm aus dem Belower Wald mit Einritzungen eines Häftlings aus dem Konzentrationslager Sachsenhausen | Ende April 1945 | Kunstwachsabguss | 38 × 17 cm | Oranienburg, Gedenkstätte und Museum Sachsenhausen
▭ Abb. S. 26

214
Abdruck von einem Baumstamm aus dem Belower Wald mit Einritzungen eines Häftlings aus dem Konzentrationslager Sachsenhausen | Ende April 1945 | Kunstwachsabguss | 42 × 27 cm | Oranienburg, Gedenkstätte und Museum Sachsenhausen
▭ ohne Abb.

215
Abdruck von einem Baumstamm aus dem Belower Wald mit Einritzungen eines Häftlings aus dem Konzentrationslager Sachsenhausen | Ende April 1945 | Gipsabguss | 32 × 24 cm | Oranienburg, Gedenkstätte und Museum Sachsenhausen
▭ ohne Abb.

216
Messer, vermutlich von einem Häftling des Konzentrationslagers Sachsenhausen gefertigt | Vor 1945 | Metall | L 17 cm | Oranienburg, Gedenkstätte und Museum Sachsenhausen
▭ ohne Abb.

217
Fotografien des Strahlflugzeugs ME-262 in einem »Waldwerk« | April/Mai 1945 | Reproduktion | Marl, Matthias Jansing
▭ ohne Abb.

218
Schlacht im Hürtgenwald
Hermann Claasen | 1946 | Fotografie | Bonn, LVR-LandesMuseum Bonn
▭ ohne Abb.

219
Hürtgenwald, Kampfstellung »Wilde Sau«
Hermann Claasen | 1946 | Fotografie | Bonn, LVR-LandesMuseum Bonn
▭ Abb. S. 234/235

220
Hürtgenwald
Hermann Claasen | 1946 | Fotografie | Bonn, LVR-LandesMuseum Bonn
▭ ohne Abb.

221
Hürtgenwald
Hermann Claasen | 1946 | Fotografie | Bonn, LVR-LandesMuseum Bonn
▭ ohne Abb.

222
Vier Fotografien von 1936 aus dem Album des Obersturmbannführers und Kommandanten des Konzentrationslagers Sachsenhausen, Karl Otto Koch
»Ein Sonntagnachmittag im K.L. SH.« | »Blick auf den D-Turm« | »Im Kommandanturbereich« | »Baracken werden aufgebaut, K.L. SH.« | Fotografien (Reproduktionen) | Oranienburg, Gedenkstätte und Museum Sachsenhausen – Archiv des Nationalen Sicherheitsdienstes der Russischen Föderation (FSB)
▭ Abb. S. 27

223
Zwei Seiten aus dem handschriftlichen Kompagnie-Tagebuch der 3. Kp. (Polizeibataillon 322) über die Räumung des Bialowiezer Forstes auf Befehl von Hermann Göring | 23. Juli 1941 | Reproduktion | Prag, Militärhistorisches Archiv
▭ ohne Abb.

224
Eichenstamm mit Eindrücken des DDR-Grenzzauns | Fälldatum: September 2011 | Holz, Eindruck | H 307 cm, D 70 cm | Berlin, Berliner Forsten, Forstamt Grunewald, Revierförsterei Dreilinden
▭ ohne Abb.

Wald-Heimat

225
Original-Filmkostüm »Schwarzwaldmädel« mit Hut | 1950 | Stoff, bestickt, Stroh | H 150 × B 60 cm | Berlin, Theaterkunst GmbH, Kostümausstattung
ohne Abb.

226
Plakat »Schwarzwaldmädel«
1950 | Entwurf: Rolf Goetze | Filmverleih: Nora | Offset | 84 × 59,5 cm | Berlin, Stiftung Deutsche Kinemathek – Museum für Film und Fernsehen (GW2_01_235)
ohne Abb.

227
Postkarte »Schwarzwaldmädel« mit Autogrammen (VS) | 1950 | Berlin, Stiftung Deutsche Kinemathek – Museum für Film und Fernsehen (1950-Mappe 4221)
ohne Abb.

228
Postkarte »Schwarzwaldmädel« mit Sonderstempeln (RS) | 1950 | Berlin, Stiftung Deutsche Kinemathek – Museum für Film und Fernsehen (1950-Mappe 4221)
ohne Abb.

229
Plakat »Schwarzwaldmädel«
1954 | Lithografie | 83 × 59 cm | Berlin, DHM (P 90/7694)
Abb. S. 28

230
Filmprogrammheft »Schwarzwaldmädel«
Progress Filmillustrierte: Schwarzwaldmädel, Nr. 7 | Berlin, 1955 | 20,5 × 14,5 cm | Berlin, DHM (Do2 94/2839)
ohne Abb.

231
Filmplakat der deutschen Erstaufführung »Der Förster vom Silberwald (Echo der Berge)« | 1955 | Union Film | Offset | 83 × 58 cm | Frankfurt, Deutsches Filminstitut – DiF e.V./Plakatarchiv (Standort-Nr. 1-005403)
Abb. S. 190

232
Einladungskarte zur Uraufführung »Der Förster vom Silberwald«
1955 | Filmverleih: Union Fillm | 21,5 × 9,4 cm | Berlin, Stiftung Deutsche Kinemathek – Museum für Film und Fernsehen (Umschlag 15648)
ohne Abb.

233
Der Förster vom Silberwald. Echo der Berge | Günther Schwab | Bonn, München und Wien: Bayerischer Landwirtschaftsverlag 1956 | Berlin, Privatbesitz
ohne Abb.

234
Musterplakat »Waldrausch«
1939 | Filmverleih: UFA | Offset | 34 × 48,5 cm | Berlin, Stiftung Deutsche Kinemathek – Museum für Film und Fernsehen (SDK 3.755)
ohne Abb.

235
Waldrausch
Ludwig Ganghofer | Berlin: Th. Knaur [o. J.] | Berlin, Privatbesitz
ohne Abb.

236
Das Schweigen im Walde. Erster Band
Ludwig Ganghofer | Berlin: G. Grote'sche Verlagsbuchhandlung 1899 | Berlin, Privatbesitz
Abb. S. 115

237
Filmprogrammheft »Das Schweigen im Walde« | Illustrierter Film-Kurier Nr. 2679 | Berlin 1937 | 29,2 × 22,4 cm | Berlin, DHM (Do 64/57.94)
ohne Abb.

238
Werberatschlag »Das Schweigen im Walde« | 1955 | Filmverleih: Kopp | 42 × 30 cm | Berlin, Stiftung Deutsche Kinemathek – Museum für Film und Fernsehen (Umschlag 228)
ohne Abb.

239
Grün ist die Heide
Hermann Löns | Hannover: Sponholtz 1932 | Berlin, Privatbesitz
ohne Abb.

240
Filmprogrammheft »Grün ist die Heide«
Illustrierter Film-Kurier Nr. 1876 | Berlin, 1932 | 29,2 × 22,4 cm | Berlin, DHM (Do 64/57.118)
ohne Abb.

241
Plakat »Grün ist die Heide«
1951 | Entwurf: Rolf Goetze | Filmverleih: R.C.S./Schröder | Offset | 85,3 × 60 cm | Berlin, Stiftung Deutsche Kinemathek – Museum für Film und Fernsehen (GW 1-02 125)
Abb. S. 194

242
Premiereneinladung »Grün ist die Heide«
21. Dezember 1951 | 21 × 29,5 cm | Berlin, Stiftung Deutsche Kinemathek – Museum für Film und Fernsehen (Umschlag 3850)
ohne Abb.

243
Die Schriften des Waldschulmeisters
Peter Rosegger | Wien, Pest, Leipzig: A. Hartlebens Verlag 1892 | Berlin, Privatbesitz
Abb. S. 114

244
Als ich noch der Waldbauernbub war, Teil 1
Peter Rosegger | Leipzig: Staackmann 1902 | Berlin, Staatsbibliothek zu Berlin – Preußischer Kulturbesitz, Kinder- und Jugendbuchabteilung (B VIII, 4818-1)
ohne Abb.

245
Die Försterbuben. Ein Roman aus den steirischen Alpen | Peter Rosegger | Leipzig: Staackmann 1908 | Berlin, Staatsbibliothek zu Berlin – Preußischer Kulturbesitz (810402)
ohne Abb.

Wald-Freizeit

246
Plakat »Die Försterbuben«
1955 | Entwurf: Meerwald | Filmverleih: Prisma | Offset | 84 × 59,5 cm | Berlin, Stiftung Deutsche Kinemathek – Museum für Film und Fernsehen (GW1_01_588)
ohne Abb.

247
Filmprogrammheft »Krambambuli. Die Geschichte eines Hundes«
1940 | Filmverleih: Bavaria-Filmkunst Berlin | Offset | 27 × 19,4 cm | Berlin, Stiftung Deutsche Kinemathek – Museum für Film und Fernsehen (Umschlag 17028)
ohne Abb.

248
Filmprogrammheft »Krambambuli«
Illustrierter Film-Kurier Nr. 3103 | Berlin 1940 | 29,2 × 22,4 cm | Berlin, DHM (Do 62/801.37)
ohne Abb.

249
Tiergeschichten: Krambambuli, Der Fink, Die Spitzin | Marie von Ebner-Eschenbach, Walter Münze (Illustrator) | Leipzig: Volk und Buch 1947 | Berlin, Privatbesitz
ohne Abb.

250
Ankündigung Uraufführung »Ruf der Wälder« | 1965 | Filmverleih: Nora | Offset | 27 × 19 cm | Berlin, Stiftung Deutsche Kinemathek – Museum für Film und Fernsehen (Umschlag 17028)
ohne Abb.

251
Der Jäger von Fall
Ludwig Ganghofer | München: Droemersche Verlagsanstalt 1920 | Berlin, DHM (100 09/1117)
ohne Abb.

252
Plakat »Der Jäger vom Fall« [sic!]
Um 1920 | Entwurf: Alexander M. Cay | Filmverleih: UFA | Lithografie | 69,4 × 93,6 cm | Berlin, DHM (P 73/3367)
ohne Abb.

253
Filmprogrammheft »Der Jäger von Fall«
Illustrierte Film-Bühne Nr. 3530 | München 1956 | Offset | 26 × 18 cm | Berlin, Stiftung Deutsche Kinemathek – Museum für Film und Fernsehen
ohne Abb.

254
Vier Kinositze
1950er Jahre | Holz | L 205 cm, T 42 cm | Berlin, Stiftung Deutsche Kinemathek – Museum für Film und Fernsehen
ohne Abb.

255
Spazier- und Wanderstöcke
1875–1970er Jahre | Berlin, DHM (16) | Berlin, Philipp Springer (3)
ohne Abb.

256
38 Ansichtskarten vom »Deutschen Wald«
1900–1963 | Reproduktionen | Berlin, DHM
Abb. S. 72, 98–103, 246 f.

257
Postkartenautomat
Um 1910 | Metall, Glas, emailliert, lackiert, montiert | 95 × 30 × 30 cm | Berlin, DHM (RB002425)
ohne Abb.

258
Werbeplakat »La Foresta Tedesca«
1930er | Entwurf: Otto Altenkirch | Reichsbahnzentrale für den Deutschen Reiseverkehr | Lithografie | 101,5 × 63,7 cm | Berlin, DHM (P 73/3702)
Abb. S. 40

259
Werbeplakat »Spessart«
Um 1905 | Entwurf: Albert Hock | Künstlerbund Karlsruhe, Verein der Spessartfreunde | Lithografie | 89,6 × 65,5 cm | Berlin, DHM (P 73/3529)
Abb. S. 39

260
Werbeplakat »Erlebe den Harz«
Vor 1939 | Entwurf: Jupp Wiertz | Offset | 119,1 × 85,3 cm | Berlin, DHM (P 57/1583)
Abb. S. 39

261
Werbeplakat »Reist ins Waldland Schwarzburg-Rudolstadt!« (Thüringer Wald)
Um 1935 | Entwurf: Heinrich Linzen | Lorsch und Co., Rudolstadt, Verkehrsamt für das Waldland Schwarzburg-Rudolstadt | Offset | 75,5 × 51,5 cm | Berlin, DHM (P 57/1070)
Abb. S. 14

262
Werbeplakat »St. Blasien Schwarzwald 800 m« | Um 1920 | Entwurf: Rose | Freiburg im Breisgau: Alemannendruck | Offset | 84,4 × 59,4 cm | Berlin, DHM (P 90/10490)
▭ Abb. S. 38

263
Werbeplakat »Lübbenau – Haupteingang zum Spreewald« | Um 1930 | Entwurf: Wintgens | Städtisches Fremdenverkehrsamt Lübbenau | Offset | 71,3 × 46,2 cm | Berlin, DHM (P 57/1071)
▭ Abb. S. 34

264
Plakat »Besucht den Schwartenberg und seine Umgebung« | Um 1930 | Entwurf: Rühsam | Erzgeb. Zweigvereine und Gemeindeverwaltungen | Offset | 93 × 60,3 cm | Berlin, DHM (P 90/10422)
▭ Abb. S. 34

265
Plakat »Herbsttage im Badnerland«
1925 | Entwurf: Gustav Arnold | Badischer Verkehrsverband Karlsruhe | Offset | 69,2 × 47,8 cm | Berlin, DHM (P 90/10472)
▭ Abb. S. 36

266
Werbeplakat »Wandern mit Kraft durch Freude« | Um 1935 | Entwurf: Otto Geiger | Verlag der Deutschen Arbeitsfront GmbH | Offset | 84 × 59,5 cm | Berlin, DHM (1989/1722.1)
▭ Abb. S. 37

267
Plakat »Erwerbt das Touristenabzeichen / Wandertag der deutschen Jugend!«
1957 | Entwurf: Lothar Ziratzki | Komitee für Touristik und Wandern der Deutschen Demokratischen Republik, Berlin | Offset | 83 × 58,3 cm | Berlin, DHM (P 90/7132)
▭ ohne Abb.

268
Werbeplakat »Badenweiler im südlichen badischen Schwarzwald« | 1908 | Entwurf: Willy von Beckerath | Holzhauser (Druckerei) | Lithografie | 91,5 × 64,2 cm | Berlin, DHM (P 73/3530)
▭ Abb. S. 35

269
Werbeplakat »Waldquelle Klokocka«
Um 1910 | Entwurf: Fritz Rehm | Offset | 89 × 61,5 cm | Berlin, DHM (P 74/2555)
▭ ohne Abb.

270
Plakat »Treib Sport«
1977 | Entwurf: Peter Hamann, | Deutscher Turn- und Sportbund, Bezirksvorstand Magdeburg | Offset | 59 × 42,2 cm | Berlin, DHM (P 90/7154)
▭ ohne Abb.

271
Würfelspiel »Kreuz und Quer durch den grünen Harz« | Um 1956 | Entwurf: Kurt Brandes | Druckfarbe (mehrfarbig) auf Pappe, Papier, Kunststoff, bedruckt, gefaltet, geklebt, gepresst | 32,2 × 22,4 × 3,1 cm | Berlin, DHM (AK 2000/1133)
▭ ohne Abb.

272
Würfelspiel »Lasst uns wandern«
Um 1910 | H. Volkert | Druckfarbe (mehrfarbig) auf Karton, kaschiert | 33 × 33 cm | Berlin, DHM (MK 78/6)
▭ ohne Abb.

273
Blecheimer »Waldextrakt«
Anfang 20. Jh. | Eisenblech | H 19,6 cm | Berlin, DHM (AK 94/516.927)
▭ Abb. S. 29

274
Blechdose »Novopin-Compact Kohlensäure-Fichtennadel-Bad« | Mitte 20. Jh. | Eisenblech (hellgelb) | 6,8 × 1,6 × 7,1 cm | Berlin, DHM (AK 95/56.125)
▭ ohne Abb.

275
Blechdose für »Dr. Michaelis' Eichel-Cacao« | Anfang 20. Jh. | Eisenblech | 11,2 × 7,3 × 5,5 cm | Berlin, DHM (AK 94/516.262)
▭ ohne Abb.

276
Zwei Olitätenfläschchen mit Inhalt
Um 1900 | Pressglas, Kork, Olität | H 8 cm, D 2 cm | Berlin, DHM (HI 79/38, HI 80/07)
▭ ohne Abb.

277
Konvolut von Fotografien: Der Wald als Ausflugsziel | Reproduktionen | Berlin, DHM

a) Paar im Wald | Um 1908
▭ Abb. S. 218
b) Wanderer im Wald | Arthur Michaelis, Max Both | Leipzig, um 1915
▭ ohne Abb.
c) Drei Fotos von Mitgliedern der »Wandervogel«-Bewegung | Bernhard Jäckel(?) | 1920er Jahre
▭ Abb. S. 242
d) Proletarisches Jugendlager im Wald | Um 1925
▭ Abb. S. 244
e) (Wander-)Gruppe im Wald | Um 1925
▭ Abb. S. 73
f) Hitlerjungen am Waldrand | G. Erbe | nach 1933
▭ Abb. S. 245
g) Kleiner Junge beim Waldspaziergang | 1930er Jahre
▭ Abb. S. 284/285
h) Paar beim Waldspaziergang | 1942
▭ Abb. S. 285

Wald-Freizeit

Wald-Rettungen

i) Ausflug der FDJ-Gruppe des VEB Karosseriebau Erfurt an die Lütsche-Talsperre | 1957
☐ Abb. S. 281
j) FDGB-Urlauber wandern im Harz | 1951
☐ Abb. S. 281
k) Erotische Szene: Paar im Wald | 1970er Jahre
☐ ohne Abb.
l) Mann in Damenunterwäsche im Wald | 1970er Jahre
☐ Abb. S. 278

278
Fotoserie: Menschen im Wald
1920er Jahre | Reproduktionen | Berlin, Voller Ernst GbR

a) Liebespaar an einem Baum
☐ Abb. S. 280
b) Gäste eines Sanatoriums im Wald
☐ Abb. S. 276
c) Rast im Wald
☐ Abb. S. 282/283
d) Leibesübungen im Wald
☐ Abb. S. 279
e) Beim Kartenspielen
☐ ohne Abb.
f) Mit dem Auto im Wald
☐ Abb. S. 48
g) Lesender im Wald
☐ Abb. S. 278
h) Beim Beerenpflücken im Wald
☐ Abb. S. 48
i) Männerchor im Wald
☐ Abb. S. 178
j) Drei Frauen im Wald
☐ Abb. S. 276
k) Schulklasse beim Wandertag
☐ Abb. S. 277

SEHNSUCHTSORT WILDNIS

279
Werbeplakat »Verein Naturschutzpark e.V.« | Um 1910 | Entwurf: Emil Hochdanz | Offset | 80,5 × 45,7 cm | Berlin, DHM (P 90/10979)
☐ ohne Abb.

280
Heimatschutz
Ernst Rudorff | Leipzig, Berlin: 1901 | Berlin, Staatsbibliothek zu Berlin – Preußischer Kulturbesitz (Sa 600/52<2>)
☐ ohne Abb.

281
Briefumschlag mit Tannennadelproben aus dem Nachlass von Hugo Conwentz
23. Mai 1899 – 25. Mai 1899 | Berlin, Staatsbibliothek zu Berlin – Preußischer Kulturbesitz, Handschriftenabteilung (NL Conwentz, Kiste 10, Mappe 5 (Notizen), Bl. 19)
☐ ohne Abb.

282
Foto eines Naturdenkmals aus dem Nachlass von Hugo Conwentz | Um 1900 | Silbergelatineabzug | 11,3 × 8,5 cm | Berlin, Staatsbibliothek zu Berlin – Preußischer Kulturbesitz, Handschriftenabteilung (NL Conwentz, Kiste 10, Mappe 10, Bl. 12)
☐ ohne Abb.

283
Foto eines Naturdenkmals aus dem Nachlass von Hugo Conwentz | Um 1900 | Silbergelatineabzug | 18 × 12,8 cm | Berlin, Staatsbibliothek zu Berlin – Preußischer Kulturbesitz, Handschriftenabteilung (NL Conwentz, Kiste 10, Mappe 10, Bl. 13)
☐ ohne Abb.

284
Handzeichnung für eine Publikation mit handschriftlichem Vermerk von Hugo Conwentz | Um 1900 | Bleistift/Papier | 23 × 31,6 cm | Berlin, Staatsbibliothek zu Berlin – Preußischer Kulturbesitz, Handschriftenabteilung (NL Conwentz, Kiste 10, Mappe 10, Bl. 16)
☐ ohne Abb.

285
»Rotbuche, mit spiegelglatten Stamm«
Handschriftliche Notiz zur Meldung eines Oberförsters | Hugo Conwentz | 2. August 1899 | 21 × 16,5 cm | Berlin, Staatsbibliothek zu Berlin – Preußischer Kulturbesitz, Handschriftenabteilung (NL Conwentz, Kiste 10, Mappe 8, Bl. 10)
☐ ohne Abb.

286
Urwaldwildnis in deutschen Landen
Walter Schoenichen | Neudamm: Neumann 1934 | Hannover, Privatbesitz
☐ ohne Abb.

287
Das Reichsnaturschutzgesetz vom 26. Juni 1935 | Hans Klose, Adolf Vollbach | Aus dem Besitz von Carl Duve | Berlin: Neumann, 1935 | Hannover, Privatbesitz
☐ ohne Abb.

288
Wisente
Friedrich Reimann | Vor 1939 | Öl/Hartfaser | 110 × 169 cm | Berlin, DHM (Gm 98/452)
☐ ohne Abb.

289
Fotografie aus dem Serrahner Buchenwald
2011 | Reproduktion | Neustrelitz, Barbara Lüthi-Herrmann
☐ ohne Abb.

290
Zwei Fotografien des naturbelassenen Buchenwaldes in Serrahn, Müritz-Nationalpark | 2008 | Reproduktion | Speck, Ulrich Meßner
☐ ohne Abb.

291
Grenzschild des Müritz-Nationalparks
Um 2000 | Metall | 70 × 30 cm | Hohenzieritz, Nationalparkamt Müritz
▭ Abb. S. 83

292
Naturschutzschild mit Eule
Kurt Kretschmann (Entwurf) | Um 1950 | Bad Freienwalde (DDR) | Holz | 24,8 × 21,5 cm | Berlin, DHM (MK 83/451)
▭ ohne Abb.

293
Kurt Kretschmann – der Erfinder des Naturschutzschildes
1970er/1980er Jahre | Fotografie (Reproduktion) | Bad Freienwalde, Erna-und-Kurt-Kretschmann-Archiv, Haus der Naturpflege
▭ ohne Abb.

294
Kurt Kretschmann mit drei Kindern bei Neuendorf/Plagefenn
1970er/1980er Jahre | Fotografie (Reproduktion) | Bad Freienwalde, Erna-und-Kurt-Kretschmann-Archiv, Haus der Naturpflege
▭ ohne Abb.

295
»Junge Naturschützer« in der Müritz
Martin Schmidt | DDR, 1970/80 | Diafotografie (Reproduktion) | Berlin, DHM (Schmidt c3619/8, BA 92/99, Schmidt 1943c/11, Schmidt 1943c/7)
▭ ohne Abb.

296
Fahne der »Schutzgemeinschaft Deutscher Wald« (SDW) | 1950er Jahre | Wolle | 150 × 88 cm | Berlin, Marian Przybilla, Schutzgemeinschaft Deutscher Wald, Landesverband Berlin e.V.
▭ Abb. S. 252

297
Titelseite der SDW-Zeitschrift »Unser Wald«
4. Jg., Bonn, April 1951 | Berlin, Marian Przybilla, Schutzgemeinschaft Deutscher Wald, Landesverband Berlin e.V.
▭ ohne Abb.

298
Titelseite der SDW-Zeitschrift »Unser Wald«
7. Jg., Bonn, August 1954 | Berlin, Marian Przybilla, Schutzgemeinschaft Deutscher Wald, Landesverband Berlin e.V.
▭ ohne Abb.

299
Brief von Ernst Reuter an die »Schutzgemeinschaft Deutscher Wald«
Berlin, 30. September 1952 | Typoskript | 29,7 × 21,1 cm | Berlin, Marian Przybilla, Schutzgemeinschaft Deutscher Wald, Landesverband Berlin e.V.
▭ ohne Abb.

WALDSCHUTZ IN BERLIN UND UMGEBUNG

300
Werbeplakat »Mitbürger, helft uns unsere Wälder zu erhalten!« | Um 1907 | Entwurf: Lucian Bernhard | Lithografie, 60 × 48,3 cm | München, Münchner Stadtmuseum (A 21/14)
▭ Abb. S. 216

301
Der Kampf um unsere Wälder
Ansiedlungsverein Groß-Berlin | Berlin: Springer 1909 | Berlin, Staatsbibliothek zu Berlin – Preußischer Kulturbesitz (Td 1575 - 7.8)
▭ ohne Abb.

302
Karrikatur »Pod der Waldverwüster«
L. Srutz | In: Kladderadatsch: das deutsche Magazin für Unpolitische, 57. Jg. Nr. 41, S. 164 | Berlin, 9.10.1904 | Berlin, DHM (RZA 85-57.1904)
▭ Abb. S. 220

303
Protestplakat »Wir sagen dem Senat jetzt: Halt! Sonst versaut der uns den ganzen Wald«
1976 | Entwurf: Kurt Jotter | Offset | 70 × 50 cm | Berlin, DHM (P 97/467)
▭ ohne Abb.

304
Protestplakat »36 000 Weihnachtsbäume aus dem Spandauer Forst zu verschenken!«
1976 | Offset | 28,5 × 42,5 cm | Berlin, DHM (P 2011/169)
▭ ohne Abb.

305
Büchse »Berliner Luft. Originalabfüllung im Spandauer Forst« | 1976 | Metall, Luft | H 11,5 cm, D 8 cm | Berlin, DHM (Pol 2011/14)
▭ ohne Abb.

306
Prostestmaskottchen »Max der Dachs«
2010 | Stoff, Plastik | H 170 cm | Hohen Neuendorf, Dirk Hartung
▭ ohne Abb.

307
Drei Fotografien von Protestaktionen mit »Max der Dachs« | 2010 | (Reproduktionen) | Bergfelde, Annette Jedwabski
▭ ohne Abb.

308
Proteste der Bürgerinitative A 10 Nord, AG Tank und Rast an der Autobahn | 2010 | Fotografie (Reproduktion) | Bergfelde, Annette Jedwabski
▭ ohne Abb.

Wald-Rettungen

»WALDSTERBEN«

309
SO_2-Messgerät Picoflux 4
Vor 1983 | Frankfurt am Main, Fa. Hartmann und Braun | Elektronik, Metall | 45 × 50 × 40 cm | Berlin, DHM (AK 2011/69) | Schenkung des Hessischen Landesamts für Umwelt und Geologie, Wiesbaden
ohne Abb.

310
In-vitro-Kulturen mit Baumsetzlingen: Fichte, Lärche, Birke, Eibe, Eiche in Erlenmeyerkolben | 2011 | In-vitro-Kultur, Glas, Agar Agar, Setzlinge | je H 10,5, D 6,1 cm | Waldsieversdorf, Johann Heinrich von Thünen-Institut, Institut für Forstgenetik
Abb. S. 262/263

311
»Saurer Regen über Deutschland. Der Wald stirbt« | Titelblatt der Zeitschrift »Der Spiegel«, 35. Jg. Nr. 47 | Hamburg, 16. November 1981 | Reproduktion | Berlin, DHM (Do2 98/743)
Abb. S. 256

312
»Saurer Regen. Lebensgefahr für Babys«
Titelblatt der Zeitschrift »Der Spiegel«, 38. Jg. Nr. 2 | Hamburg, 9. Januar 1984 | Reproduktion | Berlin, DHM (ZA6653-38,2,1984)
ohne Abb.

313
»Der Schwarzwald stirbt«
Titelseite der Zeitschrift »Der Spiegel«, 38. Jg. Nr. 51 | Hamburg, 17. Dezember 1984 | Reproduktion | Berlin, Robert Kluth
ohne Abb.

314
»Baumsterben. Erste Hilfe durch bleifreies Benzin« | Titelseite der Zeitschrift »Natur. Horst Sterns Umweltmagazin«, 3. Jg. Nr. 9 | München, September 1983 | Reproduktion | Berlin, Robert Kluth
Abb. S. 260

315
»Ein Fall fürs Museum«
Titelseite des »SZ-Magazins«, Nr. 43 | München, 25. Oktober 1991 | Reproduktion | Berlin, Robert Kluth
Abb. S. 259

316
»Europe's Dying Forests. What Is Killing All the Trees?« | Titel der Zeitschrift »Times«, 200. Jg. Nr. 37 | New York, 16. September 1985 | Reproduktion | Freiburg, Roderich von Detten
ohne Abb.

317
»Der deutsche Wald stirbt«
Artikel aus der Zeitschrift »Bild der Wissenschaft«, 19. Jg. Nr. 12, S. 83–85 | Stuttgart, Dezember 1982 | Reproduktion | Berlin, Robert Kluth
ohne Abb.

318
»So sieht der Wald in 20 Jahren aus«
Artikel aus der Zeitschrift »Stern«, 37. Jg. Nr. 28, S. 19–31 | Hamburg, 5. Juli 1984 | Reproduktion | Berlin, Staatsbibliothek zu Berlin – Preußischer Kulturbesitz (29 PB 11808-37, 26/29.1)
ohne Abb.

319
»Ist noch Hoffnung?«
Werbung aus der Zeitschrift »Stern«, 37. Jg. Nr. 26, S. 156–157 | Hamburg, 1984 | Reproduktion | Berlin, Staatsbibliothek zu Berlin – Preußischer Kulturbesitz (29 PB 11808-37, 26/29.1)
ohne Abb.

320
»Wir stehen vor einem ökologischen Hiroschima« | Artikel aus der Zeitschrift »Spiegel«, 37. Jg. Nr. 7, S. 72–92 | Hamburg, 14. Februar 1983 | Reproduktion | Berlin, DHM (ZA 6653 - 37,7.1983)
ohne Abb.

321
Plakat »Bodenversauerung – Tod«
1983 | Bund Naturschutz in Bayern e.V., Brockmann und Klett, Cadolzburg | Offset | 84,1 × 59,6 cm | Berlin, DHM (P 2003/95)
Abb. S. 258

322
Plakat »Nach den Wäldern stirbt der Mensch« | 1970/89 | Bund Naturschutz in Bayern e.V. | Offset | 41,5 × 59,5 cm | Berlin, DHM (P 96/2876)
Abb. S. 45

323
Plakat »Saures Fest!«
1983 | Entwurf: Klaus Staeck | Offset | 59 × 42 cm | Berlin, DHM (P 97/1008)
Abb. S. 75

324
Plakat »Der Mensch ist der größte Forstschädling«
1984 | Entwurf: Klaus Staeck | Offset | 84 × 59 cm | Berlin, DHM (P 97/252)
Abb. S. 260

325
Teil einer Steigleiter von der Greenpeace-Besetzungsaktion am Kohlekraftwerk Buschhaus | 1984 | Metall | 140 × 30,5 × 3,8 cm | Berlin, DHM (Pol 2003/18)
ohne Abb.

326
Gesellschaftsspiel »Sauerbaum«
1987 | Freiburg im Breisgau: Herder Spiele | Papier, Holz | 52 × 36 cm | Berlin, Robert Kluth
ohne Abb.

327
Wahlplakat »Der Wald stirbt.«
1984 | Vorstand der SPD, Bonn | Hildesheimer Druck- und Verlags-GmbH | Offset | 83,5 × 59 cm | Berlin, DHM (P 98/1444)
Abb. S. 261

328
Wahlplakat »Rettet den Wald«
1982 | Entwurf: Heinsdorff | Bundesvorstand der Grünen | Offset | 84,1 × 59,4 cm | Berlin, DHM (P 97/1025)
Abb. S. 261

329
Querschnitt eines Katalysators
Um 1980 | Metall | H 30 cm, D 10 cm | Stuttgart, Robert Bosch GmbH
ohne Abb.

330
Lambda Sonde
Um 1980 | Gehäuse, Keramik, Platinelektroden, Stahl | L 8 cm, D 1 cm | Stuttgart, Robert Bosch GmbH
ohne Abb.

331
Sonderbriefmarke »Rettet den Wald«
16.7.1985 | Bonn: Deutsche Bundespost | 9,5 × 16,4 cm | Berlin, Robert Kluth
ohne Abb.

332
Sechs Fotografien der Installation »Waldsterben bei Krupka – Wenn die Bäume baden gehen« | Cornelia Schleime, Ralf Kerbach | Böhmerwald, 1983 | Vintage prints, s/w | je 10 × 15 cm | Berlin, Sammlung der Künstler
ohne Abb.

333
Diorama eines fiktiven Mordtatortes im Wald aus den 1920er Jahren
1950er Jahre | Holzplatte, Figuren | H 20 × B 110 × T 50 cm | Berlin, Polizeihistorische Sammlung beim Polizeipräsidenten in Berlin
Abb. S. 236, 239

334
Lichtbildalbum zum Fall des sogenannten Massenmörders Bruno Lüdke (Band 1 von 3)
Kriminalpolizeiliche Ermittlungsakten | Um 1944 | Typoscript | Fotografien | Berlin, Polizeihistorische Sammlung beim Polizeipräsidenten in Berlin
ohne Abb.

335
Lichtbildalbum zum Fall des sogenannten Massenmörders Bruno Lüdke (Band 2 von 3)
Kriminalpolizeiliche Ermittlungsakten | Um 1944 | Typoscript | Fotografien | Berlin, Polizeihistorische Sammlung beim Polizeipräsidenten in Berlin
ohne Abb.

336
heimlich
Sigune Hamann | 2007 | Fotografie | 26,3 × 39,5 cm | Courtesy of the artist
ohne Abb.

337
heimlich
Sigune Hamann | 2007 | Fotografie | 26,3 × 39,5 cm | Courtesy of the artist
ohne Abb.

338
12 Fotografien aus der Serie »Der deutsche Wald« | Sabine Wenzel
Wald bei Wernburg #1, 2006 | Wald bei Lausnitz #1, 2006 | Wald bei Hartha #2, 2008 | Wald bei Moßbach #3, 2008, | Wald bei Bakenberg #1, 2006 | Wald bei Kunsterspring #9, 2011 | Wald bei Waldidylle #1, 2010 | Wald bei Ehmkendorf #1, 2007 | Wald bei Wernburg #2, 2007 | Wald bei Wernburg #8, 2011 | Wald bei Kunsterspring #10, 2011 | Wald bei Rothaus #1, 2010 | Inkjetprints auf Hahnemühle fine art Papier, in der Ausstellung präsentiert als Videoinstallation | Berlin, Sabine Wenzel
Abb. S. 189

339
Deutscher Wald
Ernst Volland | 1996 | C-Print auf Alubond | 75 × 156 cm | Berlin, Ernst Volland
Abb. S. 196

340
Silberwald
Christoph Girardet | 2010 | 3-Kanal-Videoinstallation mit Ton | loop: 12' 05" | Courtesy of the artist
Abb. S. 192

341
Ohne Titel 09 (aus der Serie »Waldraum«)
Thiemo Bögner | 2011 | Kodak Ultra Endura, Acryl, Aluminium | 65 × 186 cm | Bielefeld, Thiemo Bögner
Abb. S. 50/51

342
Im Wald (Bernhard-Hänsel und Anna Gretel)
Anna Blume, Bernhard Blume | 1991 | s/w-Fotografie | je 250,5 × 126,5 cm | Darmstadt, Sammlung Ströher (G0285a-c)
Abb. S. 184/185

343
Bayerischer Wald – 2
Axel Hütte | 2002 | C-Print | 157 × 257 cm | Düsseldorf, Axel Hütte
Abb. S. 186

344
Käthe Kruse
Stefan Moses | 1962 | Barytpapierabzug | 37,7 × 28,5 cm | Berlin, DHM (1990/3070.6)
ohne Abb.

345
Meret Oppenheim
Stefan Moses | 1982 | Barytpapierabzug | 38,2 × 28,5 cm | Berlin, DHM (1990/3070.48)
Abb. S. 180

346
Golo Mann
Stefan Moses | 1982 | Barytpapierabzug | 38,2 × 28,5 cm | Berlin, DHM (1990/3070.23)
Abb. S. 188

347
Willy Brandt
Stefan Moses | 1983 | Barytpapierabzug | 37,6 × 28,1 cm | Berlin, DHM (1990/3070.68)
Abb. S. 188

348
Das Geheimnis des Waldes III
Andréas Lang | D 2002 | Silbergelatineprint | 30 × 40 cm, Nr. 4/30 | Berlin, DHM (Ph 2006/692)
Abb. S. 42/43

349
Eldena
Andréas Lang | D 2002 | Silbergelatineprint | 40 × 30 cm, Nr. 4/30 | Berlin, DHM (Ph 2006/688)
Abb. S. 187

PREISGEKRÖNTE FOTOGRAFIEN
des Wettbewerbs »Ohne ihn ...«
zum Internationalen Jahr der Wälder 2011
(www.wald2011.de)

350
Ohne ihn steht die Welt auf dem Kopf
Stefan Ritte | 2011 | Fotografie (Reproduktion) | Bonn, Schutzgemeinschaft Deutscher Wald – Bundesverband e.V. (SDW)
Abb. S. 254

351
Blätterbad
Helder Santos Guimaraes de Sousa | 2011 | Fotografie (Reproduktion) | Bonn, Schutzgemeinschaft Deutscher Wald – Bundesverband e.V. (SDW)
ohne Abb.

352
Waldmensch
Martina Kausch | 2011 | Fotografie (Reproduktion) | Bonn, Schutzgemeinschaft Deutscher Wald – Bundesverband e.V. (SDW)
ohne Abb.

353
Oh' Tannenbaum
Josef Hinterleitner | 2011 | Fotografie (Reproduktion) | Bonn, Schutzgemeinschaft Deutscher Wald – Bundesverband e.V. (SDW)
ohne Abb.

354
Ohne ihn ... Klima-Chaos
Thomas Ulrich | 2011 | Fotografie (Reproduktion) | Bonn, Schutzgemeinschaft Deutscher Wald – Bundesverband e.V. (SDW)
ohne Abb.

355
Der Wald lebt!
Ralf Beikirch | 2011 | Fotografie (Reproduktion) | Bonn, Schutzgemeinschaft Deutscher Wald – Bundesverband e.V. (SDW)
ohne Abb.

356
Kopfstand
Silke John | 2011 | Fotografie (Reproduktion) | Bonn, Schutzgemeinschaft Deutscher Wald – Bundesverband e.V. (SDW)
ohne Abb.

357
Gemälde
Sonja Calovini | 2011 | Fotografie (Reproduktion) | Bonn, Schutzgemeinschaft Deutscher Wald – Bundesverband e.V. (SDW)
Abb. S. 32

358
Seelenfrieden
Rudolf Rinner | 2011 | Fotografie (Reproduktion) | Bonn, Schutzgemeinschaft Deutscher Wald – Bundesverband e.V. (SDW)
ohne Abb.

359
Phantasie
Jeannette Michalski | 2011 | Fotografie (Reproduktion) | Bonn, Schutzgemeinschaft Deutscher Wald – Bundesverband e.V. (SDW)
ohne Abb.

Anhang

Abkürzungen

Abb. – Abbildung

B – Breite

Bd. – Band

D – Durchmesser

d. Ä. – der Ältere

d. J. – der Jüngere

ders. – derselbe

DHM – Deutsches Historisches Museum

H – Höhe

Hg. – Herausgeber

hg. – herausgegeben

Jg. – Jahrgang

Jh. – Jahrhundert

L – Länge

l. – links

Lw. – Leinwand

M. – Mitte

Nr. – Nummer

o. – oben

r. – rechts

Rs. – Rückseite

S. – Seite

u. – unten

vgl. – vergleiche

Vs. – Vorderseite

Maßangaben im Katalog, wenn nicht anders angegeben, in der Reihenfolge: H × B × T

Nach der Nennung des Leihgebers im Objektverzeichnis folgt (in Klammern) die Inventarnummer bzw. Signatur.

Die bei den Bildtiteln aufgeführten Nummern entsprechen den laufenden Nummern im Objektverzeichnis. Alle Abbildungen ohne Katalognummer sind nicht in der Ausstellung vertreten.

Autoren

Dr. habil. Siegfried Anders
Ehemaliger Leiter des Instituts für Forstökologie und Walderfassung der Bundesforschungsanstalt für Forst- und Holzwirtschaft, Eberswalde

Dr. Detlev Arens
Journalist, Sachbuchautor

Andreas Bernhard
Kunsthistoriker, Ausstellungskurator, derzeit Stiftung Stadtmuseum Berlin

Ursula Breymayer M. A.
Literatur- und Kulturwissenschaftlerin, Ausstellungskuratorin, Berlin

Prof. Dr. Dr. Franz-Josef Brüggemeier
Universitätsprofessor für Wirtschafts-, Sozial- und Umweltgeschichte an der Albert-Ludwigs-Universität Freiburg im Breisgau

Dr. Simone Derix
Wissenschaftliche Mitarbeiterin am Historischen Seminar der Ludwig-Maximilians-Universität München

Dr. Simone Erpel
Freiberufliche Historikerin, Kuratorin, Berlin

Bettina Foerster-Baldenius
Dipl.-Forstwirtin Univ., Mitarbeiterin der Waldschule Zehlendorf (Trägerschaft: Jugend in Berliner Wäldern e.V.)

Dr. Barbara Happe
Freiberufliche Kulturwissenschaftlerin/ Volkskundlerin, Jena

Prof. Klaus Honnef
Freier Publizist und Kurator, Bonn

Prof. Dr. Ute Jung-Kaiser
Professorin i. R. für Musikpädagogik an der Hochschule für Musik und Darstellende Kunst Frankfurt am Main

Pay Matthis Karstens
Student der Kunst- und Bildgeschichte an der Humboldt-Universität zu Berlin

Dr. Astrid Mignon Kirchhof
Wissenschaftliche Mitarbeiterin am Institut für Geschichtswissenschaften der Humboldt-Universität zu Berlin, Lehrstuhl für Neueste und Zeitgeschichte

Prof. Dr. Hansjörg Küster
Universitätsprofessor für Pflanzenökologie an der Leibniz-Universität Hannover, Sachbuchautor

Prof. Dr. Albrecht Lehmann
Professor em. am Institut für Volkskunde/ Kulturanthropologie der Universität Hamburg

Prof. Dr. Hans Ottomeyer
Kunsthistoriker, bis 2011 Präsident der Stiftung Deutsches Historisches Museum, Berlin

Nils Plath
Literaturwissenschaftler an der Universität Erfurt, Lehrkraft für Text- und Designtheorie an der Fachhochschule Münster, Fachbereich Design

Prof. Dr. Uwe Eduard Schmidt
Universitätsprofessor für Wald- und Forstgeschichte am Institut für Forst- und Umweltpolitik der Albert-Ludwigs-Universität Freiburg im Breisgau

Prof. Dr. Erhard Schütz
Universitätsprofessor für Neuere deutsche Literatur an der Humboldt-Universität zu Berlin

Dr. Peter-M. Steinsiek
Wiss. Mitarbeiter am Institut für Forst- und Umweltpolitik der Universität Freiburg, Arbeitsbereich Wald- und Forstgeschichte

Dr. Rudolf Trabold
Pressereferent am Deutschen Historischen Museum, Berlin

Dr. Bernd Ulrich
Historiker, Publizist, Ausstellungskurator, www.berndulrich.com

Prof. Dr. Jochen Vogt
Professor em. für Germanistik/Literaturwissenschaft an der Universität Duisburg-Essen

Prof. Dr. Karl-Reinhard Volz
Universitätsprofessor und Direktor des Instituts für Forst- und Umweltpolitik der Albert-Ludwigs-Universität Freiburg im Breisgau

Dr. Jan Werquet
Kunsthistoriker und Ausstellungskurator, Berlin

Dr. Jeffrey K. Wilson
Assistant Professor of History an der California State University, Sacramento

Johannes Zechner M. A.
Historiker und Doktorand am Friedrich-Meinecke-Institut der Freien Universität Berlin

Prof. Dr. Benjamin Ziemann
Professor of Modern German History an der University of Sheffield

Ausgewählte Literatur

Abelshauser, Werner (Hg.): Umweltgeschichte. Umweltverträgliches Wirtschaften in historischer Perspektive, Geschichte und Gesellschaft, Sonderheft 15, Göttingen 1994.

Allmann, Joachim: Der Wald in der frühen Neuzeit. Eine mentalitäts- und sozialgeschichtliche Untersuchung am Beispiel des Pfälzer Raumes 1500–1800, Berlin 1989.

Anders, Kenneth/Uekötter, Frank: Viel Lärm ums stille Sterben. Die Debatte über das Waldsterben in Deutschland. In: Frank Uekötter/Jens Hohensee (Hg.), Wird Kassandra heiser? Die Geschichte falscher Ökoalarme, Stuttgart 2004, S. 112–138.

Arens, Detlev: Der deutsche Wald, Köln 2010.

Bächtold-Stäubli, Hanns/Hoffmann-Krayer, Eduard (Hg.): Handwörterbuch des deutschen Aberglaubens, Bd. 9 und Bd. Nachträge, New York 2000.

Baumgart, Wolfgang: Der Wald in der deutschen Dichtung, Berlin/Leipzig 1936.

Bausinger, Hermann: Volkskultur in der technischen Welt, Frankfurt am Main/New York 1986 (1961).

Becker, Gero: Der Wald und seine Nutzung. In: Otto Depenheuer/Bernhard Möhring (Hg.), Waldeigentum. Dimensionen und Perspektiven, Heidelberg 2011, S. 149–162.

Behrens, Hermann: Naturschutz in der Deutschen Demokratischen Republik. In: Werner Konold/Reinhard Böcker/Ulrich Hampicke (Hg.), Handbuch Naturschutz und Landschaftspflege, Landsberg am Lech 1999.

Below, Stefan von/Breit, Stefan: Wald. Von der Gottesgabe zum Privateigentum. Gerichtliche Konflikte zwischen Landesherren und Untertanen um den Wald in der frühen Neuzeit, Stuttgart 1998.

Bode, Wilhelm/Emmert, Elisabeth: Jagdwende. Vom Edelhobby zum ökologischen Handwerk, München 1998.

Bode, Wilhelm/Hohnhorst, Martin von: Waldwende. Vom Försterwald zum Naturwald, München 2000.

Brandenburgisches Ministerium für Ernährung, Landwirtschaft und Forsten Potsdam (Hg.): In Verantwortung für den Wald. Die Geschichte der Forstwirtschaft in der Sowjetischen Besatzungszone und der DDR, Potsdam 1998.

Braun, Annette: Wahrnehmung von Wald und Natur, Freiburg 1998.

Brüggemeier, Franz-Josef: Das unendliche Meer der Lüfte. Luftverschmutzung, Industrialisierung und Risikodebatten im 19. Jahrhundert, Essen 1996.

Brüggemeier, Franz-Josef/Rommelspacher, Thomas (Hg.): Besiegte Natur. Geschichte der Umwelt im 19. und 20. Jahrhundert, München 1987.

Budde, Elmar: Der Wald in der Musik des 19. Jahrhunderts. Eine historische Skizze. In: Bernd Weyergraf, Waldungen. Die Deutschen und ihr Wald. Katalog zur Ausstellung der Akademie der Künste vom 20. September bis 15. November 1987, Berlin 1987, S. 47–61.

Büttner, Nils: Geschichte der Landschaftsmalerei, München 2006.

Canetti, Elias: Masse und Macht, Hamburg 1960.

Christmann, Gabriela B.: Ökologische Moral. Zur kommunikativen Konstruktion und Rekonstruktion umweltschützerischer Moralvorstellungen, Wiesbaden 1997.

Ciesla, Burghard/Suter, Helmut: Jagd und Macht. Die Geschichte des Jagdreviers Schorfheide, Berlin 2011.

Depenheuer, Otto/Möhring, Bernhard (Hg.): Waldeigentum. Dimensionen und Perspektiven. Bibliothek des Eigentums, Bd. 8, Heidelberg 2010.

Dröge, Franz/Müller, Michael: Die Macht der Schönheit. Avantgarde und Faschismus oder die Geburt der Massenkultur, Hamburg 1995.

Eckardt, Hans Wilhelm: Herrschaftliche Jagd, bäuerliche Not und bürgerliche Kritik. Zur Geschichte der fürstlichen und adligen Jagdprivilegien vornehmlich im südwestdeutschen Raum, Veröffentlichungen des Max-Planck-Instituts für Geschichte, 48, Göttingen 1976.

Ekman, Kerstin: Der Wald. Eine literarische Wanderung. Übersetzt von Hedwig M. Binder, München 2008.

Engels, Jens Ivo: Naturpolitik in der Bundesrepublik. Ideenwelt und politische Verhaltensstile in Naturschutz und Umweltbewegung 1950–1980, Paderborn 2006.

Erlbeck, Reinhold/Haseder, Ilse/Stinglwagner, Gerhard: Das Kosmos Wald- und Forstlexikon, Stuttgart 2005.

Ewald, Jörg/Härdtle, Werner/Hölzel, Norbert: Wälder des Tieflandes und der Mittelgebirge, Stuttgart 2004.

Gautschi, Andreas: Der Reichsjägermeister. Fakten und Legenden um Hermann Göring, Hanstedt 1999[2].

Gehlen, Arnold: Urmensch und Spätkultur. Philosophische Ergebnisse und Aussagen, Frankfurt am Main 1977[4].

Gehrts, Heino: Der Wald. In: Jürgen Janning/Heino Gehrts (Hg.), Die Welt im Märchen, Kassel 1984, S. 34–53.

Giesecke, Hermann: Vom Wandervogel bis zur Hitlerjugend, München 1981.

Grewe, Bernd-Stefan: Der versperrte Wald. Ressourcenmangel in der bayrischen Pfalz (1814–1870), Köln/Weimar/Wien 2004.

Grimm, Reinhold/Hermand, Jost (Hg.): Natur und Natürlichkeit. Stationen des Grünen in der deutschen Literatur, Königstein (Taunus) 1981.

Härdter, Ulf: Waldbesitzer in Deutschland – Zwischen Tradition und Moderne. Eine Untersuchung der neuen Eigentümerstruktur im Kontext gesellschaftlicher Entwicklungstrends, Freiburger Schriften zur Forst- und Umweltpolitik, Bd. 6, Remagen-Oberwinter 2004 [Zugl. Freiburg, Univ., Diss. 2004].

Harrison, Robert Pogue: Wälder. Ursprung und Spiegel der Kultur, München, Wien 1992.

Hasel, Karl/Schwartz, Ekkehard: Forstgeschichte. Ein Grundriss für Studium und Praxis, Remagen-Oberwinter 2002.

Haselmann, Meike: Die Jagd in der DDR. Zwischen Feudalismus und Sozialismus, 2007.

Hauser, Albert: Der Wald in der Schweizerischen Volkssage, Zürich 1980.

Hiller, Hubertus: Jäger und Jagd. Zur Entwicklung des Jagdwesens in Deutschland zwischen 1848 und 1914, Kieler Studien zur Volkskunde und Kulturgeschichte, Münster 2003.

Hockenjos, Wolf: Tannenbäume. Eine Zukunft für Abies alba, Leinfelden-Echterdingen 2008.

Hölzl, Richard: Umkämpfte Wälder. Die Geschichte einer ökologischen Reform in Deutschland 1760 – 1860, Frankfurt am Main 2010.

Holzberger, Rudi: Das sogenannte Waldsterben. Zur Karriere eines Klischees. Das Thema Wald im journalistischen Diskurs, Bergatreute 1995.

Jung-Kaiser, Ute (Hg.): Der Wald als romantischer Topos, Bern u. a. 2008.

Heimatkunde. 30 Künstler blicken auf Deutschland. Katalog zur Ausstellung des Jüdischen Museums Berlin vom 16. September 2011 bis zum 29. Januar 2012, Jüdisches Museum Berlin (Hg.), Berlin, München 2011, S. 146 – 155.

Kaschuba, Wolfgang/Bahlinger, Richard (Hg.): Der deutsche Heimatfilm. Bildwelten und Weltbilder, Tübingen 1989.

Kindt, Werner (Hg.): Die deutsche Jugendbewegung 1920 bis 1933. Die bündische Zeit. Quellenschriften, Dokumentation der Jugendbewegung, Bd. 3, Düsseldorf 1974.

Kleinschmit, Hartmut: Menschen im Wald. Waldnutzungen vom Mittelalter bis heute in Bildern, Husum 2007.

Klueting, Edeltraud (Hg.): Antimodernismus und Reform. Zur Geschichte der deutschen Heimatbewegung, Darmstadt 1991.

Knopf, Volker/Martens, Stefan: Görings Reich. Selbstinszenierungen in Carinhall, Berlin 2006[3].

Köstlin, Konrad: Der ethnisierte Wald. In: Albrecht Lehmann/Klaus Schriewer (Hg.), Der Wald ein deutscher Mythos? Perspektiven eines Kulturthemas, Berlin/Hamburg 2000, S. 53 – 65.

Koschorke, Albrecht: Die Geschichte des Horizonts. Grenze und Grenzüberschreitung in literarischen Landschaftsbildern, Frankfurt am Main 1990.

Küster, Hansjörg: Geschichte des Waldes. Von der Urzeit bis zur Gegenwart, München 2008[3].

Küster, Hansjörg: Geschichte der Landschaft in Mitteleuropa. Von der Eiszeit bis zur Gegenwart, München 1995.

Lehmann, Albrecht: Der deutsche Wald. In: Etienne François/Hagen Schulze, Deutsche Erinnerungsorte, 3. Bd., München 2001, S. 187 – 200.

Lehmann, Albrecht/Schriewer, Klaus (Hg.): Der Wald ein deutscher Mythos? Perspektiven eines Kulturthemas, Berlin/Hamburg 2000.

Lehmann, Albrecht: Von Menschen und Bäumen. Die Deutschen und ihr Wald, Reinbek bei Hamburg 1999.

Lekan, Thomas: German Landscape. Local Promotion of the Heimat Abroad. In: Krista O'Donnell/Renate Bridenthal/Nancy Reagin (Hg.), The Heimat Abroad. The boundaries of Germanness, Michigan 2005.

Lekan, Thomas M.: Naturschutz und Landschaftspflege in der Weimarer Republik. In: Werner Konold/Reinhard Böcker/Ulrich Hampicke (Hg.), Handbuch Naturschutz und Landschaftspflege, Landsberg am Lech 1999.

Lowood, Henry E.: The Calculating Forester: Quantification, Cameral Science, and the Emergence of Scientific Forestry Management in Germany. In: Tore Frängsmyr and others (ed.), The Quantifying Spirit in the 18th Century, Berkeley 1990.

Mannhardt, Wilhelm: Wald- und Feldkulte. 1. Teil: Der Baumkultus der Germanen und ihrer Nachbarstämme. Mythologische Untersuchungen, Berlin 1975 (1875).

Meier-Böke, August: Deutscher Wald und deutscher Friedhof, Hamburg 1924.

Mitscherlich, Alexander: Die Unwirtlichkeit unserer Städte, Frankfurt am Main 1965.

Mitscherlich, Gerhard: Zustand, Wachstum und Nutzung des Waldes im Wandel der Zeit, Freiburg im Breisgau 1963.

Münkler, Herfried: Die Deutschen und ihre Mythen, Berlin 2009.

Osterhammel, Jürgen: Die Verwandlung der Welt. Eine Geschichte des 19. Jahrhunderts, München 2009.

Ostrom, Elinor/Gardner, Roy/Walker, James: Rules, Games and Common-Pool Resources, Ann Arbor 1994.

Otto, Karl-Heinz (Hg.): Industriewald als Baustein postindustrieller Stadtlandschaften. Interdisziplinäre Ansätze aus Theorie und Praxis am Beispiel des Ruhrgebiets, Bochum 2007.

Peuckert, Will-Erich: Sagen. Geburt und Antwort der mythischen Welt, Berlin 1965.

Radkau, Joachim/Uekötter, Frank (Hg.): Naturschutz und Nationalsozialismus. Frankfurt/New York 2003.

Radkau, Joachim: Natur und Macht. Eine Weltgeschichte der Umwelt. München 2000.

Radkau, Joachim/Schäfer, Ingrid: Holz – Ein Naturstoff in der Technikgeschichte. Reinbek 1987.

Reichholf, Josef H.: Wald. Zur Ökologie der mitteleuropäischen Wälder und ihrer Lebensgemeinschaften, München 1990.

Rösener, Werner: Die Geschichte der Jagd. Kultur, Gesellschaft und Jagdwesen im Wandel der Zeit, Düsseldorf 2004.

Rother, Rainer: Mythen der Nationen. Völker im Film, Berlin 1998.

Rückert, Friedrich: Waldandacht. In: Klaus Lindemann (Hg.), Deutscher Dichter Wald. Waldgedichte, Paderborn u. a. 1985.

Schäfer, Roland/Metzger, Birgit: Was macht eigentlich das Waldsterben. In: Patrick Masius/Ole Sparenberg/Jana Sprenger (Hg.), Umweltgeschichte und Umweltzukunft. Zur gesellschaftlichen Relevanz einer jungen Disziplin, Göttingen 2009, S. 201 – 226.

Ausgewählte Literatur

Schama, Simon: Der Traum von der Wildnis. Natur als Imagination. Übersetzt von Martin Pfeiffer, München 1996.

Scherzinger, Wolfgang: Naturschutz im Wald. Qualitätsziele einer dynamischen Waldentwicklung, Stuttgart 1996.

Schmidt, Uwe Eduard: Der Wald in Deutschland im 18. und 19. Jahrhundert. Das Problem der Ressourcenknappheit dargestellt am Beispiel der Waldressourcenknappheit in Deutschland im 18. und 19. Jahrhundert. Eine historisch-politische Analyse, Saarbrücken 2002.

Schmidt-Vogt, Helmut: Musik und Wald, Freiburg 1996.

Schmieder, Falko (Hg.): Die Krise der Nachhaltigkeit. Zur Kritik der politischen Ökologie, Frankfurt am Main u. a. 2010.

Schmoll, Friedemann: Erinnerung an die Natur. Die Geschichte des Naturschutzes im deutschen Kaiserreich, Frankfurt am Main 2004.

Schriewer, Klaus: Landschaftswahrnehmung, Waldbenutzung und Naturschutz. In: Land-Berichte. Halbjahresschrift für ländliche Regionen, Heft I, 1999, S. 99–105.

Selbmann, Sibylle: Der Baum. Symbol und Schicksal des Menschen, Karlsruhe 1984.

Spelsberg, Gert: Rauchplage. Hundert Jahre saurer Regen, Aachen 1984.

Sperber, Georg: Deer and Dauerwald. The German Problem. In: Wilhelm Bode (Hg.), Naturnahe Waldwirtschaft, Prozessgeschichte oder biologische Nachhaltigkeit?, Holm 1997.

Sperber, Georg/Thierfelder, Stefan: Urwälder Deutschlands. Nationalparks, Naturwaldreservate und andere Schutzgebiete, München 2008.

Spiecker, Heinrich u. a. (Hg.): Growth Trends in European Forests. Studies from 12 Countries, Berlin 1996.

Stachow, Helga: Botanik, Ökologie und Esoterik. Zu drei Erfahrungsformen von Wald. In: Albrecht Lehmann/Klaus Schriewer (Hg.), Der Wald ein deutscher Mythos? Perspektiven eines Kulturthemas, Berlin/Hamburg 2000, S. 215–232.

Stadlober, Margit: Der Wald in der Malerei und der Graphik des Donaustils, Köln, Weimar, Wien 2006.

Steinsiek, Peter-M.: Forst- und Holzforschung im »Dritten Reich«, Remagen 2008.

Steinsiek, Peter-M./Rozsnyay, Zoltán: Grundzüge der deutschen Forstgeschichte 1933–1950 unter besonderer Berücksichtigung Niedersachsens, Hannover 1994.

Stern, Fritz: Kulturpessimismus als politische Gefahr. Eine Analyse nationaler Ideologie in Deutschland, Bern 1963.

Stölb, Wilhelm: Waldästhetik, Remagen-Königswinter 2005.

Stubbe, Christoph (Hg.): Die Jagd in der DDR. Ohne Pacht eine andere Jagd, Hanstedt 2001.

Theilemann, Wolfram G.: Adel im grünen Rock. Adliges Jägertum, Großprivatwaldbesitz und die preußische Forstbeamtenschaft 1866–1914, Elitenwandel in der Moderne, 5, Berlin 2004.

Thomm, Ann-Katrin: Mythos Wald. Begleitbuch zur gleichnamigen Wanderausstellung des LWL-Museumsamtes für Westfalen, Münster 2009.

Thoreau, Henry David: Walden oder Leben in den Wäldern. Übersetzt von Emma Emmerich und Tatjana Fischer, Zürich 1971.

Uekötter, Frank: Umweltgeschichte im 19. und 20. Jahrhundert, München/Oldenbourg 2007.

Ulrich, Bernhard/Mayer, Martin R./Khanna, Partap K.: Deposition von Luftverunreinigungen und ihre Auswirkungen in Waldökosystemen im Solling, Frankfurt am Main 1979.

Vera, Franciscus Wilhelmus Maria: Grazing Ecology and Forest History, Wallingford, New York 2000.

Verband Deutscher Gebirgs- und Wandervereine e.V. (Hg.): Deutsches Wandern 1883–1983, o. O. 1983.

Volz, Karl-Reinhard: Waldeigentumsarten. In: Holz-Lexikon. Nachschlagewerk für die Holz- und Forstwirtschaft, Leinfelden-Echterdingen 2003^4, S. 560–599.

Volz, Karl-Reinhard: Wem gehört eigentlich der Wald? In: Der Bürger im Staat. 51. Jahrgang, Heft 1, 2001: Der deutsche Wald. Landeszentrale für politische Bildung Baden-Württemberg, S. 51–58.

WaldGeschichten. Forst und Jagd in Bayern 811–2011, Katalog zur Ausstellung, veranstaltet von dem Bayerischen Hauptstaatsarchiv München, 31. März bis 31. Mai 2011 und dem Freilichtmuseum Glentleiten, 3. Juli bis 11. November 2011, München 2011.

Waldleben in der Oberrheinregion, Staatliches Museum für Naturkunde Karlsruhe (Hg.), Karlsruher Naturhefte Band Nr. 2, Karlsruhe 2007.

Warnke, Martin: Politische Landschaft. Zur Kunstgeschichte der Natur, München/Wien 1992.

Weyergraf, Bernd (Hg.): Waldungen. Die Deutschen und ihr Wald. Katalog zur Ausstellung der Akademie der Künste vom 20. September bis 15. November 1987, Berlin 1987.

Die Wilden Leute des Mittelalters, Katalog zur Ausstellung des Museums für Kunst und Gewerbe Hamburg vom 6. September bis zum 30. Oktober 1963, Museum für Kunst und Gewerbe Hamburg (Hg.), Hamburg 1963.

Wippermann, Carsten/Wipperman, Katja: Mensch und Wald. Einstellungen der Deutschen zum Wald und zur nachhaltigen Waldwirtschaft, Bielefeld 2010.

Zechner, Johannes: »Ewiger Wald und ewiges Volk«. Die Ideologisierung des deutschen Waldes im Nationalsozialismus, Freising 2006.

Ziegenspeck, Svantje: Die Lebenspraxis der Waldbauern. Eine Untersuchung der waldbäuerlichen Lebenspraxis im Gebiet der geschlossenen Hofgüter des Schwarzwaldes und Ableitungen für politische Existenzsicherungskonzepte, Schriftenreihe des Instituts für Forstpolitik der Universität Freiburg, Hamburg 2002 [Zugl. Freiburg, Univ., Diss. 2001].

Personenregister

Personenregister

Personenregister

Bildnachweis

Das Deutsche Historische Museum und der Sandstein Verlag danken allen Rechteinhabern für die freundlich gewährte Abdruckgenehmigung. Dort, wo trotz sorgfältiger Recherche kein Nachweis gefunden wurde, bitten wir um Benachrichtigung.

Bad Honnef, Hartmut Witte
S. 222 (Foto: Sebastian Ahlers)

Berlin, Architekturmuseum der Technischen Universität Berlin S. 227, S. 228

Berlin, bpk | Bayerische Staatsgemäldesammlungen S. 137

Berlin, bpk | Hamburger Kunsthalle
S. 136, S. 150 (Fotos: Elke Walford)

Berlin, bpk | Museum der bildenden Künste, Leipzig S. 20 (Foto: Ursula Gerstenberger)

Berlin, bpk | Museumslandschaft Hessen Kassel S. 151

Berlin, Bröhan-Museum S. 147 (Foto: Martin Adam, © VG Bild-Kunst, Bonn 2011)

Berlin, Bundesamt für zentrale Dienste und offene Vermögensfragen S. 139

Berlin, Deutsches Historisches Museum
Fotos: Sebastian Ahlers, Angelika Anweiler-Sommer, Indra Desnica, Arne Psille
S. 14, S. 18/19, S. 19 o., Sammelfoto S. 22/23 (Kat.-Nr. 128, 130, 131 und 132), S. 28, S. 29, S. 34 o., S. 34 u., S. 35, S. 36, S. 37, S. 38, S. 39 o., S. 39 u., S. 40, S. 42/43 (Fotografie: Andréas Lang, © VG Bild-Kunst, Bonn 2011), S. 45, S. 47, S. 56, S. 72, S. 73, S. 74/75, S. 75 o., S. 76, S. 80, S. 84, S. 89, S. 95 l., S. 98 l., S. 98 r., S. 99 l., S. 99 r., S. 100, S. 101, S. 102 l., S. 102 r., S. 103, S. 107, S. 108, S. 109, S. 110/111, S. 116, S. 118 r., S. 122, S. 126, S. 127 l., S. 127 r., S. 134, S. 141, S. 160, S. 166, S. 168 o., S. 169, S. 177, S. 180 (fotografie: stefan moses, © VG Bild-Kunst, Bonn 2011), S. 187 (Fotografie: Andréas Lang, © VG Bild-Kunst, Bonn 2011), S. 188 l. (fotografie: stefan moses, © VG Bild-Kunst, Bonn 2011), S. 188 r. (fotografie: stefan moses, © VG Bild-Kunst, Bonn 2011), S. 200, S. 202, S. 203, S. 204 u., S. 205, S. 206, S. 208 o., S. 208 u., S. 210, S. 218 l., S. 220, S. 226, S. 242, S. 244, S. 245, S. 246, S. 247, S. 248 (© VG Bild-Kunst, Bonn 2011), S. 256, S. 258, S. 260 r., S. 261 l., S. 261 r., S. 272/273, S. 274/275, S. 278 l., S. 281 o., S. 281 u., S. 284/285, S. 285 r.

Berlin, Geheimes Staatsarchiv Preußischer Kulturbesitz S. 211 (GStA PK, VI. HA Familienarchive und Nachlässe, Nl. Otto Braun, A Nr. 65)

Berlin, Robert Kluth
S. 260 l. (Foto: Sebastian Ahlers)

Berlin, Rüdiger Koch, Papiertheater INVISIUS
S. 172

Berlin, Museum Charlottenburg-Wilmersdorf
S. 204 o.

Berlin, Polizeihistorische Sammlung beim Polizeipräsidenten in Berlin
S. 236, S. 239 (Foto: Arne Psille)

Berlin, Marian Przybilla, Schutzgemeinschaft Deutscher Wald, Landesverband Berlin e.V.
S. 252 (Foto: Sebastian Ahlers)

Berlin, Staatliche Museen zu Berlin – Museum Europäischer Kulturen
S. 24 o., S. 238 (Fotos: Ute Franz-Scarciglia)

Berlin, Staatliche Museen zu Berlin, Nationalgalerie | bpk
S. 130, S. 131 (Fotos: Jörg P. Anders)

Berlin, Staatsbibliothek zu Berlin – Preußischer Kulturbesitz S. 113

Berlin, Staatsbibliothek zu Berlin – Preußischer Kulturbesitz, Kinder- und Jugendbuchabteilung
S. 21, S. 41, S. 118 l., S. 119, S. 120, S. 121

Berlin, Stiftung Deutsche Kinemathek – Museum für Film und Fernsehen S. 194

Berlin, Stiftung Stadtmuseum Berlin
S. 145 (Foto: Michael Setzpfandt, Berlin), S. 157 (Foto: Hans-Joachim Bartsch, Berlin), S. 218/219

Berlin, ullstein bild
S. 212/213 (ullstein bild – dpa(85)), S. 214 u. (ullstein bild – dpa), S. 215 (ullstein bild – AP), S. 268/269 (ullstein bild – Imagebroker.net)

Berlin, Universitätsbibliothek der Humboldt-Universität zu Berlin, Porträtsammlung S. 62

Berlin, Ernst Volland
S. 196 (© VG Bild-Kunst, Bonn 2011)

Berlin, Voller Ernst Gbr
S. 48 o., S. 48/49, S. 178, S. 276 o., S. 276 u., S. 277, S. 278 r., S. 279, S. 280, S. 282/283

Berlin, Sabine Wenzel
S. 189 (© VG Bild-Kunst, Bonn 2011)

Berlin, Werkbundarchiv – Museum der Dinge
S. 24 u. (Foto: Armin Herrmann)

Bielefeld, Thiemo Bögner S. 50/51

Bonn – AdsD | Friedrich-Ebert-Stiftung
S. 25, S. 209

Bonn, LVR-LandesMuseum Bonn S. 234/235

Bonn, Schutzgemeinschaft Deutscher Wald – Bundesverband e.V. (SDW) | Fotowettbewerb »Ohne ihn…« zum Internationalen Jahr der Wälder 2011
S. 32 (Sonja Calovini), S. 254 (Stefan Ritte)

Chorin – Lehroberförsterei Chorin
S. 91 (Foto: Sebastian Ahlers)

Cottbus, Stiftung Fürst-Pückler-Museum Park und Schloss Branitz
S. 153 (Foto: Ben Peters, codiarts)

Darmstadt, Institut Mathildenhöhe, Städtische Kunstsammlung Darmstadt S. 152 (Foto: Werbefotografie Rühl & Bormann, Darmstadt)

Darmstadt, Sammlung Sander | The Sander Collection S. 158 (© VG Bild-Kunst, Bonn 2011)

Darmstadt, Sammlung Ströher
S. 149 (© VG Bild-Kunst, Bonn 2011), S. 184/185 (Foto: Friedrich Rosenstiel, Köln; © VG Bild-Kunst, Bonn 2011)

Dresden, Galerie Neue Meister, Staatliche Kunstsammlungen Dresden
S. 128 (Foto: Elke Estel – SKD)

Dresden, Sandstein Verlag
Titelabbildung (Foto: Michaela Klaus), S. 4/5

Dresden, SLUB | Deutsche Fotothek
S. 58 l., S. 81 (Fotos: Regine Richter), S. 95 r. (Foto: Hans Loos)

Düsseldorf, Axel Hütte S. 186 (© Axel Hütte/Schirmer-Mosel, © VG Bild-Kunst, Bonn 2011)

Eberswalde, Museum in der Adler-Apotheke Eberswalde S. 59

Ettlingen, Museum Ettlingen
S. 159 (© VG Bild-Kunst, Bonn 2011)

Bildnachweis

Frankfurt am Main, Deutsches Filminstitut – DIF e.V. | Plakatarchiv S. 190

Frankfurt am Main, Historisches Museum Frankfurt S. 44 (Foto: Horst Ziegenfusz)

Frankfurt am Main, Städel Museum | ARTOTHEK S. 154 (Foto: U. Edelmann)

Gießen, Bildarchiv von Universitätsbibliothek und -archiv Gießen S. 87

Gotha, Stiftung Schloss Friedenstein Gotha S. 133

Göttingen, Niedersächsische Staats- und Universitätsbibliothek Göttingen S. 92, S. 93, S. 94

Groß Schönebeck, Schorfheide-Museum, Sammlung H. Suter S. 54

Gusow-Platkow, Museum Platkow S. 26 u. (Foto: Horst Drewing)

Hamburg, Hamburger Kunsthalle | bpk S. 64, S. 143, S. 155 o. (Fotos: Elke Walford)

Hamburg, NDR Media GmbH S. 240

Hannover, Christoph Girardet S. 192 (© VG Bild-Kunst, Bonn 2011)

Hannover, Hansjörg Küster S. 66, S. 68, S. 69, S. 70/71

Hannover, Landesmuseum Hannover S. 106, S. 135

Hannover, Sprengel Museum S. 146 (Foto: Michael Herlein/Aline Gwose; © VG Bild-Kunst, Bonn 2011)

Heidelberg, Universitätsbibliothek Heidelberg S. 60

Hohenzieritz, Nationalparkamt Müritz S. 83 (Foto: Sebastian Ahlers)

Jena, Thüringer Universitäts- und Landesbibliothek Jena S. 88

Koblenz, Bundesarchiv S. 214 o. (B 145 Bild-F009157-0002, Foto: Simon Müller)

Kopenhagen, Dänisches Nationalmuseum S. 124/125

Ludwigshafen am Rhein, Wilhelm-Hack-Museum S. 144 (Foto: Ralf Cohen, Karlsruhe)

Marbach, Deutsches Literaturarchiv Marbach S. 57

München, Bayerische Staatsbibliothek S. 167 (Bayerische Staatsbibliothek München/Hoffmann), S. 267 (Bayerische Staatsbibliothek München/Porträtsammlung, Foto: Jaeger Goergen)

München, Bayerische Staatsgemäldesammlung München | ARTOTHEK S. 31 (Foto: Bayer & Mitko; © VG Bild-Kunst, Bonn 2011)

München, Magazin Verlagsgesellschaft Süddeutsche Zeitung mbH S. 259

München, Marco und Jessica Mignucci S. 156 (Foto: Sebastian Ahlers)

München, Münchner Stadtmuseum S. 216 (© VG Bild-Kunst, Bonn 2011, Nachlass Lucien Bernhard)

München, Süddeutsche Zeitung Photo S. 193, S. 264 (Foto: Alessandra Schellnegger)

München, Telepool GmbH S. 241

Nürnberg, Gemälde- und Skulpturensammlung, Museen der Stadt Nürnberg S. 164

Nürnberg, Germanisches Nationalmuseum S. 155 u.

Oranienburg, Gedenkstätte und Museum Sachsenhausen S. 26 o. (Foto: Sebastian Ahlers), S. 27 (Moskau, Zentrales Archiv FSB)

Potsdam, Landesbetrieb Forst Brandenburg LFB 1 S. 78/79 (Foto: Sebastian Ahlers)

Poznań, Nationalmuseum S. 174 (Foto: Adam Cieślawski)

Seiffen, Erzgebirgisches Spielzeugmuseum S. 16

St. Oswald, Nationalpark Bayerischer Wald S. 163 (Foto: Sebastian Ahlers)

Steingaden, Max Georg Freiherr von Eltz-Rübenach Sammelfoto S. 22/23, Kat.-Nr. 127 und 129 (Foto: Sebastian Ahlers)

Stuttgart, Staatsgalerie Stuttgart | ARTOTHEK S. 138 (Foto: Alexander Koch)

Stuttgart, Universität Hohenheim Fotos: Christian König S. 17, S. 90, S. 96

Tel Aviv – Shiff Art Collection S. 148 (Foto: Sebastian Ahlers)

Waldsieversdorf, Johann Heinrich von Thünen-Institut, Institut für Forstgenetik S. 262/263

Weimar, Klassik Stiftung Weimar, Direktion Museen S. 63

Werther (Westf.), Peter-August-Böckstiegel-Stiftung S. 225 (© VG Bild-Kunst, Bonn 2011)

Zülpich, Archiv Ann und Jürgen Wilde S. 183 (© Albert Renger-Patzsch – Archiv Ann und Jürgen Wilde, Zülpich/© VG Bild-Kunst Bonn 2011)

Zürich, Praesens-Film AG S. 195

Privatbesitz
S. 58 r. (Foto: Sebastian Ahlers), S. 114 (Foto: Sebastian Ahlers), S. 115 (Foto: Sebastian Ahlers), S. 117, S. 132, S. 140, S. 162 (Foto: Karen Bartsch, Berlin, © VG Bild-Kunst, Bonn 2011), S. 165 (© VG Bild-Kunst, Bonn 2011), S. 168 u. (Foto: Sebastian Ahlers), S. 170 (© Viola Roehr von Alvensleben, München), S. 230 (Fotografie: Eugen Heilig), S. 233 o. (Foto: Sebastian Ahlers), S. 233 u. (Foto: Sebastian Ahlers)

Abbildungen nach Publikationen
S. 74 o. nach: Reichsgesetzblatt Nr. 68 vom 1. Juli 1935, S. 821 (Foto: Sebastian Ahlers)
S. 97 nach: Ekkehard Schwartz, Auf den Spuren des Oberforst- und Jägermeisters Hans Dietrich von Zanthier, Wernigerode 1967 Titelabbildung
S. 250 nach: Ferdinande Oppenberg (Bearb.): Uns ruft der Wald. Handbuch der Schutzgemeinschaft Deutscher Wald, Rheinhausen 1954, S. 33 (Foto: Sebastian Ahlers)